"한 사람의 상처는 모든 사람의 상처다."

— 이성복

상처받은 마음을
어떻게 치유할
것인가?

황진규 지음

피해의식

victim mentality

철학흥신소

"제 갈 길을 가라. 남들이 뭐라든!"
　– 칼 마르크스, 『자본론』

　"내 삶은 내가 알아서 할 테니 신경 쓰지 마세요." 부모의 걱정 어린 말에 날카로운 말로 상처를 주었습니다. "내가 너의 장식품이니?" 자신의 친구를 만나는 날에 근사한 옷을 입고 나와 달라는 연인에게 날카로운 말로 상처를 주었습니다. "매번 주식 이야기나 할 거면 이제 연락하지 마라." 전세금을 걱정하는 친구에게 날카로운 말로 상처를 주었습니다. "어디 가서 아는 척 하려고 철학을 배우는 거면 당장 그만두세요." 제게 철학을 배우러 온 이들에게 날카로운 말로 상처 주었습니다.

　미안합니다. 가족, 친구, 연인, 그리고 철학을 공부하고 가르치며 만났던 이들에게 크고 작은 상처를 주었습니다. 의도했든 혹은 의도하지 않았든, 저는 그네들에게 상처를 주었습니다. 그 사실을 아프게 받아들이고 있습니다. 제가 상처 준 모든 이들에게 진심으로 사과드리고 싶습니다. 상처받은 분들이 허락한다면, 작은 변명으로 사과의 말을 시작하고 싶습니다.

"제 갈 길을 가라. 남들이 뭐라든!" 마르크스가 자신의 저서『자본론』의 서문을 끝내며 한 이야기입니다. 마르크스는 왜 그런 말을 했던 것일까요? 모든 위대한 철학자들이 그렇듯, 마르크스 역시 외로운 싸움을 하고 있었기 때문입니다.『자본론』을 집필하던 당시 마르크스는 여론 혹은 상식이라는 이름으로 그를 회유하고 강압하려는 세상과 맞서 싸워야 했습니다. 외로운 싸움 앞에서는 때로 날 서 있을 수밖에 없습니다. 마르크스 역시 그랬나 봅니다. 세상 사람들이 모두 마르크스는 비난하고 억압할 때 자신의 철학에서 물러나지 않기 위해 스스로를 다그쳤나 봅니다.

꽤 긴 시간 동안 마르크스의 이 사자후를 삶의 지표로 삼아 걸어왔습니다. 돌아보니 알겠습니다. 저 역시 외로운 싸움을 하고 있었던 모양입니다. 어린 시절부터 삐딱했던 저는 늘 인정과 칭찬보다는 무관심과 비난의 대상이었습니다. 가난하고 뚱뚱하고 공부도 못하고 성격마저 삐딱한 저였기에 당연한 일이었을지 모릅니다. 비딱하면 삐뚤어지기 쉽지요. 비딱했지만, 지독히도 사랑받고 싶었던 아이의 마음은 한없이 삐뚤어져 버렸습니다. 그 아이에게 마르크스의 사자후는 한줄기 빛처럼 들렸습니다. "그래. 남들이 뭐라고 하든 내 길을 가면 되는 거야!"

이것이 제가 세상 사람들에게 의도적인 혹은 의도치 않은 상처를 줄 수밖에 없었던 이유였습니다. 남들이 뭐라고 하든 제 길을 가려고 했습니다. 하지만 마음이 삐뚤어진 저에게 그 길은 때로 주변 사람들에게 상처를 주는 길이 되곤 했습니다. 제가 옳다는 이유로, 제 길을 간다는 이유로, 타인에게 크고 작은 상처를 주었습니다. 마음이 삐뚤어진 이가 남들이 뭐라든 자신의 길을 가려 할 때, 아집과 편견에 휩싸여 '나'와 '너'에게 상처 주는 일은 너무 쉽게 일어나게 마련이지요.

긴 시간을 돌아 마르크스가 무엇을 놓쳤는지 알게 되었습니다. 남들이 뭐라든 자신의 길을 가는 것은 중요합니다. 타인의 시선 그리고 상식이라는 이름의 편견에 휩쓸리지 않고 자신의 길을 가는 것은 분명 중요한 일이지요. 마르크스의 사자후를 마음에 품고 살았던 시절을 결코 후회하지 않습니다. 그 사자후를 마음에 품지 않았다면, 세상 사람들의 무관심과 비난과 억압에 저의 영혼은 찢겨버렸을 테니까요. 하지만 마르크스가 놓친 것이 있습니다.

마르크스는 무엇을 놓쳤던 것일까요? 남들이 뭐라든 자신의 길을 가는 것보다 중요한 일이 있습니다. 그것은 삐뚤어진 자신의 마음을 바로 보고, 바로 세우는 일입니다. 남들이 뭐라든 자신의 길을 가려는 이들이 가장 먼저 해야 할 일이 있습니다. 그것은 뒤엉키고 뒤틀어진 음습한 우리의 마음을 돌보는 일입니다. 그 과정이 없다면, 자신의 길을 가는 일은 '나'와 '너'를 기쁨으로 인도하기보다 아집과 편견에 휩싸여 슬픔으로 빠뜨리게 될 테니까요.

"제 갈 길을 가라. 남들이 뭐라든!" 꽤 긴 시간 마음에 품어왔던 삶의 지표를 이제 바꿀까 합니다. "제 갈 길을 가라. 다시 만나기 위해서!" 저는 여전히 제 갈 길을 갈 겁니다. 하지만 남들이 뭐라든 제 길을 가는 것이 아니라, 제가 상처 주었던 이들을 다시 만나기 위해서 제 길을 가려 합니다. 그것이 제가 상처 주었던 이들에게 진정으로 미안함을 전하는 길이라고 믿고 있기 때문입니다.

지금부터 하게 될 이야기는 그 긴 여정의 첫걸음이 될 겁니다. 저의 삐뚤어진 마음을 바로 보고, 바로 세워 다시 제 길을 가려고 합니다. 이 작은 유리병 편지가 닿은 여러분 역시 저와 함께 뒤엉키고 뒤틀어진 마음을 바로 보고, 바로 세워 여러분만의 길로 나아갈 수 있기를 바랍니다. 그렇게 여러분 역시 소중한 이들을 다시 만날 수 있게 되길 바랍니다. 그렇게 이 유리병 편지가 다시 또 누군가에게 넘겨졌으면 좋겠습니다.

"제 갈 길을 가라. 다시 만나기 위해서!"

10년 넘은 삶의 지표를 바꾸며
황진규

차례

그날 아버지는 일곱시 기차를 타고 금촌으로 떠났고
여동생은 아홉시에 학교로 갔다 그날 어머니의 낡은
다리는 퉁퉁 부어올랐고 나는 신문사로 가서 하루 종일
노닥거렸다 전방은 무사했고 세상은 완벽했다 없는 것이
없었다 그날 역전에는 대낮부터 창녀들이 서성거렸고
몇 년 후에 창녀가 될 애들은 집일을 도우거나 어린
동생을 돌보았다 그날 아버지는 미수금 회수 관계로
사장과 다투었고 여동생은 애인과 함께 음악회에 갔다
그날 퇴근길에 아는 부츠 신은 멋진 여자를 보았고
사람이 사람을 사랑하면 죽일 수도 있을 거라고 생각했다
그날 태연한 나무들 위로 날아 오르는 것은 다 새가
아니었다 나는 보았다 잔디밭 잡초 뽑는 여인들이 자기
삶까지 솎아내는 것을, 집 허무는 사내들이 자기 하늘까지
무너뜨리는 것을 나는 보았다 새점 치는 노인과 변통便桶의
다정함을 그날 몇 건의 교통사고로 몇 사람이
죽었고 그날 시내 술집과 여관은 여전히 붐볐지만
아무도 그날의 신음 소리를 듣지 못했다
모두 병들었는데 아무도 아프지 않았다

– 이성복, 「그날」

자신을 무던히도 싫어했던
'나'와 '그녀'에게

저는 제가 싫었습니다. 가난하고, 뚱뚱하고, 공부도 못하고, 뭐 하나 특기라고 내세울 것 없는 아이였습니다. 그런 제가 싫었습니다. 그런 자신을 싫어하는 제가 더욱 싫었습니다. 악착같이 공부하고, 돈을 벌고, 살을 뺐습니다. 하지만 저는 여전히 저를 싫어하고 있었습니다. 아무도 저의 신음을 듣지 못했고, 저는 분명 병들었는데 아프지 않았습니다. 무엇이 문제였던 걸까요?

가난이 문제가 아니었습니다. 가난했기 때문에 삐뚤어진 마음이 문제였습니다. 뚱뚱한 것이 문제가 아니었습니다. 뚱뚱했기 때문에 삐뚤어진 마음이 문제였습니다. 공부를 못한 것이 문제가 아니었습니다. 공부를 못했기 때문에 삐뚤어진 마음이 문제였습니다. 그 삐뚤어진 마음 때문에 마음속 깊은 곳에서부터 스멀스멀 올라오는 우울과 불안, 시기와 질투, 짜증과 무기력, 자기연민이 문제였습니다.

그 삐뚤어진 마음의 정체를 이제 압니다. '피해의식'이었습니다. "돈 많은 인간들은 다 도둑놈들이야." 가난 때문에 삐뚤어진 마음은 돈에 대한 피해의식이었습니다. "내가 친구가 없는 건 뚱뚱하기 때문이야." 뚱뚱함 때문에 삐뚤어진 마음은 외모에 대한 피해의식이었습니다. "공부 잘하는 애들은 재수 없어." 공부를 못해서 삐뚤어진 마음은 학업에 대한 피해의식이었습니다.

저는 가난해서, 뚱뚱해서, 공부를 못해서 제가 싫어진 것이 아니었습니다. 제 안에 있던 그 피해의식 때문에 제 자신이 싫어졌던 것입니다. 그래서 돈을 벌고, 살을 빼고, 공부를 해도 저를 싫어하는 마음이 쉬이 사라지지 않았던 겁니다. 한번 삐뚤어진 마음은 좀처럼 바로 잡히지 않으니까요. 저는 병들었던 거였습니다. 피해의식이란 병. 그런데 이 병에 걸린 이들의 신음 소리는 아무도 듣지 못합니다. 병들었는데, 아프지 않기 때문입니다.

빛이 날 정도로 아름다운 여자를 만났습니다. 기적이 일어났습니다. 그녀가 팔짱을 꼈습니다. 그녀의 미모에 주눅이 들어 고백을 망설이고 있던 제게 그녀가 먼저 팔짱을 껴주었습니다. 봄날의 바다 향기가 여전히 제 마음을 설레게 하는 것은 모두 그녀 덕분입니다. 여신을 모시는 마음으로 연애를 했습니다. 그녀 역시 저를 진심으로 아껴주려고 노력했습니다. 우리의 사랑은 영원할 것만 같았습니다. 하지만 우리의 연애는 순탄하지 않았죠. 그녀 역시 저와 같은 병을 앓고 있었기 때문입니다.

그녀 역시 피해의식에 휩싸여 있었습니다. 부모에게 사랑받지 못했다는 이유로 그녀의 마음은 삐뚤어져 있었습니다. 그녀와 함께하는 동안, 빛나는 외모 뒤에 가려진 그녀의 한없이 음울한 마음을 보았습니다.

그녀는 항상 이유 없이 우울하고 불안했고, 명랑하고 유쾌한 이들을 시기하고 질투했으며, 세상 사람들이 자신을 이해해주지 않는다며 짜증을 냈습니다. 그 반복되는 일에 지쳐 무기력과 자기연민에 빠지곤 했습니다. 그녀는 그런 자신을 무던히도 싫어했습니다. 아무도 그녀의 신음 소리를 듣지 못했습니다. 그녀 역시 병들었는데, 아프지 않았으니까요.

그녀를 이해하고 보듬어주고 싶었습니다. 제 나름으로 애를 썼지만 마음처럼 되지 않았습니다. 돌아보면 당연한 일이었을 겁니다. 피해의식에 휩싸여 삐뚤어진 자신의 마음조차 감당하지 못하는 제가 감히 누구를 이해하고 보듬을 수 있었을까요? 그녀와 함께 있을 때, 그녀를 유쾌하고 즐겁게 해주기보다 오히려 저마저 우울·불안·시기·질투·짜증·무기력·자기연민에 휩싸이기 일쑤였습니다. 우리는 그렇게 점점 크고 작게 다투는 날들이 많아졌습니다.

"너는 밑 빠진 독 같다. 이제 정말 지친다. 그만하자." 두 번의 봄이 더 지난 가을, 그녀에게 이별을 말했습니다. 가을 바다의 향기가 깊은 후회로 느껴지는 것은 모두 제 탓입니다. 후회합니다. 그녀를 더 아껴주지 못했던 것을 후회합니다. 하지만 압니다. 다시 그 시절로 돌아간다고 해도, 저는 아마 같은 선택을 할 수밖에 없다는 것을요. 자신을 싫어하는 두 사람의 사랑은 결코 해피엔딩이 될 수 없으니까요. 병들었는데 아프지 않은 이들의 만남은 언제나 새드엔딩으로 끝맺게 되니까요.

이제부터 시작하게 될 긴 이야기는 가장 먼저, 언젠가의 나와 그녀를 위한 글입니다. 피해의식에 휩싸여 소중했던 그녀를 더 아껴주지 못했던 언젠가의 나를 위한 글입니다. 또한 이 이야기는 그녀를 위한 글입니다. 철없던 시간을 지나 이제 겨우 그녀를 이해하고 보듬어줄 수 있게 되었습니다. 시간을 되돌릴 수는 없겠지만, 지금이라도 그녀에게 못다한 이야기들을 해주고 싶습니다.

여전히 피해의식에 휩싸여 자신을 싫어하고 있을지 모를 그녀에게 해주고 싶은 이야기를 이제야 전합니다. 그녀의 아름다운 외모만큼이나 그녀의 마음 역시 반짝일 수 있다는 이야기를 해주고 싶습니다. 나의 피해의식 때문에 그녀를 아껴주지 못했던 마음을 뒤늦게라도 전하고 싶습니다. 하지만 여러분께 닿은 이 글이 스무 해 전의 나와 그녀만의 이야기는 아닐 겁니다.

"모두 병들었는데 아무도 아프지 않았다." 철학을 공부하는 동안 많은 사람들을 만났습니다. 종종 이성복 시인의 말이 떠올랐습니다. 그들은 모두 병들었는데 아프다고 말하는 이가 없었습니다. 그래서 누구도 그날의 신음 소리를 들을 수 없었던 겁니다. 마흔을 훌쩍 넘어 자신을 그리도 싫어하는 수많은 '나'와 '그녀'를 보았습니다. 이 글은 수많은 '나'와 '그녀'를 위한 글입니다. 스무 해 전 '나'와 '그녀'를 구원하는 일이 바로 지금 '우리'를 구원하는 일이라는 믿음으로 긴 이야기를 시작합니다.

긴 이야기를 읽으며 병든 이들이 모두 충분히 아파했으면 좋겠습니다. 모두 고통의 신음 소리를 낼 수 있었으면 좋겠습니다. 모두에게 그날의 신음 소리가 들렸으면 좋겠습니다. 이 긴 이야기가 끝날 때쯤, 모두 병이 나아 아프지 않길 바랍니다. 긴 이야기의 마지막 장을 덮을 때, 저도, 그녀도, 그리고 이 글을 닿은 모든 분들도 더 이상 자신을 싫어하지 않고, 조금 더 좋아하게 되었으면 좋겠습니다. 언젠가 어느 시인이 우리에게 이렇게 말해주었으면 좋겠습니다. "모두 새살이 돋았기에 아무도 아프지 않았다."

01

VICTIM
MENTALITY

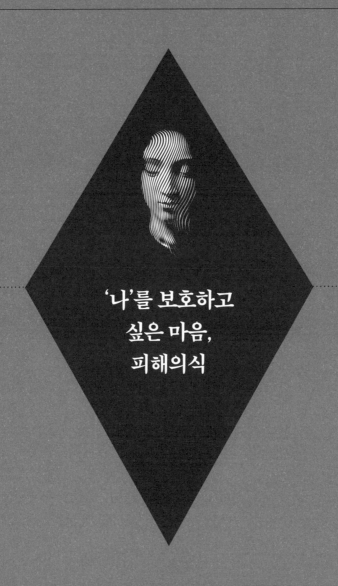

'나'를 보호하고
싶은 마음,
피해의식

01. ──────── 사회적 금기어, 피해의식

°사회적 금기어는 어떻게 탄생하는가?

"그거 피해의식이야." "너 진짜 피해의식이 심해." 이런 이야기를 듣는다고 가정해보자. 기분이 어떨까? 어떤 이는 불쾌함을 느끼고, 어떤 이는 분노에 휩싸일지도 모르겠다. 왜 이런 일이 벌어지는 걸까? 왜 우리는 '피해의식'이란 말에서 지극히 부정적인 감정을 느낄까? 피해의식은 일종의 사회적 금기어이기 때문이다.

사회적 금기어가 무엇인가? 종교·도덕·관습적인 이유로 금지되거나 꺼려지는 언어 표현이다. '섹스', '배설(똥)', '죽음' 등에 관련된 말이 이에 해당한다. 이런 사회적 금기어는 암묵적으로 금지되어 있기에 함부로 이야기해서는 안 된다. 만약 그랬다가는 크고 작은 곤경에 처하게 된다. "김 대리, 어제 섹스 했어?" "선생님, 아침에 똥 싸셨어요?" "사장님은 언제 죽어요?" 이런 말이 크고 작은 곤경을 야기하는 이유는 그것이 모두 사회적 금기어이기 때문이다.

이런 사회적 금기어는 왜 발생하는가? 사회적 금기어는 '보편성'과 '은폐'라는 이중적 구조 아래서 발생한다. 쉽게 말해, 우리 모두가 갖고 있지만(보편성) 우리 모두가 그것을 숨기려 할 때(은폐), 사회적 금기어가 발생한다. 이는 '섹스'라는 사회적 금기어가 잘 보여준다.

'섹스'는 삶의 자연스러운 한 부분이다. 즉, '섹스'는 우리 모두의 보편적 문제이다. 하지만 동시에 '섹스'는 모두가 공공연하게 숨기는 문제이기도 하다. 이것이 '섹스'가 사회적 금기어가 된 이유다. '섹스'뿐만 아니라 '배설(똥)'이나 '죽음' 등에 관련된 말 역시 같은 이유로 사회적 금기어가 된다. '배설'이나 '죽음' 역시 모두의 문제인 동시에 모두가 숨기고 싶어 하는 문제이기 때문이다.

°피해의식은 사회적 금기어다

피해의식은 사회적 금기어의 성격을 띤다. 피해의식 역시 '보편성'과 '은폐'라는 이중적 구조 아래 놓여 있기 때문이다. 피해의식은 모두가 갖고 있는 보편적인 마음인 동시에 모두가 공공연하게 숨기고 싶어 하는 마음이다(이에 대한 논증은 뒤에서 하겠다). "그건 네 피해의식이야." 이런 말에 우리가 왜 발끈하는지 이제 알 수 있다. 피해의식이라는 말을 들을 때, 상대로부터 모욕과 비난을 받는다고 느끼기 때문이다.

사회적 금기어에는 특별한 기능이 있다. 바로 모욕과 비난이다. 누군가를 모욕하고 비난하기 위해 사용하는 욕설을 생각해보라. 대부분의 욕설은 사회적 금기어와 관계되어 있다. "씨발년(놈)"은 아무하고나 썹(섹스)할 여자(남자)라는 뜻이다. "똥 싸고 있네.", "죽고 싶냐?" 등과 같은 말이 모욕과 비난의 의미로 사용되는 것도 같은 맥락에서다. 이처럼 사회적 금기어는 모욕과 비난의 정서를 내포하고 있다.

피해의식은 분명 사회적 금기어의 성격을 띤다. 그러니 '피해의식'이라는 말에는 당연히 (사회적으로 금지된 만큼의) 모욕과 비난의 정서가 묻어 있다. 이것이 우리가 일반적인 사회관계에서 피해의식에 대한 이야기를 함부로 했다가는 크고 작은 갈등과 마찰을 피할 수 없는 이유다. 또한 이것이 우리가 피해의식이란 주제에 대해서 깊이 고민하지 못하게 된 이유이기도 하다. 모욕과 비난처럼 들릴 수 있는 주제는 되도록 피하는 것이 원만한 사회생활의 덕목이니까 말이다.

° 억압된 것은 반드시 돌아온다

그렇다면 사회적 금기어는 그저 금지하면 되는 것일까? 달리 말해, 사회적 갈등과 마찰을 피하기 위해서 섹스, 배설, 죽음 등에 대한 논의는 그저 은폐하고 살면 되는 것일까? 그렇지 않다. "억압된 것은 반드시 돌아온다." 정신분석학을 기초 세운 프로이트의 근본적 주장이다. 이보다 더 우리네 삶의 양상을 적확하게 드러내는 통찰도 없다. 우리가 무엇을 금지(억압)하면 그것은 반드시 되돌아온다. 살다 보면 마음속 깊은 곳에 있는 음습하고 뒤틀어진 부분이 튀어 오를 때가 있다. 그것은 모두 억압된 것이 되돌아온 것이다.

섹스가 이를 잘 보여주지 않는가? 정숙한 삶을 지향하느라 성(性)적인 면을 과도하게 억압했던 이들이 있다. 그들은 계속 정숙한 채로 살아갈 수 있을까? 그렇지 않다. 그들의 억압된 성적 욕망은 과도한 폭력성,

파괴적인 성적 취향, 음란물에 대한 집착, 도벽 등과 같은 뒤틀어진 마음이 되어 불쑥불쑥 튀어 오른다. 이처럼 억압된 것은 의도치 않은 영역에서 반드시 되돌아오게 마련이다.

피해의식 역시 정확히 그렇다. 섹스, 배설, 죽음과 같은 원초적인 금기보다는 덜 하지만, 피해의식 역시 일정 정도 사회적 금기의 영역에 있다. 그래서 우리 사회에서 피해의식은 원활하게 논의되기 어렵다. 하지만 프로이트의 진단은 피해의식에도 적용된다. 피해의식을 그저 없는 것처럼 은폐하면 어떻게 될까? 성적인 면을 과도하게 억압했던 이들처럼, 우리 역시 마음속 한 부분이 계속 어두워지고 뒤틀어질 수밖에 없다.

건강한 마음은 어떻게 만들어지는가? 금기를 드러내고 원활하게 논의하는 과정을 통해 만들어진다. 섹스에 대한 건강한 마음은 언제 갖게 되는가? 섹스에 관한 논의를 원활하게 할 수 있을 때다. 피해의식 역시 마찬가지다. 피해의식에 관해 원활하게 논의할 수 있을 때 피해의식에 대한 건강한 마음을 갖게 된다. 물론 이는 쉬운 일이 아니다. 금기를 드러내는 일은 언제나 불편함과 불쾌감을 동반하기 때문이다. 이것이 건강한 마음에 이르기 그토록 어려운 이유이기도 하다. 불편하고 불쾌한 것을 회피하려는 것은 세상 사람들의 오랜 습관이니까 말이다.

세상의 모든 귀하고 소중한 것은 드물고 어려운 법이다. 이제부터 하게 될 피해의식에 관한 논의에서 때로 불편함과 불쾌감을 느끼게 될지도 모르겠다. 하지만 그 불편함과 불쾌함은 기꺼운 마음으로 견딜 가치가 있다. 피해의식 너머 건강한 마음을 갖게 되는 것보다 귀하고 소중한 것은 없으니까 말이다. 건강한 마음에 이르기 위해서 불편함과 불쾌함을 견디며 피해의식에 대한 논의를 시작해보자.

02. ——————————— 피해의식은
나쁜 것일까?

°피해의식,
자기보호의 마음

"그거 네 피해의식이야!" 이 말에서 우리는 비난의 정서를 느낀다. 피해의식이란 말은 결코 긍정적으로 사용되지 않는다. 보통 객관적인 진단을 가장해 누군가를 비난하고 싶을 때 사용된다. 이는 올바른 쓰임일까? 즉, '피해의식'이라는 것은 정말로 누군가를 비난할 때 사용할 만큼 부정적인 가치일까? 이것이 피해의식에 대해 이야기할 때 가장 먼저 다뤄져야 할 주제다.

"피해의식은 나쁜 것일까?" 피해의식에 관한 논의는 이 질문에서부터 시작해야 한다. 먼저 피해의식이 무엇인지부터 알아보자. 피해의식은 무엇일까? 간단히 말하자면, 자기보호의 마음이다. 피해의식은 특정한 피해(상처)가 다시 반복되지 않도록 자신을 보호하려는 마음이다.

'호선'의 피해의식에 대해서 이야기해보자. '호선'은 뚱뚱함에 대한 피해의식이 있다. '호선'은 어린 시절부터 주변 사람들에게 뚱뚱하다고 놀림을 받았다. 그것은 '호선'의 마음에 상처가 되었다. 여느 날처럼 '호선'은 몇몇 친구들과 식사 중이었다. 한 친구가 다른 친구에게 말했다. "살찐 사람들은 좀 게으른 측면이 있지 않나?" 그 이야기는 자신에게 한 이야기가 아니었음에도 불구하고 '호선'은 불쾌함과 분노에 휩싸였다. '호선'은 그 불쾌함과 분노를 누르지 못하고 느닷없이 언성을 높였다. "살찐 거랑 게으른 거랑 무슨 상관인데!" 이는 전형적인 피해의식의 양상이다.

왜 '호선'은 갑자기 언성을 높이며 화를 냈을까? 뚱뚱함에 대한 피해의식 때문이다. 그렇다면 '호선'의 이 피해의식은 나쁜 것일까? 달리 말해, '호선'이 느꼈던 불쾌함과 분노는 세상 사람들로부터 비난받아야 마땅할 만큼 부정적인 것일까? 그렇지 않다. 물론 '호선'의 행동이 세상 사람들에게 인정과 칭찬을 받을 만큼 훌륭한 것은 아니다. 하지만 그렇다고 비난을 받을 만큼 나쁜 것 역시 아니다. '호선'은 그저 자신을 보호하려 한 것일 뿐이기 때문이다.

˚ 피해의식은 겁이다

'호선'의 불쾌함과 분노가 자신을 보호하려 한 마음이라니? 선뜻 이해가 되지 않는다. '피해의식'의 기본적인 작동 원리는 '겁'의 작동 원리와 놀랍도록 닮아 있다. '경필'은 겁이 많은 아이다. 선생님이 머리를 쓰다듬어주려고 손을 들어도, 화들짝 놀라며 두 팔을 들어 올려 방어 자세를 취하기 일쑤다. '경필'은 왜 겁이 많아졌을까? 어린 시절부터 부모에게 지속적으로 학대를 당했기 때문이다. 이것이 '경필'이 누군가 자기 앞에서 손을 들기만 하면 상대의 의도를 파악하기도 전에 깜짝 놀라며 방어 자세를 취할 수밖에 없는 이유다.

'겁'은 무엇일까? 반복되었던 육체적 상처로부터 자신을 보호하려는 일종의 자기보호 장치다. 피해의식 역시 일종의 자기보호 장치다. '겁'이 반복되었던 육체적 상처로부터 자신을 보호하려는 자기보호 장치라면, '피해의식'은 반복되었던 정서적 상처로부터 자신을 보호하려는 자기보호 장치라고 말할 수 있다.

다시 '호선'의 이야기로 돌아가자. "살찐 사람들은 좀 게으른 측면이 있지 않나?" 이 말에 '호선'이 상대의 진의와 상관없이 불쾌함과 분노를 느끼는 것은 어쩔 수 없는 일이다. '호선'이 그 말을 듣고 어떻게 가만히 있을 수 있을까? 어디선가 "뚱뚱해!"라는 소리만 들려도 모두 자기 이야기처럼 들리는 '호선'이다. 그런 '호선'이 친구들의 말에 아무 반응 하지 않는다는 것은 어떤 의미인가?

뚱뚱하다고 놀림받고 혼자 울기만 했던 그 어린 시절의 '호선'으로 돌아가는 것과 다름없다. 자신을 지키고 싶은 '호선'은 친구들에게 불쾌함과 분노를 표출할 수밖에 없다. 이는 '호선'이 아닌 이(뚱뚱함에 대한 피해의식이 없는 이)들에게는 어처구니없는 말처럼 들리겠지만, '호선'에게는 당연한 일이다. '호선'은 여전히 뚱뚱하다고 놀림받았던 상처 속에서 살고 있으니까 말이다. '호선'의 비합리적인 불쾌함·분노는 자신을 지키고 싶다는 절박한 바람이다. 상대의 진의를 알기도 전에 방어 자세를 취할 수밖에 없는 '겁'처럼 말이다.

°피해의식은
마음의 상흔이다

"넌 겁쟁이야!" 누가 이렇게 '경필'을 쉽게 비난할 수 있을까? "넌 피해의식 덩어리야!" 누가 이렇게 '호선'을 쉽게 비난할 수 있을까? '경필'에게 겁내지 말라는 말은 "넌 계속 맞으면서 살아가라"는 말과 다름없다. '겁'이라도 있기 때문에 '경필'은 그나마 한 대라도 덜 맞거나 빗맞을 수 있는 것이니까 말이다. '호선'에게 피해의식은 나쁜 것이라는 말은 "넌 계속 상처받으며 위축된 채로 살아가라"는 말과 다름없다. '피해의식'이라도 있기 때문에 '호선'은 뚱뚱하다는 이유로 상처받은 마음을 겨우 끌어안고 살아갈 수 있는 것이니까 말이다.

겁도, 피해의식도 모두 반복적으로 상처를 받았기에 생긴 의식 구조다. 그래서 피해의식 그 자체는 부정적인 것도 아니고 비난의 대상도 아니다. '겁'과 '피해의식'은 인간의 보편적인 마음이다. 크고 작은 상처를 한 번도 입지 않은 사람은 없고, 또 그 반복된 상처로부터 자신을 지키고 싶지 않은 사람 역시 없다. 누군가 겁과 피해의식이 심하다면 불행한 상처가 반복되었을 만큼 불운했을 뿐이다. 반대로 누군가에게 겁과 피해의식이 적거나 없다면 불행한 상처가 반복되지 않았을 만큼 운이 좋았을 뿐이다.

°피해의식은
보편적인 마음이다

자신을 보호하려는 마음은 누구에게나 있는(있을 수 있는) 보편적인 마음 상태다. 그러니 피해의식은 나쁜 것도, 부정적인 것도, 비난받을 만한 것도 아니다. 피해의식은 한 사람의 마음에 남은 상흔일 뿐이다. 깊은 상처가 반복되어서 오래도록 아물지 못한 피딱지 같은 상흔. 한 사람의 상흔을 어떻게 보아야 하는가? 상흔(피해의식)을 흉터(부정적)로만 보아서는 안 된다. 깊은 상처로 인해 피부를 꿰맨 상흔을 보며 흉하다고 인상만 찌푸리는 것은 얼마나 참담한 일인가?

왜 세상 사람들은 피해의식을 부정적으로 보고 비난하는가? 피해의식을 흉한 흉터로만 치부하기 때문이다. 누군가 한 사람의 겁과 피해의식을 비난의 대상으로 여기는 것은, 그가 얼마나 타인의 고통에 둔감한지를 드러내는 일이다. "야, 그게 뭐 겁낼 일이야." "그건 네 피해의식이지." 이는 우리 사회가 얼마나 상처받은 이들에 대한 감수성이 빈약한지를 보여주는 절망적인 일이다.

'나'의 상흔이건 '너'의 상흔이건, 그 앞에 섰을 때 우리는 어떻게 해야 하는가? 그 상흔(피해의식)이 생길 수밖에 없었던 상처(고통)를 먼저 보아주어야 한다. 겁이 많은 아이는 다그치지 말고 먼저 따뜻하게 안아주어야 하는 것처럼, 피해의식이 있는 이들에게도 마찬가지다. 피해의식에 대해 날카로운 말로 다그치기 전에, 먼저 따뜻하게 안아주어야 한다. '나'의 피해의식이건 '너'의 피해의식이건, 그것에 대해 차갑게 가치 평가하기 전에 먼저 상처받은 마음을 살펴주어야 한다. "너는 그런 상처로 인해 겁이 생기게 되었구나." "나는 이런 상처로 인해 피해의식이 생기게 되었구나." 이것이 피해의식을 다루는 첫 번째 작업이다.

03. —————————— 피해의식은
과도한 자기방어다

°피해의식은 나쁘지 않다.
하지만 그 영향은 나쁘다

"피해의식을 갖지 마!" 세상 사람들은 흔히 말한다. 이는 얼마나 공허하고 폭력적인 말인가. 피해의식은 근본적으로 자기보호 장치다. 크고 작은 상처로부터 자신을 보호하기 위해 발생한 마음이 바로 피해의식이다. 자신을 보호하지 않으려는 생명체는 없다. 상처받으면 누구나 자신을 방어할 수밖에 없다. 그것은 생명체의 본성이다. 그러니 피해의식을 갖지 말라는 말은, 자신을 보존하려는 생명체의 본성을 버리라는 말과 다름없다. 이는 얼마나 공허한 말인가?

또 그 공허한 말을 쉽게 내뱉을 수 있는 이유는 무엇인가? 세상 사람들은 자기 일에만 과도하게 몰입해 있을 뿐, 다른 사람들의 상처에는 관심이 없기 때문이다. 즉, 반복된 상처로 인해 어떻게든 자신을 보호하려는 절박한 마음을 갖게 된 이의 삶의 맥락을 전혀 헤아리지 못해서다. 그러니 피해의식을 가지지 말라는 세상 사람들의 말은 얼마나 폭력적인가? 타인에게 관심 없는 이가 타인의 삶에 대해 함부로 말하는 것보다 더 큰 무례와 폭력도 없다.

피해의식 그 자체는 좋은 것도 나쁜 것도 아니다. 상처가 나면 피딱지가 생기는 것은 어쩔 수 없는 일이다. 자연(스러운 일)에 가치 판단을 할 수는 없는 노릇 아닌가? 하지만 여기서 분명히 해야 할 사실이 있다. 피해의식 그 자체는 가치중립적이지만, 그것이 만들어내는 결과는 결코 가치중립적이지 않다. 매우 부정적이다. 쉽게 말해, 피해의식 그 자체는 좋은 것도 나쁜 것도 아니지만, 그것이 우리 삶에 미치는 영향은 매우 나쁘다.

°피해의식, 피해받은 기억으로 인한 과도한 자기방어

피해의식은 한 사람의 삶에 크고 작은 불행을 초래한다. 왜 그런가? 여기서 피해의식을 다시 정의할 필요가 있다. 피해의식은 무엇인가? 피해의식은 피해받은 기억으로 인한 과도한 자기방어다. 이것이 피해의식의 적확한 정의다. 여기서 중요한 것은 '과도한'이다. 피해의식은 기본적으로 자기보호 장치이지만, 그것은 언제나 '과도'하다. 이제 우리는 피해의식이 왜 크고 작은 불행을 초래하는지 알 수 있다.

'선빈'과 '수철'이 있다. 이 두 아이는 횡단보도에서 교통사고를 당한 상처를 갖고 있다. 두 아이 모두에게 그 끔찍했던 상처(피해)는 결코 잊히지 않는다. 그런데 두 아이가 각자의 상처(피해)를 다루는 방식은 전혀 다르다. '선빈'은 횡단보도를 건널 때마다 두세 번씩 주변을 살핀다. 이는 당연하며 동시에 건강한 일이다. 상처(교통사고)를 받았던 아이가 자기 나름대로 자신을 보호하려는 것이기 때문이다. 그런데 같은 기억을 갖고 있는 '수철'은 상황이 조금 다르다.

'수철'은 그 사고를 당한 뒤로 집 밖에 잘 나오지 않는다. 이 역시 이해 못할 바 없다. '수철'은 '집 밖에 나가지 않으면 다시 교통사고를 당할 일도 없다'는 생각으로 자신을 보호하고 있는 것이니까 말이다. '수철' 역시 자기 나름대로 자기방어를 하고 있는 셈이다. 하지만 '수철'의 자기방어에는 '과도한' 측면이 있다. 이 과도한 자기방어는 건강하지 않다. 과도한 자기방어는 우리네 삶에 크고 작은 불행을 초래하기 때문이다.

'수철'은 앞으로 어떤 삶을 살게 될까? 과도하게 자신을 지키려 한 대가로 바다의 시원함도, 꽃의 향기도, 산 정상의 풍광도 만끽할 수 없을 테다. 그뿐인가? 함께 울고 웃으며 지낼 소중한 친구도 만날 수 없게 될지 모른다. 이는 과거의 상처로부터 자신을 지키려다 오히려 그 상처에 영원히 갇히게 되는 서글픈 일이다. 집 밖에 나오지 않으면 결국은 영원히 집 안에서 지난 상처만 되새기며 살아갈 수밖에 없으니까 말이다. 이는 얼마나 불행한 삶인가.

°'과도함'과 '적절함'의 차이

'선빈'은 어떤 삶을 살게 될까? '선빈' 역시 집 밖을 나설 때마다 두려웠다. 횡단보도 앞에 서면 쿵쾅대는 심장을 부여잡고 몇 번이고 주변을 살펴야 했다. 그렇게 겨우겨우 횡단보도를 건널 수 있게 됐다. 그런 '선빈'에게는 어떤 삶이 펼쳐질까? '선빈'은 횡단보도를 지나다 사랑하는 이를 만나게 되었다. 그렇게 '선빈'은 그녀와 함께 산과 바다, 영화와 음악을 여행했다. 사랑하는 이와 함께하는 그 매혹적인 순간들 덕분에 '선빈'은 자신이 교통사고를 당했다는 사실조차 종종 잊게 되었다. 사랑하는 이를 만나 자신의 상처마저 치유되는 삶. 이는 얼마나 유쾌하고 기쁜 삶인가.

'선빈'과 '수철'의 차이는 무엇일까? '적절함'과 '과도함'의 차이다. 둘 다 지난 상처(피해)로부터 자신을 보호하려고 했다는 점은 같다. 하지만 '선빈'은 '적절한' 자기방어를 했고, '수철'은 '과도한' 자기방어를 했다. 피해의식은 피해(상처)받은 기억으로 인한 과도한 자기방어다. 그러니 상처받은 기억에도 불구하고 자신을 적절하게 보호하려고 한다면 피해의식으로부터 벗어나 점점 기쁜 삶으로 나아갈 수 있다. 반면 상처받은 기억 때문에 자신을 과도하게 보호하려고 한다면 피해의식에 휩싸여 점점 더 슬픈 삶에 빠져들 수밖에 없다.

피해의식은 피해받았기 때문에 생긴 의식 구조이기에, 좋은 것도 나쁜 것도 아니다. 하지만 피해의식은 과도한 자기방어이기에, 그 영향은 매우 나쁘다. 과도한 자기방어는 필연적으로 우리를 불행한 삶으로 내몰기 때문이다. 돈·외모·학벌·성gender 등의 피해의식에 휩싸인 이들을 보라. 그들은 모두 크고 작은 불행 속에 있다. 왜 그런가? 저마다 구체적인 상황은 다르겠지만 근본적인 이유는 하나다. 그들은 과거의 상처로부터 '과도하게' 자신을 지키려다가 불행 속에 빠져들었다. 이처럼 피해의식은 우리네 삶에 부정적인 영향을 끼친다.

04. 피해의식의
여섯 가지 얼굴

°피해의식이 드러나는
양상은 다양하다

피해의식은 다양한 양상으로 우리네 삶을 불행으로 몰아넣는다. 왜 그럴까? 피해의식의 정의를 다시 생각해보자. 피해의식은 상처받은 (혹은 상처받았다고 믿는) 기억으로 인한 과도한 자기방어다. 즉, 피해의식은 기본적으로 자기방어다. 이런 자기방어는 사람마다 종류와 강도 등의 양상이 다양하게 나타날 수밖에 없다. 일반적인 자기방어를 생각해보자.

길거리를 걷다가 아무 이유 없이 욕설을 들었다고 해보자. 어떤 이는 못 들은 척 무시하려 할 것이고, 또 어떤 이는 그 사람을 끝까지 쫓아가 이유를 들으려 할 것이다. 이 둘은 서로 다른, 심지어 정반대의 반응 같지만, 근본적으로는 같은 반응이다. 둘 다 자신을 보호하려는 자기방어의 반응이기 때문이다. 전자는 상대를 무시함으로써 자신을 보호하려는 것이고, 후자 역시 (왜 욕을 먹었는지에 대한 이유를 알지 못하면 억울해서

잠을 못 잘) 자신을 보호하고 싶은 것이다. 이처럼 자기방어는 사람마다 종류와 강도가 다르게 나타난다.

피해의식 역시 마찬가지다. 피해의식에 사로잡힌 이들은 모두 과도한 자기방어를 하지만, 그 양상은 사람과 상황에 따라 다르게 드러난다. 외모에 대한 피해의식을 갖고 있는 세 사람 A, B, C가 있다고 해보자. "예쁜 것도 능력이야!" 누가 이런 말을 할 때 세 사람은 각각 어떻게 반응할까? A는 조용히 그와의 관계를 끊으려고 할 것이고, B는 화를 내며 그와 싸우려고 할 것이고, C는 체념한 듯 자책할 것이다. 이는 모두 자신을 보호하려는 일련의 태도다.

A는 상대와 관계를 끊음으로써 자신을 보호하려 한 것이고, B는 상대의 의견을 부정(반박)함으로써 자신을 보호하려 한 것이다. C의 자책은 얼핏 자신을 보호하려는 태도처럼 보이지 않는다. 하지만 이는 자책이 뒤집어진 자기보호이기 때문에 발생한 착시일 뿐이다. 자책은 자신을 파괴함으로써 자신을 보호하려는 태도다. 자신의 문제를 모두 자신 탓이라고 여기면 마음이 묘하게 편해지지 않던가. C는 이와 같이 뒤집어진 방식(자책)으로 자신을 보호하려 한 것이다. 이처럼 동일한 피해의식이 있다고 하더라도, 그 피해의식이 드러나는 양상은 사람과 상황에 따라 다를 수밖에 없다.

° 피해의식의 여섯 가지 얼굴

피해의식은 근본적으로 여섯 가지 얼굴을 갖고 있다. 두려움, 분노, 열등감, 무기력, 억울함, 우울함이 그것이다. 피해의식은 매우 다양한 양상으로 드러나지만, 이는 모두 이 여섯 가지 얼굴의 조합이 만들어내는 변주인 셈이다. 어떤 종류의 피해의식이든, 그 피해의식은 '두려움·분노·열등감·무기력·억울함·우울함'이라는 여섯 가지 마음 상태에 의해 표현된다.

피해의식에 휩싸인 이들을 살펴보라. 그들은 모두 무언가를 두려워하고, 무언가에 대해 분노하며, 열등감과 무기력을 느끼고, 억울하고 우울한 상태다. 피해의식의 이 여섯 가지 얼굴은 사람과 상황에 따라 서로 교차하고 중첩되고 변화하며 드러난다. 이것이 피해의식이 셀 수 없이 다양한 양상으로 나타나는 이유다.

다시 외모에 대한 피해의식이 있는 세 사람의 이야기로 돌아가 보자. A는 왜 상대와 관계를 끊으려고 했을까? '두려움'과 '열등감'이라는 피해의식의 얼굴이 도드라졌기 때문이다. A는 외모에 대한 열등감을 갖고 있다. 또한 자신의 피해의식을 촉발하는 사람이나 상황을 두려워한다. 이것이 A가 상대와 관계를 끊으려고 했던 이유다. '두려움'과 '열등감'은 너무 쉽게 모든 상황을 회피하게 만드니까 말이다.

B는 왜 상대와 싸우려 했을까? '분노'와 '억울함'이라는 피해의식의 얼굴이 도드라졌기 때문이다. B는 외모 때문에 상처받았던 기억 때문에 늘 억울했고 분노에 차 있었다. 이것이 B가 상대와 싸울 수밖에 없었던 이유다. '분노'와 '억울함'은 너무 쉽게 싸움으로 번지니까 말이다. C는 왜 체념한 듯 자책했을까? '무기력'과 '우울함'이라는 얼굴이 도드라졌기 때문이다. 긴 시간 외모 때문에 상처받아온 C는 무기력하고 우울했다. 이것이 C가 체념한 듯 자책할 수밖에 없었던 이유다. '무기력'과 '우울'은 너무 쉽게 모든 것을 체념하게 만드니까 말이다.

불행으로 가는 길, 피해의식

이처럼 피해의식은 다양한 양상으로 나타나지만, 그 모든 양상은 결국 피해의식의 여섯 가지 얼굴(두려움·분노·열등감·무기력·억울함·우울함)로 인해 발생하게 된다. 이를 통해 우리는 피해의식에 관한 두 가지 중요한 사실을 알 수 있다.

첫째는 피해의식은 필연적으로 우리를 불행한 삶으로 밀어 넣는다는 사실이다. 인간의 감정에 대해 깊이 성찰했던 철학자 스피노자는 인간의 다양한 감정을 크게 '기쁨'과 '슬픔'으로 구분했다. 예컨대, 사랑, 박애, 호의, 명예, 신뢰, 환희 등의 감정은 '기쁨'이다. 이 '기쁨'은 인간에게 더 큰 활력(삶을 살아가려는 힘!)을 주는 감정이기에 인간을 행복한 삶으로 나아가게 해준다. 반면 '슬픔'은 인간의 활력을 점점 줄어들게 하여 인간을 불행한 삶으로 내모는 감정이다.

피해의식의 여섯 가지 얼굴, 두려움·분노·열등감·무기력·억울함·우울함은 대표적인 '슬픔'의 감정이다. 즉, 피해의식이 만들어내는 여섯 가지 얼굴은 필연적으로 우리를 불행하게 하는 얼굴인 셈이다. 이 여섯 가지 얼굴이 만들어내는 수많은 '표정(피해의식의 양상)'들 역시 우리네 삶에 활력을 주는 '기쁜 표정'이 아니라 삶의 활력을 앗아가는 '슬픈 표정'이다. '슬픈 표정'은 필연적으로 우리를 불행하게 만든다.

피해의식을 진단하기 위한 세 가지 질문

둘째는 이 여섯 가지 얼굴을 통해 우리의 피해의식을 진단할 수 있다는 점이다. 우리는 우리의 피해의식을 알고 있을까? 만약 그렇다면 다음 세 가지 질문에 명료하게 답할 수 있어야 한다.

'나는 피해의식에 사로잡혀 있는가?'

'나는 어떤 영역에서 피해의식이 발동하는가?'

'나의 피해의식의 강도는 어느 정도인가?'

이 질문에 명쾌하게 답할 수 있는가? 쉽지 않을 것이다. 세상 사람들은 자신의 피해의식에 대해 잘 모른다. 우선, 대부분의 사람들은 자신이 피해의식에 사로잡혀 있는지 잘 모른다. 드물게 자신이 피해의식에 사로잡혀 있다는 사실을 안다 하더라도, 그것이 어떤 영역(성·돈·외모·학벌…)에서 도드라지는지는 잘 모른다. 더 드물게 자기에게 피해의식이 있고, 그것이 어떤 영역에서 도드라지는지 안다고 하더라도, 그 피해의식이 어느 정도로 심한지에 대해서는 명확하게 알지 못한다.

세상 사람들은 타인의 피해의식을 진단하려 할 뿐, 자신의 피해의식은 너무 쉽게 은폐하려는 경향이 있다. 어쩌면 이는 당연한 일인지도 모르겠다. 자기가 인정하고 싶지 않은 자기 모습을 외면해버리는 것은 세상 사람들의 오랜 습관이니까. 자신의 모습들 중 가장 인정하고 싶지 않은 모습이 바로 피해의식 속에 있다. 그러니 우리가 자신의 피해의식에 대해 명쾌하게 답할 수 없는 것은 당연한 일인지도 모르겠다.

피해의식의 여섯 가지 얼굴(두려움·분노·열등감·무기력·억울함·우울함)은 자신의 피해의식을 성찰해볼 수 있는 유용한 도구다. 뜻하지 않는 곳에서 그 얼굴들이 드러난다면, 자신이 지금 피해의식에 사로잡혀 있음을 확인할 수 있다. 또 그 얼굴들이 특정한 영역에서 반복적으로 드러난다면, 바로 그 영역이 자신의 피해의식의 서식처라는 사실 역시 확인할 수 있다. 그리고 그 얼굴들이 얼마나 자주, 오래 반복되었는지를 통해 자신의 피해의식의 강도를 확인할 수 있다.

이제 심호흡을 하고 외면하고 싶었던 우리의 피해의식을 확인하러 갈 시간이다. 피해의식의 여섯 가지 얼굴을 하나씩 살펴보자.

05. _____ 자기방어의 도구:
두려움, 분노, 열등감, 무기력

°여섯 가지 얼굴의
두 가지 층위

　두려움, 분노, 열등감, 무기력, 억울함, 우울함. 피해의식의 여섯 가지 얼굴이다. 이 여섯 가지 얼굴은 두 가지 층위로 나뉜다. 피해의식의 정의부터 다시 살펴보자. 피해의식은 상처받은 기억으로 인한 과도한 자기방어다. 이 자기방어를 기준으로, 여섯 가지 얼굴을 두 가지 층위로 구분할 수 있다. 자기방어를 위한 '도구'와 자기방어로 인한 '결과'다. 즉, 피해의식의 여섯 가지 얼굴에는 자기방어를 하기 위해 나타나는 얼굴이 있고, 자기방어의 결과로서 나타나는 얼굴이 있다.

　'두려움·분노·열등감·무기력'은 자기방어의 '도구'이고, '억울함·우울함'은 자기방어의 '결과'다. 특정한 상처(가난·성차별·외모 평가·학벌주의…)를 마주하게 되었다고 해보자. 이때 우리의 마음속에 '두려움·분노·열등감·무기력'이 생길 수 있다. 이는 과거의 특정한 상처로부터 자신을 방어하기 위해 나타나는 마음이다. 반면 그 특정한 상처를 통해 우리의 마음속에 '억울함·우울함'이 생길 수도 있다. 이는 과거의 특정한 상처로부터 지속적으로 자신을 방어한 결과로서 나타난 마음이다. 이처럼 피해의식의 여섯 가지 얼굴은 자기방어의 '도구'와 '결과'라는 두 층위로 구분할 수 있다.

°자기방어의 도구

두려움, 분노, 열등감, 무기력. 이 네 가지 피해의식의 얼굴은 자신을 방어하기 위한 '도구'다. 그 각각의 얼굴을 하나씩 살펴보자.

1. 두려움

돈에 관한 피해의식을 생각해보자. '재길'은 가난했다. 어린 시절, 아버지의 사업 실패로 가난한 유년 시절을 피할 수 없었다. 아버지는 돈을 벌러 나간 건지 빚쟁이들을 피한 건지 늘 곁에 없었고, 남겨진 '재길'과 엄마는 모텔을 전전해야 했다. 옆방 연인의 신음 소리가 여덟 살 아이의 귀에 들릴까 봐 엄마는 흐느끼며 '재길'의 귀를 막아주었다. '재길'은 돈 때문에 크고 작은 상처를 받았고 그로 인해 과도한 자기방어의 마음이 생겼다. "비참하게 살지 않으려면 무조건 돈이 많아야 해!"

불행인지 다행인지 '재길'은 대기업에 취직했다. 어느 정도 경제적 안정을 이룬 뒤, 결혼을 하고 아이도 낳았다. 하지만 '재길'은 쉴 줄을 몰랐다. 아니, 쉴 수 없었다. 직장 일은 물론이고, 주식에, 부동산 투자에, 경매까지 하며 늘 정신없이 지냈다. "재길 씨처럼 책임감 있고 성실한 사람도 없어." 세상 사람들의 칭찬이 무색할 정도로, '재길'의 몸과 마음은 잿빛이 되어갔다.

'재길'은 왜 그리 돈을 벌려고 했던 걸까? 두려움 때문이다. 돈 없는 삶에 대한 두려움. '재길'은 통장에서 크고 작은 돈이 빠져나갈 때마다 두려움에 휩싸였다. 왜 그랬을까? '재길'은 이미 적지 않은 돈을 모아 경제적 안정을 이루었는데 말이다. 다른 사람에게는 결코 이해되지 않을 일이 '재길'에게는 당연한 일이었다. 통장에서 크고 작은 돈이 빠져나갈 때마다 '재길'은 다시 음습한 모텔에서 엄마와 부둥켜안고 울던 아이로 돌아갔기 때문이다. 이처럼 피해의식은 두려움이라는 얼굴로 우리를 찾아온다.

(과거의 상처 때문에 발생한) 두려움에 휩싸일 때 우리는 과도하게 자신을 방어할 수밖에 없다. 당연하지 않은가? 생각만으로도 온몸이 저릴 만큼 두려운 대상(가난)이 있을 때, 자신을 과도하게 지키고 싶은 마음은 어쩔 수 없이 생기게 마련이다. 하지만 '재길'은 알고 있을까? 그 두려움 때문에 '재길' 역시 자신이 그리도 미워했던 아버지가 되어가고 있다는 사실을. 사업 실패로 아이 곁에 있어주지 못했던 아버지와 밤낮없이 돈을 벌려고 아이 곁에 있어주지 못하는 아버지는 정말 다른 아버지일까? 피해의식이 두려움이라는 얼굴로 우리를 찾아올 때 불행의 전주곡은 이미 시작된 셈이다.

2. 분노

성gender에 관한 피해의식을 생각해보자. '민선'은 여성이기 때문에 차별받았다. 오빠와 남동생은 통금도 없고 외박도 마음대로 했지만, '민선'은 그러지 못했다. '민선'은 늘 열 시까지 집에 들어와야 했고, 외박은 언감생심 꿈도 꿀 수 없었다. 그뿐인가? 가부장적인 아버지는 오빠와 남동생을 우선시했고, '민선'에게는 항상 양보를 강요했다. "엄마 없으니 오빠 밥 좀 챙겨줘라." 시험 기간에 공부하고 있던 '민선'은 아버지의 말에 소리를 지르며 집을 나갔다. '민선'은 성차별 때문에 크고 작은 상처를 받았고 그로 인해 과도한 자기방어의 마음이 생겼다. "이렇게 살지 않으려면 무조건 남자랑 맞서 싸워야 해!"

'민선'은 대학에 입학하며 독립을 했다. 독립하는 일이 쉽지 않았지만 가부장적인 아버지와 함께 사는 것보다는 훨씬 나았다. '민선'은 이제 더 이상 부당한 억압과 차별을 받지 않게 되었다. 그렇게 자유롭게 살던 '민선'은 매혹적인 남자를 만나 연애를 시작했다. 행복할 줄만 알았던 연애는 종종 삐그덕댔다. "오늘 늦었으니까 조심히 들어가." "왜? 남자들은 괜찮고, 나는 여자라서 조심히 들어가야 한다는 말이야?" '민선'은 사소한 일로 남자 친구와 다투는 일이 잦아졌다. 가부장적인 집에서 벗어나기만 하면 행복할 줄 알았던 '민선'은 점점 불행해져 갔다.

'민선'은 왜 불행해졌던 걸까? 분노 때문이다. 가부장적인 아버지에 대한 분노. "너무 늦지 않게 들어가." '민선'은 남자 친구의 진심 어린 걱정의 말을 있는 그대로 받아들이지 못했다. 그 말에 갑자기 터져 나오는 분노를 참지 못했다. 왜 그랬을까? '민선'은 이미 독립해서 아버지와 함께 살지 않는데 말이다. 다른 사람에게는 결코 이해되지 않을 일이 '민선'에게는 당연한 일이었다. 남자 친구의 걱정과 배려의 말을 들을 때마다 '민선'은 여성이라는 이유로 아버지에게 부당하게 차별받았던 어린 시절이 떠올랐기 때문이다. 이처럼 피해의식은 분노라는 얼굴로 우리를 찾아온다.

(과거의 상처 때문에 발생한) 분노에 휩싸일 때 우리는 과도하게 자신

을 방어할 수밖에 없다. 당연하지 않은가? 생각만 해도 분노가 치밀어 오르는 대상(성차별)이 있을 때, 그 대상과 유사한 모습만 보여도 자신을 과도하게 지키고 싶은 마음이 들게 마련이다. 하지만 '민선'은 알고 있을 까? 남자 친구의 진심을 보지 못하고 자신의 분노만 보고 있는 '민선'의 얼굴은, '민선'의 마음은 보지 못하고 가부장적 질서만 보고 있던 아버지의 얼굴을 점점 닮아가고 있다는 사실을. '민선'은 분노에 휩싸여 그리도 원했던 자유롭고 행복한 삶으로부터 점점 멀어져가고 있다. 피해의식이 분노라는 얼굴로 우리를 찾아올 때, 불행의 전주곡은 이미 시작된 셈이다.

3. 열등감

학벌에 관한 피해의식을 생각해보자. '현철'은 공부를 못했다. 당연히 대학도 이름 없는 지방대를 나왔다. '현철'의 형은 어린 시절부터 공부를 잘해서 이름만 대면 모두가 알 만한 명문대를 나왔다. "우리 현철이가 형만큼만 공부를 잘하면 얼마나 좋을까?" 부모의 입버릇이었다. 부모는 좋은 사람들이었지만 늘 '현철'을 형과 비교했다. "현빈이는 이번에도 1등이지. 어? 현철이? 글쎄, 잘 모르겠네." '현철'은 거실에서 들려오는 부모의 통화를 들으며 알았다. 형은 부모의 자랑거리이지만, 자신은 부모의 부끄러움이라는 사실을.

'현철'은 학벌 때문에 크고 작은 상처를 받았고 그로 인해 과도한 자기방어의 마음이 생겼다. "나 같은 게 뭘 잘할 수 있겠어. 주변 사람들에게 피해만 안 줘도 다행이지." 이것이 '현철'의 자기방어다. 의아하다. 이런 자기비하가 어떻게 자기방어가 될 수 있단 말인가? 사람은 누구나 사랑받고 싶다. 이 마음은 언제 고통이 되는가? 사랑받지 못했을 때인가? 아니다. 희망 고문을 당할 때다. 앞으로 사랑받을 수 있다는 희망(가능성)이 있다면 지금 사랑받지 못하는 건 견딜 만하다. 언제 사랑받을 수 있을지 모른 채로 사랑을 기다려야 할 때 우리는 가장 큰 고통을 느끼게 된다. 지독한 희망 고문의 고통.

이 고통에서 자기를 방어하는 방법이 있다. 바로 열등감이다. 열등감이 무엇인가? 자신은 다른 사람에 비해 (능력이나 매력이 없어서) 항상 뒤떨어진 존재라고 여기는 만성적인 의식이다. 이는 명백한 자기방어의 마음이다. 자신을 사랑받을 가능성이 전혀 없는 열등한 존재로 확정해버리면, 사랑(인정·관심·칭찬)받지 못해 고통스러운 마음으로부터 자신을 보호할 수 있기 때문이다. 애초에 사랑받을 가능성 없다고 단정해버리면 그 지독한 희망 고문에서 쉽게 벗어날 수 있다.

공부는 못했지만 사진 찍는 것을 좋아했던 '현철'은 어느 잡지사에서 인정받으며 포토그래퍼로 일하고 있다. 하지만 '현철'은 유식해 보이거나 명문대를 나온 사람들 앞에서는 시선을 피하거나 말을 더듬곤 했다. 왜 그랬을까? '현철'은 자기 분야에서 이미 충분히 인정받고 있는데 말이다. 다른 사람에게는 결코 이해되지 않을 일이 '현철'에게는 당연한 일이었다. 유식하고 학벌 좋은 사람들을 만날 때마다 '현철'은 공부를 못해서 부모에게 사랑받지 못해 홀로 방 안에서 사진기만 만지작거렸던 주눅든 아이로 돌아갔기 때문이다.

적극적 열등감, 시기와 질투

여기서 주의해야 할 점이 있다. 열등감은 두 가지 양상으로 나타난다는 사실이다. 소극적 열등감과 적극적 열등감이다. 소극적 열등감은 위축감이라는 양상으로 나타난다. '현철'이 바로 그 소극적 열등감에 사로잡힌 경우라고 할 수 있다. 그렇다면 적극적 열등감은 어떻게 드러나는가? 이는 시기와 질투라는 양상으로 나타난다.

흔히, 시기와 질투를 피해의식의 가장 중요한 특징으로 꼽는다. 그도 그럴 것이 피해의식에 사로잡힌 이들은 자주 통제할 수 없는 시기와 질투에 휩싸이기 때문이다. 하지만 그렇다고 하더라도, 시기와 질투는 피해의식의 근본적인 얼굴은 아니다. 이는 열등감이라는 얼굴에서 파생된 표정이기 때문이다. 쉽게 말해, 시기와 질투는 열등감의 적극적인 표현이라고 할 수 있다.

피해의식이 열등감이라는 얼굴로 드러날 때, 이는 다시 위축감과 시기·질투이라는 두 가지 마음으로 분화된다. 전자(위축감)는 사랑받을 가능성을 애초에 제거하려는 마음이고, 후자(시기·질투)는 오직 자신만이 사랑을 독점하려는 마음이다. 이는 모두 자기보호의 마음이다. 전자(위축감)는 사랑받을 가능성을 제거해 자신을 보호하려는 마음이라면, 후자(시기·질투)는 자신만이 사랑을 독점해 자신을 보호하려는 마음이다.

얼핏 이 둘은 상반된 마음처럼 보인다. 하지만 위축감(소극적 열등감)과 시기·질투(적극적 열등감)는 마치 동전의 양면처럼 동시적으로 존재한다. 위축된 이는 시기·질투에 사로잡혀 있고, 시기·질투에 사로잡혀 있는 이는 위축감에 짓눌린 상태다. '현철'은 유식해 보이거나 명문대를 나온 사람들 앞에서 위축감만 느꼈을까? 전혀 그렇지 않다. '현철'의 마음 한구석에는 그들을 시기하고 질투하는 마음이 늘 똬리를 틀고 있다. 이처럼 피해의식은 열등감이라는 얼굴로 우리를 찾아온다.

(과거의 상처 때문에 발생한) 열등감에 휩싸일 때 우리는 과도하게 자신을 방어할 수밖에 없다. 그 마음을 어찌 이해하지 못할까? 형과 비교당하며 부모에게 사랑받지 못한 상처 속에서 살아온 '현철' 아닌가? 그런 '현철'에게 자신이 타인보다 열등하지 않다고 믿는 일은 얼마나 어려운 일이겠는가? 아물지 않은 상처처럼 남겨진 열등감은 어른이 되어서도 사라지지 않는다. 형과 유사한 존재들만 보면 그 상처는 다시 벌어져 진물이 흐른다.

하지만 '현철'은 알고 있을까? 그 열등감 때문에 '현철'은 자신이 좋아하고 잘하는 일에서마저 점점 위축되고 있다는 사실을. 스스로를 열등하다고 여기는 이가 자신의 잠재성을 온전히 실현하기는 어려운 법이다. 또 '현철'은 알고 있을까? 그 열등감 때문에 '현철'은 사랑하는 연인에게마저 크고 작은 상처를 주고 있다는 사실을. 열등감에 사로잡힌 이는 누군가에 크고 깊은 사랑을 줄 수도, 누군가에게 그런 사랑을 받을 수도 없는 법이다. 애초에 자신은 그런 사랑을 줄 수도 받을 수도 없는 열등한 존재라고 믿고 있기 때문이다. 피해의식이 열등감이라는 얼굴로 우리를 찾아올 때 불행의 전주곡은 이미 시작된 셈이다.

4. 무기력

외모에 관한 피해의식을 생각해보자. '민서'는 뚱뚱했다. 학창 시절, 집에서는 하루에도 수십 번씩 "살 좀 빼라"는 잔소리를 들어야 했고, 학교에서는 뚱뚱하다는 이유로 왕따를 당해야 했다. 대학생이 되어서도 상황은 달라지지 않았다. '민서'에게는 긴 시간 좋아했던 사람이 있었다. 그런데 이게 무슨 일인가? 그가 '민서'에게 선물과 편지를 주는 것이 아닌가? 하지만 설렘과 환희는 찰나였다. "이거 예은이한테 전해줄 수 있어?" 그때 '민서'는 알았다. 남자들에게 자신은 '여성'이 아니라 단지 '인간'이라는 사실을. 직장에서도 주변의 모든 관심은 날씬하고 근사한 외모를 가진 이들에게 쏟아졌다. 그때 '민서'는 알았다. 왕따보다 무관심이 더 큰 상처라는 사실을.

'민서'는 외모 때문에 크고 작은 상처를 받았고 그로 인해 과도한 자기방어의 마음이 생겼다. "이제 사람들 안 만나고 혼자 있고 싶다." '민서'는 오직 뚱뚱하다는 이유로 세상 사람들의 비난과 냉대, 그리고 무관심에 온몸이 베였다. 세상 밖으로 나가는 것 자체가 스트레스가 되었다. 어쩔 수 없이 세상 밖으로 나가야 할 때면 그 스트레스를 다시 먹는 것으로 풀어야 했다. 그 때문에 살이 더 찐 '민서'는 점점 집 안에 홀로 있는 시간이 길어졌다. 그렇게 '민서'는 지독한 악순환에 빠져버렸다.

'민서'는 세상 사람들과 어울리며 유쾌하게 살아가기보다 홀로 방 안에서 침잠된 시간을 보내게 되었다. '민서'는 왜 홀로 방 안에 남겨졌을까? 피해의식의 악순환이 낳은 무기력 때문이다. 기본적으로 타자(나와 다른 삶의 규칙을 갖고 있는 존재)를 만나는 것은 힘든 일이다. 그것은 어느 정도의 활력이 있어야 가능한 일이다. 피해의식이 심한 이들이 타자가 있는 세상을 피하려는 이유도 이제 알 수 있다. 피해의식이 낳은 무기력 때문이다.

'무기력'이라는 자기방어

피해의식에 휩싸인 이들은 모든 이들에게 마음을 닫아버릴 만큼 무기력해진다. 왜 그런가? 그들의 무기력은 자기방어이기 때문이다. 피해의식에 사로잡힌 '민서'는 어떻게 자기를 보호하려 할까? 무기력해지면 된다. '민서'는 삶의 의욕이 생기는 것이 싫다. 삶의 의욕이 생기면 다시 사람들을 만나고 싶은 마음이 들고, 또 만나야 한다는 사실을 알고 있기 때문이다. 물론 '민서'의 이런 마음은 의식적인 차원이 아닌 무의식적인 차원에서 일어난다. '민서'는 의식적으로는 "삶의 의욕이 있었으면 좋겠다"고 말하지만, 무의식적으로는 "무기력해지고 싶다"고 말한다.

'민서'의 이런 마음을 이해할 수 있다. '민서'에게 삶의 의욕은 잠재적 상처다. 조금이라도 삶의 의욕이 생기면 세상 밖으로 나가고 싶은 마음이 생긴다. 하지만 바로 그때 부모, 선생, 친구, 동료에게 지독히도 상처받았던 기억이 떠오른다. '민서'에게 삶의 의욕은 잠재적 상처, 즉 예정된 상처일 뿐이다. 그러니 '민서'가 삶의 의욕을 없애 예정된 상처로부터 자신을 보호하고 싶은 마음이 드는 것은 당연한 일이다.

이처럼 피해의식은 무기력이라는 얼굴로 우리를 찾아온다. 우리는 때로 무기력해짐으로써 아직 치유되지 않은 과거의 상처로부터 자신을 방어하려고 하기 때문이다. 하지만 '민서'는 알고 있을까? 방 안에 혼자 남겨진 삶은 필연적(100%) 불행이지만, 타자를 만나러 가는 삶은 가능적(50%) 행복이라는 사실을. 방 안에 홀로 있으면 안전할 것 같지만 이는 결국 100% 불행해지는 길이다. 반면 타자를 만나는 것은 매 순간 50%의 행복의 가능성을 담고 있다.

세상 어딘가에는 '민서'의 상처를 이해하고 사랑해줄 사람이 분명히 있다. ('민서'가 만났던 타자 전체로 통계를 잡으면 50%에 훨씬 못 미치겠지만) 타자를 만나는 매 순간, '민서'를 사랑해줄 사람을 만날 확률은 50%나 된다. 무기력으로 자신을 방어하려 할 때 그 행복할 50% 가능성은 사라져버리고 100% 불행의 길로 접어들게 된다. 피해의식이 무기력이라는 얼굴로 우리를 찾아올 때 불행의 전주곡인 이미 시작된 셈이다.

06. —————————— 자기방어의 결과: 억울함, 우울함

° 자기방어의 결과

두려움, 분노, 열등감, 무기력. 이 네 가지 피해의식의 얼굴은 자신을 방어하기 위한 '도구'다. 의식적으로 파악하지 못할 뿐, 우리는 이 네 가지 마음을 이용하여 과거의 상처로부터 자신을 보호하려 한다. 그렇게 긴 시간 자신을 보호하려 했을 때, 그 결과로 우리는 두 가지 마음을 마주하게 된다. 바로 억울함과 우울함이다. 달리 말해, 억울함과 우울함은 자기방어의 '결과'인 셈이다. 그렇다면 이 두 마음은 우리 삶에 어떻게 작동할까?

5. 억울함

피해의식은 어떻게 억울함으로 나타날까? 사랑에 관한 피해의식을 생각해보자. '승주'는 사랑받지 못했다. 어린 시절, 늘 바빴던 부모님은 '승주'를 집에 혼자 남겨두었다. 빈집에 혼자 남겨진 '승주'는 너무 무서워서 바지에 오줌을 쌌다. 시간이 지나 혼자 남겨지는 것에 익숙해져 버렸다. '승주'는 늘 혼자 베란다에 서서 부모님과 함께 즐거운 시간을 보내는 아이들을 그저 부러운 눈빛으로 바라보아야만 했다. 이것은 결코 가벼운 문제가 아니다. 어린 시절 부모에게 충분히 사랑받지 못한 아이는 누군가에게 사랑받는 법도, 누군가를 사랑하는 법도 미숙할 수밖에 없기 때문이다.

그렇게 사랑받지 못한 '승주'는 종종 피해의식에 휩싸이곤 했다. 두려움. 새로운 사람을 만날 때마다 버림받을까 봐 두려웠다. 또다시 부모가 없는 빈집에 홀로 남겨진 아이가 되는 것은 아닌지 무서웠기 때문이다. 분노. 누군가에게 깊은 사랑을 받는 사람을 보면 정체 모를 분노가 일었다. 자신은 여전히 누구의 사랑도 받지 못한 아이인 채 남겨져 있는 것이 화가 났기 때문이다. 열등감. 누군가에게 아낌없는 사랑을 주는 사람을 보면 열등감에 휩싸였다. 사랑받지 못해 사랑하는 법조차 알지 못하는 자신이 싫어졌기 때문이다. 무기력. 그렇게 '승주'는 누군가를 만날 삶의 의욕을 놓아버렸다. 세상에 나가 누군가를 만나 사랑하고 사랑받을 자신이 없어졌기 때문이다.

'승주'의 피해의식은 이 네 가지 얼굴로 끝이 날까? 아니다. 두려움·분노·열등감·무기력이라는 감정이 휩쓸고 지나간 자리에 가장 선명한 얼굴이 들어선다. 바로 억울함이다. '승주'는 모든 것이 억울하다. 자신만 억울하게 삶이 엉망이 된 것 같다. 왜 안 그럴까? 사람은 누구나 기쁘게 살고 싶다. 하지만 '승주'는 기쁘기는커녕 매 순간 두렵고, 화가 나고, 열등감에 시달리고, 무기력하다. '승주'는 그 모든 부정적인 감정이 지독히도 싫지만, 그 감정에서 결코 쉽게 벗어날 수 없다는 사실도 잘 알고 있다. 그런 '승주'가 어찌 억울하지 않을 수 있을까?

비단 '승주'만 그럴까? 피해의식을 가장 선명하게 드러내는 감정이 바로 억울함이다. 돈, 젠더, 외모, 학벌, 사랑 등 어떤 종류의 피해의식이든 마찬가지다. 피해의식에 빠지면 모든 것이 억울하다. 돈 많은 사람을 봐도 억울하고, 남자(혹은 여자)를 봐도 억울하고, 멋있고 예쁜 사람을 봐도 억울하고, 학벌이 좋은 사람을 봐도 억울하고, 삶의 의욕이 넘치는 사람을 봐도 억울하고, 사랑하는 이들을 봐도 억울하고, 사랑받는 이들을 봐도 억울하다. 피해의식이 휩싸인 이들은 매 순간 누구를 만나도 억울한 감정에서 벗어날 수 없다.

이처럼 피해의식은 억울함이라는 얼굴로 우리를 찾아온다. 이는 심각한 불행을 초래한다. 억울함만큼 우리네 삶을 좀먹는 감정도 없다. 우선 억울함은 근거 없는 공격성을 불러일으킨다. 부모에 대한 피해의식이 있는 이가 있다고 해보자. 그는 좋은 부모를 만나지 못해 자신의 삶이 엉망이 되었다고 늘 억울해한다. 그는 성공한 이들을 보면 모두 좋은 부모를 둔 덕분이라며 근거 없는 공격성을 보인다. 이와 같이 억울함은 통제하기 어려운 공격성을 불러일으킴으로써 자신과 타인의 삶을 모두 파괴한다. 억울함의 부정적 효과는 여기서 그치지 않는다.

억울함은 퇴행적 감정이다. 억울함에 휩싸인 이들 중 현재에 집중해서 더 나은 삶을 꿈꾸는 이는 드물다. 어린 시절 가난 때문에 자신의 삶이 불행해졌다고 억울해하는 이를 생각해보자. 그는 지금 돈을 벌어 가난했던 기억으로부터 벗어나려고 할까? 그렇지 않다. 그는 가난했던 과거를 억울해하느라 지금 삶에 집중하지 못한다. 이처럼 억울함은 우리를 불행했던 과거로 퇴행하게 만든다.

주변에 억울함에 빠진 이들을 보라. 그들은 자신이 처한 많은 문제들을 적절하게 해결해나가려고 하지 않는다. 억울한 이들은 '나는 억울하다'는 이유로 아무것도 하지 않으려 하고, 또 그런 자신을 정당화하는 데 온 힘을 쏟는다. 이것이 피해의식에 빠진 이들이 자신의 삶을 현재적·능동적으로 살아가기보다 퇴행적·수동적으로 살아가게 되는 이유다. 피해의식이 억울함이라는 얼굴로 우리를 찾아올 때, 불행의 전주곡이 아니라 불행 그 자체가 이미 시작된 셈이다.

6. 우울함

우울함은 피해의식의 대표적인 얼굴 중 하나다. 우울한 이들이 모두 피해의식에 잠식되었다고 말할 수는 없지만, 피해의식에 휩싸인 이들은 반드시 우울하다. 흔히 우울함과 무기력을 유사한 상태로 여기지만 이 둘은 전혀 다르다. 우울함이 지속되어 어느 정도 수위를 넘어가면 전혀 무기력하지 않은 상태(예컨대 조증躁症)에 이르기 때문이다. 무기력은 감정기복이 없는 상태이지만, 우울증은 때로 큰 감정기복의 상태로 나타나기도 한다.

그렇다면 '우울함'이라는 피해의식의 얼굴은 어떻게 만들어질까? 앞서 피해의식의 여섯 가지 얼굴을 '도구'적 얼굴(두려움·분노·열등감·무기력)과 '결과'적 얼굴(억울함·우울함)로 구분했다. 여기서 '억울함'이라는 얼굴이 어떻게 만들어졌는지 다시 한번 살펴보자. '억울함'은 '두려움·분노·열등감·무기력'이라는 도구적 얼굴이 만들어낸 결과적 얼굴이다. 쉽게 말해, '두려움 – 분노 – 열등감 – 무기력'이라는 얼굴의 배치가 '억울함'이라는 얼굴을 만든다.

이제 우리는 '우울함'이라는 얼굴이 어떻게 형성되는지 답할 수 있다. 이는 '억울함'의 형성 원리를 확장함으로써 설명할 수 있다. '우울함'은 '두려움‒분노‒열등감‒무기력‒억울함'의 배치가 만들어낸 결과적 얼굴이다. 피해의식의 여섯 가지 얼굴 중 가장 모호한 얼굴이 바로 우울함이다. 두려움·분노·열등감·무기력·억울함은 비교적 선명하지만 우울함은 모호하다. 정말 그렇지 않은가? 두려움·분노·열등감·무기력·억울함이라는 마음은 비교적 분명하게 인지할 수 있지만, 우울함이라는 마음은 좀처럼 분명히 인지하기 어렵다.

왜 그런가? 그것은 나머지 다섯 가지 얼굴(두려움·분노·열등감·무기력·억울함)의 조합이기 때문이다. 피해의식에는 다섯 가지 표정(두려움·분노·열등감·무기력·억울함)이 있다. 이 표정은 사람과 상황, 조건에 따라 달라지고, 그 달라지는 표정들이 뒤섞여 한 순간 어떤 표정으로 드러나기도 한다. 끊임없이 순간적으로 미묘하게 달라지는 그 표정이 바로 우울함이다. 이것이 우울함이라는 얼굴이 모호할 수밖에 없는 이유다.

돈에 관한 피해의식이 있는 이를 생각해보자. 그는 돈 없는 상황이 두렵고 돈 많은 이들을 보면 분노한다. 또 돈이 없다는 사실에 열등감을 느끼고 그 과정에서 점점 무기력해진다. 그렇게 결국은 모든 것이 억울해진다. 이것으로 끝이 날까? 그렇지 않다. 그 모든 부정적인 감정이 휩쓸고 지나간 자리에 알 수 없는 우울함이 찾아온다. 이 우울함은 명료한 논리로 설명할 수도 없고, 분명한 감정으로 파악할 수도 없다. 이는 피해의식의 다섯 가지 표정들(두려움·분노·열등감·무기력·억울함)이 뒤엉켜 어느 순간 자신도 모르는 사이에 불쑥 찾아오는 감정이기 때문이다.

피해의식은 때로 우울함이라는 얼굴로 우리를 찾아온다. 우울함만큼 우리네 영혼을 파괴하는 감정도 없다. 가벼운 우울감부터 공황 증세를 유발하는 심각한 우울증까지 정도의 차이만 있을 뿐, 모든 우울함은 우리의 영혼을 좀먹는다. 피해의식에 휩싸인 이들이 삶의 활력과 의지를 잃고 죽음의 잿빛 표정을 짓고 있는 것은 결코 우연이 아니다. 우울함에 잠식당한 삶이 어떻게 유쾌한 웃음과 아름다운 미소를 담을 수 있겠는가?

우울함은 다른 얼굴들보다 더 심각한 불행을 초래할 수 있다. 우울함은 비상경보기가 없는 불행이다. 그것은 소리 없이 찾아오는 불행이다. 같은 불행이 우리를 찾아오더라도, 비상경보기를 켜지 않은 채 찾아오는 불행이 더 큰 불행이 될 수밖에 없지 않겠는가? 이것이 우울함이 더 심각한 불행이 될 수 있는 이유다. 모호해서 소리 없이 찾아오는 불행만큼 위험한 불행도 없다. 피해의식이 우울함이라는 얼굴로 우리를 찾아올 때 불행의 전주곡이 아니라 불행 그 자체가 이미 시작된 셈이다.

07. —————————— 피해의식이라는 주사위

° 여섯 가지 얼굴의 주사위

피해의식은 한 사람의 마음에 어떻게 작동할까? 피해의식은 여섯 면을 가진 주사위로 비유할 수 있다. 주사위를 던져서 '1'이 나왔다고 해보자. 이는 단순히 '1'이 드러난 것이 아니다. '1' 안에는 이미 '2·3·4·5·6'이 내포되어 있다. '2·3·4·5·6'이라는 면이 있기 때문에 '1'이라는 면이 드러날 수 있었던 것이니까. 달리 말해, '2·3·4·5·6'이라는 면이 존재하지 않는다면 '1'라는 면은 애초에 나타날 수 없다. 이것이 피해의식의 작동 원리다.

피해의식은 '두려움·분노·열등감·무기력·억울함·우울함'이라는 여섯 가지 얼굴을 가진 주사위다. 피해의식에 휩싸인 이에게 특정한 상황이 펼쳐졌을 때(주사위를 던졌을 때), '분노⑴'라는 얼굴이 드러날 수 있다. 젠더에 대해 피해의식이 있는 이가 있다고 해보자. 누군가 그녀에게 "너는 여자니까 어쩔 수 없어."라고 말했다. 그때 그녀는 '분노'했다. 그런데 그녀는 정말 '분노'만 했던 것일까? 그렇지 않다. 그 '분노⑴' 안에는 이미 '두려움·열등감·무기력·억울함·우울함⑵·⑶·⑷·⑸·⑹'이 내포되어 있다.

그녀의 '분노'는 단순한 분노가 아니다. '두려움·열등감·무기력·억울함·우울함'이 내포되어 있는 '분노'다. 여성이기 때문에 차별받았던 상처로 인한 '두려움·열등감·무기력·억울함·우울함'이 이미 존재하기 때문에, 특정한 상황이 벌어졌을 때 그녀는 '분노'에 휩싸일 수밖에 없었던 것이다. 피해의식의 다른 얼굴들 역시 마찬가지다. 유사한 상황이 벌어졌을 때 그녀는 '분노'가 아니라 '열등감'에 휩싸일 수도 있다. 하지만 이 '열등감' 역시 단순한 열등감이 아니다. 이 열등감은 나머지 여섯 가지 얼굴(두려움·분노·무기력·억울함·우울함)이 동시에 작동하는 열등감이다.

° 피해의식이라는 깊은 주름

피해의식의 여섯 가지 얼굴(두려움·분노·열등감·무기력·억울함·우울함)은 독립적으로 존재하는 얼굴이 아니다. 특정한 상황에서 하나의 얼굴이 도드라졌다고 해서 그 얼굴만 드러난 것이 아니다. 피해의식의 여섯 가지 얼굴(두려움·분노·열등감·무기력·억울함·우울함)은 주사위를 던지는 사람과 상황에 따라 서로 교차하고 중첩되며 변화하기 때문이다. 이것이 피해의식의 양상이 사람마다, 또 상황마다 가변적이고 모호하게 드러날 수밖에 없는 이유다.

이제 우리는 피해의식을 극복하는 것이 왜 그리 어려운지 알 수 있다. 피해의식은 두려움·분노·열등감·무기력·억울함·우울함이라는 여섯 가지 얼굴로 끊임없이 자리를 바꾸면서 뒤엉킨 채 분출된다. 이 여섯 가지의 강력한 부정적인 감정들은 서로에게 영향을 미치며 동시적으로 작동한다. 그래서 피해의식은 시간이 지날수록 옅어지기는커녕 더 강력하고 견고해지는 경향성을 가진다.

피해의식은 얼굴에 새겨지는 깊은 주름과 같다. 어두운 여섯 가지 표정들(두려움·분노·열등감·무기력·억울함·우울함)이 동시적으로 뒤엉킨 얼굴이 있다. 이 얼굴은 시간이 지나면 어떻게 되겠는가? 더욱 어두운 표정의 얼굴이 될 수밖에 없다. 여섯 가지 어두운 표정들이 지속되면서 더욱 어두운 표정이 될 수밖에 없는 깊은 주름을 만들기 때문이다. 각인된 주름이 좀처럼 펴지지 않는 것처럼, 피해의식 역시 좀처럼 펴지지 않는다.

스피노자

스피노자의 '기쁨'과 '슬픔'

피해의식이란 무엇일까? 피해받은 기억으로 인한 과도한 자기방어다. 정의는 명쾌하다. 하지만 이 명쾌한 정의와 달리, 실제 우리네 삶에서 발생하는 피해의식은 명쾌하게 파악하기 어렵다. 왜 그럴까? '피해받은 마음'과 '피해의식'을 구분하기 어렵기 때문이다. 피해받은 마음과 피해의식은 다르다. 쉽게 말해, 뚱뚱하다고 놀림(피해)받은 마음과 그 기억으로 인해 과도하게 자신을 방어하려는 마음(피해의식)은 다르다. 이 둘은 어떻게 다를까?

이 질문에 대한 답은 스피노자에게 들어보자. 스피노자는 인간의 감정과 욕망에 대해 누구보다 깊이 있는 사유를 보여준 철학자다. 스피노자라면, 피해받은 마음은 '증오odium'이고, 피해의식은 '반감aversio'이라고 진단할 테다. 이 낯선 이야기를 이해하기 위해 먼저 스피노자의 철학에 대해 조금 더 알아볼 필요가 있다. 스피노자는 인간의 다양한 감정들을 크게 '기쁨'과 '슬픔'이라는 두 범주로 구분했다. 이 '기쁨'과 '슬픔'이라는 개념부터 알아보자.

기쁨이란 인간이 보다 작은 완전성에서 보다 큰 완전성으로 이행하는 것이다. (중략) 슬픔이란 인간이 보다 큰 완전성에서 보다 작은 완전성으로 이행하는 것이다.
– 스피노자, 『에티카』

'기쁨'과 '슬픔'은 삶의 활력(생기)과 관계된 문제다. '기쁨'은 삶의 활력을 증대시키는 감정이고, '슬픔'은 삶의 활력을 감소시키는 감정이다. 예컨대, 사랑·희망·환희·자기만족과 같은 감정들은 '기쁨'이고, 분노·공포·절망·후회와 같은 감정들은 '슬픔'이다. 기쁨(슬픔)이 보다 작은(큰) 완전성에서 보다 큰(작은) 완전성으로 이행하는 감정인 이유도 그래서다. 우리는 사랑하고, 희망에 차 있고, 환희를 느끼고, 자기만족을 하고 있을 때, 즉 '기쁠' 때, 삶의 활력(생기)이 흘러넘쳐서 자신이 더 완전해지는 느낌을 받기 때문이다. 반대로, 우리가 분노하고, 공포에 휩싸이고, 절망하고, 후회하고 있을 때, 즉 '슬플' 때는 삶의 활력(생기)이 줄어들어 자신이 더 불완전해지는 느낌을 받는다.

스피노자의 '증오'와 '반감'

이제 우리는 스피노자의 '증오'와 '반감'을 이해할 준비가 되었다. 스피노자의 이야기를 직접 들어보자.

> 증오란 외적 원인의 관념을 수반하는 슬픔이다. (중략) 반감이란 우연히 슬픔의 원인이 된 어떤 사물의 관념을 수반하는 슬픔이다.
> – 스피노자, 『에티카』

스피노자가 정의한 '증오'와 '반감'은 모두 '슬픔'이다. '증오'와 '반감'은 모두 누군가를 미워하는 감정이다. 이는 '기쁨'이 아니라 '슬픔'이다. 누군가를 미워하면 삶의 활력이 점점 감소되니까 말이다. 그런데 '증오'와 '반감'은 모두 '슬픔'이지만, 이 둘은 명백히 다르다. 스피노자의 말에 따르면, '증오'는 '외적 원인'으로 발생한 슬픔이고, '반감'은 '우연적 원인' 때문에 발생한 슬픔이다.

'외적 원인'과 '우연적 원인'은 어떻게 다를까? 스피노자가 말하는 '외적 원인'은 필연적이기에 대체 불가능한 원인을 의미한다. 반면 '우연적 원인'은 우연하기에 언제든 대체 가능한 원인을 뜻한다. 이는 전혀 어려운 이야기가 아니다.

'진우'는 어린 시절 아버지에게 이유 없이 맞는 날이 많았다. '진우'는 그런 아버지가 싫었다. 시간이 지나 '진우'는 더 이상 아버지에게 맞지 않아도 되는 어른이 되었다. '진우'는 사회생활을 하면서 누군가가 이유 없이 싫어지는 일들이 종종 있었다. 김 과장·옆집 아저씨·버스 기사가 그랬다. 심지어 그들 중에는 '진우'에게 호의적으로 대해주는 이도 있었지만 '진우'는 이유 없이 그들이 싫어지곤 했다.

'진우'는 왜 그들이 싫어졌던 걸까? '진우'가 이유 없이 싫어졌던 이들에게는 공통점이 있었다. 큰 키, 검은 피부, 드세고 고압적인 말투였다. '진우'는 이 세 가지 요소 중 한두 가지 혹은 전부를 갖고 있는 이를 만나면 어김없이 그가 싫어지곤 했다. 왜 그랬을까? '진우'의 아버지가 큰 키, 검은 피부, 드세고 고압적인 말투를 갖고 있었기 때문이었다. '진우'는 무의식적으로 아버지를 닮은 사람이 싫어졌던 것이다.

피해받은 마음은 '증오'이고,
피해의식은 '반감'이다

이제 우리는 '증오'와 '반감'을 분명하게 구분할 수 있다. 아버지를 향한 '진우'의 감정은 '증오'다. '증오'는 외적 원인의 관념을 수반하는 슬픔이다. 누구에게나 그렇듯 '진우'에게도 아버지는 '외적 원인'이다. 아버지란 존재는 필연적이기에 대체 불가능하다. 아버지가 촉발한 '슬픔'은 오직 아버지라는 외적 원인 때문에 발생한 감정이다. 필연적이기에 대체 불가능한 존재가 주는 슬픔의 감정. 이것이 '증오'다.

'반감'은 무엇일까? 김 과장·옆집 아저씨·버스 기사를 향한 '진우'의 감정이 '반감'이다. '반감'은 '우연적 원인'에 의해 발생된 슬픔이다. '진우'를 슬픔에 빠뜨린 원인은 무엇인가? 김 과장·옆집 아저씨·버스 기사일까? 아니다. '진우'는 그들의 존재 자체 때문에 '슬픔'을 느낀 것이 아니다(만일 그렇다면 '진우'는 그들에게 '증오'

를 느끼는 셈이다).

　'진우'를 슬픔에 빠뜨린 원인은 '큰 키·검은 피부·드세고 고압적인 말투'다. 이 원인은 모두 '우연적 원인'이다. '진우'가 김 과장·옆집 아저씨·버스 기사를 싫어했던 이유는 그들이 우연히 아버지('큰 키·검은 피부·드세고 고압적인 말투')를 닮았기 때문이다. 달리 말해, 누구라도 '큰 키·검은 피부·드세고 고압적인 말투'를 우연히 갖고 있다면 언제든 '진우'에게 슬픔의 대상이 될 수 있다. 이것이 바로 '반감'이라는 감정의 정체. 우연적이기에 얼마든지 대체 가능한 원인에 의해서 촉발되는 슬픔의 감정. 이것이 '반감'이다.

'반감'은 '증오'의 부작용이며 찌꺼기다

　이제 우리는 '증오'와 '반감' 사이의 관계성 역시 알 수 있다. '반감'은 '증오'로부터 온다. 한 사람(아버지)을 '증오'할 때 우리는 우연히 누군가(큰 키·검은 피부·드세고 고압적인 말투를 가진 이)에게 '반감'을 갖게 된다. '반감'은 '증오'의 부작용이며 찌꺼기인 셈이다. '증오'와 '반감'은 서로 분리될 수 없다. '증오'의 대상(아버지)은 '반감(큰 키·검은 피부·드세고 고압적인 말투)'의 원형적 존재이기 때문이다.

　이런 '증오-반감' 관계에서 중요한 논점은 무엇인가? '반감'은 우연히 일어나기에 필연적인 슬픔의 대상이 아니라는 사실이다. 당연한 말이지만, '김 과장·옆집 아저씨·버스 기사'는 '아버지'와 유사할 뿐, 실제로는 '아버지'와 아무 상관이 없다. '진우'가 '김 과장·옆집 아저씨·버스 기사'에게 '반감'을 갖는 이유는 그들에게서 '증오'하는 아버지의 냄새(큰 키·검은 피부·드세고 고압적인 말투)를 맡았을 뿐이기 때문이다.

피해받은 마음은 초점 잡힌 슬픔이고,
피해의식은 초점 잃은 슬픔이다

　이제 '증오'와 '반감'을 조금 더 구체적으로 설명할 수 있다. '증오'는 초점 잡힌 미움이고, '반감'은 초점 잃은 미움이다. 당연하지 않은가. '증오'는 필연적 원인으로부터 발생하는 감정이다. 그러니 선명하게 초점 잡혀 있는 미움이다. 반면 '반감'은 '증오'의 부작용으로서 발생한 찌꺼기다. 그래서 그 대상이 언제든 우연히 대체될 수 있다. 그러니 '반감'은 흐릿하게 초점을 잃은 미움이다.

이제 우리는 '피해받은 마음'과 '피해의식'을 보다 분명하게 구분할 수 있다. 피해받은 마음은 '증오'이고, 피해의식은 '반감'이다. 피해받은 마음은 무엇인가? 명확하고 분명한 '외적 원인'에 의해 상처받았기 때문에 발생한 마음이다. 이때 우리 마음속에 '증오'라는 감정이 드는 것은 당연한 일이다. 즉, 피해받은 마음은 필연적이고 대체 불가능한 '외적 원인'에 의해서 생긴 '증오'의 마음이라 할 수 있다. 그래서 이 피해받은 마음(증오)은 초점 잡힌 미움이다.

반면 피해의식은 다르다. 피해의식은 직접적으로 나에게 피해(상처)를 준 대상을 향하지 않는다. 가부장적인 아버지로부터 부당한 성차별을 받아온 아이가 있다고 해보자. 이 아이에게는 피해받은 마음과 피해의식이 모두 존재할 수 있다. 그 아이는 아버지를 '증오'한다. 이는 피해받은 마음이다. 하지만 그 아이는 아버지와 같은 남자라는 이유로, 혹은 아버지를 닮았다는 이유로, 누군가를 이유 없이 미워(반감)할 수도 있다. 이 '반감'이 바로 피해의식이다. 더 정확히 말하자면 이런 '반감'은 피해의식의 근본적인 토대가 된다.

피해의식은 '반감'과 작동 원리가 같다

피해의식은 언제든 대체 가능한 '우연적 원인'에 의해서 발생한 '반감'에 사로잡힌 마음이라 할 수 있다. 이 피해의식은 흐릿하게 초점을 잃은 미움이다. 각양각색의 피해의식이 있지만, 그 근본적인 작동 원리는 '반감'의 그것과 정확히 같다. 피해의식은 온갖 부정적 감정들(미움·시기·질투·복수심 등등)을 야기하지만 그 부정적 감정들의 초점은 명확하지 않다.

돈·외모·학벌에 대한 피해의식이 있는 이들을 생각해보라. 그들의 피해의식은 누군가로부터 피해받은 마음에서 왔을 수 있다. 즉, 그 대상이 부모이건 선생이건 친구이건, 그들에게 돈이 없다(못생겼다·학벌이 나쁘다)고 상처를 주었던 명확하고 분명한 '외적 원인'이 있었을 테다. 그렇게 발생한 '증오'의 감정이 충분히 치유되지 못했을 때, ('증오'를 유발한) '외적 원인'은 너무 쉽게 '우연적 원인'으로 옮겨가곤 한다. 대부분의 피해의식은 그 '외적 원인'의 속성을 닮은 '우연적 원인'을 만났을 때, ('반감'으로) 작동하게 된다.

누군가의 피해의식이 터져 나올 때 갑자기 분위기가 어색해지곤 한다. 그 이유도 이제 알 수 있다. "저 새끼 존나 짜증나게 생겼네." '진우'가 처음 보는 (하지만 아버지를 닮은) 사람에게 갑자기 미움을 표현했다. 그때 함께 있던 친구들은 갑작스러운 상황에 당황할 수밖에 없다. 피해의식은 그것을 갖고 있는 이들에게만 당연한 (물론 무의식적인) 반응일 뿐, 주변 사람들에게는 그 맥락을 전혀 파악할 수 없는 돌발 행동이기 때문이다.

'외적 원인(아버지)'에서 기인한 '우연적 원인(큰 키·검은 피부·드세고 고압적인 말투)'이 발견될 때, '진우'의 피해의식(반감)이 작동하는 것은 당연하다. 하지만 이 당연한 반응은 '진우'의 삶 안에서만 정합적일 뿐이다. 주변 사람들에게 '진우'의 반응은 느닷없는 감정 폭발처럼 느껴질 수밖에 없다. 이것이 세상 사람들이 피해의식에 휩싸인 이들을 싫어하는 이유 중 하나다. 세상 사람들은 언제나 자신의 비합리성에만 관대할 뿐, 타인의 비합리성에는 엄격하니까 말이다.

피해의식을 옅어지게 하는 법

'증오(피해받은 마음)'는 '반감(피해의식)'의 모母감정(사건)이다. 우리가 어떤 대상을 통해 '반감'을 느낀다면 거기에는 반드시 '증오'가 도사리고 있다. 여기서 우리는 피해의식을 극복할 하나의 방법론을 발견할 수 있다. 다시 '진우'의 이야기로 돌아가자. '큰 키·검은 피부·드세고 고압적인 말투'를 갖고 있는 이들을 이유 없이 미워하는 마음은 '진우'의 피해의식이다. '진우'는 이 피해의식을 어떻게 옅어지게 할 수 있을까?

　거꾸로 물어보자. '진우'는 언제 피해의식이 가장 심할까? 즉, 언제 '큰 키·검은 피부·드세고 고압적인 말투'를 가진 이들에 대한 반감이 가장 심할까? '아버지'와 '큰 키·검은 피부·드세고 고압적인 말투' 사이의 연결 고리를 전혀 발견하지 못할 때다. 감정이 갖는 하나의 특성이 있다. 그것은 감정이 촉발된 원인을 모를 때 그 감정은 증폭되고, 원인을 알게 될 때 그 감정은 옅어진다는 사실이다.

　사랑과 미움이란 감정이 이를 잘 보여준다. 그 사람이 왜 좋은지 모른 채 한 사람에게 빠져들 때, 그 사랑은 증폭된다("그 사람이 왜 좋은지 모르겠는데 자꾸만 생각나."). 반대로 그 사람이 왜 좋은지에 대한 명확한 이유를 알게 되었을 때, 그 사랑은 옅어진다("그 사람을 좋아하는 이유는 그가 다정하고 안정적인 직장을 다녀서야."). 미움도 마찬가지다. 그 사람이 왜 싫은지 모른 채 한 사람을 싫어할 때, 그 미움은 증폭된다. 반대로 그 사람이 왜 미운지에 대한 명확한 이유를 알게 되었을 때, 그 미움은 옅어진다.

　'반감'도 그렇다. '반감'은 언제 증폭되는가? 그 '반감'의 이유를 전혀 알지 못할 때다. '진우'는 언제 '반감'이 가장 증폭될까? '큰 키·검은 피부·드세고 고압적인 말투'라는 속성이 아버지로부터 기인했다는 사실을 꿈에도 모르고 있을 때다. '반감'이 들지만, '반감'이 드는 이유를 전혀 알지 못할 때 '반감'은 점점 커지게 된다. 이제 우리는 '반감'이 언제 옅어지는지도 알 수 있다. '반감'의 이유를 알게 될 때다. 즉, '반감'은 '증오'의 고찰을 통해 옅어진다. '반감'의 원인이 바로 '증오'이기 때문이다.

　'피해의식' 역시 마찬가지다. '피해의식'은 '피해받은 마음'으로부터 오는 경우가 일반적이다. '피해의식'이 증폭되는 이유는 '피해받은 마음'에 대한 고찰이 적거나 없어서다. '피해받은 마음("돈도 없는 거지새끼야!")'을 잘 들여다보지 않은 이들은 더 짙은 피해의식("다 필요 없고 돈만 많으면 돼!")을 갖게 될 수밖에 없다. 반대로 '피해받은 마음'에 대해서 깊이 고찰하면 피해의식은 옅어지게 된다.

'진우'는 '큰 키·검은 피부·드세고 고압적인 말투'를 가진 이들을 보면 '반감'을 느낄 수 있다. 하지만 '진우'가 자신의 피해받은 마음을 고찰하는 과정을 통해, 그들이 싫은 이유가 아버지의 속성을 갖고 있기 때문이라는 사실을 깨닫게 된다면 어떨까? 하루아침에 그들에 대한 미움이 모두 사라지지는 않을 테지만, 분명 그 사실을 깨닫기 전보다는 옅어질 것이다. 그들이 미운 것은 그들의 잘못이 아니니까.

다른 피해의식 역시 마찬가지다. 학벌이 좋다는 이유로, 부자라는 이유, 근사한 외모를 가졌다는 이유로 누군가가 미워질 수 있다. 하지만 그 미움이 언젠가 부모·선생·친구로부터 피해받은 마음에서 왔다는 사실을 깨닫게 되면 그 미움 역시 옅어질 수 있다.

마지막으로 '반감'이 찾아왔을 때 가장 하지 말아야 할 일이 있다. '반감'에 대해 반감을 갖는 일이다. 달리 말해, 누군가를 이유 없이 미워하는 자신을 미워해서는 안 된다. 이는 '반감'을 더욱 증폭시키는 역할을 할 뿐이다. 피해의식 역시 마찬가지다. 피해의식이 찾아왔을 때, 피해의식에 사로잡혀 있는 자신을 비난해서는 안 된다. 그것은 피해의식을 더욱 증폭시키는 역할을 할 뿐이다. '반감'이 찾아왔을 때 우리가 가장 먼저 해야 할 일은 '증오'를 돌아보는 일이듯, '피해의식'이 찾아왔을 때 우리가 가장 먼저 해야 할 일은 '피해받은 마음'을 돌아보는 일이다. 피해의식의 원인을 발견하려고 애쓸 때, 피해의식으로부터 조금씩 자유로워질 수 있다.

02

VICTIM MENTALITY

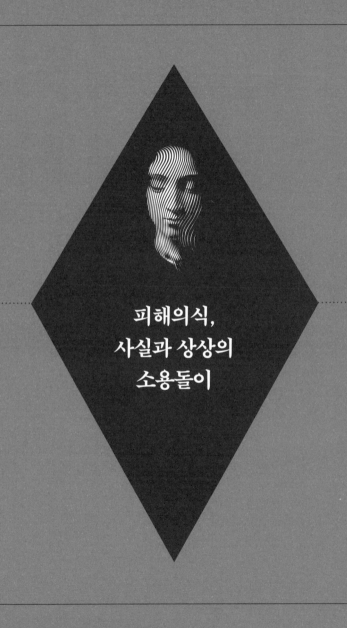

피해의식,
사실과 상상의
소용돌이

01. —————————— 피해의식이
없는 이는 없다

° '턱 마스크'보다
'노 마스크'가 불편한 이유

피해의식이 없는 이는 없다. 강도의 차이는 있겠지만, 누구에게나 피해의식은 있다. 세상 사람들은 흔히 피해의식을 특정한 이들이 갖고 있는 삐뚤어진 마음이라고 여긴다. 하지만 이는 사실이 아니다. 간단한 실험을 하나 해보자. 코로나 바이러스가 창궐하던 시절, 두 사람이 길을 걸어가고 있다. 한 사람은 마스크를 아예 쓰지 않았고, 한 사람은 턱에 걸친 상태로 쓰고 있다. 우리는 이 두 사람을 보며 어떤 감정이 들까? 당연히 반감이 든다. 바이러스를 전파할 가능성이 있는데도 마스크를 쓰지 않았으니 말이다.

세상 사람들은 자신은 피해의식이 없기에 언제나 이성·합리·논리적이라고 믿는다. 그들의 생각은 이렇다. '마스크를 쓰지 않는 사람에게 반감이 드는 이유는 그 사람이 바이러스를 전파할 가능성이 있기 때문이야.' 이런 생각은 사실일까? 만약 이런 생각이 사실이라면, 마스크를 쓰지 않은 이와 마스크를 턱에 걸친 이에 대한 반감의 크기는 똑같아야만 한다. 이성·합리·논리적으로만 접근했을 때, '노 마스크'와 '턱 마스크'는 완전히 똑같은 사태이니까 말이다.

하지만 현실은 어떤가? '노 마스크'와 '턱 마스크'에 똑같은 반감을 가지는 이들은 거의 없다. 대부분은 '노 마스크'에는 큰 반감을, '턱 마스크'는 작은 반감을 갖는다. 마스크를 쓰지 않은 이에게는 "저 사람은 왜 저렇게 이기적이야!"라며 큰 반감을 갖는다. 반면 마스크를 턱에 걸친 이에게는 "그래도 마스크 쓰는 흉내라도 냈네."라며 상대적으로 작은 반감을 가진다. 왜 그럴까? '노 마스크'는 너무 얌체 같고, '턱 마스크'는 그나마 시늉이라도 한 것 같기 때문이다.

그렇다면 이런 마음은 어디서 왔을까? 피해의식이다. 마스크를 쓰며 답답한 생활을 했던 일이 피해의식이 되었기 때문이다. '노 마스크'에 대한 큰 반감의 속내는 이렇다. '나는 마스크를 쓰며 답답하게 생활하고 있는데, 너는 마스크를 쓰지 않아서 화가 난다.' '턱 마스크'에 대한 작은 반감의 속내는 이렇다. '너는 나만큼은 아니지만 마스크를 턱에라도 써서 불편하게 살고 있으니 덜 화가 난다.' 이것이 우리의 보편적인 마음 상태다.

˚피해의식은 인간의 보편적인 마음 상태다

이처럼 피해의식은 예외적인 마음이라기보다 인간의 보편적인 마음 상태라고 말할 수 있다. 이는 논리적으로 자명하다. 피해의식은 피해 받은 기억으로 인한 과도한 자기방어다. 그렇다면 논리적으로 피해의식이 없으려면 '피해'가 없거나 '기억'이 없거나 '과도한 자기방어'가 없어야 한다. 하지만 이 세 가지 경우는 모두 불가능하다.

피해(상처)를 생각해보자. 살아가면서 크고 작은 피해(상처)를 한 번도 받지 않은 사람은 없다. "삶은 고해苦海"라는 싯타르타의 말을 빌릴 필요도 없다. 삶 자체가 고통(상처)의 연속임은 자명한 사실이다. 누구에게나 삶은 고통이다. 어째서 그런가? 삶을 고통 없이 살아가는 이도 어딘가에 존재하지 않을까? 안타깝게도 그런 이는 존재하지 않는다. 불교에서 말하는 '고苦'는 팔리(인도의 한 지역)어로 '두카dukkha'이다. 이는 어원적으로 '어긋남'을 의미한다. 즉, 무엇인가 바라는 바가 있는데, 그것에서 어긋나서 발생하는 불만족스러움이 바로 불교에서 의미하는 '고'이다.

이 '고', 즉 어긋남이 바로 피해(상처) 아닌가? 삶은 '어긋남'의 연속이다. 즉, 산다는 것은 어긋남을 받아들인다는 것이다. 그 어긋남의 종류와 크기는 다를 수 있지만, 누구든 자신이 바라는 바에 대한 어긋남에서 근본적으로 벗어날 수는 없다. 삶은 시작부터 끝까지 그 자체가 고통(어긋남)이다. 삶의 시작을 생각해보라. 안락한 엄마의 자궁 밖으로 나온 순간부터 강한 빛에 노출되고 폐호흡을 해야 하는 고통(어긋남)이 시작된다. 그 이후, 겪어야 했던 다종다양한 고통(입시·이별·취업·생계·질병·죽음…)들은 더 말할 필요도 없다. 이는 모두 우리가 항상 무엇인가를 바라고 그 바람은 언제나 어긋날 수밖에 없기 때문에 발생한 상처들이다. 이처럼 피해(상처) 혹은 고통(어긋남)은 누구도 피할 수 없는 삶의 조건이다.

'기억'은 어떤가? 누구에게나 기억은 있다. 우리가 살아가며 겪었던 일들은 의식이냐 무의식이냐의 차이만 있을 뿐, 모두 기억된다. 아주 예외적인 경우(기억상실증·치매)가 아니라면 기억이 없는 이는 없다. 인간이 인간일 수 있는 이유는 모두 기억 때문이다. 인간이 무엇인가를 기억할 수 없다면 그는 인간다운 삶을 영위할 수 없다. 이처럼 어떤 이라도 '피해(상처)'와 '기억'에 속박되어 있다. 인간에게 '피해(상처)'와 '기억'은 보편적 조건이다. 그러니 어떤 사람이라도 '피해'와 '기억'으로부터 벗어나 피해의식에서 자유로울 수는 없다.

° 피해의식은 '있음 – 없음'의 문제가 아니라 '균형'의 문제다

이제 '과도한 자기방어'를 생각해보자. 과도한 자기방어가 없는 사람은 분명 존재한다. 지독한 가난(피해)을 기억하고 있음에도 불구하고 과도한 자기방어를 하지 않는 경우가 있다. 그렇다면 그는 피해의식이 없는 것일까? 단언할 수 없다. 과도한 자기방어는 '있음'과 '없음'이라는 이분법으로 구분할 수 있는 개념이 아니기 때문이다.

'과도함'의 반대 개념은 '적절함'이다. 지독한 가난을 기억함에도 불구하고 적절하게 베풀며 살 줄 아는 이는 분명 피해의식이 '없다'고 말할 수 있다. 하지만 이는 어떤 순간의 상태일 뿐이다. 그러니 이 경우는 피해의식이 '없다'가 아니라 피해의식이 '옅다'고 말해야 적확하다. 지독한 가난을 경험했지만 적절히 베풀며 살던 이를 다시 생각해보자. 그는 영원히 그 상태를 유지할 수 있을까?

단언하기 어렵다. 어떤 상황과 조건 속에서 그는 다시 돈 때문에 자신을 과도하게 보호하려 할 수도 있기 때문이다. 즉, 적절한 자기방어를 하는 순간이 있다고 해서 피해의식 자체가 없어졌다고 할 수는 없다. 설령 적절한 자기방어를 하는 시간이 길어졌다고 해도, 그것 역시 피해의식이 옅어진 시간이 길어진 것이지 피해의식 자체가 없어진 것은 아니다.

'나(혹은 그)는 피해의식이 없다.' 이러한 진단은 어느 변화의 한 순간을 고정된 상태로 규정한 오류에 지나지 않는다. 상처받은 기억에도 불구하고 적절한 자기방어가 작동할 때도 있고, 어느 순간에는 그 상처의 기억 때문에 과도한 자기방어가 작동할 때도 있다. 이처럼 피해의식은 아슬아슬한 외줄타기와 같은 '균형'의 문제이지, '있음'과 '없음'의 문제가 아니다. 피해의식을 '있음'과 '없음'의 문제로 접근할 때 피해의식이란 문제를 잘 다룰 수 없다. 이쪽(있음)이나 저쪽(없음)에 쏠리면 균형을 잡지 못하고 외줄에서 떨어질 수밖에 없으니까 말이다.

피해의식은 인간의 보편적인 마음 상태다. 피해의식은 누구에게나 있고, 어느 순간에나 찾아올 수 있다. 피해의식을 다룰 때 이 사실을 분명히 하는 일은 매우 중요하다. 피해의식에 잠식되는 일은 자신에게는 결코 피해의식이 있을 리 없다는 착각으로부터 시작되는 경우가 대부분이기 때문이다. 누구에게나 피해의식이 있다는 사실을 받아들일 때 자신의 피해의식을 들여다볼 수 있는 틈이 생긴다.

02. ———————— 피해의식은 '기억'이고, 피해자 의식은 '사실'이다

˚'피해자 의식'과 '피해의식'

피해의식은 매우 조심스럽고 섬세하게 다루어야 하는 주제다. '피해의식'은 '피해자 의식'이라는 개념과 미묘하고 혼란스럽게 뒤엉켜 있기 때문이다. 이 때문에 발생하는 오해가 많다. 그 오해에 대한 논의를 시작하기 전에 우선 '피해자 의식'과 '피해의식'의 차이부터 구분해보자. '피해자 의식'과 '피해의식'은 어떻게 구분할 수 있으며, 이 둘은 어떤 관계를 맺고 있을까?

'피해자 의식'과 '피해의식'을 정의해보자. '피해자 의식'은 특정한 사건을 통해 피해를 받았다는 '사실'에 의해 발생하는 마음 상태(당황·증오·후회·수치심·복수심 등등)다. 반면 '피해의식'은 특정한 사건을 통해 피해받은 '기억'으로 인한 과도한 자기방어의 마음 상태다. 간단히 말하자면, '피해자 의식'은 '사실'의 문제이고, '피해의식'은 '기억'의 문제라고 할 수 있다. 이처럼 '피해자 의식'과 '피해의식'은 분명히 다르다. 하지만 이 둘 사이에는 밀접한 상관관계가 있다.

피해자가 아니면(피해받은 '사실'이 없으면) 피해의식('기억')이 생길 개연성이 작고, 피해자이면(피해받은 '사실'이 있으면) 피해의식('기억')에 사로잡힐 개연성이 크다. 하지만 그렇다고 하더라도, '피해자 의식'과 '피해의식'이 직접적인 인과관계를 맺고 있는 것은 아니다. 쉽게 말해, 피해받은 '사실'이 없더라도 피해의식('기억')이 있을 수 있고, 피해받은 '사실'이 있더라도 피해의식('기억')이 없을 수 있다. 이는 피해자(피해받은 '사실'이 있는 이)와 피해의식의 관계성을 살펴보는 것으로 확인해볼 수 있다.

° '피해자 의식 – 피해의식'의 네 가지 관계성

'피해자 의식'과 '피해의식'의 관계는 네 가지 경우로 구분할 수 있다. 첫째는 피해자이기에 피해의식에 사로잡힌 경우다. 이는 '피해자 의식'이 '피해의식'이 된 경우다. 둘째는 피해자이지만 피해의식에 사로잡히지 않은 경우다. 이는 '피해자 의식'이 '피해의식'으로 옮겨가지 않은 경우다. 셋째는 피해자가 아니지만 피해의식에 사로잡힌 경우다. 이는 '피해자 의식' 없이도 '피해의식'이 발생한 경우다. 넷째는 피해자가 아니기에 피해의식에 사로잡히지 않은 경우다. 이는 '피해자 의식'이 없기에 '피해의식'도 발생하지 않은 경우다.

이 네 가지 경우를 어린 시절 강도를 당한 경험을 예로 설명해보자. 첫 번째 경우는 강도의 경험 때문에 어떤 일이 있어도 절대 밤에 집 밖을 나가지 않게 된 경우다. 이는 '피해자 의식(강도를 당한 사실)'이 '피해의식(기억으로 인한 과도한 자기방어)'으로 옮겨간 경우다. 두 번째 경우는 강도의 경험이 있지만 필요한 일이 있을 때는 밤에 집 밖을 나갈 수 있는 경우다. 이는 '피해자 의식'이 있지만 '피해의식'으로 옮겨가지 않은 경우다.

세 번째는 어떤 경우일까? 강도를 당한 경험이 없지만 (매체나 주변 이야기를 듣고) 강도를 당할지도 모른다는 상상 혹은 불안 때문에 밤에 집 밖을 나가지 못하는 경우이다. 이는 '피해자 의식'이 없음에도 불구하고 '피해의식'이 생긴 경우이다. 네 번째 경우는 강도를 당한 경험이 없어서 밤길을 아무 거리낌 없이 나설 수 있는 경우이다. 이 경우는 피해자 의식이 없기 때문에 피해의식도 발생하지 않은 경우다. 이처럼, '피해자 의식-피해의식'은 네 가지 관계를 가질 수 있다.

°피해자 의식은 '사실'이고, 피해의식은 '기억'이다

이 네 가지 경우가 함의하는 바는 무엇인가? '피해자 의식'과 '피해의식'은 마치 자판기에 동전을 넣으면 음료가 나오는 것처럼 직접적인 인과관계를 맺고 있지 않다는 것이다. 그렇다면 왜 이런 네 가지 경우가 발생하는 것일까? '피해자 의식'은 '사실'에 근거하는 반면 '피해의식'은 '기억'에 근거하기 때문이다. 이제 '피해자 의식-피해의식'이 특정한 상관관계에 있을 뿐, 직접적인 인과관계를 맺고 있지 않은 이유를 알 수 있다.

'사실-기억'은 상관관계에 있지만, 직접적인 인과관계를 구성하지는 않는다. 어떤 사건(강도)이 일어나면 그것은 '사실'이다. 그때 우리는 그 '사실'에 대한 '기억'을 갖게 된다. 하지만 그렇다고 그 '기억'이 곧 '사실'인 것은 아니다. 우리가 갖고 있는 '기억'은 '사실'의 '기억'이 아니다. 예컨대, 우리의 '기억'은 특정한 '사실'을 촬영한 CCTV 화면을 되돌려 보는 것과는 전혀 다르다.

'사실'과 '기억'의 관계를 곰곰이 생각해보라. '사실'이 '기억'되기도 하지만, '사실'이 '기억'되지 않기도 한다. 심지어 '사실'이 아닌 일이 '기억'되기도 한다. '사실'은 언제나 조작되고 왜곡되고 편집되어 '기억'된다. 왜 이런 일이 벌어지는 걸까? 이에 대해 답하기 위해 '기억'에 대해 조금 더 깊이 알아보자.

° 기억은 대상과 신체의 마주침이다

'기억'은 어떻게 형성될까? '기억'은 대상과 신체의 마주침이다. 이는 어려운 말이 아니다. 어렸을 때 강아지를 키운 '기억'이 있다고 해보자. 그것은 강아지(대상)와 '나'의 신체가 마주친 결과다. 과거 어느 시점에 '나'의 신체가 강아지를 보고 듣고 만진 결과가 바로 강아지에 대한 '나'의 '기억'이다. 그렇다면 과거의 어떤 대상과 '나'의 신체의 마주침은 전적으로 '사실'일까? 달리 말해, '나'의 기억은 모두 실제로 일어난 일일까? 전혀 그렇지 않다.

강아지에 관한 '나'의 기억은 '사실'이 아니다. 이는 '나'의 정신에 문제(기억상실·치매)가 있다는 의미가 아니다. '기억'이 대상(강아지)과 신체(나)의 마주침이라면, 그 마주침에는 반드시 '여백'과 '조정'이 포함된다. '여백'부터 이야기해보자. 인간의 신체는 유한하기에 어떤 대상도 그 전체를 기억할 수 없다. 반드시 '여백'이 생긴다. 아침에 꼬리를 흔들며 '나'를 반겼던 강아지를 보며 학교를 갔다. 그리고 하교 후에 다시 꼬리를 흔들며 '나'를 반겨준 강아지를 보았다. 이 두 사건은 분명 '사실'이다.

이 '사실'로부터 우리는 그날 강아지가 건강했다고 '기억'한다. 그런데 이 '기억'은 정말 '사실'일까? 그렇지 않다. '나'의 등교와 하교 사이에 강아지는 심한 복통으로 죽을 고비를 넘겼기 때문이다. '기억'은 대상과 신체의 마주침이다. 그런데 우리의 신체는 유한하기에(모든 곳에 존재할 수 없기에) 반드시 '여백'을 발생시킬 수밖에 없다. 우리는 그 '여백'을 상상으로 메운다.

'기억'은 마치 만화책을 보는 것과 같다. 우리는 만화책을 보지만, 만화책을 다 보면 그 내용이 우리 머릿속에는 애니메이션으로 남는다. 이는 고정된 장면(사실)과 장면(사실) 사이의 '여백'을 우리가 상상으로 메우기 때문이다. 같은 만화책(사실)을 보더라도 사람마다 머릿속에 남아 있는 애니메이션(기억)은 모두 다르다. 이것이 우리 '기억'의 정체다.

'기억'이 '사실'이 아닌 이유는 또 있다. 바로 '조정'이다. '기억'은 대상과 신체의 마주침이다. 그런데 우리의 신체는 매 순간 그 상태가 다르다. 바로 그 때문에 대상과 신체의 마주침의 결과는 순간순간 '조정'된다. 한가한 일요일 오후에 강아지에게 밥을 준 '기억'이 있다. 하지만 연인과 이별하고 집으로 돌아온 날에도 그런 '기억'이 있을까? 아마 그런 '기억'은 없을 테다.

그렇다면 그날 강아지는 집에 없었거나 '나'는 밥을 주지 않았던 것일까? 그렇지 않다. 한가한 일요일 오후에도, 연인과 이별한 날에도 강아지는 언제나 집에 있었고, '나'는 밥을 주었을 테다. 단지 일요일 오후의 '나'의 신체는 강아지를 기억할 만큼 분명하게(주의 깊게) 지각했고, 이별한 후의 '나'의 신체는 강아지를 기억할 수 없을 만큼 흐릿하게(부주의하게) 지각했을 뿐이다. 이처럼 '기억'은 신체의 상태에 따라 얼마든지 '조정'된다.

° '기억'은 '사실'이 아니다

'여백'과 '조정'에 따른 기억의 불투명성은 늘 발생할 수밖에 없다. '기억'은 언제나 '사실'과 '사실' 사이의 '여백'을 상상으로 메우고, '나'의 신체 상태에 따라 얼마든지 '조정'될 수 있기 때문이다.

'기억'은 '사실'이 아니다. '기억'은 언제나 '사실'을 조작, 왜곡, 편집한 '기억'이다. 그래서 '사실'과 '기억'은 직접적인 인과관계에 있지 않다. 여기서 주목해야 할 점은, '피해자 의식(사실)'과 '피해의식(기억)' 역시 이러한 관계를 맺고 있다는 사실이다. '피해자 의식(사실)'이 있으면 '피해의식(기억)'이 있을 수 있다. 하지만 '피해자 의식(사실)'이 있더라도 '피해의식(기억)'은 없을 수 있고, 심지어 '피해자 의식(사실)'이 없음에도 불구하고 '피해의식(기억)'이 있을 수 있다.

'기억'에 관한 이러한 삶의 진실은 피해의식에 관한 두 가지 불편한 진실을 폭로한다. 누군가는 피해받은 사실이 없음(정확히는 '사실'들의 '여백'을 상상으로 메우고 '조정'했음)에도 불구하고 피해의식에 사로잡혀 있다는 것. 그리고 누군가는 피해받은 사실이 있음에도 불구하고 피해의식에서 자유로울 수 있다는 것. 전자는 자신의 미숙함이 직접 폭로되어 불편하고, 후자는 누군가의 성숙함으로 인해 자신의 미숙함이 간접적으로 폭로되어 불편하다.

03. ———————————— 피해의식의
과잉해석과 과소해석

°피해의식의 과잉해석

피해의식은 있음과 없음의 문제가 아니라 균형의 문제다. 그렇다면 피해의식을 균형 있게 다룬다는 것은 구체적으로 어떤 의미일까? 피해의식을 과잉해석하지도, 과소해석하지도 않는다는 것을 의미한다. 이 피해의식의 과잉해석과 과소해석은 무엇일까? 먼저 이 두 가지 불균형 상태가 하나의 뿌리에 나왔다는 사실부터 밝혀두자. 그 뿌리는 '피해 자-피해의식'을 직접적인 인과관계로 인식하는 오해다.

피해의식의 과잉해석이 무엇인가? 피해자가 자신의 상처를 극복했음에도 불구하고 자신이 여전히 피해의식에 빠져 있다고 여기는 마음이다. 어린 시절 밤길에 강도를 당한 피해자가 있다고 해보자. 그는 그런 상처에도 불구하고 용기를 내어 밤길을 다닐 수 있게 되었다. 하지만 가급적이면 밤길을 나서지 않으려고 한다. 이때 그런 자신을 책망하는 마음("아직도 그날의 사건에서 벗어나지 못했구나!")이 바로 피해의식의 과잉해석이다.

　이런 피해의식의 과잉해석은 자기 파괴적이다. 충분히 노력해서 삶의 변화를 이룬 이가 자신을 정당하게 평가하기보다 오히려 비난하고 다그치는 것보다 자기 파괴적인 일도 없다. 이런 자기 파괴적인 과잉해석은 왜 발생했을까? '피해자-피해의식'을 직접적인 인과관계로 오해했기 때문이다. 즉, 피해를 받으면 반드시 피해의식이 있을 수밖에 없다는 믿음 때문이다.

　만약 그가 '피해자이더라도 피해의식에 사로잡히지 않을 수 있다'는 사실을 알고 있었다면, 이런 자기 파괴적인 마음이 생기지 않았을 수 있다. "나는 분명 피해받았지만 그럼에도 불구하고 나름대로 그 상처를 잘 치유해왔구나." 이렇게 균형 잡힌 시선을 가질 수 있다. 즉, 피해자와 피해의식은 개연성이 있을 뿐 직접적인 인과관계에 있지 않다는 사실을 깨닫는 것만으로도 피해의식의 과잉해석은 어느 정도 해소할 수 있다.

°피해의식의 과소해석

　그렇다면 피해의식의 과소해석은 무엇인가? '피해자가 아니면 피해의식은 없다'고 단정하는 마음이거나 혹은 '피해자가 피해의식을 가지는 것은 당연하다'고 여기는 마음이다. 전자는 "나는 강도를 당한 경험이 없으니 어떤 피해의식도 없어."라는 마음이고, 후자는 "나는 강도를 당한 경험이 있으니 밤에 나가지 않는 게 당연한 거야."라는 마음이다. 피해의식의 과소해석은 자기 기만적이다. 분명히 존재하는 자신의 어둠을 애써 외면하려는 마음은 기만적이다. 자신과 타인의 삶을 슬픔에 빠뜨리는 자신의 어둠을 극복하려 하기보다 손쉽게 정당화하려는 마음은 얼마나 기만적인가?

　이런 자기 기만적인 과소해석 역시 '피해자−피해의식'이 직접적인 인과관계에 있다는 오해에서 비롯되었다. 피해를 받지 않아도 피해의식이 발생할 수 있다. 또 피해를 받았지만 피해의식에 휩싸이지 않을 수도 있다. 우리의 기억은 '사실의 기억'보다 '상상의 기억'에 더 많이 지배받고 있다. 그래서 피해를 받은 '사실'이 없더라도, 피해를 받은 것 같다는 '상상'이 기억으로 자리 잡을 수 있다. 또 피해를 받은 '사실'이 있다고 하더라도, 그 '사실의 기억'을 왜곡·편집하여 '상상의 기억'으로 증폭시키지만 않는다면 심각한 피해의식에 휩싸이지 않을 수 있다.

　'사실'과 '기억', 혹은 '피해자'와 '피해의식' 사이의 삶의 진실에 직면해야 한다. 그 삶의 진실에 직면할 때에만 자신의 피해의식을 거리 두어 볼 수 있는 공간이 열리게 된다. 오직 그 공간에서만 피해의식의 과잉해석과 과소해석에서 벗어나 균형 잡힌 시각으로 피해의식을 성찰할 수 있다. 그렇게 우리는 자기 파괴적인 혹은 자기 기만적인 피해의식의 내적 논리에서 벗어날 수 있다.

04. _____ 피해의식은 '기쁜 슬픔', 피해자 의식은 '슬픈 기쁨'이다

°피해의식은 슬픔을 주고, 피해자 의식은 기쁨을 준다

피해의식과 피해자 의식을 구분하는 것은 중요하다. 왜 중요한가? 피해의식은 슬픔을 주고, 피해자 의식은 기쁨을 주기 때문이다. 의아하다. 피해의식이 슬픔을 준다는 것은 이해가 된다. 피해의식은 온갖 부정적인 감정(두려움·분노·열등감·무기력·억울함·우울함)을 야기해서 우리네 삶을 슬픔에 빠뜨리니까 말이다.

그런데 피해자 의식이 기쁨을 준다니? 이것은 무슨 뚱딴지같은 소리인가? 가해자로부터 피해를 받으면 어떤 감정에 휩싸이게 될까? 당황·증오·후회·수치심·복수심 같은 부정적인 감정에 휩싸이게 된다. 이런 부정적인 감정들 역시 우리네 삶을 슬픔으로 몰고 가는 것 아닌가? 하지만 이는 삶의 진실을 제대로 조망하지 못해 발생하는 오해일 뿐이다.

'수민'은 어린 시절 부모에게 사랑받지 못한 '기억'을 갖고 있다. '수민'은 자신에게 어떤 일이 생길 때마다 모든 문제를 부모에게 사랑받지 못한 탓으로 돌렸다. 그 때문에 두려움·분노·열등감·무기력·억울함·우울함에 휩싸이곤 했다. '수민'의 '기억'은 '사실'이 아니다. 어린 시절, '수민' 역시 부모에게 크고 작은 관심과 사랑을 받으며 자랐다. 하지만 '수민'은 그 '사실'을 조작, 왜곡, 편집하여 부모에게 사랑받지 못한 '기억'만을 갖고 있다. '수민'은 피해의식에 휩싸여 있다. 피해의식은 피해받은 ('사실'이 아닌) '기억'으로 인해 발생하는 마음 상태이니까 말이다.

'민기'는 부모에게 버림받아 고아원에서 자란 '사실'이 있다. '민기'는 자신에게 어떤 일이 생길 때마다 모든 문제를 부모가 없었기 때문이라고 여겼다. 그 때문에 '민기'는 긴 시간 당황·증오·후회·수치심·복수심 같은 부정적인 감정에 시달리며 살았다. 부모가 있는 아이들의 따뜻함과 친절함에 당황했고, 부모가 없다는 사실에 수치심을 느꼈고, 자신을 버리고 간 부모에게 복수심이 들었고, 자신이 태어난 것을 후회했다.

'민기'의 '기억'은 '사실'에 기초해 있다. '민기'의 모든 '기억'이 '사실'이라고 말할 수는 없겠지만, 적어도 '민기'의 가장 큰 불행은 명백한 '사실'에 기초해 있다. '민기'는 피해자 의식 속에 있다. 피해자 의식은 피해를 받았다는 ('기억'이 아닌) '사실'에 의해 발생하는 마음 상태이니까 말이다.

°피해의식은 '기쁜 슬픔'이다

얼핏 보면, '수민'과 '민기'는 같은 슬픔에 빠져 있는 것처럼 보인다. 정말 그럴까? 성급하게 답하기 전에 기쁨과 슬픔이 무엇인지부터 알아보자. 기쁨은 삶의 활력을 높이는 감정이고, 슬픔은 삶의 활력을 떨어뜨리는 감정이다. 이 정의에 따르면 '수민'과 '민기'는 둘 다 슬픔에 빠져 있다. 하지만 둘의 슬픔은 전혀 다른 충위의 슬픔이다. 더 정확히 말하자면, 정반대 방향의 슬픔이다. 이 두 슬픔이 어떻게 다른지 살펴보자.

'수민'의 슬픔은 피해의식으로부터 온 것이고, '민기'의 슬픔은 피해자 의식으로부터 온 것이다. 먼저 '수민'의 슬픔, 즉 피해의식으로부터 온 슬픔이 무엇인지 살펴보자. 이는 '기쁜 슬픔'이다. '기쁜 슬픔'은 무엇일까? 슬픔 중에는 처음에는 기쁘다가 종국에는 슬픔의 나락으로 떨어지는 슬픔들이 있다. 대표적으로 음주욕과 탐식이 그렇다. 술을 마시고 맛있는 음식을 먹으면 기쁘다. 하지만 그 기쁨을 계속 추구하다 보면 어떻게 될까? 다음날 머리가 깨질 것 같은 숙취(슬픔)에 시달릴 수밖에 없고, 과식으로 인한 소화불량·비만(슬픔)을 피할 수 없다. 이는 피해의식의 양상과 정확히 같다.

'수민'은 왜 슬픔에 휩싸였을까? 피해의식 때문이다. '수민'은 연애나 직장생활에서 크고 작은 문제가 생길 때마다 부모에게 사랑받지 못한 기억을 떠올렸다. "이게 다 부모에게 사랑받지 못해서 일어난 일이야!" 피해의식은 사태를 평면적이고 단편적인 시선으로 바라보게 한다. 이는 기쁨이다. 왜 그런가? 자신에게 닥친 모든 문제를 평면적·단편적인 시선으로 바라보면, 그 문제는 자신과 아무 상관 없는 외부의 특정한 원인에 의해서 발생한 것이라 확신하게 되기 때문이다.

이는 얼마나 기쁜 일인가? 이것이 왜 기쁨인지는 거꾸로 생각해보면 더욱 분명해진다. 자신에게 어떤 문제가 발생했을 때, 그것을 입체적·종합적인 시선으로 바라보는 것은 슬픔이다. 어떤 문제를 입체적·종합적으로 바라볼 때, 자신이 그 문제에 개입해 상황을 바꿀 수 있는 여지를 반드시 발견하게 된다. 이는 얼마나 불편하고 불쾌한 일인가? 상황을 입체적·종합적으로 볼 때 우리는 반성하고 고민하고 행동할 수밖에 없게 되니까 말이다.

그에 비해 피해의식은 얼마나 편안하고 안락한 기쁨인가? 자신에게 닥친 삶의 문제를 평면적·단편적인 시선으로 바라보면 그 문제에 대해 깊이 성찰하고 고민할 필요도, 힘들게 개입할 필요도 없게 된다. 이처럼 자신에게는 어떤 책임도 없고, 자신은 어떤 노력도 할 필요가 없다는 마음 상태를 유지하는 것은 기쁨이다.

그런데 이 기쁨은 계속 기쁨인 채로 유지될까? 아니다. 이 기쁨은 술 마시는 것이 즐겁다고 계속 술을 마시는 기쁨과 같다. 이 기쁨은 곧 더 큰 슬픔으로 전락할 '기쁜 슬픔'일 뿐이다. 당연하지 않은가? 자신의 모든 문제를 부모 탓으로 돌린다고 해도, 그 문제 중 어느 것도 해결되지 않을 테니까 말이다. 그 때문에 '수민'의 삶은 앞으로 더 심각하게 꼬이게 될 것이 분명하다. 이것이 피해의식이 '기쁜 슬픔'인 이유다.

°피해자 의식은 '슬픈 기쁨'이다

이제 '민기'의 슬픔에 대해서 이야기해보자. '민기'는 왜 슬픈가? 피해자 의식 때문이다. '민기'는 피해받았던 사실 때문에 온갖 부정적인 감정(당황·증오·후회·수치심·복수심)에 종종 사로잡힌다. 하지만 이런 부정적인 감정들은 기쁨이 된다. 의아하다. 부정적인 감정들이 어떻게 우리네 삶에 활력을 주는 기쁨이 되는 것일까?

피해자 의식은 '슬픈 기쁨'이다. '슬픈 기쁨'은 무엇인가? 슬픔 중에는 그 슬픔을 견디다 보면 끝내는 기쁨으로 전복되는 슬픔이 있다. 그것이 '슬픈 기쁨'이라는 감정이다. 대표적으로 부끄러움이 그렇다. 카페 옆 테이블 밑에 오만 원짜리 지폐 한 장이 떨어져 있다. 누가 봐도 그 테이블 사람이 흘린 것이다. 마침 그 순간 옆 테이블 사람이 화장실에 갔다. 아무도 보지 않아서 슬쩍 그 오만 원을 주머니에 넣었다. 시간이 지나 그때 그 일에 부끄러움을 느낄 수 있다.

"돈 오만 원에 참 부끄러운 짓을 했구나." 그 고통스러운 부끄러움(슬픔)을 잊지 않고 계속 마음에 담아두면 어떤 일이 벌어질까? 어느 날 길거리에 백만 원이 떨어져 있어도 주머니에 넣지 않고 주인을 찾아주려 할 것이다. 그때 자신이 당당한 사람이라는 자부심(기쁨)을 누리게 된다. 이는 피해자 의식의 양상과 같다.

'민기'는 왜 슬픔에 빠졌을까? 피해자 의식 때문이다. '민기'는 삶의 이런저런 문제 앞에서 당황·증오·후회·수치심·복수심 같은 슬픔의 감정에 휩싸였다. 왜 그랬을까? 부모에게 버림받아 고아원에서 자랐던 '사실' 때문이다. "이게 다 부모에게 버림받아서 일어난 일이야!" 피해자 의식은 고정된 시선이다. 이는 살점이 떨어져 나간 고통 때문에 아름다운 경치로 고개를 돌리지 못하고 상처만 바라보게 되는 마음과 같다.

이는 이중의 슬픔이다. 피가 뚝뚝 떨어지는 고통이 여전히 이어지고 있다는 측면에서도 슬픔이고, 그 슬픔 때문에 아름다운 경치로 고개를 돌리지 못하는 것 또한 슬픔이다. 이것이 피해자의 마음이다. 피해자 의식은 이중의 슬픔이다. 이제 우리는 더 큰 의아함에 빠질 수밖에 없다. 이중의 그 지독한 슬픔이 어째서 기쁨이란 말인가?

'민기'의 슬픔(당황·증오·후회·수치심·복수심)은 계속 슬픔인 채 남아 있을까? 아니다. 이 슬픔은 고통스러운 부끄러움을 감내하는 슬픔과 같다. 이 슬픔은 어느 순간 기쁨으로 비상할 '슬픈 기쁨'이다. 물론 '민기'가 부모에게 버림받지 않았다면 더없이 좋았을 테다. 하지만 그 일은 불행히도 이미 일어났다. '민기'의 살점이 떨어져 나가지 않았다면 얼마나 좋았을까? 하지만 이미 불운하게 살점이 떨어져 나갔다면 어떻게 할 텐가?

°신체의 상처와
마음의 상처

세상 사람들은 상처와 고통이 크면 클수록 마치 그것이 원래 없던 것처럼 성급하게 은폐하고 외면하려 한다. 하지만 그네들의 바람과는 달리 그렇게 은폐된 상처는 짓무르고 곪아서 더 큰 고통을 불러일으키게 된다. 아직 아물지 않은 상처는 어떻게 다루어야 할까? 상처를 직시해야 한다. 성급하게 덮어 두느라 상처에 눌러 붙은 천 조각을 걷어내야 한다. 그렇게 고통을 감당하며 상처 부위를 벌려 곪지는 않았는지 확인하고 약을 발라주고 햇볕에 쬐어주고 바람도 쐬어주어야 한다. 이것이 상처를 가장 빨리 아물게 하는 방법이다.

'민기'의 상처는 무엇인가? 부모에게 버림받았다는 '사실'이다. '민기'를 종종 찾아오는 당황·증오·후회·수치심·복수심 같은 슬픔은 그 상처 때문에 발생한 고통인 셈이다. '민기'는 슬픔을 견뎌냈다. 당황·증오·후회·수치심·복수심의 슬픔을 아프게 직시했다. 당황하고, 증오하고, 후회하고, 수치스럽고, 복수하고 싶은 마음들이 있다는 것을 인정하고 받아들였다. 이는 얼마나 큰 슬픔인가? 하지만 '민기'의 슬픔은 기쁨으로 가는 슬픔이다. 슬픈 기쁨. 자신의 슬픔을 있는 그대로 직면한 피해자들은 반드시 기쁨의 삶으로 나아간다.

　신체의 상처와 마음의 상처는 같다. 신체적 상처가 있을 때, 그것을 있는 그대로 직면하며 고통을 견뎌야 한다. 그 고통이 필요하다. 그 고통을 견디는 시간 속에서 고통은 조금씩 잦아들게 된다. 그때 비로소 자신 옆에 있었던 아름다운 경치로 시선을 돌릴 수 있게 된다. 마음의 상처 역시 그렇다. 정서적 상처가 있을 때, 그것을 있는 그대로 직면하며 그 슬픔을 견뎌야 한다. 그 슬픔이 필요하다. 그 슬픔을 견디는 시간 속에서 그 슬픔은 조금씩 잦아들게 된다. 그렇게 자신 옆에 늘 주어져 있었던 기쁨의 순간들로 시선을 돌릴 수 있게 된다. 이것이 불운했던 피해자가 슬픔에서 벗어나 기쁨으로 나아가는 방법이다.

　상처(부모에게 버림)받았다면 당황·증오·후회·수치심·복수심 같은 부정적 감정들(고통)이 들지 않을 수 없다. 이것은 큰 문제가 아니다. 이런 부정적 감정들을 외면하고 은폐할 때 큰 문제가 된다. 그 은폐된 부정적 감정이 바로 골 깊은 피해의식으로 변질되기 때문이다. 반면 상처(부모에게 버림)받은 사실 때문에 발생한 부정적 감정들을 인정하고 받아들이면 기쁨의 활로가 열린다. 자신의 슬픔에 직면했던 '민기'는 이제 그 상처에 시선이 고정되어 있지 않다. 자신 곁에 있는 소중한 것들에 시선을 돌려 기쁨을 맞이하게 된다. 그렇게 '민기'는 피해자 의식으로부터도, 피해의식으로부터도 벗어나게 된다.

05. ——————— 피해의식에 대한 그릇된 진단

˚피해의식의 두 가지 진단

"그건 그 사람의 피해의식이지." 세상 사람들은 타인의 피해의식에 대해 진단한다. 이런 피해의식의 진단에는 두 가지 경우가 있다. 적확한 진단과 그릇된 진단. 즉, 한 사람의 태도와 행동을 통해 그의 피해의식을 적확하게 진단하는 경우가 있고, 반대로 피해의식이 없는 이를 오해해서 피해의식이 있다고 진단할 수도 있다. 이 두 경우는 모두 문제가 될 수 있다.

적확한 진단은 왜 문제인가? 한 사람의 피해의식을 적확하게 진단했다고 하더라도, 그것을 애정과 관심이 아닌 비난과 폄하의 목적으로 사용한다면 문제가 된다. 가난에 대한 피해의식이 있는 이를 생각해보자. 그의 태도와 행동을 보고 "그건 네 피해의식이지."라고 진단할 수 있다. 이는 분명 적확한 진단이다. 하지만 그것이 애정과 관심이 아니라 비난과 폄하를 목적으로 삼고 있다면, 그런 진단은 안 하느니만 못하다.

누군가를 비난하고 폄하할 마음으로 한 사람의 피해의식을 진단하는 것은 졸렬하고 저열한 공격일 뿐이다. 피해의식의 진단이 애정과 관심인 경우는 드물다. 세상 사람들의 피해의식 진단은 비난과 폄하를 목적으로 한 졸렬하고 저열한 공격인 경우가 대부분이다. 어쩌면 세상 사람들이 피해의식의 진단에 대해 그토록 거부감을 보이는 것은 바로 이 때문인지도 모르겠다.

°피해의식의 그릇된 진단은 왜 발생하는가?

피해의식의 그릇된 진단은 무엇인가? 한 사람의 태도와 행동을 잘못 해석해 피해의식으로 진단하는 경우다. '유빈'은 사람을 외모로 판단하는 세태를 종종 비판한다. '유빈'의 그런 태도와 행동에 대해 이렇게 진단하는 이들이 있다. "외모에 대한 피해의식이 있네." 이는 그릇된 진단이다. '유빈'의 사회 비판적 태도와 행동은 피해의식이 아니라 사회가 조금 더 건강한 방향으로 나아가길 바라는 마음에서 비롯된 것이니까 말이다.

이런 그릇된 진단은 왜 발생하는가? 즉, 세상 사람들은 '유빈'을 왜 오해하는가? 그들이 보기에 '유빈'이 못생겼기 때문이다. 이는 비단 '유빈'만의 일이 아니다. 가난한 이들이 자본주의를 비판할 때 세상 사람들은 그것을 어떻게 바라보는가? 딱히 고민할 필요도 없이, 가난에 대한 피해의식 때문이라고 진단한다. 이런 황당한 논리는 현실적으로 상당한 설득력을 갖는다. 왜 이런 일이 벌어진 것일까?

다시 묻자. 왜 세상 사람들은 '유빈'을 오해하는가? '유빈'이 못생겼기 때문인가? 아니다. 피해자는 반드시 피해의식을 갖고 있을 것이라는 믿음 때문이다. "'유빈'은 못생겼다(가난하다). 못생긴(가난한) 이들은 피해를 받는다. 피해는 반드시 피해의식이 된다. '유빈'은 피해의식이 있다." 이것이 '유빈'을 오해한 이들의 논리 구조다. 이 논리 구조 속에 있는 이들은 당연히 '유빈'의 모든 태도와 행동을 피해의식으로 진단할 수밖에 없다.

이러한 논리 구조는 정당한가? 전혀 그렇지 않다. 논리를 전개하는 '전제("'유빈'은 못생겼다.")'도 틀렸고, 논리를 전개하는 '과정("피해는 반드시 피해의식이 된다.")'도 틀렸다. '유빈'이 아름다운지 추한지는 주관적인 평가이므로 보편적인 결론을 도출하는 전제로 사용될 수 없다. 누군가가 보기에는 '유빈'이 아름다울 수도 있지 않겠는가? '유빈'을 아름답다고 생각하는 이는 '유빈'의 사회 비판적인 태도와 행동을 피해의식 때문이라고 진단할 수 없다.

논리를 전개하는 '과정' 역시 틀렸다. 피해자와 피해의식 사이에는 개연성이 있을 뿐, 필연성은 없다. 즉, 피해자이면 피해의식이 생길 개연성은 크지만 반드시 피해의식이 생기는 것은 아니다. '유빈'을 오해한 논리 구조를 다시 생각해보자. 먼저 '전제'가 옳다고 해보자. 즉, '유빈'이 누가 보더라도 못생겼다고 가정해보자. 그래서 외모 때문에 크고 작은 상처를 입었다고 해보자. 그렇다고 하더라도, '유빈'이 외모지상주의를 비판하는 것을 두고 피해의식에서 비롯된 행동이라고 바로 결론지을 수는 없다. 사람과 상황, 조건에 따라, 동일한 피해를 받더라도 피해의식이 생길 수도 있고, 생기지 않을 수도 있기 때문이다.

°피해자와 피해의식을 구분하지 못할 때 일어나는 일들

물론 피해를 받으면 피해의식이 생기는 경우가 훨씬 많다. 하지만 모두가 그런 것은 아니다. 강도를 당했지만 다시 밤길을 나설 수 있게 된 씩씩한 이들이 있는 것처럼, 외모 혹은 가난 때문에 상처받았지만 피해 의식에 잠식되지 않은 건강한 이들도 있다. 하지만 세상 사람들은 그들을 있는 그대로 보지 못한다. 그래서 피해자였지만 온 힘을 다해 피해의 식으로부터 벗어난 이에게 다시 피해(상처)를 준다. 이런 사례는 흔하다.

'수찬'은 피해자다. 우리 시대에 자본적 차별로 인한 피해는 엄존한 다. '수찬'은 단지 돈이 없다는 이유로 상처받은 피해자다. '수찬'은 지금 협동조합을 만들어 일하고 있다. '수찬'은 피해자이지만 피해의식에 사로잡히지 않았다. '수찬'은 피해받은 기억이 있지만 그 때문에 자신을 과도하게 방어하려는 마음은 없다. '수찬'이 협동조합에서 고되게 일하는 이유는 조금 더 많은 이들이 자본적 차별로부터 자유로워지기를 바라서다.

'민정'은 피해자다. 우리 시대에 성차별로 인한 피해는 엄존한다. '민정'은 단지 여자라는 이유로 상처받은 피해자다. '민정'은 지금 페미니즘 운동에 동참하고 있다. '민정'은 피해자이지만 피해의식에 사로잡히지 않았다. '민정'은 피해받은 기억이 있지만 그 때문에 자신을 과도하게 방어하려는 마음은 없다. 누군가를 남자라는 이유만으로 싫어하거나 혐오하지 않는다. 그녀가 페미니즘 운동에 동참하는 이유는, 긴 시간 견고하게 자리 잡은 성차별에 저항해 조금 더 인간다운 사회로 나아가기를 바라서다.

'수찬'과 '민정'은 피해자이지만 피해의식에 사로잡히지 않았다. 그들은 이제 행복하게 살 수 있을까? 현실은 낙관적이지 않다. '수찬'과 '민정'은 그들의 선의와 상관없이 2차 피해를 당하게 될지도 모른다. '수찬'과 '민정'은 주변 사람들로부터 종종 공격을 받는다. "자기가 돈 벌 능력이 안 되니까 협동조합이나 하는 거지." "페미니즘으로 왜 자기 분풀이를 해." 이는 조금 더 인간다운 사회를 위해 구조적 모순에 저항하려는 마음을, 피해의식(개인적 열패감이나 복수심)으로 매도하는 방식의 공격이다.

°안목이 빈약하거나 부재할 때

피해의식에 대한 적확한 진단이 졸렬하고 저열한 공격이라면, 피해의식에 대한 그릇된 진단은 투박하고 무지한 공격이다. 피해의식에 대해 그릇된 진단을 하는 이들은 투박하고 무지하다. 타인의 삶을 섬세하게 살필 수 없는 투박함, 자신의 삶 너머에 있는 진실을 보지 못하는 무지함. 이것이 피해의식에 대한 그릇된 진단이 발생하는 조건이다. 무지하고 투박한 이들은 언제나 그릇된 진단을 할 수밖에 없다. 그들은 세계에 대한 안목이 협소하거나 부재한 까닭이다.

'내가 이해할 수 없는 것은 존재하지 않는다.' 안목이 협소하거나 부재한 이들의 공통적인 삶의 태도다. 안목이 협소(부재)한 이들이 낯선(자신의 세계관으로 이해할 수 없는) 존재를 이해하는 방식은 간편하다. 그들은 그 낯선 존재를 있는 그대로 이해하려 애쓰기보다 자신의 수준에서 손쉽게 해석해버린다. 이는 마치 깊이 있는 예술 작품을 볼 수 있는 안목이 없는 이들이 "이런 그림 나도 그리겠네."라고 말하는 것과 비슷하다.

안목이 협소(부재)한 이들에게 피해자이지만 피해의식에 사로잡히지 않은 아름다운 사람은 존재하지 않는다. 상처를 받으면 마음이 뒤틀어져 반드시 피해의식에 휩싸여야만 한다. 그들의 세계에서는 그렇지 않은 사람은 존재하지 않는다. 만약 그렇게 보이는 이들이 있다면, 그들은 무언가 은밀한 꿍꿍이나 노림수를 숨기고 있는 것일 뿐이다. 이것이 '수찬'과 '민정'을 피해의식에 잠식당한 존재로 오해했던 이들의 마음 상태다. 그들의 오해는 '수찬'과 '민정'이란 낯선 존재를 자신의 수준(세계관)에서 손쉽게 해석해버렸기에 발생한 것이다.

피해를 받았지만 피해의식에 휩싸이지 않고 살아가는 성숙한 이들은 (드물기는 하지만) 분명 존재한다. 그러니 한 사람의 피해의식에 대해 섣불리 진단해서는 안 된다. 모른다고 없는 것이 아니다. 자신이 이해할 수 없다고 그 이해할 수 없는 대상이 존재하지 않는 것은 아니다. 그것은 단지 빈약한 안목의 결과일 뿐이다. 피해의식에 대한 논의는 중요하다. 그것이 이해할 수 없었던 '나'와 '너', 그리고 '우리'를 이해하는 안목을 높이는 일이기 때문이다.

06. —————————— 피해의식,
상상의 기억화

°사실의 기억과
상상의 기억

"무조건 돈 많이 벌 거야." '서희'는 가난에 대한 피해의식이 있다. 악착같이 돈을 벌려고 애를 쓰고, 어떤 상황에서든 돈을 쓰는 것에 매우 인색하다. '서희'는 가난으로부터 자신을 과도하게 보호하려는 마음이 있다. 가난했기 때문일까? 그렇지 않다. '서희'는 가난을 경험한 적이 없다. 심지어 '서희'의 집은 어린 시절부터 부유했다. 그런데 '서희'는 왜 피해의식에 사로잡히게 되었을까?

'서희'는 피해자가 아님에도 피해의식에 사로잡힌 전형적인 사례다. '서희'처럼 피해받은 적이 없지만 피해의식에 잠식되는 경우가 있다. 이런 일은 왜 발생하는 걸까? 피해의식의 정의를 다시 생각해보자. 피해의식은 상처(피해)받은 기억으로 인한 과도한 자기방어다. 즉, 피해의식은 '기억'의 문제다. '기억'은 '사실'이 아니다. 우리는 있는 그대로의 '사실'만을 '기억'하지 않는다.

기억에는 두 가지 기억이 있다. '사실의 기억'과 '상상의 기억'. 이 두 기억은 어떻게 다를까? 한 여자가 한 남자와 사랑했던 기억을 갖고 있다. 이때 '사실의 기억'은, 이 둘은 12월 24일 홍대 카페에서 처음 만났고, 그로부터 2년 동안 연애를 했다는 기억이다. 이처럼 '사실의 기억'은 있는 그대로의 '사실'에 대한 기억이다. 이 '사실의 기억'은 그 기억과 관계된 사람이라면 다르게 기억하기 어려운 기억이다.

하지만 그녀에게 이런 '사실의 기억'만 있는 것은 아니다. 그녀는 '상상의 기억'도 갖고 있다. 그녀는 2년 동안 그 남자에게 헌신했고, 그와 애틋하고 행복한 시간을 보냈다는 기억도 갖고 있다. 하지만 놀랍게도, '사실의 기억'을 공유한 그 남자는 전혀 다른 기억을 갖고 있다. 그 남자는 그녀와의 연애를 지옥 같은 시간으로 기억하고 있다. 왜 이런 모순적인 일이 발생한 걸까?

그녀는 '사실의 기억'뿐만 아니라 '상상의 기억'도 갖고 있기 때문이다. 그녀는 2년 동안 그 남자와 지독히 싸웠고, 때로 다른 남자에게 마음이 간 적도 있었다. 그것이 '사실'이다. 하지만 그녀는 이런 '사실'을 왜곡·조작·편집한 '기억'을 갖고 있다. 이것이 '상상의 기억'이다. '상상의 기억'은 '사실의 기억'을 왜곡·조작·편집한 기억이다. 이것이 '사실의 기억'을 공유한 이들이 저마다 상이한 기억을 갖고 있는 이유다.

°피해의식,
상상의 기억화!

이제 우리는 피해자가 아니지만 피해의식에 휩싸인 이들을 이해할 수 있다. 피해의식은 '사실의 기억'뿐만 아니라 '상상의 기억'을 통해서도 촉발될 수 있기 때문이다. 즉, 왜곡·조작·편집된 '상상의 기억'에 의해 피해의식이 발생할 수도 있다. 강도를 당한 '사실'은 없지만 극단적으로 밤길을 피하는 사람의 정서 상태를 생각해보라. 그는 특정한 사건(강도)을 당한 적도 없으면서 왜 밤길을 피하는 것일까?

강도를 당한 '기억'이 있기 때문이다. '사실의 기억'이 아닌 '상상의 기억'이 있기 때문이다. 물론 의식적으로는 자신이 강도를 당한 '사실'이 없다는 것을 알고 있다. 하지만 무의식적으로 자신이 강도를 당했다는 '상상의 기억'을 갖고 있을 수는 있다. 그렇지 않다면, 실제로 강도를 만난 적이 없는데도 강도를 만날 것 같은 불안과 공포 때문에 (극단적으로 밤길을 피하는) 심각한 불편을 감내하는 태도를 달리 설명할 길이 없다.

그렇다면 '상상의 기억'은 어떻게 발생하는 걸까? 언론 매체나 주변 사람들로부터 강도 사건에 대한 이야기를 반복적으로 듣는 이들이 있다. 이들은 그런 이야기들과 자신의 경험을 조합해 '상상의 기억'을 갖게 된다. 이때 삶의 심각한 불편을 초래하는 불안과 공포는 더 이상 상상(환상)의 문제가 아니게 된다. 그것은 상상의 기억화, 즉 '상상의 기억'의 문제가 된다. 즉, 사실은 일어나지 않은 일이지만 그 일이 정말로 자신에게 일어난 것처럼 느끼는 마음을 갖게 된다.

이제 우리는 '서희'의 피해의식을 이해할 수 있다. '서희'가 가난을 경험하지 않았음에도 피해의식에 휩싸인 이유는 '사실의 기억'이 아니라 '상상의 기억'에 사로잡혀 있기 때문이다. "지금 돈 많아도 길거리에 나앉는 건 한순간이야!" 자수성가한 '서희' 아버지의 입버릇이었다. 지독히 반복되었던 그 말에 '서희'의 기억은 왜곡·조작·편집되었다. '서희'의 '사실의 기억' 속에 가난은 없다. 하지만 '서희'의 '상상의 기억' 속에는 자신이 서울역에서 노숙하고 있는 모습이 선명하게 자리 잡고 있다.

°가장 경계해야 할 피해의식

이처럼 피해의식은 '사실의 기억' 때문에 발생할 수도 있지만, '상상의 기억' 때문에 발생할 수도 있다. 중요한 것은, 전자보다 후자가 훨씬 더 벗어나기 어려운 피해의식이라는 점이다. 도둑과 귀신 중 어느 쪽이 더 벗어나기 어려운가? 귀신이다. 왜 그런가? 도둑은 '사실'이고, 귀신은 '상상'이기 때문이다. '사실'은 실제로 존재하기에 구체적인 대처 방안을 마련할 수 있지만, '상상'은 실제로 존재하지 않기에 구체적인 대처 방안을 마련하기 어렵다.

피해의식 역시 마찬가지다. 실제로 가난했던 이의 피해의식과 가난을 상상했던 이의 피해의식 중 어느 쪽이 더 극복하기 어렵겠는가? 가난을 상상했던 쪽이다. 실제로 가난했던 이의 피해의식은 상대적으로 극복하기 쉽다. 더 이상 가난해지지 않으려고 노력하거나 지금은 그때만큼 가난하지 않다는 사실을 확인하면 된다.

하지만 가난을 상상했던 이의 피해의식은 상황이 다르다. 그들은 돈을 더 벌게 된다고 하더라도 여전히 가난이라는 공포 속에 있을 수밖에 없다. 또한 그들은 지금은 가난하지 않다는 사실을 확인하기도 어렵다. 그들의 가난은 언제든 제멋대로 모습을 바꿀 수 있는 상상 속에 있기 때문이다. 이처럼 '상상의 기억'으로 인한 피해의식은 좀처럼 극복하기 어렵다. 이것이 우리가 '상상의 기억'으로 인해 촉발된 피해의식을 가장 경계해야 하는 이유다.

° 사실의 기억, 상상의 기억, 사실 – 상상의 기억

피해의식이 기억의 문제라면, 피해의식에는 세 가지 피해의식이 있다. 앞서 기억에는 '사실의 기억'과 '상상의 기억'이 있다고 말했다. 하지만 엄밀하게 말하자면, 기억에는 세 가지 기억이 있다. '사실의 기억'과 '상상의 기억', 그리고 '사실 – 상상의 기억'이다. 그러니 피해의식 역시 세 가지 종류의 피해의식이 있다. '사실의 기억'이 촉발한 피해의식, '상상의 기억'이 촉발한 피해의식, '사실 – 상상의 기억'이 촉발한 피해의식이다. 각각의 피해의식에 대해서 알아보자.

먼저 '사실의 기억'이 촉발한 피해의식부터 알아보자. '선재'는 가난했다. 문제집을 살 돈이 없어서 친구의 문제집을 빌려 연습장에 옮겨 적어야 했고, 보충 수업비를 못 내서 선생의 꾸중을 들어야 했다. 이 모든 기억은 사실이다. 그 '사실의 기억' 때문에 '선재'에게는 피해의식이 생겼다. "무조건 돈이야." '선재'는 악착같이 돈을 벌려고 했고 사랑하는 이에게조차 돈을 쓰지 않으려 했다. 이것이 '사실의 기억'이 촉발한 피해의식이다.

'상상의 기억'이 촉발한 피해의식은 무엇일까? '서희'는 부유한 집안에서 자랐다. 가난을 경험한 사실이 없다. 그런데도 항상 돈에 집착했다. '서희'는 가난에 대한 피해의식이 있다. "돈 없으면 죽어야 돼." 이런 일은 왜 발생했을까? 가난했던 사실은 없지만, 가난의 공포에 대한 과도한 상상을 반복함으로써 가난에 대한 피해의식이 생겼기 때문이다. 이것이 '상상의 기억'이 촉발한 피해의식이다.

'사실－상상의 기억'이 촉발한 피해의식은 무엇일까? '우진'은 넉넉하진 않았지만 그렇다고 찢어지게 가난하지도 않은 집에서 자랐다. '우진'은 입고 먹고 공부하는 것에 대해서는 부족함 없이 자랐다. 하지만 넉넉하지 않았던 집안 사정 때문에 정작 갖고 싶었던 게임기나 컴퓨터는 갖지 못했다. 그 때문에 '우진'은 피해의식이 생겼다. "돈만 많으면 돼." '우진'의 피해의식은 전적으로 '상상의 기억'이 만들어낸 피해의식일까? 그렇지 않다. '우진'이 게임기와 컴퓨터를 갖지 못했던 것은 사실이기 때문이다.

그렇다면 '우진'의 피해의식은 '사실의 기억'이 촉발한 피해의식일까? 그 역시 아니다. '우진'의 피해의식은 '사실'을 바탕으로 '상상'이 덧대어진 결과이다. '우진'은 가난에 대한 '사실의 기억'이 있지만, 그 '사실의 기억'을 기초로 '상상의 기억'을 덧대어 왜곡·조작·편집한 기억을 가지고 있다. 이것이 '사실－상상의 기억'이다. 이런 기억으로부터 피해의식이 생길 수 있다. 이것이 '사실－상상의 기억'이 촉발한 피해의식이다.

°저밀도의 피해의식,
고밀도의 피해의식

모든 피해의식은 우리네 삶을 슬픔으로 몰아넣는다. 하지만 모든 피해의식이 같은 강도로 우리를 슬픔으로 몰아넣는 것은 아니다. 피해의식은 저마다 밀도가 다르기 때문이다. 피해의식에는 심각한 피해의식이 있고, 상대적으로 덜 심각한(혹은 평범한) 피해의식이 있다. 전자를 고밀도의 피해의식, 후자를 저밀도의 피해의식이라고 하자. 고밀도의 피해의식은 큰 슬픔을, 저밀도의 피해의식은 작은 슬픔을 유발한다.

그렇다면 고밀도의 피해의식과 저밀도의 피해의식은 어떻게 구분할 수 있을까? '사실의 기억'이 촉발한 피해의식이 가장 저밀도이고, '상상의 기억'이 촉발한 피해의식이 가장 고밀도이다. 이를 설명하기 위해 먼저 피해의식과 기억의 관계를 다시 살펴보자. 피해의식은 상처받은 기억 때문에 발생한다. 그런데 이 기억이 작동하는 두 가지 방식이 있다. 하나는 그 상처받은 기억이 다른 기억들을 불러내는 것을 막는 경우이고, 다른 하나는 그 상처받은 기억이 다른 기억을 불러내는 경우이다.

°저밀도의 피해의식,
'사실의 기억'

이제 저밀도의 피해의식이 '사실의 기억'으로부터 촉발되고, 고밀도의 피해의식이 '상상의 기억'으로부터 촉발되는 이유를 알 수 있다. 저밀도의 피해의식부터 이야기해보자. 사실과 사실은 연결되어 있다. 그래서 하나의 사실은 다른 사실을 떠올릴 수 있게 한다. 어린 시절, 친하게 지냈던 사실이 있는 친구의 얼굴이 떠올랐다고 해보자. 그때 그 친구와 함께 바닷가에 놀러갔던 사실의 기억도 함께 떠오를 수 있다. 이처럼 '사실의 기억'은 또 다른 '사실의 기억'을 불러일으킬 가능성이 크다. 이것이 '사실의 기억'으로 촉발된 피해의식이 저밀도인 이유다.

'선재'의 피해의식을 생각해보라. 그의 피해의식은 저밀도이다. '선재'의 피해의식은 가난해서 상처받은 '사실의 기억' 때문에 발생했기 때문이다. '선재'의 이 '사실의 기억'은 또 다른 '사실의 기억'을 불러일으킨다. '선재'는 정신없이 바쁜 출장 중에 허기를 달래기 위해 허름하지만 온기 있는 식당에 들어섰다. 그곳에서 '선재'는 가난했지만 행복하기도 했던 유년 시절이 떠올랐다.

그 새로운 '사실의 기억'은 선재의 피해의식("무조건 돈이야.")이 더 심각해지는 것을 막는다. 가난해서 상처받은 기억도 있지만, 가난했기에 애틋했던 기억마저 갖고 있는 이는 돈 너머의 것들을 볼 수 있으니까 말이다. 이처럼 '사실의 기억'이 촉발한 피해의식은 저밀도일 수밖에 없다. '사실의 기억'은 피해의식을 옅어지게 할 또 다른 '사실의 기억'과 연결되어 있기 때문이다.

°고밀도의 피해의식, '상상의 기억'

'상상의 기억'이 촉발한 피해의식이 가장 고밀도인 이유 역시 이제 알 수 있다. '사실'이 아니라 '상상'이 피해의식을 만들 수도 있다. 이 피해의식은 점점 더 짙어질 가능성이 크다. 왜 그런가? 그 피해의식을 옅어지게 할 다른 기억이 좀처럼 떠오르지 않기 때문이다. 이는 당연한 일이다. '상상의 기억'은 사실이 아니기에 그것에 연결된 다른 '사실의 기억'이 있을 리 없다. '상상의 기억'은 또 다른 상상을 증폭시킬 뿐이다.

'서희'의 피해의식을 생각해보라. '서희'는 가난했던 사실이 없다. '서희'의 가난은 상상 속에만 있다. 그 가난의 상상이 불러일으킬 기억은 또 다른 '상상의 기억'일 수밖에 없고, 그것은 다시 가난의 상상일 가능성이 크다. '서희'는 언제 어디서 누구를 만나더라도, '사실의 기억'이 떠오르기보다 상상 속 가난의 기억이 떠오르고 증폭될 가능성이 크다. 마치 귀신 영화(상상)를 보고 겁먹은 아이가 점점 더 무서운 귀신을 상상하게 되는 것처럼 말이다.

'상상의 기억'으로 인해 촉발된 피해의식은 보이지 않는 유령을 피해 달아나려는 마음과 같다. 보이지 않는 유령(피해)을 피해 달아나려는 마음(피해의식)은 점점 더 커질 뿐 좀처럼 작아지지 않는다. 상상 속 유령은 보이지 않기에 대응할 수 없기 때문이다. 이처럼 '상상의 기억'으로부터 촉발된 피해의식은 고밀도일 수밖에 없다.

° 우리의 피해의식, '사실 – 상상의 기억'

실제 우리네 삶에서 '선재'와 '서희'는 존재할까? 달리 말해, 완전한 '사실의 기억'을 갖고 있는 이와 완전한 '상상의 기억'을 갖고 있는 이는 존재할까? 거의 없다고 말할 수 있을 정도로 드물 테다. 전자는 '컴퓨터'이고, 후자는 '정신병'이기 때문이다. 완전한 '사실의 기억'을 갖고 있다면 그것은 '컴퓨터'이고, 완전한 '상상의 기억'을 갖고 있다면 그것은 '정신병'이다. '컴퓨터'와 '정신병'은 우리네 일상에서 매우 드문 존재다.

우리의 기억은 '컴퓨터'와 '정신병', 그 사이 어디쯤 있다. 우리의 기억은 '사실의 기억'과 '상상의 기억'이라는 양극단 사이에 있는 '사실-상상의 기억'이다. 일반적인 피해의식은 '사실'을 바탕으로 어느 정도 왜곡·조작·편집된 '상상'의 기억이 더해진 '사실-상상의 기억'으로부터 촉발된다. 누군가 가난에 대한 피해의식이 있다면, 그것은 어린 시절 가난을 실제로 경험했고 그 경험을 토대로 어느 정도의 상상이 덧대어져 만들어진 경우가 일반적이다.

일반적인 피해의식은 '사실-상상의 기억'이 촉발한 피해의식이다. 이것이 의미하는 바가 무엇인가? 한 사람이 갖고 있는 동일한 피해의식 역시 상황과 조건에 따라 그 밀도가 매 순간 달라질 수밖에 없다는 것이다. 피해의식의 밀도를 결정하는 두 가지 변수('사실'과 '상상')가 매 순간 달라지기 때문이다. 이제 '사실'과 '상상'이라는 두 가지 변수에 대해서 이야기해보자.

°피해의식의 두 변수, '사실'과 '상상'

먼저 '사실'부터 이야기해보자. 피해의식의 밀도를 결정짓는 변수로서 '사실'은 과거의 현실적 조건이라고 말할 수 있다. 이 과거의 현실적 조건(사실)에 따라 피해의식의 밀도는 달라진다. 쉽게 말해, 지독한 가난을 경험한 이들의 피해의식은 상대적으로 고밀도일 가능성이 크고, 평범한 가난을 경험한 이들의 피해의식은 상대적으로 저밀도일 가능성이 크다. 즉, 사실로서의 상처가 깊으면 피해의식이 고밀도일 가능성이 크고, 사실로서의 상처가 얕으면 피해의식이 저밀도일 가능성이 크다.

또 하나의 변수가 있다. '상상'이다. 과거에 같은 크기의 가난(현실적 조건)을 경험했던 두 사람이 있다고 해보자. 둘의 피해의식은 같은 밀도일까? 전혀 그렇지 않다. 같은 크기의 '사실(상처)'을 바탕으로 얼마나 더 '상상(왜곡·조작·편집)'했느냐에 따라 피해의식의 밀도는 현저히 차이 난다. 이것이 지독한 가난을 경험했으면서도 상대적으로 피해의식이 덜한 이가 있고, 평범한 가난(어찌 보면 부유했을 법한 조건)을 경험했으면서도 피해의식이 극심한 이가 존재하는 이유다.

여기서 중요한 것은 피해의식의 밀도 차를 결정짓는 두 변수('사실'과 '상상')가 동등한 위상을 갖지 않는다는 사실이다. '사실'보다 '상상'이 더 큰 변수다. 엄밀하게 말해, 피해의식에서 '사실'이라는 변수는 그다지 중요하지 않다. 왜냐하면 누구에게나 불행의 '사실'만큼 행복의 '사실' 역시 있기 때문이다. 세상에는 전적으로 불행한 '사실'만으로 구성된 삶도 없고, 전적으로 행복한 '사실'만으로 구성된 삶도 없다.

행복의 뒷면에는 언제나 불행이 있고, 불행의 뒷면에는 언제나 행복이 있다. 과거 불행했던 현실적 조건(사실)이 있을 수 있다. 그 '사실(가난)'이 피해의식을 촉발할 수 있다. 하지만 그 '사실'은 피해의식을 완화할 다른 행복의 사실("작은 단칸방이어서 그때 우리는 참 행복했구나.") 역시 불러일으킬 수 있다. '사실'은 피해의식을 촉발하지만 그것은 언제나 그 피해의식을 엷어지게 할 가능성을 품고 있다. 그래서 '사실'은 피해의식의 밀도 차를 결정짓는 지배적 변수는 아니다.

°피해의식의 지배적 변수, '상상'

피해의식의 밀도 차를 결정짓는 지배적 변수는 '상상'이다. '상상'은

'사실'이 아니기에 얼마든지 커질 수 있다. '우진'의 피해의식을 생각해보자. '우진'은 딱히 큰 가난을 경험하지 않았다. 하지만 넉넉한 살림이 아니어서 게임기와 컴퓨터는 갖지 못했다. 그 '사실'은 가난에 대한 피해의식을 촉발하겠지만, 동시에 아버지의 월급날 따뜻한 방 안에서 가족들이 옹기종기 모여 함께 통닭을 먹었던 행복한 '사실' 역시 불러일으킬 테다.

하지만 성인이 된 '우진'은 그 '사실'을 기억하지 못했다. 즉, 가난에 대한 지독한(고밀도) 피해의식에 휩싸이게 되었다. 왜 이런 일이 벌어졌을까? 바로 '상상' 때문이다. '우진'은 게임기와 컴퓨터를 갖지 못했다는 '사실'을 바탕으로 과거의 기억을 왜곡·조작·편집해 '상상'했다. 이 '상상'은 치명적이다. 이 상상이 커져갈 때, '우진'은 자신의 상상 속에서 세상 누구보다 가난했고 상처받았던 아이가 되어버리기 때문이다.

이처럼 '상상'은 피해의식의 밀도를 결정짓는 지배적 변수다. 바로 여기에 한 사람이 갖고 있는 동일한 피해의식의 밀도가 매 순간 달라질 수 있는 가능성이 있다. '우진'은 언제 피해의식이 심해질까? '사실의 기억'이 아니라 '상상의 기억'에 치우치는 만큼 피해의식이 짙어진다. 반면 '상상의 기억'으로부터 멀어지거나 '상상의 기억'을 해체하여 '사실의 기억'을 복원하는 만큼 피해의식은 옅어진다. 이는 바로 우리의 이야기이다.

우리의 기억은 언제나 '사실-상상의 기억'이다. 그래서 우리의 기억이 '사실'과 '상상' 사이 어디쯤에 있느냐에 따라, 우리의 피해의식 역시 그 밀도를 달리하게 된다. 피해의식을 극복하기 위해 가장 먼저 해야 할 일이 있다. 바로 우리의 기억을 점검하는 일이다. 우리의 피해의식이 '사실의 기억'으로부터 온 것인지, '상상의 기억'으로부터 온 것인지, 아니면 '사실-상상의 기억'으로부터 온 것이지 차분히 물을 수 있어야 한다.

피해의식으로부터 벗어나고 싶은가? 가장 먼저 해야 할 질문은 이것이다. "내가 피해(상처)받은 기억은 '사실'인가, 아니면 '상상'인가?" "내가 피해(상처)받은 기억은 어디까지 '사실'이고, 어디까지 '상상'인가?"

08. ──────────── 나의 피해의식은
어느 정도일까?

°나의 피해의식을
파악하는 법

"나의 피해의식은 어느 정도일까?" 이 질문은 매우 중요하다. 피해의식은 불행을 초래한다. 이는 피해의식 그 자체가 불행을 초래한다는 말이 아니다. 엄밀히 말해, 피해의식이 초래하는 불행은, 자신의 피해의식에 대한 인식의 부재에서 온다. 즉, 자신의 피해의식이 어느 정도인지 파악할 수 없기 때문에 불행해진다.

심각한 수준의 피해의식을 갖고 있으면서도 자신은 피해의식이 없다고 여기거나 혹은 미미한 피해의식을 갖고 있다고 여기는 경우는 흔하다. 이들은 자신도 모르는 사이에 삶의 크고 작은 문제를 일으켜 불행의 늪으로 빠져 들게 된다. 반면 피해의식을 갖고 있더라도 그 사실에 대해 인지하고 있다면 쉽사리 불행의 늪에 빠지지 않는다. 늘 자신을 돌아보고 타인을 조심스럽게 대하려고 애쓸 테니까 말이다.

그러니 너무 늦기 전에 자신의 피해의식을 파악해보는 것은 중요하다. 하지만 이는 결코 쉬운 일이 아니다. 자신의 피해의식을 스스로 인식하는 일은 어렵다. 누구에게나 피해의식이 있지만 그것을 정면으로 바라보는 일은 좀처럼 쉬운 일이 아니다. 피해의식은 우리 마음속 깊은 곳에 은폐되어 있기 때문이다. 또한 그 은폐된 피해의식을 확인하려 할 때 극심한 정서적 저항(분노·불안·수치심…)에 부딪힐 수밖에 없기 때문이다.

˚피해의식과 공감

그렇다면 우리는 어떻게 자신의 피해의식을 스스로 진단해볼 수 있을까? 피해의식은 공감共感과 관계되어 있다. 공감의 대상과 공감의 수준을 통해 자신의 피해의식을 추론해볼 수 있다. 이는 복잡하거나 난해한 이야기가 아니다. 어느 가족에 관한 영화를 한 편 본다고 해보자. 이 영화에는 네 명의 주인공이 있다. 늘 돈돈거리는 강압적인 아버지, 집 밖을 무서워하는 연약한 어머니, 포켓몬이 세상의 전부인 줄 아는 말 없는 아들, 그리고 곧 임종을 앞뒀지만 그 사실을 가족들에게 알리지 못하는 할머니.

이 가족은 서로의 상처를 이해하지 못해 늘 싸웠고, 싸우다가 지쳐서 서로에게 무관심해졌다. 이들은 곧 돌아가실 할머니를 위해 마지막 가족 여행을 떠났다. 이 가족은 여행에서 이런저런 일들을 겪으며 처음으로 저마다의 내밀한 상처에 대해 진솔한 이야기를 나누게 되었다.

아버지는 왜 돈돈거리는 사람이 되었을까? 어린 시절 막냇동생을 황망하게 떠나보냈기 때문이다. 일찍 병원에 가보기만 했어도 나았을 병인데, 돈이 없어서 병원 갈 일을 차일피일 미루다가 막냇동생이 죽어버렸다. 아버지는 가난의 그림자만 보아도 억울하고 분하고 두려웠다. 이것이 그가 돈돈거리는 강압적인 아버지가 된 이유였다. 어머니는 왜 집 밖을 무서워하는 사람이 되었을까? 대학 시절 축제를 마치고 집으로 돌아오는 길에 아는 선배에게 겁탈을 당했기 때문이다. 평소 알고 지내던 선배에게 참혹한 일을 당한 어머니는 오직 집만이 안전하다고 느끼게 되었다. 이것이 그녀가 누군가가 보기에는 답답할 만큼 내성적이고 소극적인 어머니가 된 이유였다.

아들은 왜 포켓몬이라는 게임에만 빠져 지내게 되었을까? 수업이 끝날 시간에 선생님에게 질문을 했다는 이유로 친구들에게 왕따를 당했기 때문이다. 늘 불안해하는 엄마와 강압적인 아빠는 아이의 상처를 보듬어주지 못했다. 그렇게 갈 곳을 잃은 아이는 포켓몬들이 사는 세상에 자신의 집을 지었다. 이것이 아이가 포켓몬이 세상의 전부인 줄 아는 아들이 된 이유였다. 할머니는 왜 곧 닥쳐올 자신의 죽음을 가족들에게 알리지 못했을까? 자신의 죽음이 가족들 간에 더 큰 불화로 이어질 것 같다는 노파심 때문이었다. 그렇게 할머니는 병마의 고통과 죽음의 공포를 홀로 견디고 계셨다.

°누구에게
감정이입하고 있는가?

자, 이제 우리의 이야기로 돌아오자. 이 영화의 네 명의 인물 중 누구에게 감정이입이 되는가? 이 질문을 통해 자신의 피해의식의 종류를 파악할 수 있다. 먼저 아버지에게 감정이입이 되는 경우부터 이야기해 보자. 누군가가 보기에 이 아버지는 지극히 강압적이고 폭력적인 사람일 테다. 하지만 그런 아버지를 보며, "그럴 수 있지" 혹은 "당연히 그럴 수밖에 없는 거 아니야?"라며 그의 입장을 이해하고 대변하고 싶은 사람도 있을 수 있다. 이처럼 아버지에게 감정이입이 되었다면 그는 가난에 대한 피해의식이 있을 개연성이 크다. 아버지가 겪은 (가난에 의한) 상처를 통해 자신의 가난의 기억이 떠올라 아버지의 삶에 공감할 수 있었던 것일 테니까 말이다.

어머니에게 감정이입이 되는 경우도 있을 수 있다. 누군가가 보기에 이 어머니는 주변 사람들을 숨 막히게 할 정도로 답답한 사람일 테다. 하지만 "그럴 수 있지" 혹은 "당연히 그럴 수밖에 없는 거 아니야?"라며 그녀의 입장을 이해하고 대변하고 싶은 사람도 있을 수 있다. 이처럼 어머니에게 감정이입이 되었다면 그는 성에 대한 피해의식이 있을 개연성이 크다. 어머니가 겪은 (성폭력에 의한) 상처를 통해 자신의 상처의 기억이 떠올라 어머니의 삶에 공감할 수 있었던 것일 테니까 말이다.

아들과 할머니에게 감정이입이 되는 경우 역시 마찬가지다. 아들에게 감정이입이 되었다면 그는 무관심 혹은 따돌림에 대한 피해의식이 강한 사람일 개연성이 크다. 아들의 상처를 통해 무관심한 가족들로부터 혹은 세상으로부터 따돌림을 당했던 자신의 기억이 떠올라 아들의 삶에 공감할 수 있었던 것일 테니까 말이다. 할머니에게 감정이입이 되었다면 질병 혹은 죽음에 대한 피해의식이 강한 사람일 개연성이 크다. 할머니의 상처를 통해 질병의 고통이나 죽음의 공포에 상처받았던 자신의 기억이 떠올라 할머니의 삶에 공감할 수 있었던 것일 테니까 말이다.

'누구에게 감정이입이 되었는가?' 이 질문은 자신의 피해의식의 종류를 드러낸다. 네 명의 인물에 대한 각각의 감정이입(그들의 입장을 이해하고 대변하고 싶은 마음)은 자신의 피해의식으로부터 생긴 마음이기 때문이다. 즉, 감정이입의 대상은 자신의 피해의식의 종류를 말해준다.

°몇 명에게
감정이입하고 있는가?

'몇 명에게 감정이입 되었는가?' 이것은 자신의 피해의식의 강도를 진단해볼 수 있는 질문이다. 공감의 대상이 피해의식의 종류를 드러낸다면, 공감의 수준은 피해의식의 강도를 드러낸다. 우리는 영화를 보며 네 명의 인물 중 몇 명에게 감정이입이 되었을까? 만약 감정이입한 대상이 한 명이라면 피해의식이 가장 강하고, 네 명이라면 피해의식이 가장 약하다고 말할 수 있다.

한 학생이 이 영화를 보았다고 해보자. 그가 등장인물들 중 아들의 삶에만 공감하고 나머지 인물들(아버지·어머니·할머니)의 삶에는 전혀 공감하지 못하거나 심지어 적대감까지 든다면 그의 피해의식의 강도는 센 편이다. 이 학생이 어른이 되어 다시 그 영화를 보았다고 해보자. 그때 두 사람(아들·아버지)에게 공감하게 된다면 그의 피해의식의 강도는 그만큼 약해진 셈이다. 더 시간이 지나 그 영화를 다시 보았을 때, 세 사람(아들·아버지·어머니) 혹은 네 사람(아들·아버지·어머니·할머니) 모두에게 공감할 수 있다면 그의 피해의식의 강도는 그만큼 더 약해진 것이라고 말할 수 있다.

자신의 피해의식의 강도를 가늠하는 방법은 어렵지 않다. 자신이 함께 슬퍼하고 함께 기뻐할 수 있는 대상이 얼마나 많은지를 살펴보면 된다. 우리는 때로 누군가가 보기에는 결코 이해할 수 없는 잘못된 행동(무례함·폭력성·수동성·예민함…)을 하는 이들을 마주하게 된다. 그때 "저런 아픔을 겪어온 사람은 그럴 수 있지.", "저런 상처를 갖고 있는 사람은 당연히 그럴 수밖에 없지."라며 공감할 수 있는 대상이 몇 명이나 될까? 그 공감할 수 있는 대상의 수가 바로 우리의 피해의식의 강도를 드러낸다.

°피해의식은 공감 능력을 저해한다

온 마음으로 공감할 수 있는 대상이 적으면(많으면) 적을수록(많을수록) 피해의식은 강하다(약하다)고 말할 수 있다. 이는 우리네 일상에서도 확인할 수 있다. 하루에도 수없이 많은 기사들이 쏟아진다. 그중 유독 자본(주식·부동산…)에 관련된 기사에만 과도하게 공감하는 이들이 있다. 혹은 젠더 이슈나 폭력 관련 기사에만 과도하게 공감하는 이들도 있다. 이들은 모두 피해의식의 강도가 매우 센 편이다. 이들은 모두 자신의 강한 (자본·젠더·폭력에 대한) 피해의식에 휩싸여 다른 사안들에 대해서는 공감할 수 없는 상태다.

그뿐인가? 피해의식의 이런 양상은 일상 대화에서도 드러난다. 피해의식이 강한 이들은 자신의 상처와 관련된 주제에 대해서만 공감할 수 있을 뿐, 그 외의 주제에 대해서는 무관심하거나 심지어 적대적이기까지 하다. 학벌(혹은 직장)에 대한 피해의식이 강한 이들을 생각해보자. 그들은 학벌(직장)에 대한 이야기가 나올 때만 과도하게 공감한다. 학벌 때문에 차별을 당한 이들(직장의 부당함·부조리에 의해 상처받은 이들)의 이야기에만 함께 슬퍼하고 함께 분노할 뿐, 다른 수많은 사안들에 대해서는 지극히 무관심하거나 심지어 적대적이다.

공감의 측면에서 피해의식은 양날의 검이다. 피해의식은 타인을 이해하고 배려할 수 있는 공감 능력의 기초가 된다. 이는 피해의식의 긍정적인 면이다. 피해의식은 자신의 상처를 통해 타인의 상처를 이해하는 매개체로서 기능할 수 있기 때문이다. 누군가 외모에 대한 피해의식 있다면, 그는 자신과 유사한 상처가 있는 이들에게 쉽게 공감할 수 있게 된다.

그렇다면 피해의식이 계속 커지면 공감 능력 역시 계속 커지는 걸까? 전혀 그렇지 않다. 삶의 진실은 그 반대다. 피해의식이 강해질수록 감정이입 능력은 커지지만 감정이입 할 수 있는 대상의 수는 현저히 줄어든다. 강한 피해의식을 가진 이들의 비대해진 감정이입 능력은 '과過몰입'이라고 이름붙일 수 있다. 피해의식이 강해지면 그만큼 감정이입 능력 역시 커진다. 하지만 이 비대해진 감정이입 능력은 소수의 대상들에게만 집중된다.

바로 이것이 피해의식이 어느 정도 강해지면 오히려 공감 능력이 급격히 떨어지는 이유다. 피해의식이 심한 이들은 특정한 대상(자신과 유사한 상처를 가진 이)들에게 과몰입하느라 주변에 있는 이들에게 공감할 여력이 거의 없다. 공감 능력이 있다는 것은 특정 대상에게 과몰입하는 것이 아니라 공감할 수 있는 대상이 많다는 것을 의미한다. 그러니 피해의식과 공감 능력은 반비례 관계에 있는 셈이다. 이처럼 피해의식은 공감 능력을 저해한다.

베르그손

상처와 기억

피해의식은 과도한 자기방어의 마음이다. 과도한 자기방어는 왜 생기는가? '상처'받은 '기억' 때문에 생긴다. 즉, 피해의식은 '상처'와 '기억'이라는 두 요소에 의해 발생하는 마음인 셈이다. 그런데 둘 중 어느 것이 더 근본적인 요소일까? 흔히, '상처'를 더 근본적인 요소라고 여기기 쉽다. '상처'를 받았기 때문에 상처받은 '기억'이 생긴 것이라고 믿기 때문이다. 하지만 이는 삶의 진실이 아니다.

피해의식의 근본적 원인은 '상처'가 아니라 '기억'이다. 왕따를 당한 경험(상처)을 갖고 있는 두 사람이 있다고 해보자. 둘은 모두 따돌림에 대한 피해의식이 있다. 하지만 둘의 피해의식의 강도는 현저히 다르다. 한 명은 매우 강한 피해의식(과도한 자기방어)을 갖고 있고, 다른 한 명은 미미한 피해의식(적절한 자기방어)을 갖고 있다. 왜 이런 일이 벌어지는 걸까? 둘은 같은 상처를 갖고 있는데 왜 피해의식의 강도는 다른 걸까?

바로 '기억' 때문이다. '상처'받았지만 그것을 어떻게 '기억'하느냐에 따라, 피해의식의 강도와 양상은 현저히 달라진다. 이것이 피해의식을 논하는 데 '기억'이라는 주제를 우회할 수 없는 이유다. '기억'이 무엇인지에 대해 깊이 생각해봄으로써 피해의식의 내적 작동 원리와 그것을 극복할 방법을 살펴볼 수 있다. '기억'이라는 주제에 대해 누구보다 깊이 고민했던 철학자, 앙리 베르그손을 만나보자.

베르그손의 '기억'

베르그손에 따르면, '기억'은 행동(운동) 반복 장치이며, 동시에 새로운 행동(운동) 촉발 장치이다. 즉, '기억'은 특정한 행동(운동)을 반복하게 해주며, 동시에 새로운 행동(운동)을 가능하게 해준다. 이는 어려운 말이 아니다. 어린 시절 걸었던 '기억'이 있다. 이 '기억'은 무엇인가? 바로 걷기라는 행동(운동)을 반복하게 해주는 장치이다. 지금 우리가 자연스럽게 걸을 수 있는 것은 바로 행동(운동) 반복 장치로서 '기억'을 갖고 있기 때문이다. '기억'이 없다면 특정한 행동을 반복할 수 없다.

'기억'의 역할은 거기서 끝나지 않는다. 그 '기억(걷기)'을 통해 달리기, 축구, 복싱이라는 새로운 행동(운동)을 촉발할 수 있다. 달리 말해, 우리에게 어린 시절 걸었던 '기억'이 없다면, 새로운 행동(달리기·축구·복싱)은 촉발될 수 없다. 이처럼 기억은 특정한 행동(운동)을 반복하게 해주는 장치인 동시에, 그 기억을 바탕으로 새로운 행동(운동)을 촉발하는 장치이다. '기억'이 없다면 기존의 행동 너머 새로운 행동으로 나아갈 수 없다.

베르그손은 이 '기억'을 세 가지 층위로 나눈다. '습관기억', '순수기억', '상기억'이다. 먼저 '습관기억'이 무엇인지부터 알아보자. 베르그손은 '습관기억'에 대해 이렇게 말한다.

'습관기억'과 '순수기억'은 무엇인가?

신체의 기억은 습관이 조직한 감각-운동 체계들의 총체에 의해 이뤄지므로, 과거에 대한 진정한 기억을 기반으로 하는 순간적인 기억이다.

– 앙리 베르그손, 『물질과 기억』

'습관기억'은 "신체의 기억", 즉 신체에 각인된 기억이다. 이는 특별히 의식하지 않고도 작동하는 습관적인 기억이다. 달리 말해, '습관기억'은 (사유 없이 할 수 있는) '행동' 그 자체이다. '호흡'이 대표적인 '습관기억'이다. 우리는 숨을 쉴 때, '지금들이마시고 이제 내쉬어야지.'라고 생각하지 않는다. '호흡'은 우리의 신체에 각인되어 순간적으로 작동하는 기억이기 때문이다. 이처럼 우리의 신체에 각인되어 특별한 사유 없이 작동하는 기억이 바로 '습관기억'이다. 그렇다면 '순수기억'은 무엇일까?

> 순수기억은 무용한 채로 남아 있는 한 무기력하며, 감각과의 모든 섞임으로부터 순수하며 현재와 붙어 있지 않고 따라서 비연장적인 것으로 남는다. …우리의 모든 상태들이 일어남에 따라 그것들 하나하나를 붙잡아, 하나 다음에 다른 하나가 오도록 일렬로 세우고 각 사실에 자신의 자리를 주면서, 따라서 그 날짜를 표시하면서 첫 번째 것처럼 끊임없이 다시 시작하는 현재에서가 아니라, 분명히 결정된 과거가 된 것 속에서 실제로 움직인다.
> – 앙리 베르그손, 『물질과 기억』

'순수기억'은 전체 기억이다. 즉, 살면서 경험했던 모든 기억이라고 말할 수 있다. 우리는 우리가 경험했던 모든 것을 '의식'적으로 기억하지는 못한다. 하지만 그 기억 전체는 어딘가에 저장되어 있다. 그곳은 어디인가? 바로 '무의식'이다. 즉, '순수기억'은 '무의식'이다. 우리가 했던 모든 경험들은 무의식 속에 "하나하나 붙잡아" "일렬로 세우고 각 사실에 자신의 자리를 주면서" "그 날짜를 표시"하면서 기억되어 있다.

베르그손은 이 '순수기억'을 '꿈'에 비유하곤 한다. 이는 꿈이 무의식의 발현이기 때문이다. '순수기억'은 기억 전체이지만, 이는 무의식 속에 있기에 깨어나면 가물가물한 꿈처럼 존재한다. 이것이 '순수기억'이 "무용한 채로 남아 있는 한 무기력"한 이유다. '순수기억'은 현재와 붙어 있지 않기에 비연장적인(물질을 갖지 않는) 것으로 남는다. 마치 꿈에서 존재했던 모든 것이 깨는 순간 순식간에 사라져버리는 것처럼 말이다. '순수기억'은 어둡고 혼란스럽기에 이미 결정된 과거 속에만 실재한다. 이제 '상기억'이 무엇인지 알아보자.

'상기억'은 무엇인가?

순수기억은 운동 도식에 점점 더 잘 삽입될 수 있는 상기억으로 발전된다. 상기억은 더 완전하고 더 구체적인 의식적 표상의 형태를 하게 된다. 그에 따라 지각의 틀을 채택한다.

– 앙리 베르그손, 『물질과 기억』

'상기억'은 지금 내 눈앞에 있는 무엇인가를 '지각'할 수 있게 하는 기억이다. 습관기억이 '행동(호흡)'이고, 순수기억이 '무의식(꿈)'이라면, 상기억은 '지각(행동화를 이끄는 지각)'이라고 말할 수 있다. 즉, 습관적으로 하는 행동은 '습관기억'에 관계하고, 무의식적인 것들은 '순수기억'에 관계하는 반면, 새로운 행동을 이끄는 지각에 관계하는 기억은 바로 '상기억'이다.

이 '상기억'은 '순수기억'과 관계되어 있다. '무의식' 속에 있는 '순수기억'이 특정한 운동(행동)에 적합하도록 발전되어 '상기억'이 된다. 즉, 흐릿한 전체 기억(순수기억) 중 일부가 발전되어 "더 완전하고 더 구체적인 의식적 표상의 형태"인 '상기억'이 된다. 그로 인해서 '상기억'은 지각의 틀을 채택하게 된다. 이는 우리네 일상의 경험을 통해 쉽게 설명된다.

누구인지 기억이 가물가물한(순수기억) 한 사람을 길거리에서 우연히 만났다고 해보자. 그 순간 우리는 그 사람을 어떻게 대해야 할지 몰라 당황한다. 하지만 그 사람이 초등학교 때 친구였다는 기억이 떠오르고 이내 그 친구와 함께했던 "더 완전하고 더 구체적인 의식적 표상"(상기억)이 떠오른다. 바로 그때 우리는 그 친구에게 웃으며 다가가 안부를 묻는 행동(운동)을 할 수 있게 된다. 그렇게 우리는 한 사람을 어떻게 대해야 하는지에 대한 "지각의 틀"을 채택하게 된다. 이처럼 현재 특정한 대상을 '지각'할 수 있게 해주는 기억이 바로 '상기억'이다.

기억의 작동 원리,
순수기억 → 상기억 → 습관기억 → …

이제 우리는 기억의 작동 원리에 대해 알 수 있다. '순수기억(무의식) → 상기억(지각) → 습관기억(행동) → …' 이 반복의 형태로 기억은 작동한다. 먼저 '순수기억(무의식)'이 있다. 그 '순수기억(무의식)' 중 일부는 운동 도식에 삽입될 수 있는 '상기억(지각)'이 된다. 그리고 그 '상기억(지각)'이 반복되면 '습관기억(행동)'으로 자리 잡는다. 이 한 사이클(순수기억 → 상기억 → 습관기억)은 다시 '순수기억(무의식)'에 저장되고 그것은 다시 '상기억(지각)'과 '습관기억(행동)'으로 진행된다.

한 아이가 성장하는 과정을 보라. 걸음마를 했던 '유아' 시절의 '순수기억(무의식)'이 발전되어 주변을 '지각'하며 한 발씩 조심스레 걷는 '아이'의 '상기억'이 된다. 이 '상기억'이 반복되어 신체에 각인될 때 '걷기'는 '소년'의 '습관기억'이 된다. 이 모든 과정이 다시 '순수기억'으로 저장되고, 이는 다시 '달리기(축구·복싱)'라는 '청년'의 '상기억'이 된다. 이 '상기억'이 반복되면 달리기(축구·복싱)는 다시 달리기 선수(축구 선수·복싱 선수)의 '습관기억'이 된다. 즉, '습관기억'은 행동 반복 장치의 기능(걷기)을 담당하고, '상기억'은 새로운 행동 촉발 장치의 기능(달리기·축구·복싱…)을 담당하는 셈이다. 이것이 기억의 작동 원리다.

피해의식의 작동 원리

흥미롭게도, 이 기억의 작동 원리는 피해의식에 그대로 적용된다. 피해의식은 일종의 '습관기억'이다. 피해의식은 습관적이다. 피해의식(두려움·분노·열등감·무기력·억울함·우울함)에 잠식당하고 싶은 사람은 없다. 단지 자신의 피해의식을 촉발하는 사람이나 사건을 만나면, 신체에 각인된 기억으로 인해(습관적으로) '두려움·분노·열등감·무기력·억울함·우울함'에 휩싸이는 것일 뿐이다. 피해의식이 '습관기억'이라면 이는 어디서 왔는가? 바로 '순수기억'과 '상기억'이다(순수기억 → 상기억 → 습관기억). 베르그손의 이야기를 들어보자.

내가 과거의 고통을 기억하기 위해 더 많은 노력을 할수록, 나는 그것을 실제로 느끼는 경향을 더 많이 갖는다. (중략) 문제는 고통의 기억이 진정으로 있었던 원래의 고통이었는지를 아는 것이다. 최면의 대상에게 당신은 뜨거움을 느끼고 있다고 집요하게 반복하면 결국은 뜨거움을 느끼게 된다, 하지만 이러한 사실로 암시의 말 자체가 이미 뜨거웠다는 결론을 내릴 수는 없다.

– 앙리 베르그손, 『물질과 기억』

우리의 '순수기억'에는 수많은 기억들이 있다. 우리는 그 '순수기억'들을 모두 동등하게 '상기억'화하지 않는다. '순수기억'들 중 "고통(상처)을 기억하기 위해 더 많은 노력"을 하는 이들이 있다. 이들은 당연히 그에 합당한 '상기억(지각)'을 그만큼 더 갖게 된다. 그 '상기억'들이 만든 '습관기억'이 바로 피해의식인 셈이다.

가난·외모·성격에 피해의식이 있는 이들이 있다. 이들은 왜 습관적으로 피해의식에 휩싸이는가? 자신의 '순수기억' 중 가난·외모·성격으로 인해 상처받았던 일을 반복적으로 떠올렸기 때문이다. 실제로도 그렇지 않은가? 피해의식이 심한 이들은 늘 상처받은 자신의 과거의 일만 되풀이해서 이야기(기억)하지 않는가?

피해의식은 습관기억이다

기억은 현실화함에 따라 변형된다.

– 앙리 베르그손, 『물질과 기억』

기억은 고정되어 있지 않다. 베르그손의 말처럼, 기억은 현실화되는 과정 속에서 변형된다. 우리에게는 모두 고통의 기억이 있다. 하지만 그 "고통의 기억이 진정으로 있었던 원래 고통"이었는지는 모를 일이다. 기억은 일종의 자기최면 역할을 할 때가 있다. "뜨겁다. 뜨겁다." 이런 최면의 말을 집요하게 반복하면 뜨거움을 느끼게 된다. 하지만 이런 최면의 말 자체가 실제 있었던 뜨거움은 아니다.

바로 우리의 기억이 이렇게 작동하지 않는가? 수많은 '순수기억' 중 일부만을 반복적으로 '상기억'화하려고 노력할 때, 왜곡·증폭된 '상기억(지각)'을 갖게 된다. 그것이 다시 '습관기억(행동)'이 된다. 이런 '기억'의 작동 원리는 피해의식의 특징을 너무나 잘 설명해주지 않는가? 피해의식은 왜 발생하는가? 피해의식은 기억으로 인해 발생한다. 그런데 그 기억은 '순수기억' 중 일부(상처받은 기억)만을 왜곡·증폭시킨 기억이다. 피해의식은 바로 그 변형된 기억으로 인해 발생하는 과도한 자기 방어의 마음이다.

피해의식에 휩싸인 이들은 세상을 있는 그대로 보지 못한다. 이는 당연한 일이다. 자신이 가진 전체 기억(순수기억) 중 상처받은 기억만을 편집하여 기억(상기억)하는 이들이 세상을 있는 그대로 지각할 수 없는 법이다. 그들은 언제나 색안경(왜곡된 상기억)을 끼고 세상을 바라볼 수밖에 없으니까 말이다.

주의란 무엇인가?

피해의식은 왜 그토록 벗어나기 어려운가? 피해의식은 '습관기억'이기 때문이다. '습관기억'은 신체에 각인된 기억이다. 그래서 사유 이전에 습관적으로 작동한다. 피해의식을 극복하기 어려운 이유는 긴 시간 몸에 밴 습관을 바꾸기 어려운 것과 같다. 그렇다면 우리는 어떻게 피해의식을 극복할 수 있을까? 그 실마리는 베르그손의 '주의attention'라는 개념에서 찾을 수 있다. 먼저 베르그손의 이야기를 들어보자.

주의란 무엇인가? …주의의 본질적 결과는 지각을 더 강하게 만들고 그 세부를 드러내주는 것이다.
– 앙리 베르그손, 『물질과 기억』

'주의'는 어떤 대상을 더 강하게 지각해서 그 세부를 드러내주는 일이다. '주의'를 기울이는 일과 그렇지 않은 일이 있다고 해보자. 당연히 우리는 '주의'를 기울이지 않는 일보다 '주의'를 기울이는 일을 더 강하게 지각해서, 그 일의 세부를 더 잘 알게 될 것이다. 베르그손은 이를 '전보'에 비유해서 말한다.

베르그손에 따르면, '주의'는 전신국의 직원이 중요한 전보의 내용을 확인하기 위해 발신처에 반복해서 물어보는 것과 유사하다. 이를 우리 시대에 맞게 각색하면, 사장에게 온 중요한 전화를 받은 비서가 실수하지 않기 위해 전화를 건 이(발신처)에게 전화 내용을 반복적으로 확인하는 상황을 떠올리면 된다. 중요한 전화를 받은 비서의 이런 행동이 바로 '주의'다. 베르그손은 이 '주의'에 대해 이렇게 말한다.

'주의'를 기울인다는 것

모든 주의하는 지각은 진실로, 말의 어원적 의미에서, 반성reflexion(반사)을 전제한다. 반성(반사)이란 대상과 동일하거나 유사하게 그 윤곽을 따르는 이미지를 능동적으로 창조하여 바깥으로 투사하는 것이다.

– 앙리 베르그손, 『물질과 기억』

한 사람에게 '주의'를 기울이는 과정을 생각해보자. 도무지 이해할 수 없는 한 사람이 있다고 해보자. 그때 그에게 '주의'를 기울인다는 것은 가장 먼저, 그 사람을 조심스레 추측하면서 "그 대상과 동일하거나 유사하게 그 윤곽을 따라" 그려보는 일이다. 그렇게 한 사람의 "이미지를 능동적으로 창조"하는 일이다. 이는 마치 한 사람에게 빛(관심)을 비춰 반사되어 돌아오는 이미지를 통해 그 사람의 모습을 알아가는 창조적인 과정과도 같다.

즉, '주의'는 '반사(성찰)'이다. 도저히 이해할 수 없는 그 사람이 무엇을 좋아하고 무엇을 싫어하는지 알 수 없다. 그때 우리는 조심스레 그에게 하나씩 질문해야 한다. 그 과정마다 그의 반응을 섬세하게 살펴야 한다. "짜장면 먹을까?" 그의 반응이 시큰둥할 때 하나의 윤곽선을 그린다. "전시회 보러 갈까?" 그의 눈빛이 빛날 때 또 하나의 윤곽선을 그린다. 이 반사(성찰)의 과정이 바로 '주의'인 셈이다. 어떤 대상에게 '주의'를 기울일 때 그 대상을 더 강하게 지각하고 그 세부를 알게 되는 것은 섬세하고 끊임없는 반사(성찰)를 통해서다.

균형 잡힌 정신, 현실감각

이 '주의'를 통해 피해의식을 극복해나갈 수 있다. 베르그손의 이야기를 먼저 들어보자.

> "균형이 잘 잡힌" 정신, 즉 삶에 완벽하게 적응한 사람을 알아보는 것은 …그 두 상호보완적인 기억(습관기억과 순수기억)이 서로 맞아 들어가는 정확성에 있다. … 그 두 극단 사이에 현재 상황의 윤곽을 정확하게 그려나갈 만큼 충분히 차분하나 모든 다른 부름에는 저항할 만큼 충분한 힘이 있는, 기억의 적절한 대비 상태 heureuse disposition가 자리한다. 양식 또는 현실감각은 바로 이런 상태를 의미한다.
> – 앙리 베르그손, 『물질과 기억』

"균형이 잘 잡힌" 정신은 무엇인가? "현재 상황의 윤곽을 정확하게 그려나갈 만큼 차분하나 모든 다른 부름에는 저항할 만큼 충분한 힘이 있는" 정신이다. 피해의식은 전형적으로 균형이 무너진 정신이라고 말할 수 있다. 가난에 대한 피해의식이 있는 이를 생각해보라. 그는 식당에서 직원이 조금만 친절하지 않으면 자신이 가난해보여서 그런 것이라 여기며 감정적 요동에 휩싸인다. 그뿐인가? 누군가 돈을 더 많이 주기만 한다면 그는 엉뚱한 부름에 쉬이 순종할 준비가 되어 있다. 이는 결코 균형이 잘 잡힌 정신이라 말할 수 없다.

어떻게 균형이 잘 잡힌 정신을 가질 수 있는가? 베르그손은 '순수기억'과 '습관기억'이라는 두 기억이 서로 잘 맞아 들어가야 한다고 말한다. 그런데 '순수기억'과 '습관기억'은 '상기억'이 매개하지 않는가? 바로 여기에 '주의'의 중요성이 있다. '주의'는 정당한 '상기억'을 갖도록 돕는다. 어떤 대상에게 '주의'를 기울일 때 '순수기억'이 왜곡·편집된 '상기억'으로 나아가는 것을 막을 수 있다. 이것이 '주의'가 피해의식의 극복을 돕는 과정이다.

피해의식 너머 현실감각으로

다시 가난에 대한 피해의식에 휩싸인 이를 생각해보자. 그가 피해의식에 휩싸인 이유는 '순수기억' 중 상처(가난)받은 기억만을 왜곡·증폭했기 때문이다. 그런 그가 자신에게 깊은 '주의'를 기울이면 어떻게 될까? 그는 정당한 '상기억'을 갖게 되어 불균형한 '습관기억(피해의식)'으로부터 벗어날 수 있다. 자신이 아닌 타인에 대한 '주의' 역시 마찬가지다.

그가 한 사람에게 깊은 '주의'를 기울이면 어떻게 될까? 그 사람에게도 나만큼 아니 나보다 더 큰 상처가 있다는 사실을 알게 된다. 그렇게 자신의 상처가 예외적이거나 유별난 것이 아님을 깨닫게 된다. 그때 왜곡·증폭시킨 기억은 정당한 기억으로 재배치된다. '주의'는 반사(성찰)이기에 '주의'를 기울이면 있는 그대로의 기억이 떠오르게 된다.

'주의'의 대상은 사람이 아니어도 상관없다. 음악·그림·철학·운동 등등 무엇이어도 좋다. 우리가 어떤 대상에게 깊은 '주의'를 기울일 때 "균형이 잘 잡힌 정신"을 갖게 된다. '주의'를 기울일 때, 정당한 '상기억'을 갖게 되고, 이를 통해 '순수기억'과 '습관기억'은 "기억의 적절한 대비 상태"에 이를 수 있다. 베르그손은 바로 이 상태를 "현실감각"이라고 말한다.

피해의식은 현실감각이 부재한 상태다. 피해의식에 휩싸인 이들은 현실감각이 없기에 현재 상황을 정확하게 파악할 차분함도, 자신을 불행으로 몰아넣을 부름에 저항할 힘도 없다. 이제 우리는 피해의식을 어떻게 극복할 수 있는지 알겠다.

한 사람이든 음악이든 그림이든 운동이든, 무엇이든 좋다. 어떤 대상에게 깊은 '주의'를 기울여야 한다. 그렇게 '주의'를 기울일 때, 피해의식을 넘어설 '현실감각'을 갖출 수 있게 된다. 우리가 균형 잡힌 정신으로 '현실감각'을 갖추게 되었을 때, 비로소 알게 되는 삶의 진실이 있다. '주의'는 바로 '사랑'이다.

03

무의식이란
어둠,
피해의식

VICTIM
MENTALITY

01. ———————————————— 피해의식은
무의식적이다

"불륜하는 애들은 다 감옥가야 돼."

"왜 흥분하고 그래. 그거 너 피해의식 아니야?"

"너 지금 뭐라고 했어? 다시 말해 봐!"

'하연'은 유명인들의 불륜에 대한 가십 기사를 보고 분노를 터트렸다. 그 모습을 보고 있던 친구는 '하연'에게 피해의식이 있는 게 아니냐고 물었다. '하연'은 더 큰 분노에 휩싸여 이성을 잃고 친구에게 화를 냈다. 왜 그랬을까? 피해의식 때문이다. 피해의식은 종종 맥락 없는 흥분과 분노로 표출되곤 한다. 피해의식은 왜 이런 난처한 상황들을 발생시키는 걸까?

피해의식은 어렵다. 자신의 피해의식을 파악하고 다루는 것은 물론이고, 타인의 피해의식을 파악하고 다루는 것 역시 어렵다. 왜 그럴까? 그것은 피해의식이 우리의 내밀한 '무의식'에 관계하고 있기 때문이다.

'무의식'이 무엇인가? 이는 정신분석학의 창시자, 프로이트가 기초 세운 개념이다. 프로이트는 인간의 마음에는 '의식'과 '무의식'이라는 두 가지 층위가 있다는 사실을 밝혔다.

'의식'이란 "우리가 인식할 수 있는 표상(생각)"이고, 무의식은 우리의 기억에 있지만 "잠재적인(겉으로 드러나지 않는) 표상(생각)"이다. 이는 어려운 이야기가 아니다. 프로이트가 말한 '의식'은 자신이 명료하게 파악할 수 있는 합리·논리·이성적인 마음이다. 반면 '무의식'은 자신이 결코 명료하게 파악할 수 없는 비합리·비논리·감정적인 혼란한 마음이다. 프로이트는 인간의 마음은 '의식'과 '무의식'으로 뒤엉켜 있고, 인간은 '의식'보다 '무의식'에 더 큰 영향을 받는다고 말했다.

°무의식은 스스로 의식화될 수 없다

프로이트는 '무의식'을 '억압'과 '저항'이라는 개념으로 설명한다. '억압'과 '저항'은 무엇일까? '억압'은 '무의식'의 형성과 관계되고, '저항'은 '무의식'의 표현과 관계된다. 먼저 '억압'이 무엇인지부터 알아보자. 프로이트의 이야기를 직접 들어보자.

> 억압된 것이 무의식의 원형이다.
> – 지그문트 프로이트, 「자아와 이드」, 『정신분석학의 근본 개념』

무의식은 어떻게 형성되는 걸까? 바로 '억압' 때문이다. 이 '억압'은 구체적으로 무엇일까? 이는 일종의 상처다. 자신이 누릴 수 있는 쾌락이 금지당할 때 발생하는 상처. 살아가면서 다시는 떠올리고 싶지 않은 큰 상처(트라우마·콤플렉스)를 겪게 될 때가 있다. 이런 큰 상처가 바로 '억압'이다. 어린 시절 집에 큰불이 나서 부모를 잃은 아이가 있다고 해보자. 이는 아이에게 '억압'이다. 왜 그런가? 그 사고로 인해서 아이는 쾌락(부모님과의 행복한 시간)을 금지당했기 때문이다. 그런데 이 '억압'은 어떤 과정을 통해 '무의식'을 형성하는 것일까?

> 억압 과정의 본질이 본능을 대변하는 어떤 표상을 제거하거나 지우는 데 있는 것이 아니라 그 표상이 의식의 영역에 나타나지 않도록 하는 데 있다.
> – 지그문트 프로이트, 「무의식에 관하여」

프로이트에 따르면, '억압'의 본질은 어떤 표상(생각)이 '의식'의 영역에 나타나지 않도록 하는 데 있다. 이는 어려운 논의가 아니다. 어린 시절 화재로 부모를 잃은 아이를 다시 생각해보자. 그 아이는 자신의 상처(억압)를 계속 '의식' 속에 담아둘 수 있을까? 그렇지 않다. 그 상처를 의식에 계속 담아둔다면 아이는 자신의 삶을 지탱하기 어렵다. 그래서 이런 상처들을 '의식'하지 못하는 영역에 밀어두게 되는데, 바로 이 영역이 '무의식'이다.

여기서 '무의식'의 특징 하나를 알 수 있다. '무의식'은 스스로 능동적으로 파악할 수 없다. 즉, 어떤 기억을 한번 '의식'의 영역에서 '무의식'의 영역으로 밀어내면, 이후 스스로(자발적으로) 그것을 다시 '의식'의 영역으로 가져오는 것은 불가능하다. 끔찍했던 화재의 기억이 '무의식'화되면 아이는 이제 그 기억을 스스로 '의식'할 수 없다. 그렇다면 그 상처는 영원히 사라지는 걸까? 아니다. '억압'으로 인해 발생한 '무의식'은 스스로 발견할 수 없지만, 우발적인 사건(사람·물건·상황 등등)에 의해서 불시에 발견될 수 있다.

° 무시와 놀람, 무의식이 발견될 때의 반응

여기서 '저항'이라는 개념을 이야기할 수 있다. '무의식'의 또 하나의 특징이 있다. 바로 '저항'이다. 깜깜한 방(무의식)에 우연히 누군가 빛(우발적 사건)을 비추면 어떤 일이 벌어질까? 고개를 돌리거나 인상을 찌푸리거나 눈을 감는 방식으로 '저항'하게 된다. 이 '저항'이 어떤 것인지 조금 더 구체적으로 알아보자. 난해한 정신분석학을 알기 쉽게 설명한 정신분석학자, 브루스 핑크의 이야기를 먼저 들어보자.

> 무의식적 현시물이 발견되면 우리는 즉시 그것을 수정하거나 별다른 의미가 없다는 듯이 무시해버리기 일쑤다. …무의식적 현시물들은 종종 놀람을 수반한다.
> – 브루스 핑크, 『라캉과 정신의학』

정신분석학에 따르면, '저항'에는 크게 두 가지 반응이 있다. '무시(수정·외면)'와 '놀람'이다. 다시 화재의 기억을 가진 아이의 이야기로 돌아가자. "넌 팔이 왜 그래?" 아이의 팔에 있는 화상 자국을 보며 친구들이 물을 수 있다. 이는 아이의 '무의식'이 우발적 사건에 의해 드러나는 상황이다. 그때 아이는 어떤 반응을 보일까? "너 어제 왜 일찍 집에 갔어?" 아이는 화제를 돌려 서둘러 그 상황을 '수정'하려 할 수 있다. 혹은 "어, 별거 아니야." 이런 말로 친구의 질문을 황급히 '외면'해버릴 수도 있다. 이처럼 '무의식'이 발견될 때 흔히 '무시(수정·외면)'의 반응으로 '저항'하게 된다.

또 다른 '저항'도 있다. '놀람'이다. 여기서 '놀람'은 단순히 예기치 않은 순간에 대한 즉각적 반응을 의미하지 않는다. 이는 극심한 감정적 동요를 의미한다. "넌 팔이 왜 그래?" 단순한 호기심의 질문에 그 아이는 느닷없이 화를 낼 수도 있다. "넌 왜 그렇게 남의 일에 관심이 많냐?" '무의식'이 발견될 때 흔히 거부감·공격성·짜증·반감·분노 등이 표출되곤 한다. 이는 모두 '놀람(감정적 동요)'의 다양한 표현일 뿐이다.

'무의식'이 발견될 때, 왜 이런 '저항'을 하게 되는 걸까? 음습하고 공포스럽고 혐오스럽기 때문에 결코 자기 것이라 믿고 싶지 않은 자기 물건들을 껌껌한 방에 모아두었다고 해보자. 무의식은 바로 그런 방이다. 누군가 그 방에 불을 켜려고 하면 우리는 어떻게 반응할까? 그 방은 자신의 방이 아니라며 고개를 돌려 '무시'하거나 혹은 화들짝 '놀라서' 불을 끄라고 화를 낼 테다. 그 방의 물건들을 계속 마주하고 있으면 삶을 지탱하기 어려울 테니까 말이다.

아이는 왜 화재의 기억을 '무의식' 속으로 밀어두었을까? 그것이 의식 속에 있으면 삶을 견디기 어려워서다. 그러니 타자에 의해 그것이 드러나려 할 때 아이는 어떤 식으로든 '저항'할 수밖에 없다. '저항'하지 않으면 끔찍했던 화재의 기억이 다시 끊임없이 소환될 수도 있으니까 말이다. '무시'와 '놀람'이라는 '저항'은 무의식이 의식화되는 것을 저지하려는 자기보호 반응인 셈이다. 이는 피해의식의 내적 논리와 정확히 일치한다.

°피해의식은 '무의식'적이다

다시 '하연'의 이야기로 돌아가자. '하연'은 불륜에 대한 피해의식이 있다. 그 피해의식은 왜 생겼을까? 진심으로 신뢰했던 배우자의 외도에 큰 상처를 받았기 때문이다(억압!). 배우자의 컴퓨터에서 배우자와 낯선 이가 알몸으로 웃고 있는 사진을 발견했을 때, '하연'은 호흡이 가빠져 주저앉아버리고 말았다. 그렇다면 '하연'의 상처는 지금도 '의식' 속에 있을까? 그렇지 않다. '하연'은 일정 정도 그 기억을 무의식의 방으로 밀어두었다. 배우자의 외도를 계속 '의식'한다면 '하연'은 삶을 지탱하기 어려울 테니까 말이다.

'하연'은 자신의 상처를 '의식'적인 기억 밖으로 몰아냈다('억압'으로 인한 '무의식' 형성!). 이것이 '하연'이 그 상처를 스스로 '의식'할 수 없게 된 이유다. '하연'에게 배우자의 외도는 마치 없었던 일처럼 되었다. 이는 '피해의식'의 내적 논리와 같다. 피해의식 역시 감당하기 힘든 상처로부터 자신을 보호하기 위해 그 상처를 '의식'의 영역 밖으로 밀어낸 결과다. 하지만 그렇다고 그 상처가 완전히 사라지는 것은 아니다. '무의식'이 그런 것처럼, 피해의식 역시 타자와의 우연한 마주침에 의해 불시에 튀어나올 수 있다.

이제 '하연'이 왜 맥락 없는 흥분과 분노를 표출할 수밖에 없었는지 이해할 수 있다(저항!). 피해의식은 무의식적이기 때문이다. 유명인들의 불륜 이야기에 '하연'은 왜 과도하게 흥분했을까? 의식적으로야, 윤리·도덕의 문제를 이야기했지만, 실은 '무의식'으로 밀어두었던 상처(배우자의 외도)가 간접적으로 '의식'화되었기 때문이다. 만약 '하연'이 자신의 상처를 '무의식'으로 밀어 넣지 않았다면 그런 일은 결코 일어나지 않았을 테다. 자신의 상처가 애초부터 '의식'의 영역에 있었다면, '하연'은 유명인들의 불륜을 비난하는 대신 배우자를 비난했을 테다. 합리·논리·이성적으로 생각(의식)했을 때, 불륜으로 '하연'에게 심대한 상처를 준 것은 유명인들이 아니라 바로 자신의 배우자이니까 말이다.

°피해의식의 '저항'들

"그거 너 피해의식 아니야?" 친구의 말에 '하연'은 왜 과도하게 분노했을까? 이 역시 피해의식이 '무의식'적이기 때문이다. 친구의 말은 '무의식'으로 밀어두었던 '하연'의 상처(배우자의 외도)가 직접적으로 '의식'화되는 계기가 되었다. 이것이 '하연'이 과도한 분노를 표출했던 이유다. '무의식'이 발견될 때는 극심한 감정적 동요(놀람)가 일어나고, 이는 때로 분노라는 형태로 표출되니까 말이다.

물론 피해의식이 반드시 '하연'과 같은 양상(분노)으로만 나타나는 것은 아니다. '하연'과 유사한 상처(배우자의 외도)를 갖고 있는 이들은 많다. 이들 중 어떤 이는 TV에서 유명인들의 불륜 사실이 나오면 황급히 채널을 돌린다(수정). 또 친구가 자신의 상처를 기억나게 할 만한 이야기를 하면 다른 주제로 말을 돌리거나 못들은 체 딴청을 피우기도 한다(무시). 이는 모두 '무의식'이 발견되려고 할 때 발생하는 '저항'이다.

이처럼 피해의식과 무의식의 내적 원리는 놀랍도록 닮아 있다. 피해의식과 무의식은 그 기원과 특성, 그리고 그것이 드러나는 양상까지 매우 유사하다. 피해의식과 무의식의 기원은 같다. 둘은 모두 '억압'으로부터 발생한다. 피해의식과 무의식은 모두 기억하고 싶지 않을 정도의 큰 상처로부터 자신을 보호하기 위해 발생하는 마음 상태이다.

둘의 특성도 매우 유사하다. 피해의식과 무의식은 스스로 '의식'하기 어렵다. 무의식처럼, 피해의식 역시 스스로 의식화하기 어려운 지점이 있다. 또한 피해의식과 무의식은 그것이 드러나는 양상 역시 '저항'이라는 측면에서 매우 유사하다. 무의식이 어떤 우연한 마주침에 의해 드러날 때 무시와 놀람(감정적 동요)이 동반되는 것처럼, 피해의식 역시 그렇다. 피해의식 역시 누군가에 의해 폭로될 때 우리는 그것을 애써 무시하려 하거나 극심한 감정적 동요를 겪게 된다.

02. ──────────── 피해의식은 왜 강렬한가?

°피해의식의 '깊이'와 '넓이'

피해의식은 강렬하다. 이는 피해의식에 휩싸이면 합리적인 사고와 판단이 어려울 만큼 감정이 격양된다는 단순한 의미만이 아니다. 피해의식의 강렬함에는 '깊이'와 '넓이'라는 두 가지 측면이 있다. 피해의식의 '깊이'와 '넓이'는 무엇일까? '깊이'는 마음과 관계되어 있고, '넓이'는 삶 전반에 관계되어 있다. 즉, 피해의식은 한 사람의 마음에 '깊이' 들어와 작동하는 동시에 한 사람의 삶 전반에 '넓게' 작동한다.

돈에 관한 피해의식이 있는 이를 생각해보자. 그는 부자들의 소식을 접할 때면 근거 없는 분노와 적대감에 휩싸이곤 한다. 이는 피해의식의 '깊이' 문제다. 돈에 대한 피해의식은 그의 마음속 '깊이' 침투해 있다. 마음속 깊은 곳까지 침투한 피해의식은 그것이 자극되는 어떤 지점에 이르면 격렬하게 반응한다. 마치 내부 깊은 곳에 균열이 난 건물에 작은 자극을 주면 순식간에 건물을 무너뜨릴 만큼의 금이 가버리는 것처럼 말이다. 그의 피해의식은 여기서 끝나는 것이 아니다.

그는 절대 택시를 타지 않고, 악착같이 커피 쿠폰을 챙기며, 작은 물건을 하나 살 때도 몇 시간씩 가격 비교를 하고, 급여를 더 주는 일자리가 있는지 늘 두리번거린다. 이는 피해의식의 '넓이' 문제다. 그의 피해의식은 삶 전반을 '넓게' 지배하고 있다. 그가 인지하고 행동하든 그렇지 않든 그의 삶 전반은 피해의식에 사로잡힌 양상으로 흘러가고 있다. 마치 빨간색 색안경을 끼면 삶 전반이 모두 빨갛게 보이는 것처럼 말이다. 이처럼 피해의식은 '깊이'와 '넓이'를 동시에 가질 만큼 강렬하다.

° '의식'은 '무의식'의 지배를 받는다

왜 피해의식은 이처럼 강렬한가? 피해의식이 '무의식'적이기 때문이다. 프로이트에 따르면, 인간의 마음에는 명료한 '의식(합리·논리·질서·이성)'과 혼란한 '무의식(혼란·공상·비약·감정)'이 있다. 그리고 인간은 '의식'보다는 '무의식'에 더 큰 영향을 받는다. 조금 더 정확히 말해, 우리의 '의식'적인 사고·판단·행동은 '무의식'의 작동 아래 진행된다. 이는 우리네 일상으로 쉽게 설명할 수 있다.

한 남자가 편의점에 가서 빵과 우유를 사 먹었다고 해보자. 이는 분명 '의식'적인 사고·판단·행동이다. '편의점에 가서 빵과 우유를 사 먹자.' 이는 그 남자가 명료하게 인식할 수 있는 합리·논리·이성적인 마음, 즉 '의식'이다. 그런데 이는 정말 '의식'이기만 할까? 그렇지 않다. 그 남자의 '무의식'에는 '나는 늘 시간에 쫓기며 살고 있다'는 마음이 있다. 이는 결코 명료하게 인식할 수 없는 비합리·비논리·감정적인 혼란한 마음이다. 그 남자의 '의식'적인 사고·판단·행동('편의점에 가서 우유와 빵을 사 먹자.')은 이미 '무의식('나는 늘 시간에 쫓기며 살고 있다.')'의 영향 아래서 작동하고 있다.

이는 근거 없는 억측이 아니다. 허기진 그 남자는 왜 음식점이 아니라 편의점에 갔을까? 그리고 편의점에서 왜 도시락이나 컵라면 같은 음식이 아닌 빵과 우유를 골랐을까? 이는 그 남자의 마음속에 '나는 늘 시간에 쫓기며 살고 있다'는 '무의식'이 작동하고 있기 때문이다. 이것이 주말이나 휴일처럼 여유 있게 식사할 수 있는 날에도, 그가 음식점이 아니라 편의점에서 식사를 했던 이유였다. 또한 이것이 그가 편의점에서조차 가급적 빨리 먹을 수 있는 빵과 우유를 선택한 이유였다. 이처럼 우리는 '의식'적인 사고·판단·행동을 하고 있다고 믿지만, 그것은 이미 혼란하고 불투명한 '무의식'의 영향을 받고 있는 경우가 대부분이다.

° '무의식'은 '의식'되지 않을 뿐, 큰 힘과 활동성을 지닌다

왜 이런 일이 발생하는 걸까? 여기서 우리는 '무의식'의 특징을 하나 알 수 있다. '무의식'은 우리가 '의식'할 수 없는 것이지만 큰 힘과 활동성을 지닌다. 프로이트의 이야기를 직접 들어보자.

우리는 아무리 힘이 강해져도 의식 속으로 뚫고 들어올 수 없는 어떤 잠재적인 생각(무의식)들이 있다는 사실을 알게 되었다. …'무의식'은 일반적으로 잠재적인 생각을 지칭하는 것일 뿐만 아니라 특히 어떤 동태적인 성격을 지닌 생각들, 즉 그 힘의 강도나 활동성에도 불구하고 의식에서 멀리 떨어져 있는 생각들을 가리키기도 하는 것이다.

'무의식'은 '의식' 속으로 들어올 수 없다. 즉, '무의식'은 '의식'할 수 없다. 하지만 그렇다고 '무의식'이 아무런 힘도 갖고 있지 않은 것은 아니다. '무의식'은 잠재해 있기에 우리가 알 수 없는 마음이다. 하지만 동시에 '무의식'은 어떤 것을 움직이게 하거나 변하게("동태적") 하는 성격을 지닌다. 즉, '무의식'은 강력한 힘(강도)을 갖고 있기 때문에 자신의 사고·판단·행동을 움직이게 하거나 변하게 할 활동성을 가지고 있다.

'나는 늘 시간에 쫓기며 살고 있다.' 이런 '무의식'을 가진 이를 생각해보자. 그의 '무의식'은 잠재해 있기에 스스로 '의식'할 수는 없다. 하지만 이 '무의식'은 강력한 힘을 갖고 있기 때문에 그의 삶 전반을 지배할 만한 활동성을 지닌다. 그의 삶을 살펴보자. 그는 편의점에서 빵과 우유를 사 먹기만 할까? 그렇지 않다. 그는 습관적으로 시계를 보고, 효율적인 일 처리를 강조하며, 일별·주별·월별 계획표를 만든다. 이는 모두 '의식'적인 행동들이지만, 동시에 모두 강력한 힘을 가진 '무의식'의 지배 아래서 일어난 일들이다.

°피해의식은 무의식적이기에 강렬하다

피해의식은 무의식적이기에 '깊이'와 '넓이'를 모두 가질 만큼 강렬하다. 피해의식의 '깊이'는 무엇인가? 한 사람의 마음속 깊은 곳에 난 균열이다. 이 균열은 마음속 깊은 곳에 있기에 스스로 발견하기 어렵다. 그래서 피해의식이 건드려지면 극심한 감정적 동요(두려움·분노·열등감·무기력·억울함)를 겪게 된다. 이는 무의식의 양상과 같다. '무의식' 역시 한 사람의 마음속 깊은 곳에 있기에 스스로 발견할 수 없다. 그렇기 때문에 어떤 우발적 마주침에 의해 무의식이 발견되면 선명한 감정적 균열(분노·적개심)이 발생하게 된다.

피해의식의 '넓이'란 무엇인가? 한 사람의 코 위에 얹어진 안경이다. 안경을 쓰고 있는 이는 늘 안경과 함께하기에 그것을 인식할 수 없다. 동시에 안경을 쓴 이는 삶 전반을 모두 그 안경을 통해 볼 수밖에 없다. 그가 삶에서 어떤 사고·판단·행동을 하건 그것은 전부 그 안경을 통해 본 삶 안에서 일어나는 일이다. 이처럼 피해의식은 한 사람의 삶 전반을 넓게 지배한다. 이 역시 '무의식'을 통해 설명할 수 있다.

'무의식'은 늘 우리 마음속에 있지만, 우리는 그것을 '의식'할 수 없다. 동시에 우리 삶 전반에서 일어나는 '의식'적인 사고·판단·행동들은 모두 '무의식'이라는 프리즘을 통과해 벌어지는 일들이다. '무의식'이 '의식'되지 않은 채로 삶 전반을 지배하는 것처럼, 피해의식 역시 마찬가지다. 피해의식에 사로잡힌 이들은 그것을 의식하지 못하지만, 삶 전반이 피해의식의 지배 아래 놓이게 된다.

피해의식은 통제하기 어렵다. 그것은 '무의식'적이기 때문이다. 피해의식은 좀처럼 명확히 의식되지 않지만 강력한 힘과 활동성을 지니고 있다. 그 힘과 활동성이 한 사람의 마음속 깊은 곳에 균열을 내고, 동시에 한 사람의 삶 전반을 넓게 지배한다. 피해의식에 휩싸인 이들이 이유 모를 두려움과 분노, 열등감을 통제하기 어려운 것도 바로 이 때문이다. 그들은 자신이 피해의식에 휩싸였는지도 모른 채 피해의식에 기반한 사고·판단·행동을 하게 되기 때문이다.

03. ─────── 근본적 피해의식,
'부모'와 '성'

° 무의식의 시작,
오이디푸스 콤플렉스

프로이트에 따르면, 인간에게는 많은 '억압(상처)'들이 있고, 무의식은 그 '억압'들로 인해 형성된다. 즉, 무의식은 계속 기억하고 있으면 삶을 지탱하기 어려울 정도의 충격적인 상처(억압)에 의해 형성된다. 그렇다면 인간에게 주어진 많은 '억압'들 중 가장 근본적인 '억압'은 무엇일까? 프로이트는 그것이 '오이디푸스 콤플렉스Oedipus complex'라고 말한다.

오이디푸스(엘렉트라) 콤플렉스는 무엇일까? 아들(딸)이 어머니(아버지)에게 성적 욕망을 느끼고, 그로 인해 아버지를 경쟁자로 여김으로써 느끼게 되는 복합적인 감정을 의미한다. 프로이트는 바로 이것이 '무의식'을 형성하는 가장 근본적인 '억압'이라고 말한다. 어머니에 대해 애착을 갖고 있는 아들이 있다고 해보자. 아들은 물고 있는 어머니의 젖가슴을 놓지 않으려 한다. 이때 아버지는 그 애착을 좌절시킨다("엄마한테서 떨어져!"). 아들은 거대하고 압도적인 존재인 아버지의 명령에 의해 어머니에 대한 애착을 포기하게 된다.

이는 아이에게 엄청나게 충격적인 사건이다. 태어나서 처음으로 강렬하게 원했던 존재를 박탈당한 상처는 아이에게 충격적인 사건일 수밖에 없다. 간절히 원했던 사람(첫사랑) 혹은 물건(장난감)을 처음으로 빼앗긴 아이의 심정을 생각해보라. 그것이 얼마나 충격적인 상처이겠는가? 바로 이 최초의 상처가 인간에게 주어지는 최초의 근본적인 '억압'이다. 프로이트는 유아 시절, 어머니(아버지)에 대한 강렬한 애착이 아버지(어머니)에 의해 좌절된 사건이 한 인간의 무의식을 형성하는 가장 근본적인 '억압'이라고 본다.

° 무의식의 중추적인 두 축, '부모'와 '성'

왜 '오이디푸스 콤플렉스'가 가장 근본적인 '억압'인가? 이 '억압'은 1차적 관계(부모)에만 한정되지 않기 때문이다. 이 근본적인 '억압'은 성인이 되어가는 과정에서 2차적(학교생활) 혹은 3차적 관계(사회생활)로 변주된다. 간절히 원했던 존재(엄마)를 박탈당했던 기억은 성인이 되어도 무의식에 남아 우리네 삶에 지대한 영향을 미친다.

살아가면서 흔히 마주하게 되는 마음들이 있다. 애정 결핍, 권위나 권력(선배·교수·사장…)에 대한 위축감, 거절에 대한 과도한 두려움, 과도한 인정 욕구 등등이다. 프로이트는 이를 모두 '오이디푸스 콤플렉스'라는 근본적인 '억압'의 변주로 본다. 애정 결핍은 어린 시절 박탈당한 어머니(사랑)의 결여 때문에 발생한 것이다. 권위나 권력을 가진 이에 대한 위축감은 어머니를 박탈한 아버지에 대한 위축감이다. 또한 거절에 대한 과도한 두려움은 다시 어머니로부터 버림받을 것에 대한 두려움이고, 과도한 인정 욕구는 박탈당한 어머니의 사랑을 다른 방식으로 채우려는 무의식적 욕망이다.

물론 이런 프로이트의 관점을 전적으로 수용할 필요는 없다. 현재 프로이트의 이론에 관한 많은 반론들이 있다. '인간은 정말 부모를 성적으로 욕망하는가? 그리고 그 욕망이 좌절됨으로써 형성된 무의식이 정말 성인 이후의 삶마저 지배하는가?' 이러한 쟁점들에 대한 많은 이견들이 있다. 하지만 그 모든 반론과 이견을 감안하더라도, 인간의 무의식에 '부모'와 '성'이라는 두 항이 매우 큰 비중을 차지하고 있다는 사실만은 부정하기 어렵다. 즉, '부모'와 '성'이라는 두 항이 무의식의 중추적인 두 축이라는 사실만은 부정하기 어렵다.

° '부모'와 '성', 피해의식의 근본적인 문제

피해의식은 무의식적이다. 그렇기 때문에 우리의 피해의식 또한 '부모'와 '성'이라는 두 가지 주제와 깊은 관계를 맺고 있다. '부모'와 '성'의 문제가 무의식의 근본적인 층위를 이루는 것처럼, '부모'와 '성'의 문제는 다종다양한 피해의식의 근본적인 층위에 자리 잡고 있다. 우선 '부모'의 문제부터 생각해보자. 한 사람의 피해의식에 '부모'가 미치는 영향은 매우 크다.

'광호'와 '강준'은 외모에 대한 피해의식이 있다. "너 요즘 살찐 거 아니야?" '광호'와 '강준' 두 사람이 이런 말을 듣는다고 해보자. '광호'는 그 말이 썩 유쾌하진 않지만 대수롭지 않게 받아넘길 수 있다. 반면 '강준'은 그 말에 격앙되어 과민하게 반응한다. 이처럼 피해의식이 덜한 이들이 있고, 피해의식이 심한 이들이 있다. 이 차이는 어디서 오는 것일까? 이 차이는 결과적일 수 있고, 자연적일 수도 있다.

결과적 차이는 무엇일까? 피해의식을 극복하려는 노력(사회적 성취·긍정적 태도·자기성찰…)으로 인해서 피해의식의 밀도 차이가 발생할 수 있다. 즉, '강준'보다 '광호'가 자신의 피해의식을 극복하려는 노력을 더 많이 했기 때문에 결과적으로 피해의식이 덜해질 수 있다. 하지만 피해의식의 밀도는 그런 결과적 차이로만 달라지는 것이 아니다. 자연적 차이로도 달라질 수 있다. 즉, 피해의식을 극복하려는 의도적인 노력을 하지 않았음에도 불구하고 피해의식이 덜할 수도 있다.

그 자연적 차이는 어디서 오는 걸까? 많은 원인이 있을 수 있겠지만 그중 가장 중요한 원인은 '부모'일 가능성이 크다. '광호'와 '강준'은 뚱뚱하다고 놀림받은 일들이 비슷하게 있었다. 또한 둘 다 자신의 피해의식에 대해 딱히 고민하거나 성찰해본 적도 없고 그것을 극복하기 위해 별다른 노력을 한 적도 없다. 그런데도 둘의 피해의식의 밀도는 다르다. 그 이유는 무엇일까? 바로 '부모'의 차이 때문이다.

°'부모'라는 근본적 피해의식

"또 먹어? 살 좀 빼!" '강준'의 부모의 입버릇이었다. 어린 시절부터 '강준'의 부모는 '강준'의 외모를 긍정해주지 않았다. 반면 '광호'의 부모는 달랐다. '광호'의 부모는 '광호'의 이야기를 잘 들어주었고, '광호'를 따뜻하게 안아주었다. 피해의식의 자연적 차이는 대부분 '부모'로부터 온다. 부모에게 존재 자체로 사랑(긍정)받았던 아이는 피해의식이 옅을 가능성이 크다. 반면 부모에게 존재 자체로 충분히 사랑(긍정)받지 못했던 아이는 피해의식이 짙을 가능성이 크다. 물론 이 '부모'는 반드시 생물학적 부모일 필요는 없다. 한 아이에게 절대적인 영향력을 행사하는 존재면 된다(이를 정신분석학에서는 '대타자'라고 한다).

'부모'의 중요성은 다른 피해의식에서도 여실히 드러난다. '나는 늘 억울하게 비난(오해)받고 있다'는 피해의식에 시달리는 이들이 있다. 이들은 누군가 옆에서 수군거리기만 하면 모두 자기 이야기를 하고 있을 거라 생각한다. 이는 분명 어린 시절 근거 없는 비난이나 오해를 받은 경험(상처) 때문에 발생한 피해의식이다. 그런데 살아가면서 이런 억울한 비난이나 오해를 단 한 번도 받지 않은 사람은 없다. 그럼에도 불구하고 누군가는 비난(오해)에 대한 피해의식이 심하고 누군가는 덜하다. 이 역시 많은 이유가 있겠지만, '부모'라는 원인을 빼놓고 이야기할 수는 없다.

어린 시절부터 부모에게 깊은 사랑을 받은 이들은 억울한 비난이나 오해(상처)를 받아도 비교적 쉽게 넘길 수 있다. 다른 사람들은 자신을 근거 없이 비난하고 오해하더라도, 부모만은 자신을 온전히 받아줄 것이라는 믿음이 있기 때문이다. 그러니 이들은 상대적으로 피해의식이 옅을 수밖에 없다. 반면 부모에게 사랑받지 못했거나 혹은 조건부 사랑만 받았던 이들은 억울한 비난과 오해를 쉽게 견뎌내기 어렵다. 자신에게 가장 중요한 존재인 부모마저 자신을 이해해주지 않는다고 믿는 아이는 더 이상 기댈 곳이 없기 때문이다. 그러니 이들의 피해의식은 더 짙어질 수밖에 없다.

피해의식에서 '부모'는 중대한 역할을 한다. 피해의식은 무의식적이고, 무의식에서 '부모'라는 항은 절대적이라 할 만큼 크기 때문이다. 아이에게 부모는 절대적인 존재이며, 그 절대적인 존재에 대한 기억은 한 사람의 삶 전반을 지배한다. 한 사람의 무의식을 고찰하는 데 있어서 부모의 영향을 이해하는 것이 중요하듯, 한 사람의 피해의식을 고찰하는 데 있어서도 '부모'가 자신에게 어떤 존재이며, 자신에게 어떤 영향을 미쳤는지 살펴보는 일은 매우 중요하다.

°섹스와 피해의식

무의식은 무질서하고 혼란스럽고 충동적인 마음이다. 이런 무의식을 가장 상징적으로 드러내는 것은 '성性'에 관한 담론이다. 무의식이 '억압'으로 인해 형성된다면, 성에 관련된 문제는 그 무의식의 중추를 이룬다. 우리네 일상에서 성에 관련된 문제보다 더 '억압'된 것도 없기 때문이다. 프로이트에 따르면, 무의식은 아들(딸)의 엄마(아빠)를 향한 성적 욕망이 '억압'될 때 형성된다. 따라서 피해의식이 무의식적이라면, 피해의식 역시 한 사람의 성적 욕망이 억압될 때 촉발·강화된다고 말할 수 있다.

"다른 사람들은 마음껏 섹스하는데 나만 충분히 섹스하지 못하고 있어." 다양한 종류의 피해의식이 있지만, 그 바닥에는 이런 마음이 도사리고 있다. 이런 논의에 즉각적인 거부감(부정·불쾌감·불편함)이 들 수 있다. 왜 그런가? 이 논의가 틀렸기 때문인가? 그렇지 않다. 섹스에 관한 담론은 과도하게 금기시되어 우리의 무의식 아래 잠겨 있기 때문이다. 이것이 섹스에 관한 문제를 원활히 다루기 어려운 이유다. 이때 유용한 방법이 있다. 성욕을 식욕과 비교해서 생각해보는 것이다.

인간은 음식을 욕망하는 것만큼 섹스를 욕망한다. 즉, 한 인간의 욕구 차원에서 성욕과 식욕은 거의 동등하다. 다이어트를 한다고 해보자.

우리는 먹고 싶은 음식을 참을 수밖에 없다. 그때 우리의 마음은 어떻게 될까? 하루 종일 음식에 대한 생각으로 가득 차고, 이런 마음이 지속될 때 피해의식의 양상(두려움·분노·열등감·무기력·억울함·우울함)으로 흘러가게 된다. 즉, 참았던 식욕이 터져 나올까 봐 두렵고, 먹고 싶은 것을 참아야 하는 상황에 화가 나고, 멋진 몸매를 가진 이들에게 열등감을 느끼고, 많이 먹어도 날씬한 이들을 보며 억울하고, 그 모든 감정들이 뒤엉킬 때 무기력하고 우울해진다.

성욕 역시 마찬가지다. 어떤 이유에서든지 성욕을 참아야 하는 상황에 있다고 해보자. 그때 우리의 마음은 어떻게 될까? 성에 대한 생각으로 가득 차게 되고, 이런 마음이 지속될 때 피해의식의 양상(두려움·분노·열등감·무기력·억울함·우울함)으로 흘러가게 된다. 억눌렸던 성욕이 터져 나올까 봐 두렵고, 성욕을 참아야만 하는 상황에 화가 나고, 성적 매력이 있는 이들 앞에서 열등감을 느끼고, 마음껏 섹스를 즐기는 이들을 보며 억울하고, 그 모든 감정들이 뒤엉킬 때 무기력하고 우울해질 수밖에 없다.

° "내 문제는 섹스랑 상관없어!" 라고 말하는 이유

그렇다면 우리네 마음에서 식욕과 성욕의 위상은 동등한가? 결코 그렇지 않다. 인간의 식욕과 성욕에는 분명한 차이가 있다. 이를 정신분석학에서는 욕구need와 욕망desire으로 구분한다. '욕구'는 생물학적 필요이고, '욕망'은 무의식적 바람이다. 즉, '욕구'는 쉽게 채워지지만, '욕망'은 근본적인 충족이 불가능하다. 왜 그런가? '욕망'은 좌절된 '욕구'들이 무의식 속에서 끊임없이 왜곡·증폭·전환되어 발생하는 것이기 때문이다. 바로 여기에 식욕과 성욕의 차이가 있다.

식욕은 '욕구'적 측면이 더 커서 쉽게 의식(충족)할 수 있지만, 성욕은 '욕망'적 측면이 더 커서 쉽게 의식(충족)할 수가 없다. 이것이 식욕으로 인한 피해의식의 양상은 비교적 쉽게 '의식'할 수 있지만, 성욕으로 인한 피해의식의 양상은 쉽사리 '의식'하기 어려운 이유다. 식욕보다 성욕이 사회적으로 더 큰 금기(억압)의 대상이기 때문에 그것은 더 깊은 '무의식'에 자리 잡을 수밖에 없기 때문이다.

성욕에 관한 피해의식을 인지하기 어려운 이유는 또 있다. 무의식은 언제나 그 모양을 바꿀 수 있기 때문이다. 성욕은 깊은 '무의식' 아래에 잠겨 있기에 그 욕망은 쉽사리 다른 욕망, 예컨대 권력욕, 관심욕, 소비욕으로 전환되어 나타나곤 한다. 타인에게 군림하고 싶어 하는 마음, 타인에게 집요하게 관심받고 싶어 하는 마음, 이러저런 상품들을 끊임없이 사고 싶은 마음은 억압된 성욕의 다른 표현일 수 있다. 바로 이것이 많은 이들이 "내 문제(피해의식)는 섹스랑 상관없어!"라고 믿는 이유다.

° '성'이라는 근본적 피해의식

우리가 거부감을 느끼든 그렇지 않든 혹은 의식할 수 있든 의식할 수 없든 간에, 성적인 문제는 우리네 피해의식에 근본적인 역할을 한다. 외모·돈·권력 등등 다종다양한 우리네 피해의식을 돌아보라.

왜 외모에 관한 피해의식이 생겼을까? 세상 사람들의 관심과 인정을 받고 싶어서일까? 이는 피상적인 답일 뿐이다. 외모에 관한 피해의식의 바닥에는 성에 관한 문제가 도사리고 있다. 아름다운 외모란 무엇인가? 이는 근본적으로 '섹시'한 외모다. 자신이 원하는 누군가와 섹스할 수 있는 외모. 아름다운 외모를 갖지 못해서 생긴 피해의식은, 무의식 깊숙한 곳에 있는 섹스하고 싶다는 욕망이 좌절되었기 때문에 발생한 피해의식이다.

돈(권력)에 관한 피해의식 역시 마찬가지다. 왜 돈(권력)에 관한 피해의식이 생겼을까? 어린 시절 가난해서? 경제적으로 부유하고 싶어서?(힘이 없어서? 사회적으로 영향력을 갖고 싶어서?) 이 역시 피상적인 답일 뿐이다. 그 피해의식을 깊이 들여다보면 그 끝에는 성에 관한 문제가 도사리고 있다. 부유함(권력)은 무엇인가? 그것은 자본주의 사회에서 '섹시'함이다. 비싼 외제 차와 명품 가방(높은 지위와 영향력)은 그 자체로 얼마나 '섹시'한가! 자본주의 사회에서 부유함(권력)은 자신이 원하는 누군가와 섹스할 수 있는 힘이자 가능성이다. 돈(권력)이 없어서 생긴 피해의식은, 무의식 깊숙한 곳에 있는 섹스하고 싶다는 욕망이 좌절되었기 때문에 발생한 피해의식이다.

피해의식에서 '성'의 역할은 중대하다. 피해의식은 무의식적이고, 한 인간의 무의식에서 '성'이라는 항은 절대적이라 할 만큼 크기 때문이다. 모든 피해의식이 성적인 문제라고 말할 수는 없다. 하지만 성적인 문제가 모든 피해의식에서 근본적인 역할을 하고 있다는 것만은 분명한 사실이다. 강렬한 거부감·혐오감 혹은 기묘한 불쾌함·불편함에도 불구하고 자신의 성에 관한 문제(성적 취향·욕망·콤플렉스…)를 깊이 들여다보는 일은 중요하다. 한 사람의 피해의식을 고찰하는 데 있어서 무의식 깊은 곳에 억압해둔 성적 욕망을 살펴보는 일은 결코 우회할 수 없는 일이기 때문이다.

04. ———— 피해'의식', 피해'무의식', 피해'전의식'

°인간의 세 가지 마음 : 의식, 무의식, 전의식

피해의식이 '무의식'과 관계된 것이라면, 피해의식에는 세 가지 종류가 있다. 프로이트의 정신분석학에 관해 조금 더 알아보자. 프로이트는 '무의식'을 개념화하면서 인간의 마음을 세 가지 층위로 구분했다. '의식consciousness', '전의식preconsciousness', '무의식unconsciousness'이다. 이 세 마음은 바다에 떠 있는 빙하를 떠올리면 이해하기 쉽다.

바다에 떠 있는 빙하(마음) 전체는 크게 세 부분으로 나뉜다. 바다 위로 드러나 있는 부분(의식), 바다 아래 잠겨 있는 부분(무의식), 그리고 그 사이에 드러났다 잠겼다 하는 부분(전의식). '의식'은 전체 빙하 중 바다 위로 돌출된 부분으로, 이는 인간이 분명하게 인식할 수 있는 마음이다. '무의식'은 바다 아래 완전히 잠겨 있는 부분으로, 이는 스스로 인식할 수 없는 마음이다. '전의식'은 바다의 출렁거림에 의해 드러났다 잠겼다 하는 부분으로, 상황과 조건에 따라 인식되기도 하고 인식되지 않기도 하는 마음이다.

프로이트에 따르면, 인간에게는 이 세 가지 마음이 모두 존재한다. 이는 간단한 실험으로 증명할 수 있다. 초등학교 시절 친구들과 찍은 사진 앨범을 꺼내보자. 그때 우리는 세 부류의 친구가 있다는 것을 확인할 수 있다. 이름이 확실하게 떠오르는 친구("철민이네."), 전혀 기억나지 않는 친구("얘는 누구지?"), 이름이 가물가물한 친구("준수? 준규? 준기?")다. 이것이 우리에게 '의식', '무의식', '전의식'이라는 세 가지 마음이 존재한다는 사실을 보여준다.

이 세 가지 마음은 피해의식에도 그대로 적용된다. 피해의식에는 세 가지 층위가 있다. '의식'으로서의 피해의식, '무의식'으로서의 피해의식, '전의식'으로서의 피해의식. 이 세 가지 종류의 피해의식을 통해 자신의 피해의식을 진단해볼 수 있다. 우리의 피해의식은 셋 중 어느 것에 가까울까? 길거리에서 뜨거운 키스를 하고 있는 연인이 있다고 해보자. 이 장면을 '성민', '혜선', '유선' 세 사람이 보았다고 해보자.

°피해'의식' :
'의식'의 피해의식

"아, 이거 내 피해의식이구나."

키스 장면을 본 '성민'은 이유 모를 불편함과 불쾌함이 들었다. 그 순간 '성민'은 바로 깨달았다. 그 불편함과 불쾌함은 자신의 피해의식이 촉발한 감정이라는 사실을 말이다. '성민'은 자신도 사랑하고 사랑받고 싶은데, 긴 시간 연애를 하지 못해서 피해의식이 생겼다는 사실을 '의식'하고 있다. 그리고 그 피해의식 때문에 서로를 사랑하는 이들을 보고 불편함과 불쾌함(시기·질투·분노)이 밀려들었다는 사실도 '의식'하고 있다.

　　이것이 '의식'으로서의 피해의식이다. 이를 피해'의식'이라고 하자. 종류와 밀도의 차이는 있을지라도, 누구에게나 피해의식은 있다. 그들 중 어떤 이들의 피해의식은 분명하고 명료한 '의식' 속에 있다. 이들은 피해의식이 있지만, 자신의 피해의식에 대해 명료하고 분명하게 인지하고 있다. 즉, 자신에게 피해의식이 있고, 그것이 어떤 종류의 피해의식인지도 명료하고 분명하게 파악하고 있다. 그래서 이들은 자신의 피해의식이 촉발되는 상황이 벌어지면 그 상황이 자신의 피해의식 때문에 벌어졌다는 사실을 인지할 수 있다.

　　피해'의식'은 가장 밀도가 낮은 피해의식이라고 말할 수 있다. 피해의식이 왜 문제인가? 그것이 야기하는 부정적 감정(두려움·분노·열등감·무기력·억울함·우울함)에 잠식당하기 때문이다. '의식'으로서의 피해의식은 이 문제로부터 비교적 자유롭다. '성민'은 키스하는 연인들을 보고 시기·질투·분노가 뒤엉켜 불편하고 불쾌했다. 하지만 이내 그것이 자신의 피해의식 때문에 발생한 것이라는 사실을 '의식'했다.

　　이 '의식'의 과정은 고통스럽다. 사랑에 뛰어들지 못하고 그것을 간절히 바라고만 있는 못난 자신을 정직하게 직면해야 하기 때문이다. 그뿐인가? 순간적이기는 했지만 그 못난 자신을 직면하지 못해 행복한 연인들을 시기하고 질투했던 비루한 자신마저 직면해야 한다. 이처럼 있는 그대로의 피해의식을 분명하고 명료하게 '의식'하는 것은 고통스러운 일이다. 하지만 피해'의식'에는 고통만 있는 것이 아니다. 잠시의 고통 뒤에 조금 더 나은 삶의 가능성이 열린다.

　　'성민'은 피해의식의 부정적 감정에 잠식당하지 않는다. 있는 그대로의 자신을 '의식'한 이들은 방법을 찾기 때문이다. '성민'은 조금 더딜 수는 있어도 누군가를 사랑하고 사랑받을 준비를 해나갈 것이다. 그것이 연인들을 보며 느꼈던 불편함·불쾌감을 옅어지게 할 해법임을 분명히 알고 있기 때문이다. 피해의식을 '의식'하고 있는 이들은 피해의식을 극복할 잠재성을 이미 품고 있다. 이것이 피해'의식'이 가장 밀도 낮은 피해의식인 이유다.

°피해'무의식' : '무의식'의 피해의식

"저럴 거면 모텔을 가야지. 공공장소에서 경우 없이 뭐하는 짓이야!"

'혜선' 역시 길거리에서 키스를 하는 연인들을 보고 불쾌감·불편함에 휩싸였다. '혜선'은 매너·윤리·도덕을 문제 삼으며 연인들을 질타했다. 왜 그랬을까? 우리 사회의 공공질서·윤리·도덕을 바로 세우기 위해서였을까? 전혀 아니다. '혜선'이 연인들을 질타한 이유는 그녀의 피해의식 때문이다. 더 정확히는 자신의 피해의식을 '의식'하지 못하고 있기 때문이다. 사랑하고 사랑받고 싶지 않은 사람은 없다. 하지만 '혜선'은 첫사랑에서 큰 상처를 받은 이후 연애를 못하고 있다. '혜선'은 그로 인해 피해의식이 있다.

'혜선'은 길거리에서 알콩달콩 사랑을 나누는 연인들을 보며 솟구쳤던 불쾌함과 불편함이 자신의 피해의식으로부터 온 것이라는 사실을 전혀 '의식'하지 못하고 있다. 이것이 '무의식'으로서의 피해의식이다. 이것을 피해'무의식'이라고 하자. 어떤 이들의 피해의식은 (스스로 인지할 수 없는) '무의식' 속에 있다. 이들은 피해의식에 휩싸여 있지만, 그것을 전혀 '의식'하지 못한다. 그러니 이들은 자신의 피해의식이 촉발되는 상황이 벌어지면, 그 상황을 전혀 엉뚱한 방식으로 해석하곤 한다. 자신은 피해의식이 없다고 믿거나 혹은 그 상황이 자신의 피해의식과 전혀 상관없는 일이라고 믿기 때문이다. 이것이 '혜선'이 매너·윤리·도덕을 문제 삼으며 연인들을 질타한 이유다.

피해'무의식'에 휩싸인 이들은 그럴듯한 지식이나 대의·명분 혹은 신념·이념 등에 천착하는 경향이 있다. 이는 당연한 논리적 귀결이다. 자신이 느꼈던 불편함·불쾌함이 자신의 마음(피해의식)에서 비롯된 것이 아니라면, 외부에서 그 원인을 찾아야 하니까 말이다. 이것은 비단 '혜선'만의 문제가 아니다. 뭔가 많이 아는 지식인처럼 보이거나 혹은 강한 신념·이념을 가진 사회 지도층처럼 보이는 이들 중 피해의식에 휩싸인 이들은 흔하다.

피해의식에 휩싸인 지식인은 분명 많은 지식이 있다. 그들의 지식은 무엇인가? 그것은 자신의 피해의식을 의식하지 못해서 뒤틀어진 마음을 정당화하려는 노력의 결과일 뿐이다. 가난에 대한 피해의식 때문에 보수적인 경제학·경영학을 전공한 교수들이 이런 경우다. 피해의식에 휩싸인 사회 지도층은 분명 강한 신념·이념이 있다. 그들의 신념·이념은 무엇인가? 그것은 자신의 피해의식을 의식하지 못해 뒤틀어진 마음을 정당화하려는 노력의 결과일 뿐이다. 권력에 대한 피해의식 때문에 신념과 이념으로 무장하게 된 정치인이 이런 경우다.

피해'무의식'은 가장 밀도 높은 피해의식이라 말할 수 있다. 피해의식을 '의식'할 수 없을 때, 피해의식이 야기하는 부정적 감정(두려움·분노·

열등감·무기력·억울함·우울함)에 가장 크게 잠식당하기 때문이다. 자신의 피해의식에 대해 알 길 없는 '혜선'은 어떤 삶을 살게 될까? 표면적으로는 공공질서·윤리·도덕의 중요성을 설파하며 살아가겠지만, 내적으로는 두려움·분노·열등감·무기력·억울함·우울함에 잠식당한 채 살아갈 수밖에 없다.

'혜선'은 누구보다 사랑하고 사랑받고 싶다. 하지만 이는 자신의 피해의식을 '의식'할 때만 발견할 수 있는 마음이다. 피해의식이 무의식 속에 있을 때, 그 피해의식을 넘어설 수 있는 방법은 결코 보이지 않는다. 이것이 피해'무의식'이 우리네 삶을 슬픔으로 몰아넣는 방식이다. '무의식'으로서의 피해의식은 가장 경계해야 할 피해의식이다. 이 피해의식은 가장 밀도가 높기에 옅어질 가능성이 가장 낮기 때문이다.

°피해'전의식' : '전의식'의 피해의식

"이거 내 피해의식일 수도 있겠지만, 길거리에서 저러는 건 좀 아니지 않아?"

길거리에서 키스하는 연인을 본 '유선' 역시 불쾌함과 불편함을 느꼈다. 이 역시 '유선'의 피해의식 때문이다. 그런데 '유선'의 불쾌함과 불편함은 기묘한 구석이 있다. '성민'처럼 명확하게 그 이유를 인지하는 것도 아니고 그렇다고 '혜선'처럼 그 이유에 대해 전혀 인지하지 못하는 것도 아니다. '유선'은 연인들의 키스 장면에서 느낀 불쾌함과 불편함이 못내 찜찜하다. 그래서 그것이 자신의 피해의식과 관계하고 있는 것은 아닌지 어렴풋이나마 인지하고 있다. '유선'이 그 상황을 '혜선'처럼 전혀 엉뚱하게 해석하지 않는 것도 그 때문이다.

이것은 '전의식'으로서의 피해의식이다. 이것을 피해'전의식'이라고 하자. 피해'의식'은 분명하게 인지되고 피해'무의식'은 전혀 인지되지 않는다면, 피해'전의식'은 그 둘 사이에 있다. 이는 바다의 출렁거림에 의해 보였다 안 보였다 하는 빙하의 부분처럼 알 듯 말 듯한 피해의식이다. 피해'전의식'은 프로이트의 말처럼, "잠재되어 있으나 의식화될 수 있는" 피해의식이다.

이 피해'전의식'은 가장 보편적인 피해의식이라 할 수 있다. 자신의 피해의식을 완전히 '의식'하고 있는 이는 드물다. 피해의식이 무엇인가? 상처받은 기억으로 인한 과도한 자기방어다. 자신을 과도하게 방어해야 할 만큼 깊은 상처를 어떻게 분명하고 정확하게 '의식'할 수 있겠는가. 그런 상처는 어느 정도 '무의식' 속에 가라앉혀둘 수밖에 없다. 하지만 반대로 자신의 피해의식을 완전히 '무의식' 속에 넣어둔 이도 드물다. 이미 경험했던 일을 '의식'에서 완전히 몰아내어 전혀 기억되지 않는 '무의식' 속으로 밀어두는 것 역시 흔한 일은 아니다.

우리의 피해의식은 출렁거리는 물살에 의해 보였다 안 보였다 하는 '전의식' 부분에 있다. 일상에서 흔히 마주하는 피해의식이 그렇지 않은가. 우리는 정확히 인식하진 못하지만 어느 정도 희미하게나마 자신의 피해의식을 인식하고 있다. 그래서 우리는 자신의 피해의식에 대해 정확히 성찰할 수는 없지만, 그렇다고 완전히 엉뚱한 지식과 신념으로 자신의 피해의식을 정당화하지도 않는다. 이것이 피해의식이 드러나려고 할 때 흔히 "이거 내 피해의식일 수도 있겠지만"이라는 단서를 다는 이유다.

'유선'은 어떤 삶을 살게 될까? 바다의 출렁임처럼 살아갈 테다. 바다의 출렁임으로 수면 아래 빙하가 보이는 만큼 피해의식이 옅어져 기쁜 삶으로 나아갈 테다. "이거 내 피해의식 때문인가?" 피해의식이 '의식'되는 만큼 '유선'은 사랑하고 사랑받을 준비를 할 테다. 그렇게 두려움·분노·열등감·무기력·억울함·우울함에서 벗어날 삶의 변화를 모색하게 될 테다. 한편, 바다의 출렁임으로 빙하가 수면 아래 잠기는 만큼 피해의식이 짙어져 슬픈 삶으로 나아갈 테다. "길거리에서 저러는 건 매너가 아니지." 피해의식이 '무의식'에 잠기는 만큼 사랑하고 사랑받는 삶은 멀어질 테다. 그렇게 '유선'은 두려움·분노·열등감·무기력·억울함·우울함에 잠식당해 살아갈 테다.

05. ——————— 피해'전의식'을
확장하라

°피해의식을 어떻게
의식화할 것인가?

피해의식은 언제 심각한 문제가 되는가? 자신의 피해의식을 전혀 인지하지 못하거나(피해'무의식') 희미하게 인지할 때(피해'전의식')다. 피해의식이 촉발하는 모든 심각한 문제는 자신의 피해의식에 대해 잘 알지 못할 때 발생한다. 여기서 우리는 피해의식을 지혜롭게 다루는 방법을 하나 알 수 있다. 바로 피해의식의 '의식화'이다.

피해의식의 '의식화'는 무엇인가? '무의식'적이거나 '전의식'적인 피해의식을 분명하게 '의식'하게 되는 과정이다. 피해의식을 '의식'할 수 있다면, 피해의식이 촉발하는 많은 문제들을 해소할 수 있다. 자신의 피해의식을 분명하게 인지할 때, 피해의식으로부터 거리를 두고 자신을 성찰해볼 수 있기 때문이다. 그러니 피해의식을 극복하기 위해서 가장 먼저 해야 할 질문은 이것이다. '피해의식을 어떻게 의식화할 수 있을까?'

〈어떤 것이 어떻게 의식화되느냐?〉 이 질문은 이제 좀 더 유리하게 다음과 같이 진술될 수 있다. 〈어떤 것이 어떻게 전의식화되느냐?〉

– 지그문트 프로이트, 「자아와 이드」, 『정신분석학의 근본 개념』

"어떤 것이 어떻게 의식화되느냐?" 프로이트는 이 질문을 다음과 같이 바꾸는 편이 더 낫다고 말한다. "어떤 것이 어떻게 전의식화되느냐?" 이는 어려운 말이 아니다. 우리의 마음은 '무의식 – 전의식 – 의식'으로 구성되어 있다. 이는 '무의식'에 있는 어떤 대상은 직접적으로 '의식'할 수 없다는 의미이다. 무의식에 있는 대상은 '무의식'과 '의식' 사이에 있는 '전의식'이라는 완충 지대를 거쳐야지만 '의식'할 수 있다.

무의식→전의식→의식. 이것이 의식화의 과정이다. '무의식'에 있는 어떤 대상을 '의식화'하기 위해서는 먼저 '전의식화'가 필요하다. 즉, '전의식화(무의식→전의식)'는 '의식화(무의식→의식)'의 전제 조건인 셈이다. 이는 우리네 일상에서 쉽게 확인된다. 저번 주에 보았던 영화 제목이 갑자기 생각나지 않을 때가 있다. 이는 '의식화'되지 않은 상태. 그런데 그 제목이 전혀 생각나지 않다가(무의식) 그것을 기억하려 애를 쓰다 보면 가물가물하게 기억나는 상태(전의식)를 거쳐 이내 확실하게 기억(의식)이 난다.

° '전의식화'는 어떻게 가능한가?

그렇다면 '전의식화'는 어떻게 가능할까? 전의식의 확장에 의해 가능하다. 먼저 프로이트의 이야기를 들어보자.

〈어떤 것이 어떻게 전의식화되느냐?〉 그 답변은 '그에 상응하는 언어 표상과 관련맺음으로써'가 될 것이다. 이러한 언어 표상은 기억의 잔재물이다.

– 지그문트 프로이트, 「자아와 이드」, 『정신분석학의 근본 개념』

"어떤 것이 어떻게 전의식화되느냐?" 이 질문에 프로이트는 "언어 표상과 관련맺음으로써" 전의식화가 가능하다고 답한다. 그리고 이 언어 표상은 "기억의 잔재물"이라고 말한다. '전의식화'는 "기억의 잔재물", 정확히는 그것의 복원과 관계되어 있다. 우리는 경험했던 모든 일을 기억하지 못한다. 그 경험 중 일부는 쓰고 남아서 버려진 물건들처럼 무질서하고 혼란스러운 상태로 '무의식'에 저장된다. '무의식'에 있는 어떤 것을 '전의식화'한다는 것은 "기억의 잔재물"들을 복원한다는 의미다. 이는 우리네 삶에서 늘 일어나는 일이다.

어린 시절 사진을 보다가 이름이 기억나지 않는 친구를 발견했다고 해보자. 이름이 기억나지 않는 것은 그 이름이 '무의식'에 있다는 의미다. 이때 그 '무의식'을 어떻게 '전의식화'할 수 있을까? "기억의 잔재물"들을 복원하려고 집중하면 된다. 예를 들어, 그 친구의 가방이나 노트, 책(기억의 잔재물) 등을 생각해내면 된다. 그러면 그 가방·노트·책에 쓰인, 전혀 기억나지 않았던 그 친구의 이름(언어 표상!)이 생각날 듯 말 듯한 상태(전의식)에 이르게 된다. 이것이 바로 '전의식화'이다.

'전의식화'는 '전의식의 확장'에 달려 있다. '무의식(기억 없음)'은 어떻게 '전의식(희미한 기억)'이 되는가? 무의식의 대상과 관계되어 있는 희미한 "기억의 잔재물"들을 복원하는 과정(전의식의 확장)을 통해서다. '무의식' 속에 있는 친구의 이름을 '의식'하게 되는 과정이 그렇지 않은가? 무의식(기억나지 않는 친구의 이름)→전의식의 확장(친구의 가방·노트·책 등등 가물가물한 기억의 복원)→의식(선명한 친구의 이름). 이처럼 '무의식'에 있는 어떤 대상은 '전의식의 확장'을 통해 '의식'화에 이르게 된다.

˚피해'전의식'의 확장

　이제 우리는 '무의식'적인 피해의식을 어떻게 '의식'화할 수 있는지에 대해서도 답할 수 있다. 피해'전의식'을 확장하면 된다. '전의식'의 확장이 "기억의 잔재물"의 복원과 관계되어 있듯이, 피해'전의식' 역시 마찬가지다. 우리의 '무의식' 속에 있는 "기억의 잔재물"을 복원하는 과정을 통해 피해'전의식'은 확장될 수 있다. 조금 더 구체적으로 말해보자.

　'명우'는 작은 키 때문에 상처받아 키에 대한 피해의식이 생겼다. '명우'는 자신과 관련된 모든 문제를 키와 연결해서 생각한다. 취업이 안 되는 것도, 사람들이 자신을 친절하게 대해주지 않는 것도, 연애를 못하는 것도 모두 자신의 작은 키 때문이라고 여긴다. 그 때문에 '명우'의 삶은 점점 더 불행지고 있다. 왜 이런 일이 벌어졌을까? '명우'의 피해의식이 '무의식'적이기 때문이다. '명우'가 자신의 모든 문제를 작은 키 탓으로 돌리는 것은 자신의 피해의식을 전혀 의식하지 못하기 때문에 벌어진 일이다.

　'명우'의 피해의식은 무의식적이다. 하지만 그렇다고 그의 피해의식이 전적으로 '무의식'적인 것은 아니다. '명우'의 피해의식은 '전의식'적인 측면도 있다. 즉, '명우'는 희미하긴 하지만 자신의 피해의식에 대해 인식할 때도 있다. '명우'는 삶의 크고 작은 모든 문제 앞에서 '그건 내가 키 작아서 그래.'라고 확신(피해'무의식')하지만, 가끔은(혹은 동시에) '이건 키 때문에 생긴 문제가 아닌 것 같은데.'라는 의구심(피해'전의식')이 스치기도 한다.

'이거 내 피해의식인가?' 이런 의구심(피해'전의식')이 스칠 때, 이를 서둘러 외면해버리면 피해의식은 더 깊은 '무의식' 속으로 가라앉게 된다. 이는 피해'전의식'의 확장에 실패한 경우다. 반면 그런 의구심이 찾아올 때 집중해서 "기억의 잔재물"을 복원해내려고 노력할 수도 있다. 그렇게 '무의식' 속에 있어서 기억나지 않았던 일들을 가물거리는 마음 상태(전의식)로 끌어들일 수도 있다. 이 경우가 피해'전의식'이 확장된 경우다.

°피해의식을 '의식'화하라

'키 이야기만 나오면 발끈하는 게 혹시 내 피해의식 때문인가?' '명우'에게 이런 의구심이 스쳐지나갔다고 해보자. 바로 이때가 피해'전의식'을 확장할 수 있는 순간이다. '명우'는 학창 시절 친했던 친구가 자신의 어깨에 손을 올렸다는 이유로 친구와 크게 다툰 적이 있다. 이는 '명우'가 그 일을 친구가 키 작은 자신을 무시한 행동이라 확신(피해'무의식')했기 때문에 벌어진 일이었다. 하지만 어느 날 '명우'에게 '혹시 그때 그 일이 내 피해의식 때문이었나?'라는 의구심(피해'전의식')이 찾아들게 될 수도 있다.

이때를 놓치지 않고 집중해야 한다. 그때 '무의식' 속에 있어서 기억나지 않던 그 친구와 관련된 또 다른 "기억의 잔재물"이 희미하게나마 떠오를 수 있다(전의식의 확장). '명우'는 그 친구가 유독 아끼던 친구들에게만 어깨동무를 했었다는 사실이 가물가물하게 기억났다. 바로 이것이 피해'전의식'의 확장이다. 그렇게 피해'전의식'이 확장되면, '명우'는 그 친구의 어깨동무는 '무시'가 아니라 '애정'의 표시였다는 사실을 깨닫게 된다(피해의식의 의식화!).

　　이렇게 확장된 피해'전의식'은 이내 '의식화'된다. 같은 방식으로 피해의식의 '의식화'는 전방위로 일어날 수 있다. '명우'는 좋아했던 친구에게 고백을 거절당한 것이 키 때문이 아니라 조바심 때문이었다는 사실을 기억해낼 수도 있다. 또 취업에 번번이 실패하는 것이 키 때문이 아니라 자신의 역량 부족 때문이었다는 사실 역시 기억해낼 수도 있다. 이렇게 피해'전의식'을 확장할 때, 자신의 피해의식을 더욱 명료하게 '의식'할 수 있게 되고, 이 과정이 충분히 반복될 때 피해의식으로부터 자유로워질 수 있다.

06. ——————— 강박증적 피해의식, 히스테리적 피해의식

°신경증의 두 종류, 강박증과 히스테리

"내 마음대로 되는 게 하나도 없어!" 혹은 "나만 항상 눈치보고 살고 있어!"

피해의식은 다종다양하다. 그 다종다양한 피해의식은 크게 두 갈래로 나눌 수 있다. 하나는 "내 마음대로 되는 게 하나도 없어!"라는 피해의식이고, 다른 하나는 "나만 항상 눈치보며 살고 있어!"라는 피해의식이다. 무의식의 관점에서 볼 때 전자는 '강박증'적 피해의식으로, 후자는 '히스테리'적 피해의식이라고 이름 붙일 수 있다. '강박증'적 피해의식과 '히스테리'적 피해의식은 무엇일까? 이를 설명하기 위해 먼저 '신경증'이라는 개념부터 살펴볼 필요가 있다.

정신분석학에 따르면, 인간의 무의식은 '신경증'의 형태로 드러난다. 정신분석학에서 '신경증'은 특별하고 예외적인 질병이라기보다(물론 그런 경우도 있다) 인간의 보편적 특성에 가깝다. 모든 인간은 무의식의 지배를 받기 때문이다. 무의식은 말 그대로 의식되지 않기에 그 자체로는 드러날 수 없다. 그래서 무의식은 항상 '신경증'의 형상으로 드러날 수밖에 없다. 무의식의 영향 아래 놓인 인간은 저마다의 '신경증'을 갖고 있다.

이 '신경증'은 무엇일까? 우리는 살아가면서 크고 작은 상처들을 받으며 애정의 결핍을 겪게 된다. 예를 들어, 어린 시절 부모에게 버려졌거나 선생에게 이유 없이 뺨을 맞았다든가 하는 상처들은 애정의 결핍을 촉발하게 된다. 이런 결핍 때문에 신체적 이상 증상(틱·말더듬증·거식증·구토·결벽증…) 혹은 정신적 이상 증상(불안·공포·건강염려증·불면…)이 발생하곤 하는데, 이것이 바로 '신경증'이다.

쉽게 말해, '신경증'은 무의식의 표현(외침)인 셈이다. 프로이트의 정신분석학을 이어받은 정신분석학자이자 철학자인 자크 라캉은 이런 '신경증'에는 세 가지 형태가 있다고 말한다. 강박증, 히스테리, 공포증이다(공포증은 상대적으로 예외적인 경우이기 때문에 여기서는 다루지 않기로 한다). 이를 통해 피해의식에 대해 깊이 고찰해볼 수 있다.

° '강박증'은 무엇인가?

먼저 강박증이 무엇인지부터 알아보자. 난해하기로 악명 높은 정신분석학을 알기 쉽게 설명한 브루스 핑크의 도움을 받을 필요가 있다.

> 강박증자는 대상을 자기 자신의 것으로 간주하며, 타자의 욕망과 그 존재를 인정하지 않는다. …그(강박증자)에게 상대방은 대체 가능하고 교환 가능한 것일 뿐이다.
>
> – 브루스 핑크, 『라캉과 정신의학』

강박증은 상대를 자신의 것으로 간주하며, 그 상대의 욕망과 존재를 인정하지 않으려는 마음이다. 그래서 강박증자들은 상대를 대체 가능하고 교환 가능한 것으로 여긴다. 쉽게 말해, 강박증자는 구호는 "내 맘대로 할 거야!"이다. 강박증자는 자기의 욕망만을 중요하게 생각하며 타인의 욕망은 인정하지 않는다. 이런 강박증은 구체적으로 어떤 양상으로 드러날까? 청결강박, 계획강박, 정리강박 등으로 나타난다.

이들은 강박적으로 손을 씻거나 샤워를 하고 어떤 일을 반복적으로 확인해야 마음이 편하다. 또 자신이 계획한 일에 차질이 생기거나 변동이 있는 것을 참지 못하고, 자신의 공간은 자기만의 규칙으로 정리정돈하지 않으면 견디기 어렵다. 이는 자기 주위에 있는 대상을 자기 것으로 간주하려는 마음 때문에 발생한 일이며, 그런 강박증을 유지하기 위해서는 주위에 있는 사람들의 욕망을 인정할 수가 없다. 그래서 강박증자는 상대방을 언제나 대체 가능하고 교환 가능한 것으로 여기게 된다.

°'히스테리'는 무엇인가?

그렇다면 히스테리는 무엇일까? 브루스 핑크의 이야기를 다시 들어보자.

> 히스테리 환자는 강박증자처럼 대상을 자기 자신을 위한 것으로 간주하기보다, 타자가 무엇을 욕망하는지 알아내려 한다. 그녀는 스스로 타자의 욕망을 지속시킬 수 있는 특정한 대상이 되려고 한다.
> – 브루스 핑크,『라캉과 정신의학』

히스테리는 강박증의 반대 구조다. 히스테리 환자는 상대가 무엇을 욕망하는지 알아내려고 하고, 자신이 그 상대가 욕망하는 특정한 대상이 되려고 한다. 쉽게 말해, 히스테리의 구호는 "네 맘대로 해."이다. 히스테리는 자신의 욕망보다 언제나 상대의 욕망에 집중하려는 마음이다. 이런 히스테리는 구체적으로 어떤 양상으로 드러날까? 과도한 눈치보기, 지나친 관심 요구, 지나친 감정기복 등으로 나타난다. 이는 당연한 일이다.

히스테리는 타인의 욕망에 나를 맞추려는 신경증적 증세다. 그러니 누구를 만나더라도 과도하게 그 사람의 눈치를 볼 수밖에 없다. 또한 자신이 타인의 욕망에 잘 맞추었는지 확인될 때만 불안이 사라지기 때문에 타인의 관심을 지나치게 요구할 수밖에 없다. 지나친 감정기복 역시 마찬가지다. 만나는 이들마다 상대의 욕망에 자신을 맞추어야 하기 때문에 자연스레 감정기복이 커질 수밖에 없다. 즐거운 이들을 만나면 상대의 즐거움에 나의 감정을 맞춰야 하고, 화난 이들을 만나면 상대의 분노에 나의 감정을 맞춰야 하기 때문이다.

이를 통해 "히스테리"라는 말의 일상적 쓰임의 이유 역시 이해할 수 있다. "히스테리 좀 부리지 마!" 이처럼 우리는 '히스테리'라는 말을 신경질·짜증 등의 의미로 사용한다. 이는 정신분석학적으로 적확한 쓰임은 아니지만 그렇다고 전혀 틀린 쓰임이라고 볼 수도 없다. 신경질·짜증을 의미하는 "히스테리"는 신경증의 한 양상인 '히스테리'의 결과를 의미하기 때문이다. 즉, '히스테리' 상태를 긴 시간 겪으면 나의 욕망은 뒤로한 채 타인의 욕망에만 맞추느라 신경질·짜증이 난 상태가 된다.

° '강박증'적 피해의식

이제 우리는 '강박증'적 피해의식과 '히스테리'적 피해의식에 대해 이야기할 수 있다. '강박증'적인 피해의식은 무엇일까? 직장 혹은 일에 대한 피해의식을 생각해보자. '강모'는 직장에서 항상 화가 나 있고 그 때문에 종종 무기력해진다. "내 마음대로 되는 일이 하나도 없어!" '강모'는 직장에서 자신이 계획한 대로 되는 일이 하나도 없다고 생각한다. '강모'의 피해의식은 전형적인 '강박증'적 피해의식이다. 그는 왜 피해의식에 휩싸였을까?

직장에서 '강모' 마음대로 되지 않았던 일도 많았지만 '강모'의 계획대로 진행되었던 일도 많았다. 그럼에도 불구하고 왜 '강모'는 직장 혹은 일에 대한 피해의식이 생겼을까? 바로 '강박증' 때문이다. '강모'는 '강박증'적이다. 직장에서 업무처리도 자신이 계획한 대로 진행되어야 직성이 풀리고, 집에서도 자신이 정해놓은 규칙에 따라 정리정돈을 해야 불안하지 않다. 그러니 '강모'가 직장에서나 집에서나 피해의식이 생기는 것은 당연한 일이다.

열 번 중에 아홉 번이 자기 마음대로 업무처리·정리정돈이 되어도, 한 번만 자기 규칙이나 계획에서 틀어지면 그것을 견딜 수 없기 때문이다. '강박증'이 심한 이들은 거의 모든 것을 자기 마음대로 하면서도 항상 '내 마음대로 안 되는 걸 참고 있다'고 믿는다. '강모'를 옭아매는 것은 직장도 가정도 아니다. 모든 것을 자기 마음대로 해야 직성이 풀리는 '강박증'적인 마음이다. 이처럼 '강박증'적인 이들은 대체로 '강박증'적 피해의식에 휩싸일 수밖에 없다.

˚'히스테리'적 피해의식

'히스테리'적 피해의식은 무엇일까? 비난에 대한 피해의식을 생각해보자. '나연'은 늘 두렵고 억울하다. 그 때문에 종종 우울함에 휩싸인다. "나만 눈치보며 살고 있어!" '나연'은 세상 사람들이 항상 자신을 비난할 것이기 때문에 늘 눈치를 보아야 한다고 생각한다. 이는 '나연'의 피해의식이다. 실제로 주변 사람들이 '나연'을 비난한 적은 별로 없다. 그럼에도 불구하고 왜 '나연'은 비난에 대한 피해의식이 생겼을까? 바로 '나연'의 '히스테리' 때문이다.

'나연'은 '히스테리'적이다. "부장님 왜 기분이 안 좋아 보이지?" '나연'은 직장에서 늘 눈치를 본다. 자신 때문에 부장님이 기분이 안 좋은지 눈치를 보고, 기분이 안 좋을 때 조심하지 않아서 미움을 받을까 봐 또 눈치를 본다. 연애를 할 때도 마찬가지다. 연인이 뭐라고 하지 않아도 늘 연인의 눈치를 본다. "오늘 피곤해 보이는데 괜히 만나자고 했나?" "뭘 먹으러 가자고 해야 하지?" "영화 보러 가자고 하고 싶은데 싫어하진 않을까?"

이는 배려심이 아니다. 배려는 기쁜 마음으로 하는 것이지만, '나연'은 전혀 기쁘지 않다. '나연'은 언제까지 이렇게 눈치보며 살아야 하는지 답답하고 억울하고 짜증나고 그 때문에 우울하다. 이것이 '히스테리'적 피해의식이다. '히스테리'가 심한 이들은 종종 자신이 원하는 것을 하면서도 항상 '나만 눈치보며 살고 있다'고 믿는다. '나연'을 옭아매는 것은 타인이 아니다. 늘 타인의 욕망에 자신을 맞추어야 한다는 '히스테리'적인 마음이다. 이처럼, '히스테리'적인 이들은 대체로 '히스테리'적인 피해의식에 휩싸여 있을 수밖에 없다.

07. —————— 신경증적
피해의식 너머

°무의식적 피해의식의
두 가지 구분

피해의식이 무의식적이라면, 피해의식은 두 가지 방식으로 구분할 수 있다. 〈피해'의식'–피해'전의식'–피해'무의식'〉과 〈강박증적 피해의식–히스테리적 피해의식〉이라는 구분이다. 전자는 피해의식의 깊이에 의한 구분이다. 즉, '무의식–전의식–의식'이라는 인간 마음의 층위에 따라 피해의식을 구분한 것이다. 후자는 피해의식의 폭(양상)에 의한 구분이다. 인간의 무의식은 신경증(강박증·히스테리)의 형태로 드러나기 때문에 피해의식 역시 그에 따라 다른 양상으로 나타날 수 있다.

그렇다면 이 신경증(강박증·히스테리)적 피해의식은 어떻게 넘어설 수 있을까? 먼저 신경증의 발생 과정에 대해서 살펴보자. 사탕을 좋아하는 아이가 있다. 아이의 엄마는 아이에게 늘 다정한 표정으로 사탕을 사주곤 했다. 하지만 초등학교 입학식 날, 아이는 씻을 수 없는 상처를 받았다. 엄마는 뚱뚱한 아이가 창피했던 걸까? 아니면 아이가 뚱뚱하다

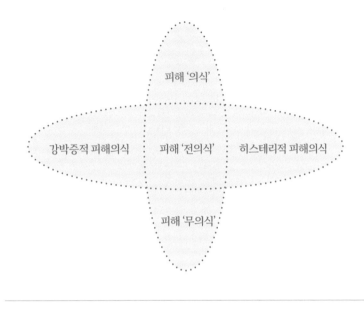

피해의식의 깊이와 폭

고 놀림받을까 봐 걱정되었던 걸까?

　"이제 사탕 좀 그만 먹어!" 엄마는 갑자기 소리를 지르며 아이가 입에 물고 있던 사탕을 땅에 던져버렸다. 갑자기 돌변한 엄마의 모습에 아이는 큰 충격을 받았다. 이 충격으로 아이는 사탕에 집착하게 된다. 나이가 들어 그것은 신경증이 될 수 있다. 신경증은 특정한 상처를 통한 애정의 결핍으로 형성되기 때문이다. 성인이 된 아이는 자기 방을 정리 정돈하지 않으면 불안해서 견딜 수 없게 되거나(강박증), 누구와 같이 있더라도 그 사람의 눈치를 과도하게 보게 될 수 있다(히스테리).

˚신경증은 결핍이 만들어낸 욕망의 무의식적 증상이다

아이의 신경증은 어디서 왔는가? '사탕(정확히는 엄마의 사랑)'의 결핍에서 왔다. '결핍'은 '욕망'을 불러일으킨다. '사탕'의 결핍은 '사탕'을 '욕망'하게 만든다. 그 결핍(사탕)이 의식에 있을 때는 아무런 문제가 되지 않는다. 사탕을 사먹으면, 즉 의식적으로 결핍을 채우면 되니까 말이다. 하지만 문제는 결핍으로 인해 촉발된 욕망은 의식이 아니라 무의식 속으로 가라앉는다는 데 있다.

결핍으로 인해 무의식화된 욕망. 이것이 신경증의 원인이다. 아이는 '사탕(엄마의 사랑)'을 빼앗겨서 '사탕'을 욕망하게 되었지만, 그 사실을 모른다. 그것은 무의식 속에 잠겨버렸으니까. 하지만 프로이트의 말처럼, "억압된 것은 반드시 돌아온다." 자신은 결코 의식할 수 없는 '결핍으로 인한 욕망'은 신경증(강박증·히스테리)의 형태로 되돌아오게 된다. 이를 도식화하면 다음과 같다. 결핍(상처)→욕망(무의식)→신경증.

신경증은 결핍이 만들어낸 욕망의 무의식적 증상이라고 정의할 수 있다. 한 사람의 결핍(상처)과 그로 인해 발생하게 된 특정한 신경증(강박증·히스테리) 사이의 인과관계를 논리·합리·이성적으로 설명하기 어려운 이유도 그래서다. 신경증이 발생하는 모든 과정은 다른 이들은 결코 알 수 없는 한 사람의 내밀한 무의식에서 일어나기 때문이다.

˚피해의식은 욕망으로부터 온다

피해의식은 신경증적이다. 피해의식과 신경증의 발생 원리는 일란

성 쌍둥이처럼 닮아 있다. 돈에 대한 피해의식을 생각해보자. 돈에 대한 피해의식은 왜 생기는 걸까? 돈이 결핍되었기(결핍되었다고 믿기) 때문이다. 결핍되지 않았다면 피해의식은 생기지 않는다. 하지만 그 결핍이 직접적으로 피해의식을 촉발하는 것 역시 아니다. 피해의식을 직접적으로 촉발하는 것은 욕망이다. 결핍(상처)이 만들어낸 과도한 욕망. 이것이 피해의식을 발생시킨다. 이는 신경증의 도식과 정확히 일치한다. 결핍(상처)→욕망(무의식)→피해의식.

실제적이든 상상적이든, 자신에게 무언가 결핍되었다고 여기는 이들은 그 결핍된 것(돈·학벌·명예·외모…)을 과도하게 욕망하게 되고, 바로 그 욕망이 피해의식을 발생시킨다. 어떤 피해의식이든, 그 피해의식은 욕망으로부터 온다. 결핍된 것(돈·학벌·명예·외모…)을 채우고 싶은 욕망. 그 욕망이 비대하면 비대할수록 그에 대한 피해의식 역시 강하다.

신경증과 마찬가지로, 피해의식 역시 (결핍이 만들어낸) 과도한 욕망의 무의식적 증상이라고 할 수 있다. 여기서 우리는 우리의 피해의식을 옅어지게 할 하나의 방법을 알 수 있다. 신경증(강박증·히스테리)을 완화하는 일이다. 피해의식은 신경증적이기에, 신경증 자체를 완화할 수 있다면 피해의식 역시 옅어지게 할 수 있다. 그렇다면 우리는 어떻게 신경증(강박증·히스테리)을 극복할 수 있을까?

° '강박증'과 '히스테리'의 횡단!

여기서 주의해야 할 점이 있다. '신경증'의 극복은 '신경증'의 초월(박멸·제거)이 아니라는 사실이다. '신경증'은 보편적인 인간의 마음 상태다. 라캉에 따르면, 모든 인간은 '정신병', '도착증', '신경증'이라는 세 가지 임상 구조 중 하나에 반드시 속한다. 그중에서 가장 정상에 가까운 임상 구조가 '신경증'이다. '정신병'과 '도착증'은 매우 적은 수로 존재하며, 이들은 정말 비정상적인 정신 상태라고 말할 수 있다.

라캉의 정신분석학 이론에서 굳이 '정상인'을 정의해야 한다면, '신경증'자라고 말할 수 있다. 이는 우리가 '신경증'을 초월한다면 정상인의 범주를 넘어 '정신병'과 '도착증'의 범주로 넘어갈 수 있다는 의미이기도 하다. '신경증'의 극복은 '신경증'이라는 조건 안에서만 가능하다. 즉, '신경증'의 극복은 '신경증'의 완화(균형)이다. 이는 구체적으로 어떻게 가능할까?

강박증과 히스테리의 횡단에 그 해법이 있다. 강박증적인 이들은 히스테리적인 마음을 가지려고 애를 써야 한다. 쉽게 말해, 모든 것을 자기 마음대로 하려는 이들은, 타인의 눈치를 보는 연습을 해야 한다. 반대로 히스테리적인 이들은 강박증적인 마음을 가지려고 애를 써야 한다. 즉, 매 순간 주변 사람들의 눈치만 보는 이들은, 자기 마음대로 해보려고 노력해야 한다. 이를 통해 우리의 신경증적 피해의식을 어떻게 극복할 수 있을지도 알 수 있다.

° '강박증'과 '히스테리'적 피해의식 너머

강박증적 피해의식은 무엇인가? "내 마음대로 되는 게 하나도 없어!"라는 피해의식이다. 이는 히스테리적인 마음으로 열어질 수 있다. 피해의식은 온통 자신의 상처에만 시선이 쏠려 있을 때 발생하는 문제 아닌가? 그러니 히스테리적인 마음으로 타인의 상처를 헤아릴 수 있을 때,

피해의식은 현저히 줄어들게 된다.

강박증적인 이가 동료와 친구, 연인의 마음을 섬세하게 읽으려고 애를 쓴다면 어떨까? 자신의 강박증 때문에 주변 사람들이 얼마나 힘들고 불편한지 알 수 있다. 주변 사람들의 그런 마음을 읽으면 이제껏 자신이 얼마나 자기 마음대로 하며 살아왔는지 깨달을 수 있다. 그 사실을 깨달을 때, 강박증적 피해의식("내 마음대로 되는 게 하나도 없어!")은 현저히 줄어들 수밖에 없다. 즉, 내 마음만 보는 게 아니라 상대의 마음을 읽어보려고 애쓴다면, 강박증적 피해의식은 현저히 옅어질 수 있다.

히스테리적 피해의식 역시 마찬가지다. "나만 항상 눈치보고 살고 있어!" 이것이 히스테리적 피해의식이다. 이는 강박증적 마음을 가지려고 애쓸 때 옅어질 수 있다. 히스테리적인 이가 가족과 동료, 연인에게 자신의 감정과 욕망을 적절하게 표현한다면 어떨까? 늘 눈치만 보는 것이 아니라 때로는 자신의 마음을 표현할 수 있을 때, 히스테리적 피해의식("나만 항상 눈치보고 살고 있어!")은 현저히 옅어질 수밖에 없다.

신경증(강박증·히스테리)을 극복한다는 것은, '강박증'과 '히스테리' 사이를 횡단하며 그 사이에서 절묘한 균형 감각을 익힌다는 것을 의미한다. 쉽게 말해, 내 마음대로 해야 할 때는 내 마음대로 하고, 상대의 마음을 읽어야 할 때는 상대의 마음을 읽을 수 있는 것. 이것이 '신경증'을 극복하는 방법이다. 그리고 바로 이것이 '강박증'적 피해의식과 '히스테리'적 피해의식을 옅어지게 하는 방법이다.

강박증적 피해의식에 휩싸여 있는가? 가슴 속에 하나의 표어를 담아두라. "네가 원하는 것을 해줄게!" 히스테리적 피해의식에 휩싸여 있는가? 가슴 속에 하나의 표어를 담아두라. "내가 원하는 것을 말할게!"

라캉

신경증 너머로 가기 어려운 이유

피해의식은 좀처럼 극복하기 어렵다. 피해의식은 '신경증(강박증·히스테리)'적이기 때문이다. 우리의 신경증은 좀처럼 사라지지 않는다. 우리 주위에 있는 신경증을 생각해보라. 모든 것을 자기 마음대로 하려는 '강박증'적인 마음도, 모든 것을 상대에게 맞추려는 '히스테리'적인 마음도 좀처럼 사라지지 않는다. 그렇다면 '신경증'은 왜 그토록 극복하기 어려울까? 이에 대해 라캉은 이렇게 말한다.

> 그들(신경증자)은 자신의 상태에 만족하지 않지만, 그럼에도 그처럼 만족스럽지 못한 상태에 있음으로써 스스로를 만족시킨다.
> – 자크 라캉, 『세미나11 : 정신분석의 네 가지 근본개념』

강박증자도 히스테리 환자도 자신의 상태에 만족하지 않는다. 하지만 그럼에도 불구하고 그들은 그 만족스럽지 못한 상태에 계속 머문다. 왜 그러는 것일까? 그 불만족스러운 상태를 유지해야만 스스로를 만족시킬 수 있기 때문이다. 이는 모호하거나 모순적인 말장난이 아니다.

아무리 피곤해도 한 시간씩 샤워를 하지 않으면 견디지 못하는 강박증자가 있다고 해보자. 그는 그 상태(한 시간 샤워)가 번거롭고 피로하기에 결코 만족스럽지 않다. 하지만 그는 그 만족스럽지 못한(한 시간 샤워) 상태를 유지해야만 스스로를 만족시킬(불안·짜증·불결하지 않은 상태로 잠자리에 들) 수 있다. 히스테리 역시 마찬가지다. 직장에서 늘 타인의 눈치를 살피는 히스테리 환자가 있다고 해보자. 그는 그 상태가 만족스럽지 않다. 하지만 그는 그 만족스럽지 못한(눈치보는) 상태를 유지해야만 스스로를 만족시킬(불안·초조하지 않을) 수 있다.

'신경증'적 피해의식은
지독한 가려움이다

'신경증'적 피해의식 역시 마찬가지다. '강박증'적 피해의식("내 마음대로 되는 게 하나도 없어!")이건 '히스테리'적 피해의식("나만 눈치보고 살고 있어!")이건, 피해의식을 갖고 있는 이들은 그 상태가 만족스럽지 않다. 하지만 그럼에도 불구하고 그 상태에 머묾으로써 스스로를 만족시킨다. 피해의식에 휩싸인 이들은 자신의 피해의식 때문에 힘들지만, 그 피해의식을 유지함으로써 기묘한 만족 상태에 이른다.

'신경증'적 피해의식은 지독한 가려움증이다. 극심한 가려움이 찾아올 때 계속 긁으면 고통스러울 것을 알지만, 긁을 때의 그 기묘한 쾌감(만족) 때문에 피부가 벗겨져 피가 날 때까지 긁는 것을 멈추지 못하는 마음. 바로 이 기묘하고 뒤틀어진 마음이 '신경증'적 피해의식의 마음 상태다.

학벌에 대한 피해의식이 있는 이를 생각해보자. 그는 종종 흥분하며 명문대를 나온 이들을 근거 없이 비난하곤 한다. 혹은 명문대를 나오지 못한 자신을 비난하곤 한다. 그는 왜 그러는 것일까? 피해의식에 휩싸인 자신의 상태(불안·우울·시기·질투)가 결코 만족스럽지 않지만, 동시에 그 만족스럽지 않은 상태를 유지함으로써 억누를 수 없는 기묘한 만족을 느끼기 때문이다.

그 기묘한 만족은 무엇일까? 명문대를 나온 이들(혹은 명문대를 나오지 못한 자신)을 폄하하고 비난함으로써 얻게 되는 만족(쾌감)이다. 피해의식에 따른 불만족스러운 상태(불안·우울·시기·질투…)의 크기는 피해의식을 촉발한 대상이나 혹은 자신을 부정(폄하·비난)함으로써 얻게 되는 쾌감의 크기와 비례한다. 돈에 대한 피해의식 역시 마찬가지다. 돈에 대한 피해의식에 휩싸일 때 분명 불만족스럽다. 하지만 그 피해의식의 크기만큼 부유한 이들(혹은 돈이 없는 자신)을 근거 없이 비난하고 폄하할 때 느끼는 쾌감도 커지게 마련이다. 피해의식은 강렬한 불만족이지만, 동시에 그만큼의 강렬한 만족(쾌감)이다.

'충동'과 '욕망'

그렇다면 어떻게 '신경증'적 피해의식을 극복할 수 있을까? 그 실마리는 라캉의 '충동pulsion'이라는 개념에서 찾을 수 있다. '충동'이란 무엇일까? 이는 라캉의 또 다른 개념인 '욕망desire'과의 비교를 통해 비교적 쉽게 설명할 수 있다. 먼저 라캉의 '욕망'이 무엇인지 알아보자.

인간의 욕망은 타자의 욕망이다
 – 자크 라캉, 『세미나11 : 정신분석의 네 가지 근본개념』

라캉의 이 유명한 말은 '욕망'이 무엇인지 직관적으로 설명해준다. 라캉의 '욕망'은 기본적으로 타자의 욕망이다. 이는 쉽게 말해, 유명해지고 싶은 욕망, 돈을 벌고 싶은 욕망, 섹시한 외모를 갖고 싶은 욕망이다. 돈·명예·섹시한 외모를 향한 욕망은 내 속에 있기는 하지만 근본적으로 '나'의 욕망이 아니다. 그것은 '돈·명예·섹시한 외모'를 세상 사람(타자)들이 욕망하기 때문에 생긴 욕망일 뿐이다.

'서울대'를 소망하는 아이의 욕망은 정말 아이의 욕망일까? 아니다. 그것은 부모(타자)의 욕망을 내면화한 욕망일 뿐이다. 엄마가 좋아하는 음식을 아이 역시 좋아하게 되는 것처럼 말이다. 하지만 '충동'은 이와 다르다. 라캉의 이야기를 직접 들어보자.

충동과 비슷한 것을 들자면 몽타주를 언급할 수 있다. …충동의 몽타주는 우선 밑도 끝도 없이 마구잡이로 제시되는 몽타주다.

– 자크 라캉, 『세미나11 : 정신분석의 네 가지 근본개념』

라캉은 '충동'이 몽타주와 비슷하다고 말한다. 몽타주는 'monter조립하다'라는 프랑스어에서 유래한 말로, 여러 이미지(사진·그림)를 이리저리 편집하여(찢어 붙여서) 하나의 새로운 작품을 만드는 예술 기법이다. 라캉은 몽타주, 특히 무작위로 편집하여 마구잡이처럼 보이는 초현실주의적인 몽타주의 이미지가 '충동'이라는 개념과 유사하다고 말한다. 라캉의 이야기를 조금 더 들어보자.

'충동'은 '머리 없는 주체'다

충동의 출현은 머리 없는 주체sujet acephale라는 양태로 간주해야 한다.

– 자크 라캉, 『세미나11 : 정신분석의 네 가지 근본개념』

라캉은 '충동'을 "머리 없는 주체"라는 개념으로 설명한다. 이것이 무슨 말일까? '충동'은 '몽타주적 욕망'이라 할 수 있다. '충동'은 무작위로 편집하여 마구잡이처럼 보이는 몽타주적 욕망이다. 초현실주의적인 기괴한 몽타주를 떠올려보라. 그런 작품은 머리(이성)가 있다면 만들 수 없다. 머리(이성)가 있는 이들은 혼란스럽고 무질서한 작품을 만들지 못한다. 그들(머리 있는 주체)은 언제나 질서 잡힌 명료하고 분명한 것(인물화·정물화·풍경화…)들을 만들 수 있을 뿐이다. 오직 "머리 없는" 이들만 기괴하게 짝이 없는 몽타주를 만들 수 있다.

'욕망'이 '머리 있는 주체'의 소망이라면, '충동'은 "머리 없는 주체"의 소망이라 말할 수 있다. 왜 그런가? 우리는 무엇을 '욕망'하는가? 돈·명예·지식·섹시한 외모를 '욕망'한다. 이는 머리(합리성)가 있기 때문에 가능한 욕망이다. 돈·명예·지식·섹시한 외모가 있다면 누구에게나 사랑받을 수 있다고 합리적으로 생각하기에, 우리는 그것들을 '욕망'하게 된 것이다. 하지만 '충동'은 다르다. 이는 "머리 없는 주체"의 욕망이다. 이는 전혀 합리적이지 않다.

예를 들어보자. 결코 빠져들면 안 될 것 같은 대상(가난한 시인·바람둥이·복싱·오토바이·암벽 등반…)에 강렬한 매혹을 느껴본 적이 있을까? 머리로는 다 안다. 그 대상에 빠져들면 안 된다는 것을. 하지만 온통 그 생각뿐일 때가 있다. 이것이 바로 '충동'이다. 가난한 시인·바람둥이·복싱·오토바이·암벽 등반을 강렬하게 욕망하는 마음은 '충동'적이다. '충동'은 위험하게 짝이 없다. 그것에 빠져들었을 때 닥쳐올 삶의 시련과 고난을 우리의 '머리'는 이미 알고 있기 때문이다.

"머리 없는 주체"의 강렬한 소망은 절벽 끝으로 질주하는 '충동'일 수 있다. 이 '충동'은 사랑보다 증오라는 감정이 더욱 선명하게 드러낸다. 누군가 우리 집에 불을 질러 소중한 것들을 모두 잃게 되었다고 해보자. 그때 우리는 그 방화범을 증오하게 된다. 그 증오 때문에 그 방화범을 해치고 싶은 강렬한 소망이 들게 된다. 이때 이 소망은 '욕망'으로 나타날 수도 있고, '충동'으로 나타날 수도 있다. '욕망'은 무엇인가? 그 방화범을 법정에 세워 법적 처벌을 받게 하는 것이다. 이는 '머리 있는 주체'의 합리적 소망이다. 그렇다면 '충동'은 무엇일까? 칼을 들고 그 방화범을 찾아가 직접 난도질해서 죽이는 것이다. 이는 "머리 없는 주체"의 위험한 소망이다.

'욕망'이 아니라 '충동'으로
피해의식은 옅어질 수 있다

'신경증을 어떻게 완화할 수 있을까?' 이 질문에 초기 라캉은 '욕망'으로 가능하다고 진단했다. 하지만 후기에 이르러서는 '충동'에 의해 가능하다고 입장을 바꾼다. 후기 라캉에 따르면, '욕망'은 결국 근원적인 불만족이다. '욕망'은 근원적으로 자신의 욕망이 아닌 타자의 욕망일 뿐이다. 그러니 '욕망'을 따른다는 것은 결국 타자의 욕망에서 벗어날 수 없음을 의미한다. 반면 '충동'은 끊임없는 생산을 통해 실제적 만족을 준다. 이를 통해 우리는 타자에게 종속되지 않는 상태에 이를 수 있게 된다.

신경증에서 벗어난다는 것은 무엇인가? 라캉에 따르면, 타자의 '욕망'에 묶인 주체(나)에서 벗어나 타자에게 종속되지 않는 '충동'의 주체(나)가 되는 것이다. 라캉의 이러한 통찰은 우리의 피해의식을 다루는 데도 매우 중요하다. 피해의식은 결핍된 대상(돈·명예·외모·학벌…)을 향한 '욕망'으로부터 온다. 이런 피해의식을 극복할 수 있는 방법은 무엇일까? '욕망'일까? 즉, 돈·명예·외모·학벌에 대한 '욕망'을 충족하면 될까? 쉽게 말해, 악착같이 돈을 벌고, 유명해지고, 살을 빼고 성형 수술을 하고, 좋은 학벌을 갖게 되면 그 피해의식은 사라지게 될까? 물론 억압된 '욕망'을 전혀 충족하지 않는 이들보다는 피해의식이 덜할 수 있다.

하지만 이 방법은 충분치 않은 지점이 있다. 아무리 돈을 벌고, 유명해지고, 예뻐지고, 학벌이 좋아져도 피해의식은 좀처럼 사라지지 않는다. 만약 '욕망'의 충족으로 피해의식이 사라진다면, 돈 있는 '부자', 이름이 알려진 '명사', 화려한 외모로 주목받는 '연예인', 좋은 학벌을 가진 '명문대생'은 피해의식이 전혀 없어야 한다. 하지만 삶의 진실은 그렇지 않다. 그들 역시 저마다의 피해의식에 사로잡혀 있다. 이는 당연한 일이다. 그들은 '욕망'을 충족하는 과정에서 더 오래, 그리고 더 집요하게 자신에게 결여된 것(돈·명예·외모·학벌…)만을 보고 있을 수밖에 없기 때문이다.

피해의식은 '충동'으로 넘어설 수 있다. 이 말에 즉각적인 거부감이 들 수도 있다. 피해의식을 극복하기 위해 '충동'적으로 암벽 등반을 하고, 바람둥이를 만나고, 살인을 해야 한다는 말인가? 이는 충분히 제기할 법한 의문이다. '충동'은 "머리 없는 주체"의 소망이기에 어떤 방식으로든 우리네 삶에 크고 작은 위험을 초래할 수밖에 없기 때문이다. 하지만 '충동'이 반드시 극단적인 형식으로만 나타나는 것은 아니다. 멀리 갈 것 없이 나의 피해의식 극복기를 이야기해보자.

나의 피해의식 극복기

나는 돈에 관한 피해의식이 심했다. 가난한 이들을 혐오했고, 돈 많은 이들을 시기·질투했다. 나는 '욕망'을 충족해 피해의식을 극복하고 싶었다. 대기업에 들어갔다. 적지 않은 돈을 벌었지만 피해의식은 옅어지지 않았다. 월급쟁이로는 피해의식을 해소할 만큼 욕망(돈)을 충족하지 못했기 때문이라고 믿었다. 돈을 더 벌어야겠다고 생각했다. 직장을 다니며 책을 썼고, 그 책이 유명해져서 몇몇 방송에 출연했다. 그 방송 후에 여기저기서 강연이 들어왔고, 한 번 강연으로 한 달 월급만큼의 돈을 벌었다.

어느 정도 '욕망'을 충족했다. 내 피해의식은 극복되었을까? 아니었다. 나는 여전히 아니 더 심하게 가난한 이들은 모두 게으른 인간들이라고 혐오했고, 돈 많은 이들은 모두 도둑놈들이라고 시기·질투했다. 그러던 어느 날이었다. 돈을 더 벌기 위해 이런저런 공부를 하고 있을 때였다. 한 권의 철학 책이 내 눈에 들어왔다. 무엇인가에 홀린 듯 단숨에 읽어나갔다. 직감적으로 알았다. "이거 계속 공부하다가는 내 삶이 엉망이 되겠구나!"

그것은 '충동'이었다. 몇 달을 서점의 철학 코너 앞에서 서성였다. 무서웠다. 철학을 더 공부했다가는 내 삶이 심각한 위험에 처하게 될 것임을 직감했기 때문이다. 불행인지 다행인지 그때 '충동'을 멈추지 못했다. 그렇게 직장도 방송도 그만두게 되었고, 철학을 공부하는 글쟁이가 되었다. 한 달에 몇천만 원을 벌던 삶은 한 달에 몇십만 원을 버는 삶이 되었다. 나의 그런 '충동'적인 선택이 위험하고 나쁘기만 했을까? 그렇지 않다.

"다시 돌아가도 같은 선택을 할 것이다."라고 말할 수 있을 만큼 기쁜 삶을 누리고 있다. 어떻게 그렇게 되었을까? '충동'은 위험하지만 끊임없는 생산을 가능하게 한다. 철학을 향한 '충동'은 글쓰기를 생산하게 해주었고, 이는 다시 씩씩한 마음을, 좋은 친구들을 선물(생산)해주었다. 이 끊임없는 생산은 나의 피해의식을 충분히 옅어지게 해주었다. 이제 돈에 관한 피해의식은 거의 없다고 할 정도로 옅어졌다. 돈 때문에 나를 과도하게 방어하고 싶은 마음이 없고, 가난한 이들에 대한 혐오감도, 부자들에 대한 시기·질투도 없다. '욕망'이 아닌 '충동'이 나를 피해의식으로부터 벗어나게 해주었다.

위험과 필요의 딜레마, '충동'

'충동'은 위험하다. 그래서 정제되지 않은 '충동'은 우리네 삶을 치명적인 위험으로 몰아넣을 수 있다. 누군가를 증오한다고 해서 '충동'적으로 살인을 저지를 수는 없는 노릇 아닌가? 하지만 '충동'은 필요하다. 오직 '충동'만이 시선을 돌려 전혀 다른 삶의 가능성을 보여주기 때문이다. 충동은 "머리 없는 주체"의 소망이기에 결핍된 것들을 뛰어넘어 진정으로 우리가 원하는 것을 단박에 보여준다. 이것이 '충동'이 피해의식으로부터 우리를 구원하는 방식이다.

'충동'은 위험하지만 필요하다. 이제 우리는 '위험'과 '필요'의 딜레마 앞에 서게 되었다. 이 딜레마를 어떻게 해결할 것인가? '충동'의 목소리에 귀를 기울여야 하지만 그 목소리가 우리네 삶을 실제로 파괴할 목소리라면 정제할 필요는 있다. '충동'은 때로 정제해야 한다. 날것 그대로의 '충동'은 우리 삶을 정말 파괴해버릴 수도 있으니까 말이다. 충동을 어떻게 정제할 것인가?

'충동'에 일종의 허가증을 발급해야 한다. 그렇게 현실적인 삶이 파괴되는 것을 저지하면서 '충동'을 따라야 한다. 조금 더 구체적으로 말해보자. 누군가의 얼굴을 피떡이 되도록 때리고 싶은 '충동'이 있을 수 있다. 그 '충동'의 목소리를 길거리에서 따를 때 현실적인 삶은 파괴될 수 있다. 하지만 복싱 체육관에서 그 '충동'의 목소리를 따를 수도 있다. 이것이 '충동'에 허가증을 발급하여 '충동'을 정제하는 방식이다.

'충동'을 따르라!

하지만 결코 잊지 말아야 할 사실이 있다. '충동의 정제'와 '욕망'은 근본적으로 다르다는 사실이다. 즉, 자신의 '욕망'을 허가증이 발급된 '충동'으로 오해해서는 안 된다. '충동'은 '충동'이고, '욕망'은 '욕망'일 뿐이다. '욕망'은 밑 빠진 독에 물을 붓는 일이고, '충동'은 고여 있던 물이 흐를 수 있도록 새로운 물길을 내는 일이기 때문이다.

우리의 '충동'은 무엇일까? 누군가를 죽도록 때리고 싶은 '충동'인가? 낯선 이와 황홀한 섹스를 하고 싶은 '충동'인가? 오토바이를 타고 아찔한 질주를 하고 싶은 '충동'인가? 이혼을 하고 혼자 여행을 떠나고 싶은 '충동'인가? 직장을 그만두고 시를 쓰고 싶은 '충동'인가? 우리에게는 다종다양한 '충동'이 있고, 또 그것을 적절히 정제할 수도 있다. 하지만 '충동'은 근본적으로 결코 사랑해서는 안 될 것을 사랑하게 되는 마음이다.

'충동'은 익숙했던 우리네 삶의 궤적을 벗어나게 해주는 힘이다. 그 힘은 결코 사랑해서는 안 될 것을 사랑하게 될 때만 드러난다. 이것이 '충동'이 위험과 두려움의 대상일 수밖에 없는 이유다. 사랑해서는 안 될 것을 사랑하게 되는 것은 얼마나 위험하며 두려운 일인가? '충동'의 위험과 두려움은 우리가 진정으로 소망하는 것을 알려주는 삶의 시그널이다. 동시에 그것은 피해의식에서 벗어날 수 있는 시그널이기도 하다. 피해의식에서 벗어나 기쁨이 넘치는 삶을 살고 싶다면 마음속에 하나의 표어를 깊이 새겨두어야 한다. "충동을 따르라!"

04

VICTIM
MENTALITY

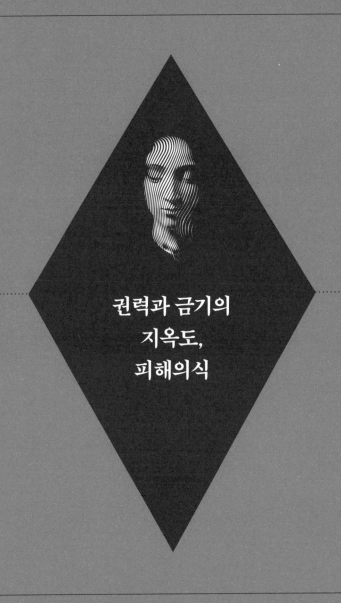

권력과 금기의
지옥도,
피해의식

01. ——————— 피해의식은
사랑받지 못한 상처다

°상처받은 기억과
피해의식

안전바가 내려가지 않았다. 놀이 기구를 타려고 한참 들떠 있던 친구들은 짜증을 내기 시작했다. 내 허벅지 때문이었다. 너무 뚱뚱해서 안전바가 허벅지에 걸려 내려가지 않았다. 벌써 삼십 년이 다 되어가는 일이지만 그 기억은 생생하다. 그만큼이나 그 일은 내 마음의 상처가 되었다. 그뿐일까? 부모에게, 선생에게 뚱뚱하다고 크고 작은 핀잔과 비난을 받은 일은 수도 없이 많았다. 그 모든 일은 상처가 되어 내 마음 한편에 쌓였다. 그렇게 뚱뚱함은 나의 피해의식이 되었다.

피해의식은 무엇인가? 상처받은 기억으로 인한 과도한 자기방어다. 이것이 피해의식의 일반적인 정의다. 뚱뚱함에 대한 나의 피해의식은 피해의식의 일반적인 정의에 부합된다. 나는 뚱뚱함 때문에 이런저런 상처를 받았고 그로 인해 과도하게 나를 방어하려는 마음이 생겼기 때문이다. 피해의식의 이 일반적인 정의는 옳다. 하지만 이것으로 우리네 삶에 존재하는 피해의식을 온전히 다 설명할 수는 없다.

'선빈'은 뚱뚱하다. 그로 인해 크고 작은 상처 역시 많이 받았다. 하지만 피해의식은 거의 없다. "너 너무 뚱뚱한 거 아니야?"라는 친구들의 말에 "좀 그런 면이 있지."라고 웃으며 대답할 수 있을 정도로 피해의식으로부터 자유롭다. '선빈'과 나의 차이는 무엇일까? 피해의식이 상처받은 기억으로 인해 발생하는 것이라면, 둘의 차이는 설명할 길이 없다. 둘다 뚱뚱해서 상처받은 기억이 있기 때문이다. 하지만 상처받은 기억은 피해의식의 '촉발' 원인일 뿐, '결정' 원인은 아니다. 즉, 상처받은 기억이 있다고 해서 반드시 과도한 자기방어를 하게 되는 것은 아니다.

°촉발과 결정

상처받은 기억은 피해의식을 '촉발'할 수 있을 뿐, '결정'하지는 못한다. 그렇다면 무엇이 피해의식을 결정하는가? 독사와 젖소가 있다. 둘은 똑같은 물을 마시지만 독사가 마신 물은 독이 되고, 젖소가 마신 물은 우유가 된다. 이 자명한 자연 현상은 우리의 마음에도 그대로 적용된다. 아침 출근길에 차가 막힌다고 해보자. 어떤 날은 짜증을 내며 경적을 울리지만, 어떤 날은 평온한 마음으로 음악을 켤 수도 있다. 같은 마주침(차 막힘)이 발생했는데, 왜 이렇게 다른 반응(경적 - 음악)을 하게 되는 걸까?

특정한 마주침은 반드시 우리에게 어떤 사태를 촉발한다. 하지만 그 마주침이 특정한 사태를 결정하는 것은 아니다. 마주침으로 인해 촉발된 사태의 양태를 결정하는 것은 '조건'이다. 어려운 말이 아니다. 독사든 젖소든 물을 먹으면 반드시 어떤 것이 촉발된다. 그런데 그 촉발된 것이 독일지 우유일지를 결정하는 것은 독사라는 신체 '조건' 혹은 젖소라는 신체 '조건'이다.

우리의 마음 역시 그렇지 않은가? 차가 막히면 반드시 우리의 마음에 어떤 감정이 촉발된다. 하지만 그 감정의 양태가 '경적(분노)'일지 '음악(여유)'일지는 그날 우리 내면의 '조건'에 따라 결정된다. 쉽게 말해, 그날 기분이 나쁜 '조건'이라면 '경적'이라는 양태로 결정되고, 기분이 좋은 '조건'이라면 '음악'이라는 양태로 결정된다. 이 자명한 자연 현상으로 피해의식의 작동 원리를 설명할 수 있다.

누구나 살아가면서 크고 작은 상처를 마주칠 수밖에 없다. 그 상처는 반드시 어떤 마음 상태를 '촉발'한다. 하지만 그 마주침이 반드시 피해의식으로 '결정'되는 것은 아니다. 또 피해의식으로 '결정'된다 하더라도, 같은 밀도로 '결정'되는 것도 아니다. 즉, 같은 상처를 받아도, 그것이 어떤 이에게는 피해의식으로 '결정'되기도 하고, 어떤 이에게는 피해의식이 아닌 상태로 '결정'되기도 한다. 또 특정한 상처가 피해의식으로 '결정'되더라도, 그 밀도는 저마다 현격하게 차이날 수 있다.

°피해의식은
사랑받지 못한 상처다

그렇다면 피해의식 혹은 피해의식의 밀도를 결정하는 내면적 '조건'은 무엇일까? 다시 '선빈'의 이야기로 돌아가자. '선빈'은 뚱뚱해서 크고 작은 상처를 받았음에도 불구하고 어떻게 피해의식이 생기지 않을 수 있었을까? '선빈'은 사랑받기 때문이다. '선빈'의 부모는 늘 '선빈'을 사랑스러운 눈빛으로 바라봐주었다. 그 사랑은 뚱뚱한 '선빈'이 피할 수 없었던 수많은 상처(비난)들이 촉발한 부정적 감정들이 피해의식으로 결정되는 것을 막아주었다.

그렇다. 사랑이다. 피해의식을 결정하는 내면적 조건은 사랑받은 마음이다. 살아가면서 누구나 크고 작은 상처를 받을 수밖에 없다. 그 상처는 우리에게 어떤 마음 상태를 촉발한다. 하지만 그것이 피해의식이 될지 아닐지는 우리의 내면적 조건, 즉 충분히 사랑받은 마음이 있는지 없는지에 따라 결정된다. 많은 사랑을 받고 자란 아이는 크고 작은 상처에도 불구하고 피해의식이 없거나 옅다. 반대로 사랑받은 적이 없거나 적은 이들은 크고 작은 상처를 마주칠 때마다 피해의식에 휩싸이게 된다.

피해의식은 상처받은 기억으로 인한 자기방어다. 하지만 이 정의는 실제 우리네 현실에서는 조금 수정되어야 한다. 피해의식은 사랑받지 못한 기억으로 인한 자기방어다. 피해의식은 그 자체로 상처다. 그 상처는 '피해받았다'는 상처라기보다 '사랑받지 못했다'는 상처다. 크고 깊은 사랑을 받은 이는 큰 상처에도 불구하고 피해의식에서 자유롭지만, 작고 얕은 사랑을 받은(혹은 사랑받지 못한) 이는 작은 상처에도 불구하고 피해의식에 휩싸일 수 있다.

피해의식과 사랑은 따로 떼어놓고 생각할 수 없는 관계다. 그러니 피해의식에 대해 고찰하기 위해서는 사랑에 대해서 고찰해보아야 한다.

02. —————————— 피해의식과 자존감

°빈약한 자존감, 피해의식의 원인

"넌 공부 잘해서 좋겠다."

"대신 난 못생겼잖아."

자신의 단점에 대해 아무렇지 않게, 심지어 유쾌하게 말하는 이들이 있다. 이들은 튼튼한 자존감을 가진 이들이다. 피해의식과 자존감은 반비례 관계에 있다. 빈약한 자존감을 가진 이들은 피해의식이 크고 짙은 반면, 튼튼한 자존감을 가진 이들은 피해의식이 작고 옅다. 여기서 우리는 피해의식을 발생시키는 중요한 원인 하나를 밝힐 수 있다.

빈약한 자존감은 피해의식의 주요 발생 원인이다. 왜 빈약한 자존감은 피해의식의 원인이 되는가? 먼저 자존감이 무엇인지부터 알아보자. 자존감은 있는 그대로의 자신을 받아들일 수 있는 능력이다. 누구에게나 '밝음(장점·가능성·아름다움)'과 '어둠(단점·한계·추함)'은 있다. 이때 빈약한 자존감을 가진 이들은 자신의 '밝음'만을 자신이라 받아들이고,

자신의 '어둠'은 외면하고 회피하며 자신이라 받아들이지 않는다.

°자존감 VS 자신감

여기서 우리는 자존감과 자신감을 구별할 수 있다. 자신감은 자신의 '어둠'을 외면하고 '밝음'만을 과도하게 긍정해서 도달한 허구의 자기 긍정 상태다. 이것이 자신감이 바스라지기 쉬운 이유다. 평소에 자신감 넘치던 이들이 사소한 문제 앞에서 지나치게 의기소침해지는 일은 너무 흔하다. 이는 당연한 일이다. 그 사소한 문제가 지금까지 외면하고 은폐해왔던 자신의 '어둠'을 폭로할 때, 넘치던 자신감은 순식간에 사라져버리기 때문이다.

자존감은 자신감과 다르다. 튼튼한 자존감을 가진 이들은 '밝음'과 '어둠' 모두를 '나'라고 받아들인다. '성희'와 '경아'는 모두 팔다리는 길고 늘씬한데 배가 나왔다. '성희'는 늘 사람들에게 자신의 통통한 배를 들킬까 봐 노심초사한다. '성희'는 옷을 살 때도, 팔다리는 부각되면서 배는 감출 수 있는 옷만 산다. 하지만 '경아'는 다르다. '경아'는 자신의 배를 감추기 위해 애쓰지 않는다. "경아야, 넌 날씬해서 좋겠다!" 친구들의 부러움의 말에 '경아'는 "너희들이 내 배를 안 봐서 그래."라고 웃으며 말한다. '경아'는 길고 늘씬한 팔다리만큼 자신의 통통한 배 역시 긍정한다.

'성희'는 자신감은 있지만 자존감은 빈약하다. '성희'는 자신의 '밝음(날씬한 팔다리)'만 긍정하며 그것을 자신이라 받아들일 뿐, '어둠(통통한 배)'은 외면하고 회피하며 그것을 자신이라 받아들이지 못한다. 반면 '경아'는 자존감이 튼튼하다. '경아'는 '날씬한 팔다리(밝음)'뿐만 아니라 '통통한 배(어둠)' 역시 긍정한다. 이처럼 자존감은 자신의 '밝음'과 '어둠'을 모두 긍정할 수 있는 역량이다. 이제 왜 빈약한 자존감이 피해의식의 원인이 되는지 짐작할 수 있다.

˚자존감, 자신의 '어둠'을 긍정하는 역량

피해의식은 왜 발생하는가? '어둠' 때문인가? 그렇지 않다. 모든 '어둠'이 피해의식이 되는 것은 아니다. 스스로 긍정하지 못한 '어둠'만이 피해의식이 된다. 우리는 각자 다양한 '어둠'을 가지고 있다. 하지만 그 '어둠'이 모두 피해의식이 되는 것은 아니다. 우리의 '어둠' 중 피해의식이 되는 것은 스스로 긍정하지 못한 '어둠'뿐이다.

못생겼고, 가난하고, 학벌이 좋지 않는 사람이 있다고 해보자. 그는 그 모든 부분(외모·가난·학벌)에서 피해의식을 갖게 될까? 그렇지 않다. 자신의 '어둠' 중 스스로 긍정하지 못하는(수치스럽게 생각하는) 부분에서만 피해의식을 갖게 된다. 만약 그가 못생겼고, 좋은 학교를 나오지 못했다는 사실을 있는 그대로 긍정한다면, 외모와 학벌은 그의 피해의식이 되지 않는다. 하지만 그가 가난하다는 사실은 수치스럽게 여긴다면(긍정하지 못한다면), 가난은 그의 피해의식이 된다.

이제 튼튼한 자존감을 가진 이들이 피해의식으로부터 자유로운 이유를 알겠다. 자존감이 튼튼하다는 것은 무엇을 의미하는가? 자신의 '어둠(단점·한계·추함)'을 긍정할 수 있다는 것을 의미한다. 자존감의 튼튼함은 자신의 '어둠'을 긍정하는 크기에 비례한다. 즉, 튼튼한 자존감을 갖고 있는 이들에게 자신의 '어둠'은 이미 '어둠'이 아니다. 이것이 튼튼한 자존감을 가진 이들이 피해의식에서 자유로울 수 있는 이유다.

'성원'은 뚱뚱하고 가난하고 전문대를 나왔다. 하지만 그는 자신의 모든 '어둠'을 긍정하고 있다. 누군가 그에게 이렇게 말했다고 해보자. "뚱뚱하면 연애 못하는 거 아니야?" "가난한 건 게으른 거 아니야?" "전문대 나오면 사람 취급 받기 어렵지 않아?" '성원'은 그 말에 피해의식에 휩싸여 감정적 동요를 일으키지 않는다. 물론 그 말이 유쾌하진 않지만, 감정적 동요 때문에 과도하게 자신을 방어하려 하지도 않는다. 오히려 '성원'은 "그건 네 편견이지 않을까?"라고 여유 있게 웃으며 대답하곤 한다. 이처럼 튼튼한 자존감이 있으면 우리는 피해의식으로부터 자유로울 수 있다. 하지만 문제가 있다. 그런 튼튼한 자존감을 갖기가 어렵다는 사실이다.

자존감은 역량이다. 어떤 역량인가? 있는 그대로(밝음과 어둠)의 자신을 긍정할 수 있는 역량이다. 이는 형성하기 어려운 역량이다. 자존감은 '밝음(장점·가능성·아름다움)'이 아니라 '어둠(단점·한계·추함)'과 관계되어 있기 때문이다. 누구나 자신의 '밝음'에 대해서는 긍정할 수 있다. 문제는 '어둠'이다. 자존감을 형성하기 어려운 이유는 우리가 우리의 '어둠'이라 여기는 것들을 긍정하기 어렵기 때문이다. 그러니 자존감은 자신의 '어둠'을 긍정하는 역량이라고도 말할 수 있다.

°자존감,
사랑받은 기억의 합

이 자존감은 어떻게 형성할 수 있을까? 자존감은 두 가지 방식으로 정의할 수 있다. 하나는 '있는 그대로의 자신을 받아들일 수 있는 역량(자신의 어둠을 긍정하는 역량)'이다. 또 하나의 정의는 '사랑받은 기억의 합'이다. 이 두 정의는 자존감이라는 하나의 실체를 설명하는 다른 표현이다.

즉, '자존감=자신의 어둠을 긍정하는 역량=사랑받은 기억의 합'이다. 이 낯선 도식을 어떻게 이해해야 할까? 자존감에서 문제가 되는 것은 '어둠(단점·한계·추함)'이다. 그것을 긍정할 역량이 없어서 자존감이 빈약해지는 것이다. 그렇다면 어떻게 그 '어둠'을 긍정할 수 있을까? 달리 말해, 자신의 '어둠'을 긍정할 수 있는 역량은 어디서 오는 것일까? 바로 사랑이다. 더 정확히 말해, 사랑받은 기억의 합이다.

우리는 왜 '어둠(단점·한계·추함)'을 긍정하지 못할까? 두려움 때문이다. 자신의 '어둠'이 드러났을 때 세상 사람들로부터 사랑받지 못할 것이라는 두려움. 그 두려움이 너무 크기 때문에 우리는 자신의 '어둠'을 긍정하지 못하고 자신에게 그 '어둠'이 없는 것처럼 외면하고 회피하는 것이다. 자신감은 그 두려움을 감당하지 못해 찾게 되는 허구적 자기긍정 상태다. 그러니 자신감은 이렇게도 정의할 수 있다. 충분한 사랑을 받지 못한 이들의 허구적 자기긍정 상태.

반면 자신의 '어둠'에 대해서 긍정하는 이들이 있다. 이들은 자신의 '어둠'에 대해서 아무렇지 않게 이야기하곤 한다. 그들은 어떻게 그럴 수 있을까? 자신의 '어둠'을 드러내도 누군가로부터 사랑받을 수 있다는 확신이 있기 때문이다. 그 확신이 있기에 자신의 '어둠'을 드러내는 것이 두렵지 않다. 그 확신은 어디서 오는 걸까? '사랑받은 기억의 합'으로부터 온다. 사랑받은 기억이 많으면, 자신이 어떤 모습이라도 사랑받을 수 있다는 무의식적 확신이 생긴다.

'성원'은 많은 '어둠(뚱뚱함·가난·전문대)'이 있지만, 그것을 긍정하고 있다. 어떻게 그럴 수 있을까? 부모·친구·연인에게 사랑받은 기억이 많기 때문이다. '성원'이 자신의 '어둠'을 긍정할 수 있는 것은 바로 그 때문이다. "뚱뚱해도, 가난해도, 전문대를 나와도 나를 사랑해줄 사람은 분명히 있어!" '성원'에게는 이런 확신이 있다. '성원'뿐만 아니라 깊은 사랑을 받은 기억이 많은 이들은 누구나 이런 (의식적 혹은 무의식적) 확신이 있다. 이런 확신은 자신의 '밝음'뿐만 아니라 '어둠'마저 긍정할 수 있게 해준다. 이처럼 '있는 그대로의 자신을 받아들일 수 있는 역량(자존감)'은 '사랑받은 기억의 합'에서 온다.

°사랑받기 위해 사랑하기!

피해의식으로부터 자유로워지고 싶은가? 자존감을 튼튼하게 만들면 된다. 하지만 이는 쉽지 않다. 자존감은 드물고 귀한 역량이다. 자존감은 능동적 역량이 아니라 수동적 역량이기 때문이다. 즉, 자존감은 혼자 쌓을 수 있을 역량이 아니다. 혼자 책을 읽고 명상하고 여행을 한다고 자존감이 튼튼해지지는 않는다. 자존감은 사랑받은 기억의 합이기 때문이다. 즉, 자존감은 누군가에게 깊은 사랑을 받아야만 생기는 역량이다. 자존감이 수동적 역량이라면, 그 역량을 함양하기 위해 우리가 능동적으로 할 수 있는 일은 없는 것일까? 그렇지 않다. 자존감은 수동적 역량이지만, 그 역량을 쌓아올리기 위해서는 능동적 노력이 필요하다. 그 능동적 노력은 무엇인가?

사랑받기 위해 먼저 사랑하기! 튼튼한 자존감을 원한다면, 능동적으로 누군가를 사랑해야 한다. 우리가 먼저 누군가를 온 마음으로 사랑할 때, 사랑받을 수 있는 가능성이 열린다. 그 가능성이 현실화될 때, 즉 우리에게 사랑받은 기억이 조금씩 쌓일 때, 그만큼 우리의 자존감은 튼튼해진다. 그렇게 튼튼해진 자존감이 우리를 피해의식으로부터 구원해준다. 이는 공허한 이론적인 이야기가 아니다.

한 아이가 있다. 그는 여드름 난 피부와 뚱뚱한 외모가 싫었다. 그 '어둠'이 싫어서 피부과를 다니고 매일 운동을 했다. 하지만 그 '어둠'을 결코 긍정할 수 없었다. 그렇게 그것은 그 아이의 피해의식이 되었다. 그러던 어느 날, 그 아이가 한 친구를 좋아하게 되었다. 그 아이는 최선을 다해 그 친구를 사랑해주려 애를 썼다. 그렇게 둘은 연애를 시작했고, 그 친구 역시 그 아이를 진심으로 사랑해주었다. 거울 앞에 서서 잔뜩 찌푸린 표정으로 자신의 여드름과 뱃살을 쳐다보고 있을 때였다.

그녀는 아이의 여드름과 뱃살을 사랑스럽게 만져주며 말했다. "여드름도 뱃살도 다 예뻐. 그러니 너무 걱정하지 마." 아이는 왠지 모를 울컥함에 눈물이 날 것 같았다. 아이는 시간이 지나 그 마음이 무엇인지 알게 되었다. 그것은 누구에게도 받아본 적 없는 깊은 사랑이었다. 신기하게도 그날 이후, 아이는 자신의 여드름과 뱃살이 예전처럼 미워 보이지 않았다. 그냥 그것들을 자신의 일부로 받아들일 수 있게 되었다. 그렇게 아이의 외모에 관한 피해의식은 점점 옅어져 갔다.

서글픈 삶의 진실이 있다. 피해의식에 자주 잠식당하는 이는 사랑받은 기억의 합이 작다는 것이다. 하지만 이는 절망적인 진단이 아니다. 오히려 이 삶의 진실은 하나의 희망을 열어준다. 우리 역시 그 아이처럼 한 사람을 최선을 다해 사랑하면 된다. 한 사람을 온 마음으로 사랑하고, 그 사랑이 우리에게 되돌아왔을 때, 우리의 피해의식 역시 점점 옅어질 수 있다. 피해의식을 극복하기 위한 가장 강력한 방법이 있다. 사랑받기 위해 사랑하기!

03. ——— 피해의식의 근본 원인,
기쁨의 독점

°피해의식의 발작버튼

"왜 항상 저한테만 많은 업무를 주시는 거죠?"

"그건 자네 피해의식 아닌가?"

"그건 네 피해의식이지!" 이 말은 피해의식에 휩싸인 이들에게 일종의 발작버튼이다. '인철'은 일에 대한 피해의식이 있다. 그는 직장에서 자신이 다른 사람들보다 항상 더 많은 업무를 하느라 피해를 보고 있다고 여긴다. 팀장은 그런 '인철'의 마음을 피해의식이라고 지적했다. 그때 '인철'은 참을 수 없는 분노와 불쾌감에 휩싸였다. 왜 그랬을까? 팀장이 '인철'의 생각을 착각(오류)이라 단정했기 때문이다.

이 단정은 단지 "네 생각은 틀렸어!"라는 의미만을 담고 있지 않다. 그 생각이 착각이기에 그로 인해 발생하는 부정적 감정 역시 모두 '인철'의 책임이라는 의미까지 내포하고 있다. 이것이 '인철'이 참을 수 없는 분노와 불쾌감에 휩싸일 수밖에 없는 이유였다. 이처럼 피해의식의 진단

("그건 네 피해의식이지!")은 모종의 분노와 불쾌감을 야기한다. 이는 피해의식이 없는 이들에게도 마찬가지다.

"요즘 일이 너무 많아서 퇴근이 계속 늦어지고 있습니다." 일에 대한 피해의식이 없는 이들이 정당한 판단으로 자신의 생각을 표현할 수 있다. 그때 사장이 "그건 네 피해의식이지!"라고 규정하면 기분이 어떨까? 불쾌한 마음에 화가 날 수밖에 없다. 사장의 말은 "너의 생각은 틀렸고, 네가 늦게 퇴근하는 것은 네 책임이다."라는 말처럼 들리기 때문이다. 즉, 피해의식의 진단에 분노와 불쾌함을 느끼게 되는 것은 그것이 부당한 책임 전가의 논리이기 때문이다.

°피해의식은 마음에서 일어나는 일인가?

누군가에게 피해의식이 있을 수 있다. 그때 세상 사람들은 그 피해의식으로 인해 발생하는 모든 문제를 그 사람의 책임으로 돌리려는 경향이 있다. 왜 이런 일이 생기게 되었을까? 세상 사람들은 피해의식이 마음에서 일어나는 일이라 생각하기 때문이다. 즉, 한 사람이 어떤 마음을 먹느냐에 따라 피해의식은 있을 수도 있고 없을 수도 있으니, 피해의식은 그 사람의 책임이라는 것이다.

이는 일견 옳은 말 같기도 하다. 피해의식은 상처받은 기억으로 인해 발생한다. 그런데 유사한 상처의 기억에도 불구하고 어떤 이는 피해의식이 심하고 어떤 이는 피해의식이 옅은 경우가 있다. 이런 차이는 한 사람의 마음에서 비롯된 것일까? 즉, 피해의식은 정말 한 개인의 책임인 걸까? 결코 그렇지 않다. 누군가에게 피해의식이 있다면, 그것은 그 개인의 잘못이 아니다.

처음부터 다시 물어보자. 세상의 모든 피해의식은 왜 생기는가? 상처받은 기억 때문이다. 그렇다면 그 상처받은 기억은 왜 발생하는가? 일부 계층의 '기쁨의 독점' 때문이다. 이는 전혀 어려운 이야기가 아니다. 인간은 누구나 기쁨을 추구한다. 하지만 누구나 기쁨을 충분히 누릴 수는 없다. 사회적으로 권력을 가진 일부 계층이 기쁨을 독점하기 때문이다. 다종다양한 피해의식은 근본적으로 그 '기쁨의 독점' 때문에 발생한다.

°피해의식은 '기쁨의 독점' 때문에 발생한다

외모에 대한 피해의식을 예로 들어보자. 자신의 모든 불행을 외모 탓으로 돌리고, 자신보다 더 나은 외모를 갖고 이는 이들에게 과도한 적대감을 갖고 있는 이가 있다. 그는 왜 이런 피해의식을 갖게 된 걸까? 단순히 그의 마음이 삐뚤어졌기 때문일까? 이는 원인과 결과를 뒤집어 말하는 오류에 불과하다. 마음이 삐뚤어져서 피해의식이 생긴 게 아니라, 피해의식 때문에 마음이 삐뚤어진 것이니까 말이다.

외모에 대한 피해의식은 왜 발생했을까? 외모가 아름다운 이가 기쁨(인정·칭찬·관심)을 독점했기 때문이다. 아름다운 외모는 일종의 권력이다. 그 권력으로 '기쁨의 독점'이 일어나고, 그 반작용으로 인해 받은 상처(폄하·비난·무관심) 때문에 외모에 대한 피해의식이 생기게 된다. 예쁜 아이가 예쁘다는 이유로 온갖 인정·칭찬·관심을 독점할 때, 못생긴 아이는 폄하·비난·무관심의 대상이 될 수밖에 없다. 그런 상처를 받고 자란 아이가 어떻게 피해의식이 생기지 않을 수 있겠는가?

돈·학벌·명성·젠더 등등 모든 피해의식은 그렇게 발생한다. 돈·학벌·명성·남성(혹은 여성)은 권력이다. 그 권력으로 돈이 많은, 학벌이 좋은, 유명한, 남성(혹은 여성)인 누군가가 기쁨을 독점할 때, 그 반작용으로 인한 상처(폄하·비난·무관심) 때문에 저마다의 피해의식이 발생하게 된다. 즉, 마음이 뒤틀어져서 피해의식이 생긴 게 아니라, (일부 계층이 기쁨을 독점한 결과로 발생한) 피해의식 때문에 마음이 뒤틀어지는 것이다. 기쁨의 독점! 이것이 피해의식의 근본적인 원인이다.

°부정적 감정은 언제 자기 파괴적이 되는가?

피해의식은 개인적인 문제인 동시에 사회적인 문제다. 피해의식은 개인적이다. 그것은 분명 한 사람의 마음속에서 일어나는 일이니까 말이다. 하지만 동시에 피해의식은 사회적이다. 피해의식은 특정한 사회 권력이 기쁨을 독점할 때 발생하는 문제이기 때문이다. 자본이라는 거대한 권력이 온갖 기쁨을 독점하지 않았더라면, 가난이라는 피해의식은 애초에 발생하지 않았거나 발생하더라도 미미하지 않았겠는가.

우리의 피해의식에는 이미 사회적 문제가 깊이 개입되어 있다. 이 사실을 분명하게 하는 것은 중요하다. 거기에 우리의 피해의식을 옅어지게 할 가능성이 있기 때문이다. 우리 안에는 여러 가지 부정적인 감정(분노·짜증·불안·우울…)들이 있다. 그 감정들은 언제 우리의 영혼을 파괴하는가? 부정적인 감정들 자체가 우리를 파괴하는 것이 아니다. 그 부정적인 감정들이 모두 자신으로부터 기인했다고 믿을 때다.

직장을 생각해보라. 직장이 언제 우리의 영혼을 파괴하는가? 직장을 다니다 보면 여러 가지 일들 때문에 화가 나고 짜증나고 불안하고 우울할 수 있다. 하지만 그 분노·짜증·불안·우울 자체가 우리의 영혼을 파괴하는 것은 아니다. 부정적인 감정(분노·짜증·불안·우울)들이 모두 자신의 문제(무능력·게으름) 때문에 발생한 것이라고 믿을 때 자신이 싫어진다. 바로 그 자기부정이 우리의 영혼을 파괴한다. 자신에게 닥친 모든 불행이 모두 자기 탓이라고 믿을 때, 영혼은 파괴될 수밖에 없다.

°피해의식은 사회적 문제다

피해의식 역시 그렇다. 피해의식은 분명 삶에 이러저런 문제들을 야기한다. 피해의식은 결코 건강하지 않다. 하지만 그렇다고 그 피해의식 자체가 우리의 영혼을 파괴할 만큼 유해한 것은 아니다. 피해의식이 심각하게 유해해질 때는 그 피해의식을 모두 자기 탓이라고 여기게 될 때다. "내 피해의식은 내가 모자라서 생긴 거지." 이런 마음은 피해의식을 더욱 증폭하고, 그렇게 증폭된 피해의식은 어느 순간 우리의 영혼을 파괴할 지경에 이른다.

직장에서 겪을 수밖에 없는 부정적인 감정(분노·짜증·불안·우울)을 잘 다루는 방법은 무엇인가? 그 부정적인 감정이 '나(개인)'의 문제와 '직장(사회)'의 문제 모두에서 기인했다는 사실을 깨닫는 것이다. 더 정확히 말해, 자신의 부정적인 감정 중 어느 부분의 얼마만큼이 '나'의 문제 때문에 발생했고, 어느 부분의 얼마만큼이 '직장'의 문제 때문에 발생했는지를 명료하게 구분해내는 것이다. 그것을 구분할 수 있다면, 직장에서 겪는 많은 부정적인 감정들을 잘 다룰 수 있다.

이는 자명하다. 자신의 부정적인 감정 중 자기 잘못으로 인해 발생한 부분이 어디인지 알 수 있다면, 그 부분은 스스로 성찰해서 스스로를 바꾸어 갈 수 있다. 반대로 자신의 부정적인 감정 중 직장의 잘못으로 인해 발생한 부분이 어디인지 알 수 있다면, 구조적인 문제를 바꾸거나(이직·창업…) 그것이 여의치 않다면 정당하게 그 부정적인 감정을 표출할 수 있다. 그렇게 한다면, 영혼을 파괴하는 자기부정에 이르는 불행은 충분히 막을 수 있다.

피해의식을 잘 다루는 방법 역시 마찬가지다. 자신의 피해의식을 전적으로 '나'의 문제라고 여겨서는 안 된다. 우리에게 피해의식이 있다면, 그것은 개인적인 문제와 사회적인 문제 모두에서 기인한 것이다. 어떤 피해의식이든, 그것에는 개인적인 문제와 사회적인 문제가 뒤엉켜 있다. 이 사실을 분명히 하는 것은 매우 중요하다. 더 나아가 우리의 피해의식 중 어느 부분의 얼마만큼이 개인적인 문제 때문이고, 어느 부분의 얼마만큼이 사회적인 문제 때문인지를 구분하는 것도 중요하다.

그것을 구분할 수 있다면, 피해의식 때문에 겪게 되는 많은 부정적인 감정들을 잘 다룰 수 있게 된다. 피해의식 중 '나'의 문제에 기인한 부분은 스스로 성찰해보면 되고, '사회'의 문제에 기인한 부분은 구조적인 문제를 해결하려고 하거나 그것이 여의치 않을 때는 부당하게 자신을 탓하지 말고 정당하게 감정을 표출하면 되니까 말이다. 피해의식에 휩싸여 있다면, 모든 문제를 자신의 탓으로 돌려서는 안 된다. '나'의 문제와 '사회'의 문제 사이에 절묘한 균형 감각을 찾을 수 있을 때, 우리는 피해의식을 훨씬 지혜롭게 다룰 수 있다.

° 공부에 대한 피해의식

"주말에 독서 모임 같이 할래?"

"싫어. 다 커서 무슨 공부야. 책 읽는 거 딱 질색이야."

'주민'은 공부에 대한 피해의식이 있다. 피해의식은 상처받은 기억으로 인한 과도한 자기방어다. '주민'에게는 어떤 상처가 있을까? 공부를 못해서 받은 상처? 아니다. '주민'의 피해의식은 공부를 못해서 생긴 피해의식이 아니다. '주민'은 학창 시절 공부를 곧잘 했다. '주민'의 피해의식은 공부를 너무 많이 해서 받은 상처 때문에 생긴 것이다. 이것이 '주민'이 친구가 함께 책을 읽자고 했을 때, 과도하게 방어적인 태도를 취할 수밖에 없었던 이유다. 이는 '주민'만의 특별한 피해의식이 아니다.

어린 시절에는 공부를 곧잘 했으면서 어른이 되면 공부와 담쌓고 지내는 이들은 흔하다. 이는 일종의 피해의식이라고 볼 수 있다. 어린 시절 과도하게 공부했던 기억이 상처가 되어 어른이 되어서도 책은 쳐다

보기도 싫어진 것이다. 하지만 세상을 살아가는 것 자체가 공부고, 그 공부 중에는 삶을 명랑하고 유쾌하게 만들어주는 공부도 있다. 하지만 이들은 공부라면 질색을 한다. 이를 통해 우리는 피해의식이 어떻게 발생하는지 알 수 있다.

° 피해의식, '욕망-금지-의무'의 변주곡

피해의식은 욕망과 금지, 그리고 의무가 만들어내는 변주곡이다. 욕망은 '하고 싶다'이고, 금지는 '하지 마'이고, 의무는 '해야 해'이다. 어떤 피해의식이든, 그것은 '하고 싶다(욕망)'라는 마음과 '하지 마(금지)'라는 마음과 '해야 해(의무)'라는 마음이 뒤엉켜 발생하게 된다.

'주민'의 피해의식이 이를 잘 보여준다. 학창 시절, '주민'의 욕망은 '놀고 싶다'였다. '주민'은 친구들과 축구도 하고 싶고, 영화도 보고 싶었다. 하지만 '주민'의 부모는 늘 "놀지 마!"라며 이를 금지했다. 이 '놀지 마'라는 금지는 단순한 금지가 아니다. 이는 '공부해야 해'라는 의무가 만들어내는 금지다. 욕망('놀고 싶다'), 그리고 그 욕망을 억압하는 의무('공부해야 해')가 만들어내는 금지('놀지 마'). 이 '욕망-의무-금지'라는 삼각형 구도 안에서 피해의식은 발생하게 된다.

다른 피해의식 역시 마찬가지다. 돈과 성性에 관한 피해의식을 예로 들어보자. 돈에 대해서 과민하게 반응하고, 과도하게 자신을 방어하려는 이들이 있다. 이런 돈에 관한 피해의식은 왜 발생하는가? 욕망('돈을 쓰고 싶다')과 의무('돈을 아껴야 해')가 만들어내는 금지('돈을 쓰지 마') 때문이다. 어린 시절 장난감을 사고 싶었던(욕망) 아이가 있다고 해보자. 하지만 부모는 항상 '돈을 아껴야 한다(의무)'고 말했다. 이때 아이는 '쓸데없는 데 돈을 써서는 안 된다(금지)'는 생각에 사로잡히게 된다. 이것이 한 아이에게 돈에 관한 피해의식이 생기는 과정이다.

성에 관한 피해의식도 마찬가지다. 성에 관한 주제에 대해 과민하게 반응하고, 성적인 문제에 대해 과도하게 자신을 방어하려는 이들이 있다. 이런 성에 관한 피해의식은 왜 발생하는가? 이 역시 마찬가지다. 성에 관한 피해의식은 욕망('섹스하고 싶다')과 의무('정숙하게 살아야 해'), 금지('섹스하지 마')가 만들어내는 정신적 분열 현상이다. 성욕은 자연스러운 마음이다. 하지만 사회는 우리에게 정숙하게 살아야 한다는 의무를 내세운다. 이때 성은 사회적으로 금기시된다. 이것이 우리 사회에 성에 관한 피해의식이 발생하는 과정이다. 이처럼 어떤 피해의식이든, 그것은 '욕망-금지-의무'라는 삼각형 구도 안에서 발생하게 된다.

°피해의식,
'권력-욕망-금지-의무'의 사면체

여기서 우리는 피해의식이 개인적인 문제인 동시에 지극히 사회적인 문제라는 사실을 알 수 있다. 피해의식은 '욕망-금지-의무'라는 삼각형 구도 안에서 발생한다. 그렇다면 이 삼각형을 완성시키는 힘은 무엇인가? 바로 '권력'이다. '권력(부모)'은 '의무(공부해야 해)'를 요구하기 위해 '욕망(놀고 싶다)'을 '금지(놀지 마)'한다. 이것이 피해의식이 촉발되는 내적 논리다. 이 논리는 다른 피해의식에서도 그대로 반복된다.

일에 대한 피해의식을 생각해보자. 일이라면 쳐다보고 싶지도 않고, 항상 자기만 더 많은 일을 하고 있다고 여기는 이들이 있다. 이들은

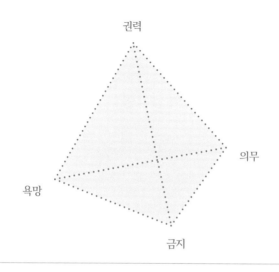

권력

의무

욕망

금지

'권력-욕망-금지-의무'의 사면체

일에 대해서 과민하게 반응하고, 일과 관련된 문제에 대해서 자신을 과도하게 방어하려고 한다. 이런 피해의식은 왜 생기는가? '권력(사장)'이 '의무('일해야 해')'를 요구하기 위해 '욕망('쉬고 싶다')'을 '금지('쉬지 마')'했기 때문이다. 이 과정을 통해 일에 대한 피해의식이 발생한다. 이제 우리는 눈에 보이지 않는 피해의식을 도형화할 수 있다.

피해의식은 사면체의 형상을 띤다. '권력'을 꼭짓점으로 바닥의 '욕망-금지-의무'라는 삼각형의 세 점을 이은 사면. 사면체는 네 개의 삼각형으로 구성되어 있다. 바닥의 삼각형과 꼭짓점과 맞닿은 나머지 세 면의 삼각형. 즉, 피해의식이 '꼭짓점(권력)-삼각형(욕망-금지-의무)'의 사면체라면, 피해의식에는 세 개의 삼각형이 더 존재하게 된다. '권력-의무-욕망'의 삼각형, '권력-금지-욕망'의 삼각형, '권력-금지-의무'의 삼각형이다. 이 세 개의 삼각형을 통해 피해의식이 우리의 내면을 어떻게 뒤트는지 알 수 있다.

°'권력 - 의무 - 욕망'의 삼각형 : 의무의 욕망화!

'권력 - 의무 - 욕망'의 삼각형부터 살펴보자. 이 삼각형은 '의무의 욕망화'를 촉발한다. 즉, '권력(부모)'은 '의무(공부)'를 '욕망'하게 만든다. 마음껏 뛰어놀고 싶은 아이가 있다. 하지만 부모는 '공부해야 해'라는 의무를 강하게 반복했다. 그때 아이의 내면은 어떻게 될까? 아이는 '의무'를 '욕망'하게 된다. 쉽게 말해, 자신이 원하는 것(노는 것)을 '욕망'하는 것이 아니라, '권력(부모)'이 지정한 '의무(공부)'를 '욕망'하게 된다. "제가 하고 싶어서 공부하는 거예요." 하루 종일 책상에 앉아 잿빛 표정이 된 아이들의 흔한 말이 이를 방증하지 않는가. 이는 아직 미숙한 아이들의 마음 상태이기만 할까? 전혀 그렇지 않다.

쉬고 싶은 직장인이 있다고 해보자. 하지만 자본(권력)은 돈을 벌어야 해'라는 의무를 강하게 반복한다. 그때 그 직장인의 내면은 어떻게 될까? 그는 '의무'를 '욕망'하게 된다. 자신이 원하는 것(쉬는 것)을 '욕망'하는 것이 아니라, '권력(자본)'이 지정한 '의무(일)'를 '욕망'하게 된다. "제가 하고 싶어서 일하는 거예요." 하루 종일 책상에 앉아 잿빛 표정이 된 직장인들의 흔한 말이 이를 방증하지 않는가. 이처럼 '권력'이 '의무'를 '욕망'화하는 것은 다양한 방식으로 일어난다. 의무의 욕망화! 이는 피해의식이 우리의 내면을 뒤틀었기에 벌어진 일이다.

°'권력-금지-욕망'의 삼각형 : 금지의 욕망화!

'권력-금지-욕망'의 삼각형을 살펴보자. 이 삼각형은 '금지의 욕망화'를 촉발한다. 이는 어떻게 우리의 내면을 뒤틀어놓을까? '권력'은 '금지'를 '욕망'하게 만든다. 다시 아이와 직장인의 이야기로 돌아가자. 부모(권력)는 아이에게 노는 것을 강력하게 금지했다. 이 금지가 반복되면 아이의 내면은 어떻게 될까? '금지(놀지 마)'를 '욕망'하게 된다. 시험을 끝내고 친구들과 영화를 보러 가도 아이는 마음이 편치 않다. 아이는 놀지 않는 것(금지)을 욕망하게 되었기 때문이다.

직장인 역시 마찬가지 아닌가? 자본 혹은 사장(권력)은 직장인에게 쉬는 것을 강력하게 금지한다. 그 금지가 반복될 때, 직장인은 '금지(쉬지마)'를 '욕망'하게 된다. 몸과 마음이 혹사될 정도로 일에 치인 직장인들은 흔하다. 그들 중 마음 편히 휴가를 쓰거나 휴직할 수 있는 이들은 드물다. 이는 경제적 문제 때문만은 아니다(돈이 있어도 마음 편히 쉬지 못하는 경우는 흔하다). 그들이 쉬지 못하는 것은 쉬지 않는 것(금지)을 욕망하게 되었기 때문이다. 금지의 욕망화! 이는 피해의식이 우리의 내면을 뒤틀었기에 벌어진 일이다.

°'권력-금지-의무'의 삼각형 : 금지의 의무화!

'권력-금지-의무'의 삼각형 역시 이와 유사한 논리로 우리의 내면을 뒤틀어놓는다. 이 삼각형은 '금지의 의무화'를 촉발한다. '권력'은 무언가를 '금지'함으로써 그것을 '의무'화한다. 부모와 자본이라는 권력이 이를 잘 보여준다. 부모(권력)는 노는 것을 금지함으로써, 그 금지를 의무화한다. 노는 것을 항상 금지당해왔던 아이는 나이가 들어서도 마음 편히 놀 수가 없다. 왜냐하면 그 '금지(놀지 않는 것)'는 반드시 해야만 하는 일(의무)이 되어버렸기 때문이다.

자본이라는 권력 역시 마찬가지다. '권력(자본)'은 쉬는 것을 '금지'함으로써, 그 '금지'를 '의무'화한다. 쉬는 것을 금지당해왔던 직장인은 회사를 그만둬도 마음 편히 쉴 수가 없다. 왜냐하면 그 '금지(쉬지 않는 것)'는 반드시 해야만 하는 일(의무)이 되어버렸기 때문이다. 금지의 의무화! 이는 피해의식이 우리의 내면을 강력하게 뒤틀었기에 벌어진 일이다.

°피해의식이라는 사면체가 말해주는 두 가지 삶의 진실

사면체로서 작동하는 피해의식은 우리에게 두 가지 삶의 진실을 알려준다. 첫째는 피해의식은 사회적 문제라는 사실이다. 물론 피해의식은 개인적인 문제다. 피해의식은 한 사람의 뒤틀어진 마음이기 때문이다. 하지만 한 사람의 마음이 뒤틀어진 근본적인 원인은 사회적 '권력'에 있다. 피해의식이라는 사면체의 꼭짓점에는 '권력'이 있다. 피해의식은 지극히 개인적인 문제이지만, 그것은 사회적 문제에서 비롯된 개인적인 문제인 셈이다.

둘째는 피해의식을 극복하는 만큼 행복해질 수 있다는 사실이다. 행복이 무엇인가? 행복은 자연스러운 마음을 따라 사는 것이다. 자신이 진정으로 하고 싶은 것을 욕망하고, 자신이 결코 하고 싶지 않은 것을 금지하는 자연스러운 마음. 이 자연스러운 마음을 따라 살아갈 때 우리는 행복해질 수 있다. 그런데 이 행복을 가로막는 것이 무엇인가?

의무의 욕망화(해야만 하는 것을 하고 싶은 마음), 금지의 욕망화(하고 싶지 않은 것을 하고 싶은 마음), 금지의 의무화(하고 싶지 않은 것을 해야만 하는 마음)이다. 이는 모두 피해의식으로부터 온 마음들이다. 그러니 피해의식을 극복하는 일은 얼마나 중요한가? 피해의식을 극복한 만큼만 우리의 자연스러운 마음을 복원할 수 있으니까 말이다. 피해의식을 극복하는 것은 긴 시간 우리를 속박하던 불행의 사슬을 끊어내고 행복으로 나아가는 일이다.

05. ———— 피해의식의 촉매제, 자의식 과잉

°관계에 대한 피해의식

"소개팅 나가서 취조하는 것처럼 캐묻는 건 좀 아니지 않아? 왜 그렇게 사람을 의심해?"

"세상에 믿을 사람은 없어. 사람 믿으면 안 돼."

'미정'은 새로운 사람을 만날 때마다 늘 상대를 의심한다. 처음 보는 사람에게 결례가 될 것을 알면서도 때로는 은근슬쩍, 때로는 취조하듯 이것저것 캐묻는다. 그녀는 왜 그러는 것일까? 피해의식 때문이다. 그녀의 피해의식은 무엇일까? 사람과의 관계에 대한 피해의식이다. '미정'은 사람을 믿지 못한다. 세상 사람들을 잠정적으로 자신에게 크고 작은 위해를 가할 존재들이라 여기기 때문이다. 그러니 누구와 관계를 맺더라도 온통 자신을 보호하는 데 온 마음이 쏠려 있을 수밖에 없다.

그녀는 왜 이런 피해의식에 사로잡히게 되었을까? 어린 시절, '미정'은 늘 엄마에게 사랑받았다. 그녀의 엄마는 헌신적이었고, 늘 따뜻한 미소와 친절함으로 그녀를 대해주었다. 그러던 어느 날이었다. 엄마는 아빠의 불륜 사실을 알게 되었다. 그날 엄마의 세상은 무너졌다. 그날 이후 한동안, 엄마의 따뜻한 미소와 친절함은 사라졌다. 때로는 남편과 소리 지르고 싸우느라, 때로는 혼자 방 안에서 우느라 엄마는 '미정'을 잘 돌보지 못했다.

'미정'은 그 일 때문에 큰 충격을 받았다. 늘 따뜻한 미소로 자신을 보살펴줄 것이라 믿었던 존재에게 차갑게 버림받았다고 느꼈기 때문이다. 그 상처의 기억 때문에 '미정'은 어른이 되어서도 선뜻 마음을 열지 못하고 사람을 끊임없이 의심하게 되었다. 이것이 그녀가 피해의식에 휩싸여 과도하게 자신을 방어할 수밖에 없는 이유였다. 아빠와 엄마를 믿었듯 다시 누군가를 믿게 된다면 또 버림받을지도 모른다고 여기게 되었으니까 말이다.

° 피해의식의 원인은 상처받은 기억일까?

'미정'의 피해의식의 원인은 무엇인가? 아빠의 불륜, 그로 인한 엄마의 상실감, 그렇게 사라져버린 엄마의 따뜻한 보살핌. 이 상처의 기억이 '미정'의 피해의식의 원인이다. 그런 상처가 없었다면, '미정'은 사람들과의 관계에서 상대를 집요하게 의심하는 마음이 생기지 않았을 수 있다. 하지만 의아한 지점이 있다. '미정'과 유사한 상처를 갖고 있는 이들 중 관계에 대한 피해의식에 사로잡히지 않은 사람도 많다.

'재선'은 '미정'과 유사한 상처를 갖고 있다. 어머니의 불륜 때문에 '재선'의 부모는 몇 해를 싸우다 이혼을 했다. '재선' 역시 어린 시절, 어머니의 빈자리 때문에 크고 작은 상처의 기억을 갖고 있다. 어찌 보면, '재선'의 상처는 '미정'의 상처보다 더 깊은 상처일 수 있다. '미정'의 어머니는 곧 자신의 상실감을 추스르고 따뜻한 어머니의 자리로 돌아왔지만, '재선'의 어머니는 새로운 남자와 결혼을 해서 떠나버렸으니까 말이다.

하지만 '재선'은 사람과의 관계에 대한 피해의식이 매우 옅다. '재선'은 누구를 만나더라도, 비교적 자연스럽게 관계를 맺어나갈 수 있다. 새로운 사람을 만날 때도 결례가 될 만큼 상대를 의심하지 않는다. 상처받은 기억이 피해의식을 결정하는 유일한 원인이라면 '재선'의 상황은 납득되지 않는다. 상처받은 기억은 피해의식을 유발하는 원인이지만, 그 원인만으로 피해의식이 결정되는 것은 아니다.

°피해의식이라는 화학 작용

피해의식의 발생은 단순하지 않다. 이는 마치 미묘한 차이 때문에 전혀 다른 결과를 보이는 화학 반응과 같다. 피해의식의 발생 원리를 이해하기 위해 간단한 화학 실험을 하나 해보자. 맑은 물이 가득 찬 비커에 검은 결정체 하나를 떨어뜨린다고 해보자. 이때 두 가지 경우가 발생할 수 있다. 그 검은 결정체가 녹아서 물 전체가 검게 물드는 경우와 그 검은 결정체가 녹지 않은 채로 가라앉는 경우다. 이 간단한 실험으로 피해의식이 어떻게 발생하는지 설명할 수 있다.

비커의 '맑은 물'을 우리의 마음으로, '검은 결정체'를 상처받은 기억이라고 하자. 그 '검은 결정체'가 용해되어 생긴 '검은 물'이 바로 피해의식이다. 검은 결정체(상처받은 기억)는 분명 검은 물(피해의식)의 원인이다. 하지만 그 검은 결정체를 맑은 물에 넣는다고 해서 반드시 검은 물이 되는 것은 아니다. 검은 결정체가 물속에서 용해될 때만 검은 물이 된다. 반대로 물속에서 용해되지 않는다면 검은 결정체는 가라앉아 하나의 점이 될 뿐, 검은 물은 발생하지 않는다.

그렇다면 검은 결정체는 어떤 경우에 용해가 되고 어떤 경우에 용해가 되지 않는 것일까? 화학 반응(용해)이 일어나기 위해서는 최소한의 에너지가 필요하다. 이를 활성화 에너지라고 하는데, 이는 특정한 화학 반응이 일어나기 위해 넘어야 하는 장벽의 높이라고 할 수 있다. 검은 결정체가 물에 용해되기 위해서는 이 활성화 에너지가 필요하다. 즉, 검은 결정체가 물에 녹는다면 그 조건 자체로 이미 활성화 에너지 이상을 갖고 있다는 의미이고, 검은 결정체가 물에 녹지 않는다면 주어진 조건만으로는 활성화 에너지에 미치지 못한다는 의미다.

°피해의식의 촉매제, 자의식 과잉

그런데 주어진 조건이 활성화 에너지에 미치지 못하더라도 검은 결정체가 용해될 때가 있다. 바로 '촉매'를 첨가할 때다. 촉매는 무엇인가? 화학 반응을 일으키는 데 필요한 활성화 에너지를 높이거나 낮추는 물질이다. 검은 결정체(상처받은 기억)를 물(마음)에 넣는 것만으로는 용해가 일어나지 않을 수 있다. 하지만 촉매를 첨가하면 반드시 용해가 일어난다.

그렇다면 피해의식이라는 화학 반응에서 '촉매'는 무엇일까? 바로 자의식 과잉이다. 이제 우리는 피해의식의 발생 원리를 더욱 구체적으로 알 수 있다. 우리의 마음(맑은 물)에 상처(검은 결정체)가 떨어질 수 있다. 하지만 그 조건만으로 그 검은 결정체는 용해되지 않는다. 그저 우리의 마음에 하나의 점으로 가라앉아 있을 뿐이다. 반대로 그 점이 녹아서 마음 전체를 검게 할 수도 있다. 바로 자의식 과잉이라는 촉매가 첨가될 때다.

자의식 과잉은 무엇일까? '자의식'은 자기 자신에 대해 생각하는 의식을 말한다. 그러니 자의식 과잉은 '나'에 대해 생각하는 의식이 과잉되어 있다는 의미다. 쉽게 말해, 자의식 과잉은 온통 '나'만 생각하느라, '나'의 문제가 마음에 걸려 견딜 수 없는 마음 상태다. 그래서 자의식 과잉은 '타자'의 마음을 고려하지 못하는 마음 상태를 의미하기도 한다. 이 자의식 과잉은 '윤리(좋다-나쁘다)'의 문제라기보다는 '지혜(성숙-미숙)'의 문제다. 달리 말해, 자의식 과잉은 나쁜 것이라기보다는 유아적인 것이다.

°자의식 과잉 VS 이기심

이는 자의식 과잉과 이기심을 구분하는 것으로 쉽게 설명할 수 있다. 자의식 과잉은 이기심과 쉽게 혼돈되곤 한다. 그도 그럴 것이 둘 다 '나'에 대해 집착하는 마음 상태라는 공통분모를 갖고 있기 때문이다. 하지만 둘은 명백히 다르다. 이기심은 손해 보지 않고 이득을 보려는 마음이다. 이는 '나'를 생각하는 마음이 아니다. '나의 이익'을 생각하는 마음이다. '나의 이익'을 생각하려 하면, 자의식 과잉 상태에 있을 수 없다. '내'가 손해 보지 않고, 더 이익을 챙기려면 '나'만 생각해서는 안 된다. 항상 '남'을 생각해야 한다. 이익과 손해는 언제나 남과의 비교를 통해서만 측정할 수 있으니까 말이다.

하지만 자의식 과잉은 다르다. 자의식 과잉은 ('나의 이익'이 아니라) 오직 '나' 그 자체만 생각하느라 '남(타자)'을 전혀 고려하지 못하는 마음 상태다. 이기심이 "네가 나를 안 좋아하면 나도 너를 안 좋아할 거야!"라는 마음이라면, 자의식 과잉은 "내가 너를 좋아하는데, 네가 어떻게 나를 안 좋아할 수가 있어?"라는 마음이다. 말하자면, 자의식 과잉은 자신은 영화 속 주인공이고 타자들은 모두 자신을 위해 존재하는 조연이나 엑스트라라고 여기는 마음 상태인 셈이다. 이는 이기적인 마음이 아니라 유아적인 마음이다.

아이들을 생각해보라. 아이들은 친구에게 선물을 할 때, 자신이 좋아하는 것을 선물한다. 왜 그럴까? 이는 '네가 뭘 원하든 내가 주고 싶은 것을 줄 거야' 혹은 '네가 준 것보다 싼 선물을 줄 거야'와 같은 나쁜 마음(이기심) 때문이 아니다. 유아적인 아이들은 자의식이 과잉된 상태이기 때문이다. 아이들은 온통 '나'만 생각하기 때문에 늘 '나'의 문제가 마음에 걸려 있는 상태고, 그 때문에 '타자(친구)'의 마음을 전혀 고려하지 못한다. 그러니 유아적인 이들은 내가 좋아하는(싫어하는) 것을 상대도 당연히 좋아할(싫어할) 것이라고 여기게 된다. 영화 속 주인공이 어떤 선물을 하든 조연이나 엑스트라는 당연히 좋아하는 것으로 정해져 있듯이 말이다. 바로 이 자의식 과잉이 피해의식을 유발하는 촉매제다.

°자의식 과잉은 어떻게 피해의식을 촉발하는가?

다시 '미정'과 '재선'의 이야기로 돌아가자. '미정'과 '재선'은 둘 다 상처받은 기억을 갖고 있다. 즉, 둘 다 비커의 물(마음)에 검은 결정체(상처받은 기억)가 떨어져 있는 상태다. 하지만 '미정'의 검은 결정체는 용해되어 검은 물(피해의식)이 되었고, '재선'의 검은 결정체는 용해되지 않아 작은 점으로 남았다. 둘의 차이는 무엇일까? '촉매'의 차이다. '미정'의 마음에는 자의식 과잉이라는 '촉매제'가 첨가되었고, '재선'의 마음에는 그 '촉매제'가 첨가되지 않았다.

'미정'은 왜 피해의식이 생겼을까? 엄마에게 상처받아서? 아니다. 자의식 과잉 때문이다. '미정'은 온통 '나'만 생각하고 있기 때문에 피해의식에 휩싸였다. 반대로 '재선'이 피해의식에서 벗어난 것은 자의식 과잉으로부터 벗어났기 때문이다. 자의식 과잉으로부터 벗어나면 '나'가 아니라 '너'가 보인다. '재선' 역시 한동안 어머니를 미워했다. 아버지를 배신하고, 자신을 버리고 다른 남자와 결혼해버린 어머니를 무던히도 미워했다.

하지만 '재선'은 어느 순간, 어머니 역시 자신과 동등한 욕망과 감정을 지닌 존재라는 사실을 깨닫게 되었다. 자신이 누군가에게 사랑받고 싶은 존재인 만큼 어머니 역시 그런 존재라는 사실을 받아들이게 되었다. 그 사실을 깨닫자, 자신과 유사한 혹은 더 큰 상처를 가진 존재들이 보이기 시작했다. 온통 '나'만 생각하는 마음에서 벗어나면 '나'와 동등한 수많은 '너'가 보인다. 자의식 과잉 상태에서 벗어난 '재선'에게 어머니에게 상처받은 기억은 그저 하나의 점일 뿐이다.

이제 '미정'이 피해의식에 휩싸인 이유도 알겠다. 그녀의 과잉된 자의식 때문이다. 자의식이 과잉된 이들은 '엄마(아빠)'를 볼 뿐, '한 여자(남자)'를 보지 못한다. '미정'에게 엄마는 주인공인 자신을 돌봐주는 역할을 하는 조연일 뿐이다. 자신을 당연히 보살펴주어야 할 존재가 그러지 않으니 '미정'은 피해의식에 잠식당할 수밖에 없었던 것이다.

"그 정도 상처는 누구한테나 있어." '미정'이 제일 싫어하는 말이다. 이는 당연하다. 자의식이 과잉된 이들에게 타자의 고통과 상처는 보일 리 없고, 그래서 그것을 보라는 말은 가장 화나는 말이기 때문이다. 자의식이 과잉된 이들은 '나'의 상처와 고통만을 볼 수밖에 없고, 또 보고 싶어 한다. 피해의식이 심한 이들을 돌아보라. 그들은 하나같이 유아적인 자의식 과잉 속에 있다. 그들은 항상 아이처럼 온통 '나'에 대한 생각에 빠져 있다. 그래서 엄존하는 '타자'를 보지 못하고, 보고 싶어 하지도 않는다.

우리의 '맑은 물'에 '검은 결정체'가 떨어져도 그것은 녹지 않는다. 검은 결정체는 오직 자의식 과잉이라는 촉매가 작용할 때만 녹아서 검은 물을 만든다. 누구에게나 상처받은 기억은 있다. 하지만 그 원인이 피해의식을 결정하지는 않는다. 피해의식은 자의식 과잉이라는 조건 안에서만 결정된다. 피해의식에서 벗어나고 싶다면, '검은 결정체'를 문제삼지 말고 '촉매'를 잘 살펴야 한다. 과잉된 자의식을 덜어내는 만큼, 우리의 피해의식 역시 옅어질 수 있다.

06. —————— 부채감이라는 폭력

°물리적 폭력, 언어적 폭력, 상황적 폭력

피해의식은 왜 생기는가? 누군가에게 특정한 상처를 받아서 생긴다. 그리고 상처를 유발하는 것은 폭력이다. 그렇다. 피해의식을 유발하는 중요한 원인은 중 하나는 폭력이다. 그것은 물리적 폭력일 수도 있고, 언어적 폭력일 수도 있고, 상황적 폭력일 수도 있다.

물리적 폭력은 피해의식을 유발한다. 어린 시절 아버지에게 물리적 폭력을 당했던 이들은 권력자·권위자(교수·상사·사장…)에 대한 피해의식이 생길 수 있다. 누군가가 높은 직급에 있거나 권위가 있다는 이유만으로 상대에게 근거 없는 반감을 갖게 되는 마음이 이런 경우다. 언어적 폭력 역시 마찬가지다. 학창 시절 친구들에게 뚱뚱하다고 놀림받은 언어적 폭력을 당했던 이들은 외모에 대한 피해의식이 생길 수 있다.

물리적·언어적 폭력이 아닌 폭력, 즉 상황적 폭력도 있다. 이 역시 피해의식을 유발한다. 상황적 폭력은 무엇인가? 물리적·언어적 폭력 없이도 특정한 상황에서 발생할 수 있는 폭력이다. 쉽게 말해 무관심의 폭력이다. 어린 시절 친구들에게 소외되었던 경험으로 인해 관계에 대한 피해의식이 생길 수 있다. 주변 사람들의 사소한 반응에도 자신만 혼자 남겨졌다고 여기게 되는 마음이 이런 경우다. 이런 피해의식은 특정한 상황 속에서 다수의 무관심으로 인해 발생한다. 이러한 무관심 역시 일종의 폭력이 될 수 있다.

이처럼 피해의식은 누군가가 행사했던 크고 작은 물리적·언어적·상황적 폭력 때문에 발생한다. 물리적·언어적 폭력은 '화난 얼굴'로, 상황적 폭력은 '무표정한 얼굴'로 피해의식을 유발한다. 그런데 피해의식을 유발하는 폭력은 이것뿐일까? 아니다. 기묘한 폭력이 하나 더 있다. 그것은 바로 '미소 띤 얼굴'의 폭력이다. 화난 얼굴도 무표정한 얼굴도 아닌, 미소 띤 얼굴로 가해지는 폭력이 있다. 이 '미소 띤 폭력'은 무엇일까?

°미소 띤 폭력

"너 배고프지? 밥 먹으러 가자."

"내가 청소해줄게."

'재정'은 언제나 자상하다. '재정'은 누구를 만나든 상대를 배려한다. 친구들을 만날 때면 친구들이 배고플까 봐 밥을 먹으러 가자고 말한다. 집에서도 마찬가지다. 아내가 힘들까 봐 먼저 집 청소를 한다. 바로 이것이 '미소 띤 폭력'이다. 당혹스러울지도 모르겠다. '재정'의 자상한 배려가 어째서 폭력이란 말인가? '재정'은 결코 자신이 원하는 바를 상대에게 요구하지 않는다. 왜 그러는 것일까? 자신의 욕망보다 상대가 중요하기 때문일까? 혹은 자신은 원하는 바가 없어서일까? 둘 다 아니다.

'재정'은 왜 친구들에게 밥을 먹으러 가자고 제안했을까? 친구들이 배고플까 봐? 아니다. 자신이 배가 고파서다. '재정'은 "내가 배고프니 밥 먹으러 가자."라고 말하기 싫은 것이다. 그것은 자신이 친구들에게 미안해야 할 일이기 때문이다. 하지만 친구들이 배고파서 밥을 먹으러 간 것으로 하면, 자신이 미안해야 할 일이 아니라 친구들이 미안해야 할 일이된다. 이것이 '재정'이 "너 배고프지? 밥 먹으러 가자."라는 자상한 배려를 했던 속내다.

'재정'은 왜 집 청소를 했을까? 아내가 불편할까 봐? 아니다. 자신의 결벽증 때문이다. '재정'은 아내에게 "집 안이 정리정돈되지 않은 걸 견디기 힘들다."라고 말하기 싫은 것이다. 정직한 속마음을 말하면 그것은 자신이 아내에게 미안해야 할 일이기 되기 때문이다. 하지만 ("내가 청소할게."가 아니라) "내가 청소해줄게."라고 말하면, 자신이 미안해야 할 일이 아니라 아내가 미안해야 할 일이 된다. '재정'은 (때로는 의식적으로, 때로는 무의식적으로) 언제나 자신은 미안하지 않으면서 상대방의 미안함을 유발하려 한다. 이것이 '재정'의 자상한 미소 뒤에 가려진 배려의 맨얼굴이다.

° 부채감이라는 폭력

폭력은 무엇인가? 화난 폭력(물리적·언어적 폭력)과 무표정한 폭력(상황적 폭력)만이 폭력인 것은 아니다. 상대에게 부당하게 부채감을 안겨주는 행동 역시 일종의 폭력이다. 부채감이 무엇인가? 상대에게 빚을 지고 있는 느낌이다. 은근슬쩍 자신이 미안할 일은 은폐하고, 상대에게 과도한 미안함을 유발하는 행동은 심각한 상처를 야기한다. 그러니 이런 부당한 부채감을 주려는 행동 역시 폭력이다. 생각해보라. 아무런 잘못도 하지 않았는데, 누군가에게 자꾸만 미안한 마음이 든다면 얼마나 고통스럽겠는가?

이런 부채감을 유발하는 폭력은 언제나 미소 띤 얼굴로 자행된다. 그래서 이는 더욱 심각한 폭력일 수 있다. 물리적·언어적·상황적 폭력은 그나마 상황이 나은 편이다. 그런 폭력들은 눈에 보이기 때문이다. 나를 때렸던 사람들, 나를 욕했던 사람들, 나에게 무관심했던 사람들은 눈에 보인다. 그때 증오의 대상은 명확해진다. 하지만 부채감을 유발하는 폭력은 다르다. 그 폭력은 미소 뒤에 가려져 있기에 보이지 않는다. 보이지 않는 폭력으로부터 발생한 증오는 갈 곳 잃은 증오다. 그 증오는 갈 곳이 없기에 안으로 곪아서 엉뚱한 곳에서 터질 수 있다.

"나는 괜찮은데, 너 피곤하면 다음에 보자." 자신이 피곤해서 약속을 취소하고 싶을 때 이렇게 말하는 친구가 있다. "지금 바쁘긴 한데, 업무처리 해줄게요." 당연히 자신이 해야 하는 일을 하면서 이렇게 생색을 내는 동료가 있다. 이런 부채감을 주는 이들과 함께 있어본 적이 있을까? 분명 미소 띤 얼굴로 우리를 배려해주는 것 같은데, 뭔가 기묘한 불쾌감과 불편함을 느끼게 된다. 그 기묘한 불쾌감과 불편함의 정체를 알겠다. 그것은 보이지 않는 폭력에 의해 발생한 갈 곳 잃은 증오다. '미소 띤 폭력'만큼 우리네 마음에 큰 상처를 주는 폭력도 없다. 가장 무서운 적은 잔인한 적이 아니라 보이지 않는 적이니까 말이다.

°호의에 대한 피해의식

부당한 부채감 역시 피해의식이 된다. '원채'는 '재정'의 아내다. '원채'는 부쩍 피해의식이 짙어졌다. '원채'의 피해의식은 무엇일까? 바로 호의에 대한 피해의식이다. '원채'는 누군가 자신에게 호의적인 행동을 하려고 하면 과민하게 반응한다. "전 이런 거 부담스러워요." 지인들의 작은 선물이나 따뜻한 배려에도 과도한 거부 반응을 보인다. 이는 피해의식이다. 누군가의 호의로부터 자신을 과도하게 방어하려는 피해의식.

'원채'는 왜 이런 피해의식에 휩싸이게 되었을까? '재정' 때문이다. '원채'는 '재정'과 긴 시간 함께 지내면서 기묘한 슬픔에 잠식당했다. '원채'는 아무런 잘못을 한 것이 없는데도 빚을 지고 있는 것 같은 기분이 든다. 정체를 알 수 없는 미안한 마음에 늘 짓눌려 있다. 이 부당한 부채감은 마음 한편에 상처가 된다. 어떤 상처든 지속되면 자신을 방어할 수밖에 없다. 부당한 부채감 역시 마찬가지다. 부당한 부채감이 지속되면 자신을 방어할 수밖에 없다.

부당한 부채감은 심각한 폭력이다. 이 폭력은 늘 미소 뒤에 가려져 있어 보이지 않는다. 그래서 그 폭력으로 인해 발생한 상처 역시 선명하게 보이지 않는다. 보이지 않는 상처는 치료할 곳을 찾지 못해 더 곪듯이, 부당한 부채감은 우리의 내면을 더욱 혼란스럽게 만든다. 이것이 '원채'가 엉뚱한 곳에서 과도하게 자신을 방어하게 된 이유다. '원채'가 거부해야 할 호의는 '재정'의 기만적 호의이지, 지인들의 순수한 호의가 아니다.

°미소 띤 폭력을 상대하는 법

여기서 우리의 피해의식을 옅어지게 할 방법을 하나 알 수 있다. 그것은 부당한 부채감을 주려는 이들을 멀리하는 것이다. 은근슬쩍 우리에게 부채감을 주려는 이들을 가급적 멀리하는 것이 좋다. 여러 가지 현실적인 이유로 그것이 어렵다면, 그들의 호의를 단호하게 거절하거나 혹은 그 기만적 호의의 맨얼굴을 폭로해야 한다.

"너 배고프지? 밥 먹으러 가자.""네가 배고파서 밥 먹으러 가자는 거 아니야?"

"내가 청소해줄게.""같이 사니까 청소는 당연히 같이 하는 거지, 뭘 자꾸만 해준다는 거야?"

"나는 괜찮은데, 너 피곤하면 다음에 보자.""네가 피곤해서 약속 취소하고 싶은 거 아니야?"

"지금 바쁘긴 한데, 업무처리 해줄게요.""그건 원래 김 대리님 업무인데, 뭘 자꾸만 해준다는 거예요?"

이것이 '미소 띤 폭력'을 상대하는 법이다. 부당한 부채감은 피해의식을 점점 더 짙어지게 할 수밖에 없다. 이는 빌리지도 않은 돈을 자꾸 갚아야 한다고 생각하는 이들의 마음 상태와 유사하다. 미안할 일을 하지도 않았는데 자꾸만 미안한 마음이 들 때 어떻게 피해의식이 짙어지지 않을 수 있겠는가? 누군가 우리에게 부당한 부채감을 안기려 할 때 단호하게 거절해야 한다. 동시에 스스로에게 아프게 물을 수도 있어야 한다. 바로 내가 그 미소 띤 폭력을 누군가에게 행사하고 있었던 것은 아닌지 말이다. 그때 '나'와 '너', '우리'의 피해의식은 점점 옅어질 수 있다.

° 못나서 못되지는 마음

야박하게 말하자. 피해의식은 '못나서 못되지는 마음'이다. 피해의식의 발생은 크게 두 가지로 구분할 수 있다. 하나는 실제로 상처받지 않았지만(혹은 큰 상처가 아니었지만) 피해의식이 발생한 경우이고, 또 하나는 실제로 큰 상처를 받아서 피해의식이 발생한 경우다. 전자는 딱히 가난한 집에서 자라지도 않았으면서 가난에 대한 피해의식이 있는 경우이고, 후자는 지독한 가난을 경험했기 때문에 가난에 대한 피해의식이 있는 경우다. 두 경우 모두 피해의식은 결과적으로 못된(나쁜) 마음이다.

먼저 전자부터 논의해보자. 실제로 가난했던 적도 없으면서 과도한 탐욕으로 주변 사람들에게 크고 작은 상처를 주는 이들을 생각해보라. 이들은 얼마나 못됐는가? 그렇다면 이들은 왜 못돼졌는가? 못났기 때문이다. 이들의 못남은 무엇인가? 성찰하지 않는 못남이다. 이들은 자신이 실제로 가난 때문에 상처를 받았는지, 받았다면 얼마나 큰 상처였는지 스스로 성찰해보려 하지 않았다. 자신을 과도하게 보호하려는 마음을 정당화하기 위해 과거의 기억을 왜곡하고 날조했을 뿐이다. 이는 얼마나 못난 일인가?

° 피해의식의 '핵'과 '막'

피해의식은 '핵'과 '막'으로 구성되어 있다. 마치 세포가 핵과 막으로 구성된 것처럼 피해의식 역시 마찬가지다. 피해의식의 '핵'은 과도한 자기보호의 마음이다. 그리고 그 '핵'을 감싸고 있는 '막'이 있다. 그 '막'은 과도한 자기보호를 정당화하려는 마음이다. 세포핵을 세포막이 보호하듯, 피해의식의 '핵(과도한 자기보호)'은 그것을 둘러싼 '막(자기 정당화)'에 의해 유지·강화된다.

피해의식의 '핵(과도한 자기보호)'이 '못난 마음'이라면, 피해의식의 '막(자기 정당화)'은 '더 못난 마음'이다. 과도한 자기보호는 '못난 마음'이다. 과도한 자기보호는 자신 이외에 누구도 보호(사랑)할 수 없게 만드는 마음이니까 말이다. 그런데 자기 정당화는 그보다 '더 못난 마음'이다. 과도한 자기보호의 마음은 (어렵기는 하겠지만) 누군가를 보호(사랑)하게 될 가능성을 품고 있다. 하지만 과도한 자기보호의 마음을 정당화하려는 마음은 누군가를 보호(사랑)해줄 일말의 가능성마저 닫아버린다.

"돈을 벌고 돈을 아껴서 나를 보호할 거야!(과도한 자기보호)" 이렇게 생각하는 이들은 누군가를 사랑할 가능성은 있다. 이들은 자신을 진정으로 보호해줄 존재가 '돈'이 아니라 '너'라는 사실을 깨달을 가능성이 있기 때문이다. 하지만 "내가 돈을 벌고 돈을 아끼려는 것은 당연한 거야!"라는 생각으로 자신을 정당화하는 이들은 그 가능성마저 없다. 이들은 피해의식의 '막(자기 정당화)'에 둘러싸여 피해의식의 '핵(과도한 자기 보호)'을 성찰해볼 수조차 없기 때문이다.

이제 피해의식을 극복하는 방법을 알겠다. 먼저 '막'을 찢어야 한다. 즉, 더 못나지지 않으려고 노력해야 한다. 자신을 과도하게 보호하려는 마음(핵)은 어쩔 수 없다 하더라도, 그런 마음을 정당화하려는 마음(막)은 바로잡을 수 있어야 한다. 그럴 수 있을 때 피해의식은 점점 더 옅어지게 된다. '막'이 얇아지는 만큼 '핵'은 점점 더 선명하게 보이고, 또 점점 더 균열이 날 수밖에 없으니까 말이다.

°상처받은 이들의 피해의식

피해의식은 못나서 못되지는 마음이다. 그런데 이런 야박한 정의를 후자, 즉 실제로 상처받은 이들에게도 동등하게 적용할 수 있을까? 지독한 가난 때문에 상처받은 이들이 있다. 이들 역시 과도한 탐욕 혹은 과도한 검약 때문에 주변 사람들에게 크고 작은 상처를 준다. 이 역시 분명 피해의식이다. 이런 피해의식마저 '못나서 못되지는 마음'으로 쉽게 치부하는 것은 부당한 일일까? 그렇지 않다. 야박할 순 있어도 부당하진 않다.

상처받은 이들의 피해의식 역시 '못나서 못되지는 마음'인 것은 변함이 없다. 이들의 '못남(무능)'은 무엇인가? 현재를 살지 못하는 무능이다. 지난 일들을 지나가게 두지 못하고 과거에 매여 사는 이들은 무능하다. 안다. 이것이 얼마나 야박한 이야기인지. 쉽게 지워지지 않는 큰 상처를 받아본 적이 있을까? 그 과거를 그저 지나가게 두고 지금을 산다는 것은 지극히 어려운 일이다. 상처받은 이들의 '못남(무능)'은 그 어려운 일을 해내지 못한 무능이다. 이들의 '못남'은 어떻게 극복할 수 있을까?

상처받은 피해의식 역시 '핵'과 '막'이 있다. 그렇다면 이 피해의식 또한 '막(자기 정당화)'을 찢는 방식으로 극복할 수 있을까? 그렇지 않다. 깊은 상처를 가진 이들의 피해의식은, 그 '핵'도 '막'도 모두 견고하다. 지독한 가난을 겪은 이들이 자신을 과도하게 보호하려는 마음(핵)과 그 마음을 정당화하려는 마음(막)은 매우 견고할 수밖에 없다. 이들의 '막'은 견고하기에 그 '막'을 찢어서 '핵'에 균열을 내는 방식으로는 피해의식을 극복하기 어렵다.

°진정한 잘남, 지금을 사는 지혜

그렇다면 어떻게 해야 할까? 근본적인 해법은 같다. 못나지지 않으면 된다. 못나지지 않는 데는 두 가지 방식이 있다. 소극적인 방식과 적극적인 방식. 소극적인 방식은 더 못나지지 않는('막'을 찢는) 방식이다. 즉, 자기 정당화의 논리에서 벗어나는 일이다. 적극적인 방식은 무엇인가? '잘난 사람'이 되는 방식이다. 이 '잘난 사람'은 어떤 사람인가? 돈이 많거나 지식이 많거나 권력이 있는 사람인가? 그것은 모두 '잘남(유능)'이지만, 작은 '잘남'이다.

이 작은 '잘남'은 피해의식의 마취제일 뿐, 치료제는 아니다. 가난에 대한 피해의식이 있는 이가 많은 돈을 벌게 되었다고 해보자. 분명 그의 피해의식은 조금은 잦아들 것이다. 하지만 이는 어디까지나 임시적인 효과일 뿐이다. 그는 자신보다 돈이 더 많은 이들을 만나게 되면 다시 피해의식이 스멀스멀 올라올 수도 있고, 가난에 대한 피해의식이 다른 피해의식으로 옮겨갈 수도 있다.

피해의식으로부터 벗어나려면 진정으로 '잘난 사람'이 되어야 한다. 진정한 '잘남(유능)'은 지혜다. 지혜로운 이들은 피해의식으로부터 벗어날 수 있다. 그 지혜는 어떤 지혜인가? 지금을 살 수 있는 지혜다. 과거의 상처로부터 거리를 두고 지금 기쁨을 찾고 누릴 수 있는 지혜. 그것이 필요하다. 물론 이는 매우 어려운 일이다. 피해의식은 과거의 불행이 족쇄처럼 지금을 얽매고 있는 상태이기 때문이다. 그런 상태에서 지금을 살 수 있는 지혜를 갖는 것은 얼마나 어려운 일이겠는가. 이는 야박할 정도로 자신에게 엄격해지지 않는다면 이를 수 없는 일이다.

'나의 피해의식은 내가 못나서 생긴 못된 마음이구나!' 이처럼 조금은 야박하게 자신의 피해의식을 정의할 수 있어야 한다. 이것이 피해의식을 극복하는 중요한 변곡점이다. 피해의식에서 벗어나기 위해서는 스스로에게 엄격해지는 과정이 필요하다. 상처받았든 상처받지 않았든, 피해의식은 생길 수 있다. 옳든 그르든, 그런 일은 흔히 일어난다. 이런 피해의식은 자기 엄격성을 바탕으로 '못남'으로부터 멀어지고 '잘남'에 가까워지려고 노력할 때 점점 옅어질 수 있다.

에피쿠로스

삶을 불행하게 만드는 피해의식

"결국 돈이면 다 되는 거 아니야!" 한때 이렇게 생각하며 살았다. 돈을 벌기 위해서 다른 이들에게 크고 작은 상처를 주는 것을 당연하거나 어쩔 수 없는 일로 여겼다. "돈 말고도 소중한 것들이 있어."라고 말해주는 이들에게 날카로운 말로 상처를 주었다. 돈이 없는 이들에게는 "그건 네가 돈이 없어서 합리화하는 거잖아."라는 말로, 돈이 많은 이들에게는 "그건 네가 돈이 많아서 배부른 소리 하는 거야."라는 말로 상처를 주었다.

그렇게 따뜻하고 소중한 사람들을 많이도 잃었다. 어느 순간 주변을 돌아보니 내게 남겨진 사람은 내가 이용할 사람과 나를 이용할 사람뿐이었다. 그렇게 내 삶은 깊은 불행으로 빠져 들어갔다. 내 삶을 피폐하게 만든 원인은 무엇이었을까? 돈에 대한 집착? 아니다. 그것 역시 결과였을 뿐이다. 근본적인 원인은 피해의식이었다. 돈에 대한 피해의식. 그 피해의식 때문에 주변 사람들에게 상처를 주었고, 동시에 나 자신마저도 상처 입었다. 이런 피해의식은 흔하다.

"예쁘면 다 되는 거 아니야!" "결국 힘이 있어야 하는 거야!" 이런 생각들은 전부 피해의식이다. 외모·힘에 대한 피해의식. 이들은 예쁘지 못해서, 힘이 약해서 피해받은 기억 때문에 과도하게 자신을 보호하려는 이들이다. 이들의 삶 역시 조금씩 불행해질 수밖에 없다. 과도하게 자신을 보호하려는 이들은 필연적으로 타인에게 불필요한 상처를 주게 되기 때문이다. 그리고 그 상처는 필연적으로 자신에게 되돌아오게 마련이다. 그렇게 삶은 불행으로 치닫게 된다. 그렇다면 우리에게 저주처럼 들러붙은 이 피해의식은 어떻게 극복할 수 있을까?

에피쿠로스의 '쾌락주의'

'에피쿠로스'라는 고대 그리스 철학자를 만나보자. 그리스 헬레니즘 시대를 양분했던 두 학파가 있다. 스토아학파와 에피쿠로스학파다. 에피쿠로스는 에피쿠로스학파를 기초 세운 헬레니즘 시대의 중요한 철학자다. 에피쿠로스 철학의 핵심은 '쾌락주의hedonism'라고 말할 수 있다. 그는 한 개인의 쾌락을 무엇보다 중요하게 여기는 '쾌락주의'를 지향했다. '피해의식을 어떻게 극복할 수 있을까?' 이 질문에 에피쿠로스라면 이렇게 답해주었을 테다. "쾌락을 따라 살아가라!" 에피쿠로스의 이야기를 직접 들어보자.

우리는 쾌락이 행복한 삶의 시작이자 끝이라고 말한다. 왜냐하면 쾌락은 타고날 때부터 좋은 것이라고 인정하기 때문이며, 우리가 선택하거나 기피하는 모든 행위를 쾌락에서 시작하기 때문이다. 또한 우리는 모든 좋은 것을 구별하는 기준으로 쾌락의 느낌을 사용하면서, 쾌락으로 되돌아간다.

– 에피쿠로스, 「메노이케우스에게 보내는 편지」

에피쿠로스는 "쾌락은 타고날 때부터 좋은 것"이고, "우리가 선택하거나 기피하는 모든 행위를 쾌락에서 시작"한다고 말한다. 즉, 인간이라는 존재 자체가 쾌락의 존재라는 것이다. 그러니 에피쿠로스에게 행복한 삶을 사는 데 있어서 쾌락보다 중요한 것은 없다. 이는 지극히 옳은 말이다. 인간은 날 때부터 배고픔(고통)보다 포만감(쾌락)이 좋다는 것을 안다. 또 자연스럽게 추위(고통)를 피하고 따뜻함(쾌락)을 선택하며 산다. 그러니 인간을 쾌락의 존재라고 보는 것은 옳다.

피해의식의 원인은 쾌락의 독점이다

이런 에피쿠로스의 논의는 피해의식과 어떤 관계가 있을까? 즉, 쾌락을 따르는 것이 어떻게 피해의식을 극복하게 해주는 걸까? 이보다 먼저 해야 할 질문이 있다. 세상의 모든 피해의식은 왜 생기는 걸까? 일부 계층의 '쾌락의 독점' 때문에 생긴다.

돈·힘에 대한 피해의식을 생각해보자. 어린 시절부터 돈이 많거나 힘이 센 사람들이 온갖 쾌락을 독점했던 기억을 갖고 있는 사람이 있다고 해보자. 그는 돈·힘에 대한 피해의식이 있을 수밖에 없다. 돈 많고 힘 센 이가 온갖 쾌락(지배·명령·당당함)을 독점할 때, 그는 그 반작용으로 인한 피해(굴종·복종·치욕)를 고스란히 감당해야 했기 때문이다. 그 피해받은 기억은 한 사람의 마음속에 지워지지 않는 상흔으로 자리 잡는다. 일부 계층의 쾌락의 독점! 이것이 피해의식의 시작점이다.

피해의식을 벗어나려면 쾌락의 독점을 해체하면 된다. 쾌락의 독점은 어떻게 해체할 수 있을까? 간단하다. 우리도 쾌락을 누리면 된다. 피해의식은 결국 "나만 억울하게 피해(쾌락을 즐기지 못하는 상태)받고 있다!"고 확신하는 정서 상태 아닌가? 그러니 누군가가 돈·힘·학벌·외모 등등으로 쾌락을 독점할 때, 우리 역시 우리가 누릴 수 있는 저마다의 쾌락을 즐기며 살면 된다. 그렇게 우리 역시 쾌락을 누릴 수 있는 존재임을 깨달을 때, 피해의식은 조금씩 옅어지게 된다.

'쾌락'에 관한 오해

하지만 여기서 우리는 의구심이 든다. 어떤 쾌락이든 그것을 즐기기만 하면 피해의식을 극복할 수 있을까? 외모에 대한 피해의식을 가진 이의 쾌락이 먹는 것이라면? 돈에 대한 피해의식을 가진 이의 쾌락이 술을 마시는 것이라면? 힘에 대한 피해의식을 가진 이의 쾌락이 게임을 하는 것이라면? 그런 쾌락들을 마음껏 누린다고 피해의식이 옅어질 수 있을까? 피해의식이 옅어지기는커녕 더 깊은 절망과 불행의 나락으로 떨어지지 않을까? 이런 의구심에 대해 에피쿠로스는 이렇게 말한다.

우리가 "쾌락이 목적이다."라고 할 때, 이 말은 우리를 잘 모르거나 우리의 입장에 동의하지 않는 사람들이 생각했던 것처럼, 방탕한 자들의 쾌락이나 육체적인 쾌락을 의미하는 것이 아니다. 내가 말하는 쾌락은 몸의 고통이나 마음의 혼란으로부터의 자유이다.

    – 에피쿠로스, 「메노이케우스에게 보내는 편지」

에피쿠로스는 의심의 여지 없는 쾌락주의자hedonist이다. 하지만 여기서 말하는 '쾌락hedone'은 단순한 육체적 쾌락이 아니다. 이는 육체적 쾌락(배부름·취함·성적 쾌감)과 정신적 쾌락(평온한 마음)을 모두 아우르는 쾌락이다. 이를 설명하기 위해, 에피쿠로스는 '동적인 쾌락'과 '정적인 쾌락'을 구분한다. '동적인 쾌락'은 욕망을 해소하는 과정의 쾌락이고, '정적인 쾌락'은 더 이상 욕망하지 않게 된 상태의 쾌락이다. 쉽게 말해, 음식을 먹고 있는 과정에서 느끼는 쾌락은 '동적인 쾌락'이고, 음식을 다 먹어서 더 이상 음식을 욕망하지 않게 된 평온한 상태는 '정적인 쾌락'이라고 말할 수 있다.

'정적인 쾌락'이 진정한 쾌락이다

에피쿠로스는 그 '정적인 쾌락'에 대해 이렇게 말한다.

삶을 즐겁게 만드는 것은 계속 술을 마시고 흥청거리는 일도 아니고, 욕구를 만족시키는 일도 아니며, 물고기를 마음껏 먹거나 풍성한 식탁을 가지는 것도 아니다. 오히려 모든 선택과 기피의 동기를 발견하고 공허한 추측들(이것 때문에 가장 큰 고통이 생겨난다)을 몰아내면서 멀쩡한 정신으로 (쾌락을) 계산하는 것nephon logismos이기 때문이다.

    – 에피쿠로스, 「메노이케우스에게 보내는 편지」

에피쿠로스는 두 쾌락 중 '정적인 쾌락'이 진정한 쾌락이라고 말한다. 그래서 에피쿠로스에게 쾌락은 "계속 술을 마시고 흥청거리는 일"이 아니다. 그런 '동적인 쾌락'의 추구는 곧 심각한 육체적 고통(병약한 육체)과 정신적 고통(중독된 정신)을 불러올 것이기 때문이다. 에피쿠로스의 쾌락은 "몸의 고통이나 마음의 혼란으로부터 자유"로울 수 있는 '정적인 쾌락'이다. 이는 육체적 쾌락과 정신적 쾌락의 균형상태equilibrium라고 말할 수 있다.

음식을 예로 들어보자. 배가 고픈 상태는 쾌락이 아니다. 하지만 그렇다고 과식을 하는 것도 쾌락이 아니다. 둘 다 "몸의 고통이나 마음의 혼란"이 존재하는 상태이기 때문이다. 우리가 과식을 하는 이유는 무엇일까? 많이 먹으면 더 즐거울 것이라는 "공허한 추측"을 하기 때문이다. "이것 때문에 가장 큰 고통이 생겨난다." '정적인 쾌락'은 배고픔(고통)과 과식(고통)이라는 양극단의 고통 사이에서 균형상태를 유지하는 것이다. 그래서 몸의 고통이나 마음의 혼란으로부터 자유로워지는 것이다. 그것이 에피쿠로스가 말하는 진정한 쾌락이다.

말하자면, '정적인 쾌락'은 '욕구(배고픔)'를 적절히 해소함으로써 '욕망(탐식)'이 없는 상태에서 느끼는 정신적 쾌락이라고 말할 수 있다. 에피쿠로스는 이런 '정적인 쾌락'이 최고 상태에 이른 것을 '아타락시아ataraxia', 즉 평정심의 상태라고 말한다. 에피쿠로스는 그 '아타락시아'에 도달하기 위해서 "공허한 추측을 몰아내면서" 음식을 얼마나 먹을지(육체적 쾌락)를 "멀쩡한 정신으로 계산"할 수 있어야 한다고 말한다.

'아타락시아'에 어떻게 이를 것인가?

피해의식을 어떻게 극복할 수 있을까? '정적인 쾌락'을 통해 '아타락시아(평정심)'에 이르면 된다. 이 원론적인 답에 이견이 있을 수는 없다. 피해의식은 두려움·분노·열등감·무기력·억울함·우울함으로 마음이 요동치는 상태 아닌가? 그러니 '아타락시아(평정심)'에 이르면 피해의식 역시 옅어질 수밖에 없다. 이제 남은 문제는 하나다. 어떻게 '아타락시아'에 이를 것인가? 돈에 대한 피해의식을 가진 이를 생각해보자. 그는 어떻게 아타락시아에 이를 수 있을까? 에피쿠로스는 이렇게 답해줄 테다.

> 우리는 스스로 만족해야 하는 것autarkeia을 커다란 좋음(선)이라고 생각한다. 하지만 이는 궁핍함에 만족하기 위해서가 아니다. 우리가 비록 많은 것들을 가지지 못했더라도 진심으로 다음과 같이 생각하면서 적은 것들에 만족하기 위해서이다. "가장 적은 부를 필요로 하는 사람이 부를 가장 행복하게 즐길 수 있는 사람이다."
> – 에피쿠로스, 「메노이케우스에게 보내는 편지」

돈에 대한 피해의식을 가진 이는 돈을 욕망할 수밖에 없다. 그렇기 때문에 돈을 얻을 때 최고의 쾌락을 누릴 수밖에 없다(만약 돈에 대한 피해의식을 가진 이가 게임·음식·술 등등을 욕망한다면 이는 돈이라는 근본적 욕망이 좌절되었기 때문이다). 하지만 에피쿠로스는 그런 '동적인 쾌락'을 추구하지 말고 지금 가진 것에 스스로 만족하라고 말한다. 즉, 자신이 많은 것을 가지지 못했다고 하더라도 적은 것들에 만족하라는 것이다. 그 이유에 대해 그는 "가장 적은 부(돈)를 필요로 하는 사람이 부(돈)를 가장 행복하게 즐길 수 있는 사람"이기 때문이라고 말한다.

에피쿠로스의 한계

에피쿠로스는 '동적인 쾌락'을 경계해서 '정적인 쾌락'을 추구하라고 말한다. 쉽게 말해, "지금 있는 것에 만족하라!"는 것이다. 이 말에 우리는 '아타락시아(평정심)'에 이르러 피해의식을 극복할 수 있을까? 이는 원론적으로는 옳은 말일 뿐, 전혀 현실적이지 않다. 돈에 대한 피해의식에 휩싸여 있는 이에게 "지금 있는 돈에 만족해!"라고 말했다고 해보자. 피해의식의 극복은커녕, "지랄하네! 나보다 더 돈 많은 놈들도 더 벌려고 하는데 내가 왜 지금 있는 것에 만족해야 하는데!"라는 반발심만 불러일으킬 것이 분명하다. 그런 반발심은 '동적인 쾌락'을 향한 욕망을 더욱 증폭시킬 뿐이다. 에피쿠로스의 조언으로는 평온한 마음은 고사하고 피해의식이 더 깊어질 것이 분명하다.

에피쿠로스는 긴 시간 무분별한 쾌락을 부추기는 방탕한 향락주의자라고 비판받았다. 에피쿠로스Epicurus의 이름에서 유래한 'epicure'라는 단어는 지금까지도 '미식가(향락주의자)'라는 의미로 통용되고 있다. 하지만 이는 거꾸로 된 비판이다. 에피쿠로스를 향한 정당한 비판은 그의 금욕주의적인 성향에 가해져야 한다. 역설적이게도 에피쿠로스의 '쾌락주의'는 과도하게 '금욕주의'적인 측면이 있기 때문이다.

에피쿠로스는 '아타락시아'에 이르는 길이 쾌락(돈·힘·외모)을 얻는 것이 아니라 고통(돈·힘·외모에 대한 집착)을 없애는 데 있다고 보았다. 그래서 그는 '정적인 쾌락(욕망 없음)'에 이르기 위해 늘 '동적인 쾌락(욕구 해소)'을 경계하며 살아야 한다고 말했다. '동적인 쾌락'은 자극적이기에 너무 쉽게 과도한 추구로 이어지고, 이는 결국 쾌락이 아닌 고통으로 귀결되는 까닭이다. 실제로 에피쿠로스는 항상 금욕적으로 생활했다. 그는 항상 빵만 먹고 살았으며 맛있는 음식이 널린 축제날에도 치즈 조각만 먹었다. 에피쿠로스는 전혀 '에피큐어epicure'하지 않았다. 이것이 에피쿠로스의 한계다.

'정적인 쾌락'보다 '동적인 쾌락'이 중요하다

에피쿠로스의 방식으로는 '아타락시아'에 이를 수 없다. 그렇다면 어떻게 해야 할까? '동적인 쾌락'에 집중해야 한다. 돈·외모·힘 등등 자신을 사로잡고 있는 욕망이 무엇이든, 할 수 있는 한 힘껏 그 '동적인 쾌락(욕구 해소)'을 추구해야 한다. 간접적으로 추구하거나 왜곡해서는 안 된다. 돈에 대한 피해의식이 있다면 힘껏 돈을 벌어야 하고, 외모에 대한 피해의식이 있다면 힘껏 외모를 가꿔야 하고, 힘에 대한 피해의식이 있다면 힘껏 힘을 길러야 한다. 돈·외모·힘 때문에 생긴 피해의식을 엉뚱하게 종교나 지식, 명예 같은 것으로 해소하려고 하면 문제만 더 복잡해질 뿐이다.

어설프게 '정적인 쾌락(욕망 없음)'을 흉내 내려 해서는 안 된다. 어설픈 '정적인 쾌락("돈은 없어도 돼!", "외모가 뭐가 중요해!", "힘 싸움은 애들이나 하는 거지!")'은 피해의식을 더욱 증폭시키는 기만적인 정신승리일 뿐이다. 이미 피해의식이 있다면 어쩔 수 없다. '동적인 쾌락'을 따라야 한다. 물론 그 끝에 '아타락시아'는 없다. '동적인 쾌락'을 힘껏 추구한 결과가 어떻든 마찬가지다. 돈을 많이 벌게 되었든 아니든, 외모가 아름다워졌든 아니든, 힘이 세졌든 아니든, 그 끝에 '아타락시아'는 없다.

왜 '동적인 쾌락'을 추구해야 하는가?

그렇다면 왜 '동적인 쾌락'을 따라야 하는가? '동적인 쾌락'을 힘껏 추구한 뒤 따라오는 피로와 공허 때문이다. 그 피로와 공허가 중요하다. 돈을 버는(외모를 꾸미는, 운동을 하는) 쾌락을 미친 듯이 따랐다고 해보자. 어느 순간 밀려드는 깊은 피로와 공허를 피할 길이 없을 것이다. 그때 우리는 돈을 버는 것이 얼마나 피로한 일이며, 또 그렇게 번 돈이 기쁜 충만감이 아니라 슬픈 공허감을 준다는 사실을 온몸으로 깨닫게 된다.

'동적인 쾌락'의 추구 끝에 마주한 피로와 허무, 그것이 '아타락시아'에 이르는 길을 보여준다. 이는 어려운 이야기도 아니지 않은가. "적당히 먹어야 기쁨이다." 이는 과식을 많이 해본 사람만이 얻을 수 있는 통찰이다. 불행히도 탐식에 사로잡혀 있다면 어쩔 수 없다. 일단 힘껏 먹어봐야 한다. 그 과정에서 과식이 얼마나 피로하고 공허한 일인지를 온몸으로 깨달아야 한다. 그 깨달음으로 삶의 진실을 발견하게 된다. "적당히 먹는 것이 즐거운 일이구나!"

'동적인 쾌락(많은 돈, 섹시한 외모, 강한 힘)'을 힘껏 쫓아본 이들은 안다. 삶에서 돈·외모·힘은 그리 중요한 것이 아니라는 사실을. 이 사실을 깨달은 이들은 이미 피해의식에서 벗어나 있을 수밖에 없다. 그들은 자신보다 돈 많고 예쁘고 힘 센 이들을 부러워하거나 시기·질투하지 않는다. 그래서 과도하게 자신을 방어할 필요가 없다. 그들은 '동적인 쾌락'을 힘껏 추구하는 과정에서 이미 '정적인 쾌락'에 이르렀기 때문이다.

'아타락시아'에 이르는 길에서 피해의식은 사라진다. '동적인 쾌락'을 끝까지 쫓아 '아타락시아'에 이른 이들은 누구도 독점할 수 없는 기쁨을 발견할 수 있다. 탐욕을 끝까지 쫓아 적당히 버는 것이 즐거운 일이라는 것을 진정으로 깨달은 이들은 비로소 꽃과 바다를 느낄 수 있다. 외모와 힘에 대한 욕망을 끝까지 쫓은 이들은 외모와 힘에 대한 집착에서 벗어나 비로소 음악과 시를 느낄 수 있다. 꽃과 바다, 음악과 시가 주는 쾌락(기쁨)은 누구도 독점할 수 없는 쾌락(기쁨)이다. '아타락시아'에 이르면 쾌락(기쁨)의 독점은 존재할 수 없다.

피해의식을 극복하는 법은 분명 쾌락(기쁨)을 따라 사는 것이다. 하지만 그 쾌락(기쁨)은 반드시 '동적인 쾌락'부터 시작해야 한다. 그렇게 '정적인 쾌락'으로, '아타락시아'로 자연스럽게 나아가야 한다. 누구도 독점할 수 없는 자신만의 '기쁨'을 발견하게 될 때까지. 이것이 '나'와 '너', '우리'의 피해의식 모두를 해체할 수 있는 길이다.

05

VICTIM
MENTALITY

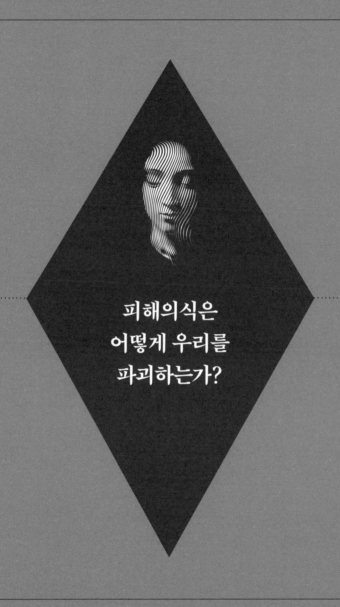

피해의식은
어떻게 우리를
파괴하는가?

01. ————————— 당위와 현실을
혼동하는 이유

° '당위'와 '현실' 사이

"돈 많은 사람들이 당연히 세금을 더 많이 내야 하는 거 아니야?"

"그렇긴 한데, 현실은 그렇지 않잖아."

"그래서 넌 지금 부자들이 잘했다는 거야?"

"아니, 그런 말이 아니잖아."

"세금 안 내는 부자들은 다 박멸을 해버려야 돼."

'민찬'은 '당위'와 '현실'을 혼동한다. '당위'는 무엇인가? '마땅히 그렇게 되어야 하는 것'이다. '현실'은 무엇인가? '지금 그런 것(현상)'이다. '돈이 많은 이들이 세금을 더 많이 내야 한다.' 이는 '당위'다. 마땅히 그렇게 되어야 하는 것이다. 하지만 이 '당위'와 별개로 '현실(현상)'은 그렇지 않다. 부자들은 자신들의 부를 이용해 합법적 절세를 하거나 불법적 탈세를 한다. 옳으냐 그르냐를 떠나, 그것이 '현실'이다.

하지만 '민찬'은 이 '당위'와 '현실'을 명료하게 구분하지 못한다. 왜 그럴까? 바로 피해의식 때문이다. 피해의식은 많은 문제들을 불러일으킨다. 그중 심각한 문제가 바로 '당위'와 '현실'의 혼동이다. 피해의식은 '당위(마땅히 그렇게 되어야 하는 것)'와 '현실(지금 그런 것)'을 명료하게 구분하지 못하게 만들어 그 둘을 혼동하게 한다.

'민찬'은 돈에 대한 피해의식이 있다. 그 피해의식은 온갖 종류의 부정적인 감정(두려움·분노·열등감·무기력·억울함·우울함)들을 양산하고, 그렇게 양산된 부정적인 감정들은 서로 뒤엉켜 지성적인 사고와 판단을 마비시킨다. 그것이 '민찬'이 조금만 합리적으로 생각해보면 구분할 수 있는 '당위'와 '현실' 사이에서 혼란을 겪게 된 이유다. 그렇다면 '당위'와 '현실'을 혼동하는 것은 구체적으로 어떤 문제를 불러일으킬까?

°피해의식의 두 해악, 불통과 파멸

가장 먼저 문제가 되는 것은 불통이다. 피해의식으로 인해 발생한 '당위'와 '현실' 사이의 혼동은 소통을 막아버린다. "돈 많은 사람들이 세금을 더 많이 내야 한다." '민찬'의 '당위'적 이야기에 친구는 답했다. "그렇긴 한데, 현실은 그렇지 않잖아." 친구는 그저 '현실'이 그렇지 않다고 이야기했을 뿐이다. 하지만 '민찬'은 갑자기 흥분하며 친구를 공격적으로 비난했다. "너 지금 부자들이 잘했다는 거야?" 이런 상황에서 어떻게 대화를 이어갈 수 있을까? 이처럼 '당위'와 '현실'을 구분하지 못하면 크고 작은 불통이 발생하게 된다.

더 심각한 문제가 있다. 바로 파멸이다. '당위'와 '현실'을 구분하지 못하면 파멸에 이르게 된다. 이 파멸에는 두 가지 종류가 있다. '자기 파괴적인 파멸'과 '현실 파괴적인 파멸'이다. 쉽게 말해, '당위'와 '현실'을 구분하지 못하면 자신을 파괴하거나 세상을 파괴하고 싶은 마음에 휩싸일 수밖에 없다.

유사 이래 '당위-현실' 사이에 간극이 없었던 적은 단 한 번도 없다. '마땅히 그렇게 되어야 하는 것'과 '지금 그런 것' 사이에는 늘 좁힐 수 없는 간극이 있어 왔다. 모든 사람이 평등하고 존엄해야 한다는 것은 '당위'이다. 하지만 '현실'은 어땠을까? 인류가 노예제, 봉건제, 공산제, 자본제를 거치는 동안 단 한 번도 모든 사람이 평등하고 존엄한 세상이었던 적은 없다. 늘 더 많은 권력을 가진 특정한 계급(주인·영주·당·자본가)이 존재했으니까 말이다. 이처럼 '당위-현실' 사이에는 언제나 좁힐 수 없는 간극이 있어 왔다.

하지만 피해의식은 항상 있어 왔던 '당위-현실'의 간극을 파악하지 못하게 만든다. 이는 '자기 파괴적인 파멸'이나 '현실 파괴적인 파멸'로 이어질 수 있다. 이는 거대 담론이 아니다. 열심히 노력했는데 시험에 떨어진 아이가 있다고 해보자. 열심히 노력하면 시험에 붙어야 한다. 이는 '당위'이다. 하지만 이 당위적인 일은 '현실'에서 일어나지 않을 수 있다. 만약 그 아이가 이 자명한 삶의 진실 앞에서 혼란을 겪는다면 어떻게 될까?

그 아이는 시험에 떨어진 자신을 원망하거나 아니면 열심히 노력한 자신을 알아주지 않는 세상을 원망하게 된다. 전자는 '자기 파괴적인 파멸'에 이르는 길이고, 후자는 '현실 파괴적인 파멸'에 이르는 길이다. 당연하지 않은가? 자신을 원망하는 이는 결국 자기를 파괴하고 싶다는 욕망에 휩싸일 수밖에 없고, 세상을 원망하는 이는 결국 세상을 파괴해버리고 싶은 욕망에 휩싸일 수에 없으니까 말이다.

'민찬' 역시 그런 상태다. "세금을 안 내는 부자들은 다 박멸해야 한다." '민찬'의 이런 위험하고 폭력적인 생각은 어디서 왔을까? 이는 '당위-현실'의 간극을 성찰하지 못해서 발생한 것이다. 이런 과격한 생각은 필연적으로 '자기 파괴적인 파멸'이나 '현실 파괴적인 파멸'로 이어진다. 부자들이 더 많은 세금을 내는 '당위'적인 일이 '현실'에서 일어나지 않을 때, '민찬'은 과도하게 분노할 수밖에 없다. 이 분노는 서서히 혹은 급격하게 '민찬'을 '자기 파괴적인 파멸' 혹은 '현실 파괴적인 파멸'의 길로 이끌게 된다.

° '자기 파괴적'이 되거나 '현실 파괴적'이 되거나

'자기 파괴적인 파멸'은 흔하다. 세상을 정직하게 살아야 한다는 '당위'와 거짓과 위선이 판을 치는 '현실'을 구분하지 못했던 이를 알고 있다. 그는 직장에서 정직하게 일했다. 뒷돈을 주거나 아첨을 하지도 않고 묵묵하고 성실하게 일했다. 하지만 그는 꽉 막히고 고지식하다는 이유로 갖가지 불이익을 받고 끝내는 직장에서 쫓겨나게 되었다. 세상은 정직하게 돌아가야만 한다고 믿었던 그는, 부조리한 세상을 원망하며 술에 빠져 살아가고 있다. 이것이 '당위-현실'을 구분하지 못한 수많은 이상주의자들이 너무나 쉽게 빠지는 '자기 파괴적인 파멸'의 길이다.

'현실 파괴적인 파멸'도 있다. '당위-현실'을 혼동해서 발생한 분노는 다른 곳으로 튈 수도 있다. 이 분노는 현실 세계 자체를 부정하게 만든다. 당연히 일어나야 할 일이 현실에서 일어나지 않으니 현실을 파괴

하고 싶은 욕망이 들끓게 되는 것이다. 그렇게 '현실 파괴적인 파멸'의 욕
망에 휩싸이게 된다. '민찬'의 분노는 자신을 향하지 않는다면 세상을
향하게 될 수밖에 없다. 마땅히 실현되어야 할 '당위'가 '현실'에서 일어
나지 않을 때, '민찬'은 부자들을 박멸해서 현실을 파괴하고 싶어질 수밖
에 없다.

°피해의식과 페미니즘

이런 피해의식의 문제는 곳곳에서 드러난다. 일부 사회·정치적 운
동은 피해의식에 휩싸여 있다. 피해의식을 충분히 극복하지 못한 사회·
정치적 운동은 여러 가지 문제를 일으킨다. 그중 심각한 문제가 바로 불
통과 파멸이다. 페미니즘을 생각해보자. 페미니즘은 역사적으로 억압받
아 왔던 여성의 권리와 지위를 향상시키기 위한 사회·정치적 운동이다.
하지만 일부 페미니스트들은 피해의식에 휩싸여, '당위'와 '현실'을 구분
하지 못한다.

"남자들은 남자라는 이유로 많은 혜택을 누려 왔잖아. 그러니 이제
여자들의 권리가 더 중요해져야 하는 거 아니야?"

"그렇지. 그런데 현실은 그렇지 않잖아."

"너 지금 남자 편 드는 거야? 남자들만 없어지면 다 해결돼!"

피해의식에 휩싸인 일부 페미니스트들은 '당위'와 '현실'을 구분하
지 못한다. '여성의 권리와 지위가 향상되어야 한다'는 것은 '당위'이다.
마땅히 그래야 하는 것이다. 하지만 '현실'은 전혀 그렇지 않다. 옳고 그
름의 문제를 떠나, 여전히 기득권은 남성 중심으로 구조화되어 있다. 피
해의식에 휩싸인 이들은 그 '당위'와 '현실'을 구분하지 못하고 둘 사이

의 간극 역시 보지 못한다. 그저 '당위'가 '현실'이 되어야 한다는 이야기를 반복할 뿐이고, '당위'가 '현실'이 되지 않는 상황에 분노할 뿐이다.

그들과의 대화는 점점 어려워질 수밖에 없다. 그렇게 소통이 없어지면 소외가 발생하고 이는 결국 '자기 파괴적인 파멸'이나 '현실 파괴적인 파멸'로 이어지게 된다. 과격하고 폭력적인 방식의 사회·정치적 운동은 바로 이러한 과정 속에서 발생한다. 이는 비단 페미니즘에 국한된 문제가 아니다. 사회를 더 건강하고 아름답게 가꾸어 나가려는 많은 진보적인 사회·정치적 운동에서 반복되고 있는 일이다. 피해의식을 극복하지 못하면, 아무리 아름다운 가치를 지향하는 사회·정치적 운동일지라도 없느니만 못하다. 그것은 결국 불통과 파멸만을 낳을 테니까 말이다.

°피해의식이 '혁명'이 아닌 '난동'이 되는 이유

이는 역사가 잘 증명해주고 있지 않은가? 역사 속에서 '혁명'이라는 이름으로 자행된 '너 죽고 나 죽자'는 식의 '자기 파괴적인 파멸'과 '현실 파괴적인 파멸'이 얼마나 많았는지를 돌아보라. 이는 '혁명'이 아니라 '난동'일 뿐이다. '나'와 '너', 그리고 '우리' 모두를 파멸로 이끄는 난동. 이런 난동은 왜 일어났을까? 이는 근본적으로 피해의식 때문이다. 더 정확히 말해, 피해의식을 충분히 극복하지 못한 이들의 세력화 때문이다. 불통으로 인한 소외, 그로 인해 촉발된 (자기 파괴적 혹은 현실 파괴적) 파멸의 욕망은 필연적으로 난동으로 이어질 수밖에 없다.

피해의식은 파괴적인 '난동'을 일으킬 순 있어도 생성적인 '혁명'을 촉발할 순 없다. 물론 '혁명'도 '난동'처럼 무엇인가를 파괴할 때가 있다.

하지만 '난동'의 파괴가 '파멸을 위한 파괴'라면, '혁명'의 파괴는 '생성을 위한 파괴'이다. 이는 당연하다. '난동'은 새로운 세상을 꿈꿀 수 없다. '난동'은 ('당위'와 '현실' 사이에 혼란을 겪기 때문에) '당위'와 '현실'을 매개할 대안을 찾아낼 수 없기 때문이다.

이것이 피해의식을 극복하지 못한 이들이 생성적인 혁명을 하지 못하는 이유다. 피해의식에 휩싸인 이들은 지금 '현실'이 왜 '당위'적인 '현실'이 아니냐고 불만을 토로하고, '당위'적인 '현실'이 되어야 한다고 떼를 쓸 뿐이다. 그들은 '당위-현실' 사이의 간극을 메울 수 있는 구체적이고 실현 가능한 방법을 생각할 수 없다. 그러니 그들은 세상을 파괴해서 파멸하고 싶은 마음에 지배당할 수밖에 없다.

°혁명은 어떻게 가능한가?

하지만 '혁명'은 다르다. '혁명' 역시 무엇인가를 파괴하지만 동시에 새로운 세상을 생성할 수 있다. '혁명'은 '당위'와 '현실'을 명료하게 구분하는 이들만 촉발할 수 있기 때문이다. '당위("세상은 이래야만 해.")'와 '현실("하지만 지금 세상은 이래.")'을 명료하게 구분하는 이들만 새로운 세상을 꿈꿀 수 있다. 이들은 '당위'와 '현실'을 매개할 대안, 즉 '당위'적인 '현실'을 구현할 방법을 찾아내기 때문이다. 그래서 이들의 '혁명'은 무엇인가를 파괴하더라도, 그 파괴는 생성을 위한 파괴다.

세상을 바꾸는 '혁명'은 어떻게 가능한가? '혁명'의 시작은, 피해의식의 극복이다. 우리의 마음속 깊은 곳에 도사리고 있는 피해의식을 넘어설 때 진정한 '혁명'은 가능하다. '혁명'은 '당위-현실'을 명료하게 구분하고, 그 사이의 간극을 정확히 파악하는 것으로 시작되기 때문이다.

이는 지적인 차원에서 해결될 수 있는 문제가 아니다. 즉, 아는 것이 없다고 '난동'을 부리고 더 많이 공부한다고 '혁명'을 할 수 있는 게 아니다.

아는 것이 없어도 '혁명'을 할 수 있고(동학 농민 운동!), 아는 것이 많아도 '난동'을 부릴 수 있다(제1·2차 세계 대전!). 많이 배운 이들 중에 자신의 피해의식을 극복하지 못해 불통이거나 파멸의 욕망에 휩싸인 이들이 얼마나 많던가? 반면 아는 것이 없거나 적어도 자신의 피해의식을 성찰해서 극복하면 자신도, 세상도 더 아름답게 만들 수 있다.

중요한 것은 우리 마음속 깊은 곳에 있는 피해의식을 성찰하고 치유하는 일이다. 이것이 파괴적인 '난동'이 아닌 생성적인 '혁명'으로 세상을 바꿀 수 있는 첫걸음이다. 부자들이 세금을 더 많이 내는 세상을 꿈꾸고 있는가? 여성들의 권리와 지위가 향상된 세상을 꿈꾸는가? 아니면 그보다 더 소중한 가치를 꿈꾸고 있는가? 책과 세상에서 눈을 떼고 먼저 자신의 마음을 돌아보라. '당위'와 '현실'을 혼동하게 만드는 우리 안의 피해의식을 잘 살펴야 한다.

02. ——————— 고통을 과장하고
싶은 욕망

° 군대라는 거대한 폭력

"아, 그때 진짜 저랬는데." 「D.P.」라는 드라마를 보며 내뱉은 말이다.
섬뜩한 기분이 들었다. 이 드라마는 군대 내의 고질적이고 악질적인 폭
력을 보여준다. 크고 작은 구타, 가족이나 연인 관계 등 내밀한 사생활
폭로를 통한 인신공격, 성추행과 성폭력 등등 「D.P.」는 인간적 존엄은 고
사하고, 최소한의 인격마저 파괴해버릴 정도의 군대 내 물리적·정신적
폭력을 적나라하게 그렸다. 이것이 내가 섬뜩함을 느낀 이유였을까? 아
니다. 내가 느낀 섬뜩함은 드라마 속 참혹한 가혹 행위들 때문이 아니었
다. 그 드라마를 보며 공감했기 때문이었다.

드라마를 보며 공감을 하는 것이 왜 섬뜩한 일이었을까? 그것이 적
절한 공감이 아니라, 과도한 공감, 즉 과몰입이었기 때문이다. 군대 내
가혹 행위는 늘 있어 왔고, 지금도 있을 것이다. 그 가혹 행위의 정도는
보통 시대와 공간의 영향을 받는다. 대체적으로 선배 세대보다 지금 세

대의 가혹 행위가 덜하고, 지금 세대보다 다음 세대의 가혹 행위가 덜할 것이다. 또한 동시대라 하더라도, 공간에 따라 가혹 행위의 정도는 달라진다. 민간과 교류가 많은 부대일수록 가혹 행위가 덜하고, 민간과 교류가 적은 격리된 오지에 있는 부대일수록 가혹 행위가 심한 경향이 있다.

나는 20년 전에 대표적인 격리 공간인 섬에서 군 생활을 했다. 그곳에는 그 시대 그 공간에서 벌어질 수 있는 정도의 가혹 행위들이 존재했다. 「D.P.」에 등장한 각종 가혹 행위 중 내가 직접 겪은 일도 있었다. 하지만 그중에는 20년 전 섬에서도 할 수 없었던(해서는 안 되는) 가혹 행위도 분명 있었다. 그런데도 나는 드라마 속 모든 가혹 행위를 보며 "아, 그때 진짜 저랬는데."라며 과도한 공감을 했다.

°피해의식은 과공감·과몰입을 유발한다

이는 비단 나만의 이야기가 아니다. 「D.P.」라는 드라마를 보며 많은 남자들이 크게 공감을 했다는 이야기를 전해 들었다. 그들은 대체로 나보다 늦게 군대를 다녀온 이들이었고, 그들 중 격리된 오지에서 군 생활을 했던 이는 드물었다. 아주 불운했던 예외적인 이들을 제외하면, 그들의 공감은 분명 나와 같은 과도한 공감이자 과도한 몰입이었을 테다.

왜 많은 남자들이 「D.P.」를 보며 과도한 공감과 과도한 몰입에 빠지게 되었을까? 바로 피해의식 때문이다. 군대를 다녀온 이들은 누구나 피해의식이 있다. 군대는 그 자체로 거대한 폭력의 공간이기 때문이다. 군대를 다녀온 이들 중 쉬이 잊히지 않는 몸과 마음의 상처가 없는 사람은 없다. 상처받은 기억이 피해의식이 된다면, 군대보다 강력하고 거대

한 피해의식의 번식처도 없는 셈이다. 그만큼이나 군대에 관한 피해의
식은 크고 깊을 수밖에 없다.

피해의식은 과공감과 과몰입을 야기한다. 과공감과 과몰입. 이것은
피해의식의 심각한 해악 중 하나다. 비단 군대에 관한 피해의식만 그런
것이 아니다. 돈·외모·학벌에 대한 피해의식 역시 그렇다. 돈·외모·학벌
에 대한 피해의식을 갖고 있는 이들은 (실제든, 매체를 통해서든) 누군가 돈
이 없어서, 못생겨서, 학벌이 좋지 못해서 고통받는 모습을 보면 과도하
게 공감하고 그로 인해 너무 쉽게 과몰입의 상태에 빠진다. "나도 저랬
는데." "어떻게 사람이 저럴 수 있어!" 지금 보고 있는 상처보다 실제 자
신이 받은 상처가 크지 않음에도 불구하고 너무 쉽게 과공감·과몰입 상
태에 빠지곤 한다.

°적절한 공감·몰입, 과도한 공감·몰입

피해의식으로 인한 과공감과 과몰입은 심각한 문제다. 혹자는 타
인의 상처와 고통에 크게 공감하는 것은 자연스러운 일이고, 더 나아가
그 공감이 만든 몰입은 건강한 연대 의식의 시작점이 될 수 있다고 말한
다. 이는 삶의 진실을 보지 못하는 견해다. 피해의식으로 인한 과공감과
과몰입은 개인적 차원과 사회적 차원에서 모두 불행을 야기한다. 과공
감과 과몰입은 어떻게 개인과 사회를 불행으로 몰아넣는 것일까?

먼저, 과도한 공감·몰입과 적절한 공감·몰입이 어떻게 다른지 생각
해보자. 과도한 공감·몰입은 상대와 정서적으로 과도하게 밀착된 상태
에서의 공감·몰입이고, 적절한 공감·몰입은 상대와 적절한 거리를 둔 상

태에서의 공감·몰입이다. 군대에 관한 피해의식으로 이를 설명해보자. 「D.P.」에는 상급자가 하급자에게 가래침을 먹으라고 강요하고, 초소에서 자위행위를 강요하는 장면이 나온다. 군대를 다녀온 많은 이들은 이 장면에서 공감하고 몰입할 수 있다.

이때 적절한 공감·몰입은 어떤 것일까? 그 참혹한 폭력은 누군가가 당했을 수 있는 일이지만, 내가 직접 당한 폭력은 아니라고 분명하게 인지한 상태에서 공감하고 몰입하는 것이다. 즉, 군대 내에서 그런 일은 있을 수 있지만, 내가 겪은 일은 아니라고 적절한 거리를 둔 상태에서 공감하고 몰입하는 것이 적절한 공감·몰입이다. 반면 과도한 공감·몰입은 어떤 것일까? 그 참혹한 폭력을 자신이 직접 당한 적이 없다는 사실을 분명하게 인지하지 못하는 상태에서 공감하고 몰입하는 것이다. 즉, 드라마 속 인물이 겪은 폭력과 내가 겪은 폭력 사이에 적절한 거리를 유지하지 못하고 과도하게 밀착된 상태에서 공감하고 몰입하는 것이 과도한 공감·몰입이다.

° 피해의식은 어떻게
과공감·과몰입이 되는가?

그렇다면 피해의식은 어떻게 과공감·과몰입을 유발하는 걸까? 피해의식이 있는 이들의 공통적인 특징이 있다. 자신이 받은 고통을 과장하고 확대하고 싶은 욕망에 휩싸여 있다는 것이다. 바로 그 욕망이 과공감·과몰입을 유발하게 된다. 피해의식은 자신의 고통을 과장·확대하고 싶은 욕망을 불러일으키고, 바로 그 욕망이 과공감·과몰입을 유발한다. 여기서 중요한 것은 이 과정이 끊임없이 반복된다는 사실이다.

피해의식→고통의 과장·확대→과공감·과몰입→피해의식→⋯. 이 반복을 통해 자신의 고통을 과장·확대하고 싶은 욕망과 과공감·과 몰입의 상태는 확대 재생산된다. 노골적으로 말해, 자신은 군대에서 고 참의 가래침 먹기를 강요받거나 공공장소에서 자위행위를 강요받은 적 이 없음에도 불구하고, (피해의식으로 인한) 고통을 과장·확대하고 싶은 욕망 때문에 드라마에서 그려진 모든 가혹 행위들이 마치 나에게도 일 어났던 일인 것처럼 과도하게 공감하고 몰입하게 된다. 그렇게 피해의식 역시 강화된다.

°과공감·과몰입은 개인을 불행하게 만든다

피해의식은 '사실의 기억'이 아니라 '상상의 기억' 때문에 발생한다. 자신이 상상한 일들이 기억화될 때 피해의식은 강화된다. 이 '상상의 기 억'이 만들어지는 메커니즘이 바로 여기에 있다. 자신의 고통을 과장·확 대하고 싶은 욕망은 과공감·과몰입을 촉발하고, 그것은 다시 자신의 고 통을 과장·확대하게 만든다. 그 악순환의 과정 속에서 자신이 실제로 겪지 않은 상처까지 마치 자신이 겪은 것처럼 믿게 되는 '상상의 기억'이 만들어신다.

이제 피해의식으로부터 유발된 과공감·과몰입이 어떻게 한 개인을 불행하게 만드는지 알 수 있다. 행복과 불행은 상처받은 기억과 뗄 수 없는 상관관계에 있다. 상처받은 기억을 잘 치유하는 것이 행복이고, 그 렇지 못하는 것이 불행이다. 그러니 피해의식으로부터 유발된 과공감· 과몰입은 필연적으로 한 개인을 불행해지는 길로 이끌게 된다. 과공감·

과몰입은 있는 상처를 치유하기는커녕 없는 상처도 과장하고 확대하게 만들지 않는가? 그러니 피해의식으로 인해 과공감·과몰입에 자주 빠지는 이들이 불행해지는 것은 자명한 일이다.

°과공감·과몰입은
타인의 고통에 대한 공감을 막는다

피해의식은 한 개인만을 불행하게 만드는가? 아니다. 피해의식은 사회적 불행마저 야기한다. 피해의식이 심한 이들의 또 하나의 공통적인 특징이 있다. 그것은 타인의 고통에 대해 둔감하고 무심하며 무례하다는 것이다. 외모에 대한 피해의식이 있는 이들은 쉽게 말한다. "돈 없는 게 뭐 그리 큰일이라고, 일해서 돈 벌면 되지." 반대로 돈에 대한 피해의식이 있는 이들 역시 쉽게 말한다. "못생긴 게 뭐 대수라고, 돈 많으면 성형 수술 하면 되지." 이처럼 피해의식에 휩싸인 이들은 타인의 상처와 고통에 대해 둔감하고 무심하며 무례하다.

왜 이런 일이 벌어지는 걸까? 역설적이게도 그들의 턱없이 부족한 공감 능력(둔감·무심·무례)은 그들의 과도한 공감 때문에 발생했다. 다시 군대에 관한 피해의식의 이야기로 돌아가자. 군대 피해의식에 사로잡힌 이들은 보편적인 고통에 공감하고 몰입할 수 있을까? 그들은 장애인들, 여성들, 노동자들이 겪는 상처와 고통에 공감하고 몰입할 수 있을까?

그런 일은 거의 일어나지 않는다. 그들은 장애인, 여성, 노동자들의 상처와 고통에 둔감하거나 무심하거나 무례할 수밖에 없다. 그래서 그들은 자신도 모르는 사이에 타인에게 폭력을 행사하게 된다. 이는 당연한 일이다. 그들은 오직 군대 문제에만 과공감·과몰입하느라 동시대를

5장. 피해의식은 어떻게 우리를 파괴하는가?

살아가는 이들의 보편적인 고통과 상처에는 공감하지 못하기 때문이다.

°과공감·과몰입은 사회를 불행하게 만든다

피해의식은 없는 고통을 만들거나 있는 고통을 과장하게 만든다. 그렇게 과공감·과몰입이 만들어진다. 이렇게 촉발된 과공감·과몰입은 당연히 자신의 피해의식이 향하는 특정한 영역에만 집중될 수밖에 없다. 그러니 과공감·과몰입이 건강한 연대 의식의 시작점이 될 수 있다는 논리는 얼마나 순진한 이야기인가? 상황은 정반대다. 피해의식으로부터 시작된 과공감·과몰입은 건강한 공동체 의식이나 연대 의식은커녕, 우리 사회에 아귀다툼 같은 갈등과 마찰만을 불러일으킬 뿐이다.

일부 군필자들은 왜 여성 운동을 하는 이들과 갈등하고 다투는가? 일부 여성 운동을 하는 이들은 왜 성소수자들과 함께 연대하지 않는가? 일부 노동자들은 왜 장애인들의 곁에 있어주지 않는가? 그럴듯한 명분으로 자신들의 입장을 합리화·정당화할 수 있겠지만, 이는 근본적으로 자신들의 피해의식을 극복하지 못했기 때문이다.

자신의 상처와 고통을 과장하고 확대하고 싶은 욕망, 그로 인한 과공감과 과몰입 때문에 건강한 공동체 의식이나 연대 의식은 점점 증발된다. 사회 곳곳에서 아귀다툼 같은 갈등과 마찰이 점점 심해지는 것도 바로 이 때문이다. 한 개인의 불행에도, 한 사회의 불행에도, 그 근본에는 피해의식이 도사리고 있다. 이것이 우리가 피해의식에 대해 깊이 고찰해 그것을 극복하려고 애를 써야 하는 이유다.

03. ———————— 소중한 것을
소중히 대하지 못하는 이유

°후회의 뿌리

"그때 걔가 진짜 좋은 사람이었는데."

"있을 때 잘하지. 지금 와서 그런 이야기를 왜 하냐?"

'정찬'은 늘 이런저런 후회 속에 산다. 소개팅을 하고 와서 예전 연인이 좋은 사람이었다고 후회한다. 비단 연인만 그럴까? '정찬'은 자신을 진심으로 아껴주려 했던 친구들을 함부로 대해 소중한 인연들을 허망하게 떠나보낸 것이 한두 번이 아니다. 그때마다 '정찬'은 늘 때늦은 후회를 한다. "그때 걔가 진짜 좋은 사람이었는데." 이것이 '정찬'이 늘 슬픔이 가득 찬 불행 속에서 살아갈 수밖에 없는 이유다. 후회만큼 우리네 삶을 슬픔과 불행 속으로 몰아넣는 감정도 없다.

'정찬'의 문제는 무엇인가? 옛 연인에게 받은 분에 넘치는 애정과 관심을 당연한 혹은 부족한 것이라고 여겼고, 자신이 연인에게 준 턱없이 부족한 애정과 관심을 예외적인 혹은 충분한 것이라고 여겼던 일이다.

이는 모두 소중한 이를 소중하게 여기지 못해서 벌어진 일이다. '정찬'의 후회뿐만 아니라 세상 모든 후회의 뿌리는 하나다. 소중한 것을 소중히 여기지 못하는 마음.

아이가 온갖 악행을 저지르는 비행 청소년이 되었을 때, 부모는 후회한다. 왜 그런가? 소중한 아이를 소중히 대하지 못했다는 사실을 뒤늦게 깨닫기 때문이다. 부모가 허망하게 죽었을 때, 자식은 후회한다. 왜 그런가? 소중한 부모를 소중히 대하지 못했다는 사실을 뒤늦게 깨닫기 때문이다. 이처럼 소중한 것들을 소중하게 대하지 못할 때 때늦은 후회는 피할 길이 없다. 그렇다면 대체 왜 소중한 것들의 소중함을 보지 못해서 후회하며 살게 되는 것일까? 바로 피해의식 때문이다.

°소중한 것의 소중함을
볼 수 없는 이유

피해의식에 휩싸인 이들을 생각해보라. 그들은 자신이 받은 고통을 과장하고 확대하고 싶은 욕망에 사로잡혀 있다. 쉽게 말해, 그들은 의식적 혹은 무의식적으로 자신이 세상에서 가장 큰 상처를 받은 이라고 여긴다. 자신이 가장 상처받았다고 믿는 이들은 언제나 세상 사람들이 자신을 가장 소중히 대해주어야 한다고 믿는다. 그들의 마음속에서는 자신이 세상에서 가장 불쌍한 존재이기 때문이다. 이런 과장된 자기연민에 휩싸인 이가 어떻게 자신 곁에 있는 소중한 것들의 소중함을 제대로 볼 수 있겠는가?

가난에 대한 피해의식에 사로잡힌 이들이 이를 잘 보여주지 않는가? 객관적으로 보면 딱히 가난하지도 않으면서 자신이 가난 때문에 고통받고 있다고 믿는 이들이 있다. 그들은 자신의 상처를 과장하고 확대해서 자신을 세상에서 가장 불쌍한 사람으로 둔갑시킨다. 그때 기적처럼, 그들을 아껴주려는 소중한 사람(연인·친구)이 나타났다고 해보자. 피해의식에 휩싸인 그들은 그 소중한 사람의 마음을 알아볼 수 있을까? 연인이 매달 생활비를 아껴 '노트북'을 선물해주었을 때, 그들은 그 '노트북'의 소중함을 알 수 있을까? 친구가 빠듯한 생활에도 매번 만날 때마다 '밥'을 살 때, 그들은 그 '밥'의 소중함을 알 수 있을까?

가난에 대한 피해의식에 사로잡힌 이들은 그 소중함을 알 길이 없다. 그들은 가난 때문에 고통받고 있는, 세상에서 가장 불쌍한 자신만을 보고 있는 까닭이다. 그들에게는 '노트북'도, '밥'도 모두 당연한 혹은 심지어 부족한 것일 뿐이다. "내가 얼마나 힘들게 살았는데, 이 정도는 당연한(부족한) 거지." 동시에 자신이 연인과 친구에게 해준 사소한 것들은 너무 쉽게 아주 예외적이고 특별하고 대단한 것이라고 여긴다. "가난한 내가 이런 걸 해주는 건 대단한 거지."

이는 제삼자가 보기에는 터무니없는 마음이다. 하지만 가난 때문에 가장 불쌍한 삶을 살고 있다고 확신하는 그 자신에게는 매우 자연스러운 마음이다. 이런 마음을 가진 이가 어떻게 자신에게 선물처럼 찾아온 드물고 귀한 존재들을 알아볼 수 있겠는가? 피해의식은 소중한 것들을 소중히 대하기는커녕 함부로 대하게 만든다. 이것이 피해의식에 휩싸인 이들이 필연적으로 불행해지는 이유다.

°후회와 정신승리

그렇다면 피해의식에 휩싸인 이들은 소중한 것들의 소중함을 알아볼 방법이 없는 것일까? 이 질문에 답하기 위해서 먼저 피해의식의 밀도에 대해서 생각해보자. 피해의식이 옅은 이들이 있고, 피해의식이 짙은 이들이 있다. 이 밀도의 차이에 따라 소중한 것들의 소중함을 파악하는 태도 역시 달라진다. '정찬'과 '성도'는 모두 피해의식이 있다. 그래서 둘 다 소중한 것들의 소중함을 알지 못해 소중한 것들을 소중히 대하지 못했다. 그렇게 둘은 소중한 것들을 속절없이 떠나보낸 경험이 있다. 하지만 둘 사이에는 현격한 차이가 있다.

'정찬'은 소중한 인연을 놓쳤을 때, 때늦은 후회를 한다. "그때 개가 진짜 좋은 사람이었는데." 하지만 '성도'는 다르다. '성도'는 소중한 인연을 놓쳤을 때 후회가 아니라 정신승리를 한다. "결국 개도 별 볼 일 없는 애였네." 왜 이런 차이가 발생하게 되었을까? 바로 피해의식의 밀도 차이 때문이다. 피해의식이 옅은 이들은 '후회'를 하고, 피해의식이 짙은 이들은 '정신승리'를 한다. '후회'와 '정신승리'는 모두 피해의식 때문에 발생한 마음이지만, 이 두 마음에는 현격한 차이가 있다.

'정찬'은 옅은 피해의식으로 '후회'하고 있다. 자신의 피해의식 때문에 소중한 인연들을 허망하게 떠나보낸 것에 대해 가슴 저리게 후회하고 있다. '정찬'은 그 후회로 인해 자신의 피해의식을 진지하게 돌아보게 될지도 모른다. 그래서 다음에 만나게 될 소중한 사람들의 소중함을 알아차리게 될지도 모른다. 그 고통스러운 후회를 다시 반복하고 싶지 않을 테니까 말이다. 이처럼 피해의식이 옅으면 '후회'라는 마음을 매개로 그 피해의식이 옅어지는 선순환에 들어설 수 있다.

하지만 '성도'는 다르다. '성도'는 짙은 피해의식으로 '정신승리'를 하고 있다. '성도' 역시 자신의 피해의식 때문에 소중한 인연들을 떠나보냈지만 그 일에 대해 결코 '후회'하지 않는다. 오히려 자신을 떠난 이들은 모두 그들에게 문제가 있었기 때문이라며 정신승리를 한다. 이런 정신승리는 '성도' 자신에게 어떤 영향을 미칠까? 정신승리는 자기 정당화('나는 잘못한 게 없어.')를 강화하고 동시에 자기연민('내가 가장 불쌍해.')을 강화한다.

'성도'는 왜 혼자 남겨졌다고 생각할까? 자신은 아무런 잘못도 하지 않았는데 사람들이 자기를 떠났다고 믿는다. 이런 마음(자기 정당화)은 스스로를 더욱 불쌍한 존재로 여길 수밖에 없게 만든다(자기연민). "결국 세상에 나를 이해해줄 사람은 한 사람도 없어." 그렇게 강화된 자기연민은 다시 피해의식을 짙어지게 만든다. '성도'는 소중한 이들이 떠날 때마다 정신승리를 반복할 뿐, 소중한 것들의 소중함을 결코 볼 수 없다. 이처럼 피해의식이 짙으면 '정신승리'라는 마음을 통해 그 피해의식이 더 짙어지는 악순환에 들어서게 된다. 그렇게 '성도'는 결국 끝없는 슬픔의 나락으로 떨어지게 된다.

°'정신승리' 너머 '후회'로

자신의 피해의식의 밀도를 진단해보라. 소중한 것들의 소중함을 알아보지 못해 소중한 인연을 떠나보냈는가? 그렇다면 어떤 종류이건, 피해의식에 휩싸여 있다는 방증이다. 소중한 인연이 떠났을 때 '후회'하고 있는가, 아니면 '정신승리'하고 있는가? 전자라면 옅은 피해의식이 있는 셈이고, 후자라면 짙은 피해의식이 있는 셈이다. 만약 우리 역시 '성도'처럼 짙은 피해의식 속에 있다면 어떻게 해야 할까?

'후회'하면 된다. 아니 '후회'해야 한다. '후회'와 '정신승리'는 모두 피해의식이 남긴 슬픔이다. 하지만 이 둘은 같은 위상의 슬픔이 아니다. '후회'가 '정신승리'보다 백번 낫다. '정신승리'는 '기쁜 슬픔'이라면, 후회는 '슬픈 기쁨'이다. '정신승리'를 하면 '후회'하지 않을 수 있기에 잠시 기쁠 수 있다. 하지만 그 기쁨은 이내 더 큰 슬픔으로 우리를 몰아넣는다. '정신승리'의 기쁨은 삶의 변화 가능성을 갉아먹기 때문이다.

하지만 '후회'는 다르다. '후회'는 분명 잠시의 슬픔을 주지만 곧 기쁨으로 전환된다. '후회'는 슬픔이지만 동시에 슬픔을 넘어설 수 있는 가능성이기도 하기 때문이다. '후회'라는 아픔(슬픔)을 직면할 때 삶의 변화 가능성(기쁨)에 가닿을 수 있다. 우리가 어떤 행동에 대해 철저하게 '후회'한다면, 다시는 그 행동을 하지 않게 될 가능성이 마련되기 때문이다. 이를 통해 피해의식을 극복할 수 있는 하나의 대안이 마련된다.

° '정신승리' 너머 '후회'로, 그리고 '섬세함'으로

피해의식은 고정적이지 않다. 우리의 실존적 선택에 따라 더 짙어지기도 하고 더 옅어지기도 한다. '정신승리'를 할 때 피해의식은 점점 더 강화되고, '후회'를 할 때 피해의식은 점점 더 약화된다. 피해의식이 옅어지길 바라는가? 아프게 '후회'하면 된다. '정신승리'의 쾌감을 내려놓고, '후회'의 고통을 감내할 때 피해의식은 그만큼 옅어질 가능성을 품는 셈이다. 충분히 '후회'했는가? 그렇다면 이제 피해의식 그 자체를 넘어설 준비가 되었다.

어떻게 피해의식을 넘어설 수 있을까? '정신승리'와 '후회' 너머 '섬세함'이 있다. 섬세해지면 피해의식을 넘어설 수 있다. 섬세함이 무엇인가? '나'에게서 시선을 떼고 '너'를 살펴보는 일이다. 섬세해진다는 건, 누구를 만나더라도 살얼음 위를 걷는 것처럼 만나는 것을 의미한다. 누군가에게 무엇을 받을 때 분에 넘친 것을 받고 있는 것은 아닌지, 누군가에게 무엇을 줄 때 턱없이 부족한 것을 주고 있는 것은 아닌지 늘 조심스레 살피는 마음. 그것이 섬세함이다.

섬세함에 이를 때 알게 된다. 내게 소중한 사람이 누구인지, 그리고 그 소중한 이들이 얼마나 소중한지. 섬세해져서 소중한 것들의 소중함을 알게 되었을 때, 피해의식은 이미 저만치 멀어져 있을 테다. 피해의식은 오직 '나'의 상처만을 보고 있는 이들에게 찾아오는 환영이다. 섬세함은 이 환영을 깨뜨린다. 섬세함은 '나'에게서 시선을 떼고 '너'를 살펴보는 일이기 때문이다. '나'의 상처 너머 '너'의 상처를 섬세하게 살필 수 있는 이들에게 피해의식이 있을 리 없다.

피해의식은 이미 결정된 '운명'이 아니다. 피해의식의 밀도도, 피해의식 그 자체도 마찬가지다. 우리가 매 순간 어떤 결단을 하느냐에 따라 피해의식의 밀도는 옅어질 수도 짙어질 수도 있고, 더 나아가 피해의식 그 자체를 넘어설 수도 있다. 피해의식은 '운명'이 아니라 '실존existence'이다. 피해의식은 자신의 결단에 따라 자신 '밖으로ex-' 끊임없이 벗어날 수 있는 '존재'일 뿐이다. 삶의 매 순간 어떤 결단을 하느냐에 따라, 우리는 얼마든지 피해의식 밖으로 나아갈 수 있다.

04. ———— 자기연민은 어디서 오는가?

°자신을 가장 불쌍히 여기는 마음

"민희야, 회사 일 때문에 힘든 거 아는데, 우리 만날 때마다 너 회사 불평불만 듣고 있으면 나도 힘들 때가 있어."

"미안해, 이제 회사 이야기 안 하고 참아볼게."

'민희'와 '재훈'은 삼 년째 연애 중이다. '재훈'은 늘 '민희'의 회사, 가족, 친구들에 대한 불평불만과 짜증을 묵묵히 들어주었다. 그런 '재훈'은 며칠 전 건강 검진에서 작은 혹이 발견되어 수술을 했다. 큰 수술은 아니었지만, 처음 겪는 일이라 놀라기도 했고 이런저런 고민의 시간을 보내며 조금 지쳐 있었다. 그런 '재훈'에게 '민희'는 다시 회사의 불평불만과 짜증을 쏟아냈다.

"그런 이야기 계속 듣고 있으면 나도 힘들 때가 있어." 지친 '재훈'은 정직하게 말했다. 그 말에 '민희'는 "미안해, 이제 회사 이야기 안 하고 참아볼게."라며 울음을 터트렸다. '민희'는 왜 울었을까? 수술한 지 일주

일도 지나지 않은 연인에게 불평불만과 짜증을 쏟아낸 것이 미안해서 였을까? 아니다. 남자 친구에게마저 자신의 힘듦과 고통을 이야기할 수 없게 된 자신의 처지가 불쌍해서였다. 그렇다. '민희'는 지독한 만성적 자 기연민에 빠져 있다.

° 자기연민은 타인들이 만들어낸 집단적 최면이다

자기연민이 무엇인가? 유독 자기만 상처받고 있다고 믿기에 자신을 가장 불쌍하게 여기게 된 마음이다. 이런 자기연민은 어디서 오는 걸까? '자기'연민이니 '자기'로부터 오는 걸까? 아니다. 역설적이게도 자기연민 은 '타인'으로부터 온다. 자기연민은 타인들이 만들어낸 일종의 집단적 최면이다. 자기연민이 최초로 생기는 시점으로 돌아가 보자. 최초의 자 기연민은 타인들의 과도한 관심 혹은 과도한 무관심으로부터 발생한다.

길을 걷다가 넘어진 아이가 울고 있다고 해보자. 이때 타인들이 과 도한 관심을 보이거나 과도한 무관심을 보인다면 아이는 자기연민에 빠 지게 된다. 과도한 관심이 자기연민이 되는 경우부터 말해보자. 과도한 관심은 무엇일까? "어쩌지? 많이 아프니? 병원 가봐야 하나? 흉 지면 어 떡하지?" 이처럼 주변 사람들이 호들갑을 떠는 상황이 바로 과도한 관 심이다. 이 과도한 관심은 아이에게 어떤 영향을 미칠까?

아이는 지금 자신이 느끼는 고통이 자신이 감각하는 것보다 더 큰 고통이라고 인지하게 된다. 즉, 주변 사람들의 과도한 관심은 자신이 느 끼는 고통을 아주 큰 아픔으로 여기게 만든다. 이는 자기연민이 될 수밖 에 없다. 자신의 고통이 아주 크다고 여기는 이는 반드시 자신을 불쌍하게 여기게 될 수밖에 없기 때문이다. 이것이 타인들의 과도한 관심이 자기연민을 촉발하는 과정이다. 부모나 주변 사람들로부터 과보호를 받고 자란 아이가 쉽게 자기연민에 빠지게 되는 것도 바로 이 때문이다.

반대로 과도한 무관심 역시 자기연민을 촉발한다. 걷다가 넘어진 아이가 울고 있을 때, 주변 사람들 그 누구도 그 아이에게 관심을 보여주지 않는다고 해보자. 아이의 마음은 어떨까? 아이는 그 고통이 자신만의 고통이라고 여기게 된다. 과도한 무관심 속에서 자란 아이는 타인의 고통을 볼 여력이 없다. 아무도 자신을 지켜주지 않을 것이라 믿는 아이가 어찌 타인의 고통을 들여다볼 수 있을까.

이 아이는 타인의 고통을 볼 수 없기에 오직 자신의 고통만을 보게 된다. 이는 필연적으로 자기연민을 촉발한다. 자기가 감각한 고통의 크기가 얼마든 그 고통만을 보고 있을 때, 자신이 세상에서 가장 불쌍한 사람이 될 수밖에 없기 때문이다. 주변 사람들로부터 턱없이 부족한 보호를 받고 자란 아이들이 쉽게 자기연민에 빠지게 되는 것도 그래서다. 자기연민은 과도한 관심 혹은 과도한 무관심을 보여주었던 타인들이 만들어낸 집단적 최면인 셈이다.

적절한 관심을 받고 자란 아이는 자기연민이 없거나 적다. "그건 울일이 아니야. 씩씩하게 털고 일어나야지." 넘어진 아이를 애정 어린 눈빛으로 지켜보던 부모가 이렇게 말했다고 해보자. 그 아이는 자신의 고통을 느끼지만, 그것에 과도한 의미 부여를 하지 않는다. 자신의 고통에 큰 의미를 부여하지 않기 때문에 타인의 고통을 들여다볼 여유가 있다. 그렇게 타인의 고통을 볼 수 있게 된 이들은 결코 자기연민에 빠지지 않는다. 자기연민은 세상에서 자기를 제일 불쌍하게 여기게 된 마음 아닌가?

자신만큼 혹은 자신보다 더 큰 고통 속에 있는 타인을 볼 수 있는 이들에게 그런 마음(자기연민)이 생길 리 없다.

°과도한 관심(혹은 무관심) → 상처 → 피해의식 → 자기연민

이제 '민희'와 '재훈'의 이야기로 돌아가자. '민희'의 자기연민은 어디서 왔을까? 과도한 관심 혹은 과도한 무관심에서 왔을까? 그렇지 않다. '민희'는 평범한 이들이 받는 관심(혹은 무관심) 속에서 자랐다. '재훈' 역시 그 정도의 관심(혹은 무관심) 속에서 자랐다. 하지만 '재훈'은 자기연민이 덜하고, '민희'는 자기연민이 과하다. 부모에게 적절한 관심을 받고 자란 이들은 생각보다 많지 않다. 대부분의 평범한 이들은 과도한 관심 혹은 과도한 무관심 속에서 자랐다. 하지만 모든 사람이 '민희'처럼 심한 자기연민에 빠지지는 않는다.

왜 이런 일이 발생하는 걸까? 여기서 자기연민의 발생 과정을 살펴볼 필요가 있다. 자기연민이 발생하는 마음을 도식화하면 다음과 같다. 과도한 관심(혹은 무관심) → 상처 → 피해의식 → 자기연민. 즉, 과도한 관심(호들갑) 혹은 과도한 무관심(냉대)이 특정한 상처가 되고, 그것이 피해의식이 되었을 때 비로소 자기연민이 발생하게 된다. 즉, 과도한 관심 혹은 과도한 무관심은 자기연민을 촉발하지만, 그 촉발된 자기연민의 강도를 결정짓는 것은 피해의식이다. 즉, 자기연민에 결정적 역할을 하는 것은 피해의식이다.

°피해의식은 자기연민을 강화한다

이제 '민희'의 극심한 자기연민을 해명할 수 있다. 유사한 수준의 관심 혹은 무관심 속에서 자랐지만, 그것을 얼마나 큰 상처로 받아들이는지는 사람마다 다를 수밖에 없다. 평범한 가정에서 자란 '민희'와 '재훈'은 유사한 관심(혹은 무관심) 속에서 자랐지만, '민희'는 그것을 큰 상처로 여긴 반면 '재훈'은 작은 상처로 여겼다. 당연히 둘의 피해의식의 밀도는 다를 수밖에 없다. 이 피해의식의 밀도 차이가 자기연민의 강도 차이를 결정짓는다.

자기연민과 피해의식은 밀접한 상관관계를 맺고 있다. 피해의식이 짙을수록 자기연민이 심하고, 피해의식이 옅을수록 자기연민이 약하다. 이는 다른 종류의 피해의식도 마찬가지다. 돈에 대한 피해의식에 휩싸인 이를 알고 있다. 그는 누군가가 보기에는 제법 부유한 편이다. 하지만 그는 술을 마시면 종종 신세한탄을 하며 혼자 울곤 한다. (자신이 보기에) 돈이 없는 자신이 한없이 불쌍해 보이기 때문이다.

학벌과 젠더에 대한 피해의식 역시 마찬가지다. 이러한 피해의식에 휩싸인 이들은 좋은 학벌이 아니라는 이유로, 여자(혹은 남자)라는 이유로 자신이 세상에서 가장 불쌍한 사람이라 믿는다. 어떤 종류의 피해의식이건 상관없이 피해의식에 휩싸인 이들은 하나같이 극심한 자기연민 속에 있다. 피해의식은 자기연민을 강화하기 때문이다. 결국 자기연민에 가장 큰 영향을 미치는 것은 피해의식이다.

°자기연민은 어떻게
삶을 파괴하는가?

피해의식은 자기연민을 촉발하며 동시에 강화한다. 이것이 피해의식이 우리네 삶을 파괴하는 또 하나의 이유다. 자기연민만큼 우리네 삶에 유해한 감정도 없다. 자신을 불쌍히 여기는 마음은 어떻게 우리네 삶을 파괴하는 걸까?

첫째, 자기연민은 능동성·주체성을 제거한다. 자기연민은 삶을 능동적이고 주체적으로 살아갈 수 없게 만드는 감정이다. '민희'는 누구에게나 찾아올 수 있는 크고 작은 삶의 고난 앞에서 자신의 불쌍함에 취해 울고 있을 수밖에 없다. '민희'는 자신을 불쌍히 여기는 마음에 온 힘을 다 쏟아 정작 눈앞에 닥친 문제를 해결해나갈 힘이 없다. 이것이 자기연민에 빠진 이들이 수동적으로 누군가의 위로와 격려를 기다릴 뿐, 능동적이고 주체적으로 삶을 헤쳐 나가지 못하는 이유다.

둘째, 자기연민은 관계에 균열을 낸다. 자기연민에 빠진 이들은 타인에게 쉽게 상처를 준다. '민희'는 주변 사람들을 함부로 대한다. 심지어 자신이 주변 사람들에게 상처를 주고 있다는 사실조차 인지하지 못한다. 왜 그런가? 자기연민 때문이다. 자신을 가장 불쌍히 여기는 이들은 늘 자신만을 볼 뿐, 주변 사람들을 섬세하게 살필 수가 없다. 그래서 자신도 모르는 새 주변 사람들에게 크고 작은 상처를 줄 수밖에 없다.

자기연민의 치명적 문제는 일상적 관계(동료·친구)뿐만 아니라 소중한 관계 역시 균열을 낸다는 데 있다. '민희'는 왜 수술한 지 일주일도 지나지 않은 연인에게 직장생활의 불평불만과 짜증을 쏟아냈을까? 이는 '민희'가 악질적인 사람이어서가 아니다. '민희'는 자신이 제일 불쌍하기 때문일 뿐이다. 자신이 제일 고통스럽다고 여기는 이는 소중한 이들의 고통을 볼 여력이 없다. 자기연민에 빠진 '민희' 곁에서 '재훈'이 조금씩 지쳐갔던 것처럼, '민희'의 다른 소중한 관계들 역시 그렇게 조금씩 무너져 갈 테다.

셋째, 자기연민에 빠진 사람은 변화 가능성이 낮다. 이것이 자기연민의 가장 심각한 해악이다. 자기연민에 빠진 이들은 갖가지 불행을 겪게 되지만, 그 상태를 변화시킬 가능성이 낮다. 왜 그런가? 자기연민에 빠진 이들은 자기성찰을 할 수 없기 때문이다. 자기연민에 빠진 이들은 불행의 늪에 빠져들지만, 그것에 대해 아프게 성찰하지 않는다. 주변 사람들이 하나둘 '민희' 곁을 떠나갈 때, '민희'는 자신의 문제에 대해 아프게 성찰할 수 있을까?

'민희'의 자기연민에 지쳐서 '재훈'이 떠나갈 때, '민희'는 자신의 문제에 대해 성찰할 수 있을까? 어려울 테다. 자신의 문제를 성찰하기보다 '혼자 남겨진 나는 불쌍하다'는 자기연민에 다시 빠져들 것이기 때문이다. 그뿐인가? '민희'는 세상에서 자신이 가장 불쌍하다는 이유로, 자기 잘못들은 너무 쉽게 정당화한다. 자신이 가장 불쌍한 이들은 어떤 경우에도 자신은 이해받아야 하는 존재라고 여기기 때문이다. 바로 이 때문에 그들은 자신의 문제에 대해 아프게 성찰하기 어렵다.

자기연민은 갖가지 방식으로 우리네 삶을 슬픔으로 몰아넣는다. 이것이 우리가 피해의식에 대해 깊이 고민해보아야 하는 이유다. 피해의식은 자기연민을 촉발하고 강화하는 가장 중요한 원인이니까 말이다. 자기연민으로부터 벗어나고자 한다면, 자신의 피해의식부터 아프게 직면해야 한다.

05. ——————— 소망의 부정,
부정의 소망

°피해의식,
이중의 뒤틀림

"쟤는 세상에 자기 혼자 잘났나봐."

신입 사원이 주눅들지 않고 자신의 의견을 발표했다. '민재'는 그 모습을 보고 혼잣말을 했다. 왜 그랬을까? 피해의식 때문이다. '민재'는 소심함에 대한 피해의식이 있다. "넌 왜 사람들 앞에서 말을 못하니?" "너는 남자애가 왜 그리 소심하니?" '민재'는 어린 시절 내성적인 성격 탓에 크고 작은 상처를 받았다. 그 상처들이 '민재'의 피해의식이 되었다. 이 피해의식은 '민재'의 삶에 악영향을 미친다.

어떤 악영향일까? 언제 어디서든 주눅 들지 않는 당당한 사람에 대한 반감일까? 혹은 자신의 피해의식을 폭로하는 사람에 대한 분노일까? 그 모든 것이 피해의식이 '민재'의 삶에 미치는 악영향이다. 하지만 이보다 더 심각한 악영향이 있다.

부정적 자아의 긍정! 피해의식이 야기하는 심각한 해악이다. 피해의식은 부정적 자아(내가 싫어하는 나)를 긍정하게 만든다. 이는 피해의식이 마음을 뒤트는 두 가지 과정을 드러낸다.

피해의식은 이중으로 뒤틀어진 마음이다. 다소 난해한 이 말을 이해하기 위해 피해의식의 논리를 되짚어보자. 특정한(소심함·가난·뚱뚱함…) 피해의식이 있다는 말은 그 특정한(소심한·가난한·뚱뚱한…) 자아를 부정하고 있다는 의미다. 쉽게 말해, 소심함·가난·뚱뚱함에 대한 피해의식에 휩싸여 있다는 건, 소심한·가난한·뚱뚱한 자신을 싫어한다는 말과 다르지 않다. 이처럼 피해의식은 일차적으로 '나'를 싫어하게 만든다. '부정적 자아의 형성', 이것이 피해의식의 첫 번째 뒤틀림이다.

피해의식의 뒤틀림은 여기서 끝나지 않는다. 피해의식은 첫 번째 뒤틀림으로 탄생한 부정적 자아(내가 싫어하는 나)를 다시 긍정하게 만든다. 쉽게 말해, 피해의식에 휩싸이면 '내가 싫어하는 나'의 모습을 거부하지 않고 무의식중에 긍정하게 된다. '부정적 자아의 긍정', 이것이 두 번째 뒤틀림이다. 소심함·가난·뚱뚱함에 대한 피해의식에 휩싸인 이들이 좀처럼 긍정적 자아(대범한·부유한·날씬한 나)로 나아가지 못하는 이유도 이때문이다. 그들은 부정적 자아(소심한·가난한·뚱뚱한 나)를 무의식적으로 긍정하고 있다.

°부정하는 자아의 긍정, 소망하는 자아의 부정

'민재'의 이야기로 돌아가자. '민재'는 소심한 자신을 부정하고 있다. 즉, 소심한 자신을 싫어하고 있다. 하지만 그는 소심한 자신의 모습을 정말 온전히 싫어하는 것일까? 그렇지 않다. 만약 그렇다면, '민재'는 자신의 소심함을 극복하려고 애를 쓸 테다. 자신의 어떤 모습이 정말로 싫다면 그 모습에서 벗어나려고 노력하게 될 수밖에 없다. 하지만 '민재'는 자신의 소심함을 극복하려 애쓰지 않는다.

왜 그럴까? 피해의식은 부정적 자아(소심함)를 무의식적으로 긍정하게 만들기 때문이다. 즉, '민재'는 자신이 싫어하는 모습(소심함)을 자기도 모르는 사이에 긍정하고 있다. 이 인지할 수 없는 무의식은 어디서 드러날까? 부정적 자아(소심함)의 반대편에 있는 모습, 즉 소망하는 자아(당당함)에 대한 반감으로 드러난다. 왜 '민재'는 당당한 신입 사원에게 반감을 갖게 되었을까? 만약 '민재'가 자신의 소심한 모습(부정적 자아)이 정말 온전히 싫다면, 그 반대편에 있는 당당한 모습(소망하는 자아)에 호감이 생겨야 하는 것이 합당하다.

생각해보라. 우리가 어떤 대상(위선·가난)이 정말 온전히 싫다면, 그것의 반대편에 있는 것(정직함·부유함)을 자연스레 좋아하게 마련이다. 하지만 '민재'는 누군가의 당당한 모습에 호감보다는 반감이 든다. 이는 '민재'가 자신의 부정적 자아(소심함)를 일정 정도 긍정하고 있다는 반증이다. '민재'는 소심한 자신(부정적 자아)을 긍정하고 있는 만큼, 그 반대편에 있는 당당함(소망하는 자아)에 반감을 느끼는 것이다.

'민재'가 갖고 있는 당당함(소망하는 자아)에 대한 거부감은, 소심함(부정적 자아)에 대한 무의식적 긍정인 셈이다. '민재'의 마음은 이중으로 뒤틀려 있다. 소심함(부정적 자아)을 긍정하는 동시에 당당함(소망하는 자아)을 부정하고 있으니까 말이다. 이렇게 피해의식은 소망하는 자아(당당한 나)를 부정하게 만들고, 부정적 자아(소심한 나)를 긍정하게 만든다. 이는 다른 피해의식에서도 그대로 반복된다.

가난에 대한 피해의식을 생각해보자. 가난에 대한 피해의식은 가난한 자신(부정적 자아)을 무의식적으로 긍정하게 만든다. 그리고 그와 동시에 부富(소망하는 자아)에 대한 강한 반감("부자들은 다 도둑놈들이야!")을 갖게 만든다. 외모에 대한 피해의식 역시 마찬가지다. 외모에 대한 피해의식은 못생긴 자신(부정적 자아)을 긍정하게 만드는 동시에 아름다운 이(소망하는 자아)에 대해 강한 반감("예쁜 것들은 얼굴값 하는 것들이야!")을 갖게 만든다. 이런 이중으로 뒤틀어진 마음은 필연적으로 우리네 삶을 불행의 늪으로 끌고 들어간다.

°원치 않는 삶으로
빠져들게 하는 늪

피해의식은 늪이다. 원치 않는 삶으로 조금씩 빠져들게 하는 늪. 피해의식은 우리를 원하는 삶으로부터 멀어지게 만들고, 원치 않는 삶으로 끌려 들어가게 만든다. 누구에게나 '소망하는 자아'와 '부정하는 자아'가 있다. 뚱뚱함에 대한 피해의식이 있는 이가 있다. 그에게 '뚱뚱한 나'는 '부정하는 자아'이고, '날씬한 나'는 '소망하는 자아'이다. 이때 피해의식은 그를 '소망하는 자아(날씬한 나)'에서 더욱 멀어지게 만들고, '부정하는 자아(뚱뚱한 나)'로 더욱 가까워지게 만든다.

바로 여기에 피해의식의 치명적 해악이 있다. 우리는 누구나 기쁜 삶을 원한다. 기쁜 삶은 무엇일까? '부정하는 자아'로부터 벗어나고, '소망하는 자아'로 다가서는 삶이다. 하지만 피해의식에 휩싸인 이들은 결코 이런 기쁜 삶으로 나아갈 수 없다. 자신이 부정하고 있는(소심한·가난한·뚱뚱한) 삶으로 다가서게 되고, 자신이 소망하는(당당한·부유한·날씬한)

삶으로부터 멀어지게 되기 때문이다.

피해의식을 가진 이들은 필연적으로 슬픔의 구렁텅이에 빠지게 된다. 사실 그들이 진정으로 소망하는 삶은 당당하고, 날씬하고, 부유한 삶 아닌가? 하지만 피해의식은 그들이 원했던 삶(당당함·날씬함·부유함)을 부정하게 만듦으로써 그 삶으로부터 점차 멀어지게 만든다. 그들은 자신이 그토록 싫어했던 삶(소심함·뚱뚱함·가난함)으로 점점 더 끌려 들어갈 수밖에 없다.

피해의식에 빠진 이들의 삶이 피폐해지는 것은 당연하다. 피해의식에 휩싸인 이들은 기묘한 정신적 분열 상태에 빠질 수밖에 없다. '소망하는 자아(당당함·날씬함·부유함)'를 부정하고, '부정하는 자아(소심함·뚱뚱함·가난함)'를 소망하게 되는 그 기묘한 분열 상태가 이어질 때, 어찌 삶이 피폐해지지 않을 수 있을까? 피해의식이 만들어내는 그 기묘한 이중의 뒤틀림은 삶 자체를 뒤틀어버린다. 우리는 오직 피해의식을 극복하는 만큼 '소망하는 자아'로 다가설 수 있고, '부정하는 자아'로부터 멀어질 수 있다.

06. 대화의 단절, 관계의 단절

°백수라는 피해의식

"오늘은 내가 계산할게."

"지금 나 백수라고 무시하는 거야?"

회사를 그만두었다. 철학을 공부하고 글을 쓴다고 몇 년을 방황하던 때가 있었다. 그 방황의 시간이 내게 남긴 상처가 있다. 바로 피해의식이다. 누군가 나를 쓸모없는 인간이라고, 무책임한 가장이라고 비난할까 봐 늘 불안하고 초조했다. 그런 불안과 초조에 휩싸여 과도하게 나를 방어하려고 했던 시간이 있었다. 그렇게 짙은 피해의식에 휩싸여 있을 때였다. 몇 년째 놀고 있는 내가 마음이 쓰였는지 한 친구가 연락을 했다.

우리는 오랜만에 만나 즐겁게 식사를 하며 이런저런 이야기를 나누었다. 하지만 그 모든 대화가 나의 피해의식 속에서 이루어졌다는 사실은 얼마 지나지 않아 드러났다. 친구가 식사를 끝내고 계산을 하려고 자리를 일어서며 말했다. "오늘은 내가 계산할게." 나는 부지불식간에 차가운 표정으로 친구를 쏘아붙였다. "지금 나 백수라고 무시하는 거야?" 친구는 당황한 듯 아무 말도 없었고, 그렇게 끊어져버렸던 대화처럼 우리의 관계 역시 서서히 끊어져버렸다.

그 한없이 부끄럽고 미안했던 일은 왜 일어났을까? 그 친구의 따뜻한 미소를 보지 못했기 때문이다. 나는 정말 그 친구의 따뜻한 미소를 보지 못했던 것일까? 아니다. 나는 그 미소를 보았다. 쥐구멍이라도 찾고 싶은 그날의 부끄러움과 미안함은 그 미소를 기억했기에 찾아든 마음이었으니까 말이다. 그렇다. 그 친구의 미소를 보고도 보지 못했던 건, 나의 지독한 피해의식이 그 미소를 가렸기 때문이다.

°피해의식의 해악, 대화의 단절

피해의식은 삶에 많은 문제들을 불러일으킨다. 그중 하나가 바로 대화의 단절이다. 피해의식에 휩싸인 이들과 이야기를 해본 적이 있는 이들은 안다. 그들과는 속 깊은 대화를 이어갈 수 없다는 사실을. 피해의식에 휩싸인 이들은 자신의 피해의식만 볼 뿐, 상대를 보지 못한다. 그러니 어떻게 그들과 대화가 가능하겠는가? 상대를 보지 않는 이와 대화를 이어나갈 수는 없는 법이다. 어떤 종류의 피해의식이든, 피해의식은 대화를 단절시킨다.

"그렇게 힘들면 팀장한테 할 말은 해야 하는 거 아니야?"

"그건 네가 군대를 안 다녀와서 그래."

'기태'는 팀장의 부당한 처우에 불만이 쌓였다. 그 모습을 지켜보던 '기태'의 동료는 팀장에게 할 말은 하는 게 어떠냐고 물었다. 그러자 '기태'는 느닷없이 화를 내며 군대 이야기를 꺼냈다. '기태'는 왜 그랬을까? 동료의 마음을 보지 못했기 때문이다. 왜 '기태'는 동료의 마음을 보지 못했을까? 그의 피해의식 때문이다.

'기태'는 군대에 대한 피해의식이 있다. 자신이 특정한 위계나 권력자 앞에서 위축되는 마음이 모두 군대에서 받은 상처 때문이라고 믿고 있다. 이것이 '기태'가 위계나 권력자 앞에서 위축될 때면 모두 군대 탓을 하며 자신을 보호하려는 이유다. '기태'는 자신의 피해의식을 보느라, 자신을 걱정해주는 동료의 마음을 볼 수 없었다. 이것이 '기태'가 동료와 더 이상 대화를 할 수 없게 된 이유였다.

°'상상' 속에서는 대화할 수 없다

피해의식은 대화를 단절시킨다. 피해의식은 '사실의 기억'이 아니라 '상상의 기억'으로 인해 발생하기 때문이다. 나의 피해의식이 바로 그랬다. 직장을 그만두고 철학을 공부하며 글을 쓰며 지냈다. '사실'적으로 돌아보면, 특정한 몇몇 사람들을 제외하곤 그런 내 삶에 대해 명시적으로 비난했던 이들은 많지 않았다. 하지만 나는 하루에도 수십 번씩 세상 사람들의 비난을 받아야만 했다. "직장 안 다니는 쓸모없는 놈." "돈도 못 버는 무능한 인간." "애가 둘인 가장이 저따위로 사나?" 이런 비난들을 대체 어디서 들었던 것일까? 바로 나의 '상상' 속이었다. 피해의식은 왜곡·조작·편집된 '상상의 기억'에 의해 발생한다.

'기태' 역시 마찬가지다. '기태'는 군대에서 권력자에 의해 크고 작은 상처를 받았다. 그것은 '사실의 기억'이다. 하지만 직장은 군대가 아니다. 물론 직장에도 권력자(팀장·사장)는 있지만, 그 권력이 작동하는 방식은 군대와 확연히 다르다. 하지만 '기태'는 직장을 다닌 적이 없다. 직장을 다니는 동안에, 그는 늘 군대라는 '상상' 속에 있었기 때문이다. 그러니 '기태'는 직장을 다니면서 다른 동료들보다 자신이 더 억압받고 있다고 여길 수밖에 없다. '기태'의 피해의식은 (직장을 군대라고) 왜곡·조작·편집한 '상상의 기억'에 의해 발생한 셈이다.

대화는 현실에서만 이루어진다. 누군가 꿈을 꾸고 있거나 딴생각을 하고 있을 때 우리는 그 사람과 대화를 할 수 없다. 자신의 상상(꿈·딴생각)에 빠져 있느라 대화의 맥락을 이어갈 수 없기 때문이다. 이것이 바로 피해의식에 휩싸인 이들이 대화를 할 수 없는 이유다. '상상의 기억'으로 쌓아올린 피해의식을 가진 이는 어떤 대상과도 공감하고 교감할 수 없기에 대화가 불가능하다.

°대화의 단절,
관계의 단절

피해의식은 우리네 삶을 파괴한다. '대화의 단절'은 바로 '관계의 단절'이기 때문이다. 직장을 그만두고 가장 힘들었던 것은 생활고가 아니었다. 바로 고립감으로 인한 외로움이었다. 나를 만나고 싶어 하는 사람도 없었고, 내가 만날 수 있는 사람도 없었다. 그렇게 몇 년을 혼자 있어야만 했다. 그 고립감과 외로움이 나의 백수생활에서 가장 힘들었던 점이다. 그 모든 일은 다른 누구의 잘못도 아닌, 바로 나의 잘못으로 일어난 일이었다. 정확히는 나의 피해의식 때문에 일어난 일이었다.

나는 항상 과도하게 나를 보호하려고 했다. 나의 상상 속에서 세상 사람들은 항상 나를 비난하고 있었으니까 말이다. 그러니 어찌 내가 친구의 미소와 세상 사람들의 마음을 볼 수 있었을까? 나의 상상 속에서는 이 놈도 저 놈도 모두 나를 백수라고 손가락질하고 있었으니까 말이다. 그러니 어찌 내가 세상 사람들과 대화를 할 수 있었을까? 피해의식으로 인한 맥락도 근거도 없는 분노와 적개심, 반감으로 대화가 단절되어버리기 일쑤였으니까 말이다.

그렇게 나는 서서히 세상으로부터 고립되어 홀로 남겨지게 되었다. '기태' 역시 마찬가지일 테다. '기태'가 어디에 있든 계속 상상 속 군대에만 머문다면, 그의 분노와 적개심, 반감은 커져만 갈 테다. 그렇게 '기태' 역시 나의 과오를 반복할 수밖에 없을 테다.

우리네 삶은 언제 파괴되는가? 해고를 당했을 때인가? 사업이 망했을 때인가? 이혼을 했을 때인가? 이별을 했을 때인가? 아니다. 누구와도 대화할 수 없게 되었을 때이다. 모든 관계가 단절되었을 때 삶은 파괴된다. 우리가 어떠한 곤경에 처해 있든 진심을 터놓고 대화할 수 있는 관계가 하나라도 있다면 우리네 삶은 파괴되지 않는다. 하지만 피해의식은 '대화의 단절'과 '관계의 단절'을 야기한다. '관계의 단절'은 곧 '삶의 단절'이다. 이것이 바로 피해의식이 우리네 삶을 파괴하는 방식이다.

07. —————————— 피해의식의 전이

°희생과 피해의식

"왜 나 혼자만 애를 봐야 하는데."

'희정'은 육아 문제로 남편과 자주 다툰다. 아이를 키우느라 자신만 희생하고 있다고 여기기 때문이다. '희정'의 남편이 문제인가? 그렇지 않다. 남편은 나름대로 육아에 신경을 쓰고 있다. 직장에서 일을 빨리 끝내려고 노력하고, 가급적 회식이나 모임은 참석하지 않는다. 하루 종일 아이를 보느라 지쳤을 '희정'을 조금이라도 쉬게 해주고 싶기 때문이다. 하지만 '희정'은 그런 남편의 마음을 보지 못한다. 자신이 엄마이기 때문에 혼자 희생하고 있다고 여긴다. 그렇다. '희정'은 피해의식에 휩싸여 있다. '부모'라는 피해의식.

'부모' 피해의식은 여느 피해의식과 조금 다른 지점이 있다. 어떤 피해의식이든, 그것은 희생과 관련되어 있다. 즉, 과도하게 희생하면(희생했다고 믿으면) 피해의식이 생길 수밖에 없다. 돈이 없다(계급이 낮다·못생겼다·학벌이 낮다)는 이유로 갖가지 희생을 했다면, 돈(군대·외모·학벌)에 대한 피해의식이 생기게 되는 것처럼 말이다. 그런 측면에서 '부모' 피해의식 은 당연한 것처럼 보이기도 한다.

아이를 낳아 키우는 것은 정말 고된 일이다. 자신의 삶에서 많은 부 분을 희생해야 한다. 아이를 낳아 키우기 위해서는 기존의 삶의 질서를 완전히 재배치해야 한다. 아이를 낳기 전에는 당연했던 여유로운 아침, 차분한 저녁, 자유로운 주말은 언감생심이다. 그뿐인가? 아이의 양육을 위해 직장을 옮기거나 그만두거나 혹은 삶의 터전을 옮겨야 할 수도 있 다. 이처럼 아이를 낳아 키운다는 것은 엄청난 희생이 요구되는 일이다.

°'부모'라는 피해의식

피해의식이 희생 때문에 발생하는 것이라면, '부모' 피해의식이 생 기는 것은 당연한 것일까? 만약 누군가 '그렇다'고 쉽게 답한다면, 그 사 람은 아이를 낳아 키워보지 않은 것이 분명하다. 피해의식은 희생 때문 에 발생한다. 이는 희생이 지나친 슬픔을 주기 때문이다. 즉, 피해의식은 어떤 삶의 조건 아래서 기쁨보다 슬픔이 클 때(크다고 믿을 때) 발생한다. 돈·군대·외모·학벌에 대한 피해의식을 생각해보라. 그 피해의식은 모두 특정한 삶의 조건 아래서 기쁨보다 슬픔이 컸기(컸다고 믿기) 때문에 발 생한 마음이다.

여기에 '부모' 피해의식의 독특한 점이 있다. 아이를 낳아서 키우는 것은 분명 큰 슬픔을 유발하는 희생이 뒤따른다. 하지만 아이를 낳아서 키워본 이들은 안다. 아이의 맑은 미소 한 번, 꺄르르 웃음 한 번, 고사 리 같은 손이 움직이는 모습 한 번, 새근거리며 자는 모습 한 번, 걸음마를 하는 모습 한 번으로 슬픔을 유발하는 큰 '희생'은 순식간에 엄청난 기쁨을 주는 '헌신'으로 전복된다는 사실을.

아이를 키운다는 것은 기적 같은 일이다. 엄청난 희생에도 불구하고 엄청난 기쁨을 느끼게 되기 때문이다. 이것이 여느 피해의식과 '부모' 피해의식이 다른 지점이다. '부모' 피해의식은 여느 피해의식보다 드물고, 설사 그것이 피해의식이 된다고 하더라도 그 밀도는 현저히 낮을 수밖에 없다. 부모가 된다는 것은 슬픔을 압도하는 기쁨 속에서 살아간다는 것을 의미하기 때문이다. 그렇다면 이제 의문이 든다. '희정'은 '부모' 피해의식이 있고, 그것도 아주 고밀도의 피해의식이다. 이런 일은 왜 생겼을까?

°피해의식의 내적 전이

피해의식의 특성이 있다. 피해의식은 쉽게 전이轉移된다는 사실이다. 피해의식에는 여러 종류가 있다. 어떤 이는 돈에 관한, 어떤 이는 외모에 관한, 어떤 이는 학벌·명예·직장에 관한 피해의식이 있다. 이처럼 사람들은 저마다의 피해의식을 갖고 있다. 그런데 그들은 한 종류의 피해의식만을 갖고 살아갈까? 즉, 돈(외모·학벌·명예·직장···)에 대한 피해의식이 있는 이들은 그 피해의식만을 갖고 살아갈까? 결코 그렇지 않다. 하나의 피해의식은 쉽게 다른 종류의 피해의식으로 옮겨 간다.

'인선'은 학벌에 대한 피해의식이 있다. 그녀는 자신이 사회에서 받은 불이익을 모두 명문대를 나오지 못한 탓이라고 믿는다. 그녀의 피해의식은 학벌에만 머무를까? 그렇지 않다. 그녀는 곧 돈·외모에 관한 피해의식에도 휩싸이게 된다. 그녀는 학벌뿐만 아니라 돈과 외모에 관한 이야기가 나와도 과민하게 반응하며 공격적인 태도를 보인다. 이처럼 하나의 피해의식은 또 다른 종류의 피해의식으로 쉽게 전이된다.

°피해의식이 전이되는 이유, 무의식과 상상

왜 이런 일이 벌어지게 되는 걸까? 그것은 피해의식이 '무의식'적이며 '상상'적이기 때문이다. 바로 이것이 하나의 피해의식이 또 다른 피해의식으로 쉽게 전이되는 이유다. 피해의식은 '무의식'적이다. 피해의식은 합리·논리·이성적으로 작동하지 않는다. 그것은 언제나 무질서하고 비약적이며 혼란스럽다. 그래서 합리·논리·이성적으로 보면 전혀 상관없어 보이는 여러 종류의 피해의식(학벌-돈-외모)들이 한 사람의 무의식 안에서 서로 뒤엉켜 쉽게 전이될 수 있다.

'인선'의 피해의식이 그렇다. '인선'의 학벌에 관한 피해의식은 '무의식'적이다. 그녀도 '의식'적으로는 안다. 그녀가 학벌 때문에 상처받은 적은 있어도, 외모나 돈 때문에 상처받은 기억은 없다는 사실을. 하지만 이는 '의식'적인 일일 뿐이다. '인선'의 피해의식은 '무의식'적으로 이뤄진다.

'인선'에게 중요한 것은 학벌이 아니라 피해의식(과도한 자기방어) 그 자체다. '인선'은 '무의식'적으로 온통 자신을 방어할 생각에 사로잡혀 있다. 그러니 '인선'은 어느 영역(돈·외모·직장·결혼…)에서든 과도한 자기방어를 하려는 마음이 쉽게 발생할 수밖에 없다. 피해의식은 '무의식'적이기에 쉽게 전이가 이루어진다.

한 사람의 마음 안에서 피해의식 전이가 쉽게 일어나는 또 하나의 이유가 있다. 피해의식은 '상상'적이기 때문이다. 피해의식은 상처받은 기억으로 인한 과도한 자기방어다. 하지만 이 기억은 '사실'의 기억이기보다 '상상'의 기억이다. 상상은 얼마든지 상상할 수 있다. 이것이 하나(학벌)의 피해의식이 너무 쉽게 다른(돈·외모) 피해의식으로 전이될 수 있는 이유다.

'인선'의 피해의식이 이를 잘 보여준다. '인선'의 피해의식은 '상상'적이다. '인선'은 학벌 때문에 상처받은 '사실'이 있지만, '인선'의 피해의식은 그 사실을 바탕으로 '상상'이 더해진 결과다. '인선'의 피해의식의 강도는 그 더해진 상상만큼이다. 상상에는 한계가 없다. 얼마든지 상상할수 있다. 세상 사람들이 학벌 때문에 자신을 무시할 것이란 상상은, 돈·외모 때문에 자신을 무시할 것이란 상상으로 얼마든지 번져갈 수 있다. 이것이 '인선'의 피해의식이 다른 피해의식으로 쉽게 전이된 이유다. 학벌 때문에 상처받은 상상이, 돈·외모 때문에 상처받은 상상으로 옮겨갔기 때문이다. 피해의식은 '상상'적이기에 쉽게 전이가 이루어진다.

°'부모' 피해의식이 생긴 이유

이제 '희정'의 피해의식에 대해 이해할 수 있다. '부모' 피해의식은 사실 좀처럼 생기기 어려운 마음이다. 부모가 된다는 것은 여느 관계에서라면 슬픔인 일(희생)이 오히려 큰 기쁨인 일(헌신)이 되는 기적이기 때문이다. 그런데 '희정'은 왜 피해의식에 휩싸이게 되었을까? 가난에 대한 피해의식 때문이다. '희정'은 가난해서 받은 상처 때문에 자신을 과도하게 보호하려는 마음이 있다.

'희정'의 이 피해의식은 '무의식'적인 '상상'으로 인해 점점 더 비대해졌다. 이것이 '희정'에게 '부모' 피해의식이 생긴 이유다. 가난이라는 피해의식이 비대해져 부모라는 피해의식으로 옮겨가게 된 것이다. 돈이 없어서 희생당했다는 그 '무의식'적이고 '상상'적인 마음이, 아이의 맑은 미소와 웃음을 가려버렸던 셈이다. 이는 비단 '희정'만의 이야기가 아니다.

"애새끼만 없었으면 이놈의 직장 벌써 때려치웠을 텐데!" 밥벌이가 힘들 때 이렇게 투정을 부리는 부모들이 한둘이던가? 이들 역시 '부모' 피해의식에 사로잡혀 있는 이들이다. 이들이 '부모' 피해의식에 휩싸인 이유 역시 마찬가지다. 미처 치유하지 못한 돈·학벌·외모·장남·명예 등등의 피해의식이 '부모'라는 피해의식으로 옮겨 붙었기 때문이다.

˚피해의식은 사랑의 상실이다

하나의 피해의식이 비대해지면 반드시 다른 피해의식으로 전이된다. 주변을 돌아보라. 과도한 피해의식에 휩싸인 이들은 결코 하나의 피해의식만을 갖고 있지 않다. 여러 종류가 뒤엉킨 피해의식을 가지고 있다. 피해의식은 얼마나 유해한가? 그 유해함은 하나의 피해의식이 다른 피해의식으로 쉽게 전이되기 때문만은 아니다. 그보다 더 치명적인 유해함이 있다.

사랑의 상실이다. 지독한 피해의식에 휩싸인 이들이 아무도 사랑할 수 없게 되는 것은 결코 우연이 아니다. 갖가지 피해의식이 중첩되어 비대해진 피해의식은 누구도 사랑할 수 없게 만든다. 심지어 자신에게 누구도 줄 수 없는 크고 깊은 기쁨을 주는 이마저도 사랑할 수 없게 만든다. 이보다 더 불행한 일이 또 어디 있을까?

'희정'의 삶은 얼마나 불행한가? 피해의식에 빠져, 누구보다 자신에게 큰 기쁨을 줄 아이마저 사랑할 수 없게 되었으니까 말이다. 자신의 아이조차 사랑할 수 없는 '희정'은 누구를 사랑하며 살아갈 수 있을까? 세상의 수많은 '희정'은 알고 있을까? 피해의식은 필연적으로 사랑을 잃어버리게 만든다는 사실을. 인간은 사랑하고 또 사랑받지 않으면 살아갈 수 없는 존재라는 사실을.

08. ────────────── 피해의식은 냉소주의를 낳는다

°냉소주의란 무엇인가?

"얼굴 반반한 것들은 다 그런 거 아니야?"

"대기업이 다 저런 식이지, 뭐."

피해의식은 냉소주의를 낳는다. 이것이 피해의식이 우리네 삶을 파괴하는 또 하나의 방식이다. 냉소주의가 무엇인가? 냉소주의에 대해 깊이 성찰한 독일의 철학자, 슬로터다이크에게 직접 들어보자.

냉소주의자는 바보가 아니다. 그들은 늘 만사의 궁극적인 귀착점인 무無를 보기 때문이다. 그동안 심리적 장치는 충분히 유연해져 생존 요소로서 자신의 활동에 대한 영구적 회의를 자기 내면에 설치했다.
– 페터 슬로터다이크, 『냉소적 이성 비판』

간명하게 말하자. 냉소주의는 구경꾼의 세계관이다. 즉, 어떤 일에도 직접 개입하지 않으면서 세상만사를 구경꾼의 태도로 빈정대는 자세를 의미한다. 이런 냉소주의는 왜 발생하는 걸까? 무지함 때문일까? 아니다. 냉소주의자들은 바보가 아니다. 오히려 그들은 누구보다 똑똑한 이들이다. 무지한 이들이 영원할 것을 본다면, 냉소주의자들은 세상을 정확히 본다. 세상에 영원한 것은 없다. "늘 만사의 궁극적인 귀착점인 무無"를 보는 냉소주의자들은 세상을 정확히는 파악하고 있다.

° '헛똑똑이'들의 마음, 냉소주의

슬로터다이크의 말은 어렵지 않다. '결국 다 없어질 것들인데 그 문제에 대해 내가 뭐 하러 피곤하게 개입해야 해?' 이것이 냉소주의자들의 태도다. 냉소주의자들은 마치 모든 것을 깨달은 도인이나 된 것처럼 "충분히 유연"하다. 하지만 이는 아무것도 하지 않는 자신을 유지하고 싶은 "생존 요소"일 뿐이다. 즉, 그들의 유연함은 "자신의 활동에 대한 영구적 회의를 자기 내면에 설치"한 것에 지나지 않는다.

냉소주의자는 분명 똑똑하지만 이는 '헛똑똑'이다. 냉소주의적 태도만큼 우리네 삶을 슬픔으로 몰아가는 것도 없다. 당연하지 않은가? "영구적 회의"를 자기 내면에 설치한 이들이 어떻게 기쁜 삶에 이를 수 있겠는가? '회의懷疑'는 충분한 근거가 없기 때문에 판단을 보류하거나 중지하고 있는 상태다. 쉽게 말해, "영구적 회의"는 "영원히 아무것도 할 필요 없어!"라는 마음이다. 이런 마음으로 기쁜 삶은 애초에 요원하다.

어떤 일에도 능동적으로 개입하지 않는 삶에 기쁨은 없다. 냉소주의자는 결국 자신의 삶에 구경꾼이 되어 슬픔뿐인 삶을 살아갈 수밖에 없다. 구경꾼의 삶은 안전하고 안락하다. 하지만 이 안전과 안락은 결국 공허와 무기력이 되어 삶을 슬픔으로 몰아간다. 물론 구경꾼의 태도로 빈정댈 때 느껴지는 기쁨(조롱)은 있겠지만, 그 기쁨은 곧 더 큰 슬픔으로 전락할 자기 파괴적인 기쁨일 뿐이다. 이런 냉소주의적 태도는 '헛똑똑이'들의 마음일 뿐이다.

°냉소주의는 아무것도 하지 않으려는 마음이다

이런 냉소주의는 어디서 오는가? 바로 피해의식이다. '선주'는 외모에 대한 피해의식이 있다. 그녀는 매력적인 외모를 가진 이들에 대한 깊은 반감이 있다. 매력적인 외모를 가진 이들의 악행과 실수를 발견할 때마다 '선주'는 말한다. "얼굴 반반한 것들은 다 그런 거 아니야?" 이는 피해의식으로부터 온 냉소주의다. '선주'는 바보가 아니다. 다만 충분히 유연해져서 영구적 회의를 자기 내면에 설치했을 뿐이다. 이런 냉소주의에 빠진 '선주'의 삶은 필연적으로 더 큰 슬픔에 빠지게 된다.

'선주'가 헛똑똑이 아니라 진짜 똑똑하다면 기쁜 삶에 이르는 방법을 발견할 수 있다. 세 가지 방법이 있다. 첫째, 아름다운 외모를 가지려고 애쓰면 된다. 다이어트를 하든, 화장을 하든, 성형 수술을 하든, 자신이 그토록 원했던 아름다운 외모를 가지려고 애를 쓰면 된다. 그때 조금 더 기쁜 삶을 살 수 있다.

둘째, 아름다운 마음을 가지려고 애쓰면 된다. 책을 읽든, 여행을 하든, 수행을 하든, 아름다운 마음을 가지려고 애를 쓰면 된다. 아름다운 마음을 갖게 되면 외모에 집착하는 마음이 줄어들어 조금 더 기뻐질 수 있다. 셋째, 외모로 사람을 평가하는 사회적 시선을 바꾸려고 애를 쓰면 된다. 이 사회적 시선이 바뀐다면, '선주'는 조금 덜 슬프고 조금 더 기쁜 삶을 살 수 있다. 이처럼 자신의 삶의 문제에 적극적이고 능동적으로 개입하면 조금 더 기쁜 삶을 살 수 있다.

만약 이 세 가지 방법을 듣고 불쾌해지거나 코웃음을 치고 있다면 자신이 냉소주의자는 아닌지 고민해보아야 한다. 냉소주의는 아무것도 하지 않으려는 마음이고, 동시에 그 마음을 정당화하려는 마음이기 때문이다. '선주' 역시 그렇다. '선주'는 아름다운 외모도, 아름다운 마음도 가지려고 하지 않고, 그런 태도를 당연한 것이라 정당화한다. 자신의 문제를 해결하려는 개인적 노력도 하지 않는데, 사회적 노력을 할 리는 만무하다. '선주'는 그저 헛똑똑이 구경꾼처럼, 세상만사에 빈정거리고만 있을 뿐이다.

°냉소주의는 필연적으로 공동체를 파괴한다

냉소주의의 폐해는 여기서 그치지 않는다. 냉소주의에 대해 조금 더 알아보자.

그들(냉소주의자)은 자신이 무엇을 하는지 알고 있다. 그러나 상황 논리나 자기 보존의 욕망이 그렇게 해야 한다고 말하기 때문에 그렇게 행하는 것이다. 그들은 자신이 하지 않으면 다른 이들이 어차피 그렇게 할 것이라고 생각한다.

– 페터 슬로터다이크, 『냉소적 이성 비판』

냉소주의는 과도한 자기 정당화를 통해 공동체를 파괴한다. '찬수'는 대기업에 대한 피해의식이 있다. 대기업 협력 업체에서 부당하고 부조리한 대우를 받으며 크고 작은 상처를 받았기 때문이다. 그는 언론에서 대기업의 횡포나 잘못을 볼 때마다 냉소적으로 말한다. "대기업이 다 저런 식이지, 뭐." 그런 '찬수'가 작은 가게를 열었다. '찬수'는 알바생들에게 근무 시간보다 일찍 오고 퇴근 시간보다 늦게 가기를 요구하는 등 크고 작은 부당하고 부조리한 일들을 지시했다.

'찬수'는 바보가 아니다. '찬수'는 지금 "자신이 무엇을 하는지 알고 있다." 자신이 대기업에서 받았던 상처들을 알바생들에게 반복하고 있다는 사실을 알고 있다. 하지만 '찬수'에게 미안함이나 죄책감은 없다. 왜 그런가? "상황 논리('창업 초반은 힘드니까 어쩔 수 없어!')나 자기 보존('일단 나부터 살아야지!')의 욕망이 그렇게 해야 한다고 말하기 때문"이다. 또한 냉소주의에 빠진 '찬수'는 자신이 그렇게 알바생들을 착취하지 않더라도 "다른 이들이 어차피 그렇게 할 것이라고 생각"한다.

이처럼 냉소주의는 과도한 자기 정당화를 가능하게 한다. 그리고 이는 결국 크고 작은 방식으로 공동체를 파괴한다. 이런 일상의 모습들은 역사 속에서도 그대로 재현된다. 일제 강점기에 일본에 부역했던 '친일파'의 논리가 바로 이것 아닌가? 나치에 부역하며 유·대인들을 참혹하게 학살했던 '아이히만'의 논리가 바로 이것 아닌가? 그들은 결코 바보가 아니다. 그들은 자신이 무엇을 했는지 정확히 알고 있었다. 하지만 그들은 상황 논리나 자기 보존의 욕망으로 자신의 악행을 정당화했다. 또 자신이 그 일을 하지 않았더라도 어차피 누군가는 그 일을 했을 것이라고 정당화했다. 이렇게 냉소주의는 한 공동체를 파괴한다.

'찬수', 친일파, 아이히만의 냉소주의는 어디서 왔을까? 피해의식이다. '찬수'는 왜 알바생들을 착취했겠는가? 친일파는 왜 친일을 했겠는가? 자신 역시 누군가에게 상처받았기 때문이다. 더 정확히 말해, 그 상처 때문에 과도하게 자신을 방어하려는 마음이 생겼기 때문이다. 아이히만은 왜 나치에 부역하여 유대인을 학살했겠는가? 누군가에게 받은 상처의 기억으로 자신을 과도하게 방어하려는 마음이 생겼기 때문이다 (실제로, 아이히만은 다섯 형제들 중 자신만 고등학교를 졸업하지 못했고, 이후 들어간 기술학교도 졸업하지 못했다). 이처럼 피해의식은 '나'와 '너', 그리고 '우리'를 파괴하는 냉소주의를 불러일으킨다.

°우리 시대의 냉소주의는 그 자체로 피해의식이다

냉소주의는 현대화된 불행한 의식이다.

– 페터 슬로터다이크, 『냉소적 이성 비판』

슬로터다이크는 기존의 냉소주의와는 다른, 우리 시대의 냉소주의에 대해 이렇게 말한다. 그가 말하는 "현대화된 불행한 의식", 즉 우리 시대의 냉소주의는 어떤 것일까?

새로이 통합된 냉소주의는 자신이 희생자이고 희생하고 있다고 생각하면서 스스로에게 이해심을 보인다. 그는 근면하게 동참하는 담담한 겉모습 속에 상처받기 쉬운 불행, 눈물을 쏟고 싶은 욕망을 잔뜩 지니고 있다.

– 페터 슬로터다이크, 『냉소적 이성 비판』

　슬로터타이크는 "새로이 통합된 냉소주의는 자신이 희생자이고, 희생하고 있다고 생각하면서 스스로에게 이해심을 보이는" 마음이라고 말한다. 또한 겉으로는 담담한 척하면서 "상처받기 쉬운 불행, 눈물을 쏟고 싶은 욕망을 잔뜩 지니고 있는" 마음이라고 말한다. 이런 마음이 무엇인가? 바로 피해의식 아닌가? 피해의식에 휩싸인 '선주'와 '찬수'를 생각해보라. 이들은 늘 자신이 희생자이고, 희생하고 있다고 생각한다. 이 생각 때문에 스스로를 과도하게 이해하고, 겉으로는 담담한 척하지만 속으로는 상처받기 쉬운 불행을 날조하여 눈물을 쏟고 싶은 욕망을 잔뜩 지니고 있다.

　"새로이 통합된 냉소주의", 즉 "현대화된 불행한 의식"은 바로 피해의식의 다른 이름이다. 기존의 냉소주의가 피해의식의 부산물이었다면, 새로이 통합된 냉소주의는 그 자체가 이미 피해의식이라고 말할 수 있다. 냉소주의와 피해의식은 불가분의 관계에 있다. 이것이 우리가 피해의식에 대해 깊이 성찰해보아야 하는 이유다.

·· 비트겐슈타인 ··

대화가 단절되는 이유

"요즘 어떻게 지내?"

"직장 그만둬서 자유롭게 지내고 있어."

"자유가 뭔데? 그건 너희 집에 돈 많아서 그런 거 아니야?"

"왜 갑자기 흥분하고 그래."

"광민이는 어떤 애야?"

"광민이? 좀 여성적이지."

"여성적인 게 뭔데? 너 그거 성차별적인 발언이야."

"뭔 소리야. 광민이 이야기하고 있는데."

'민혁'은 오랜만에 만난 친구의 근황을 물었다. 친구는 오래 다닌 직장을 그만 두고 자유롭게 지내고 있다고 답했다. 그러자 '민혁'은 갑자기 격양되어 자유에 대해 쉽게 말하지 말라며 화를 냈다. 그렇게 둘의 대화는 멈춰버렸다. '민선'은 '광민'이 어떤 사람인지 친구에게 물었다. 친구는 '광민'이 여성적인 면이 있다고 답했다. 그러자 '민선'은 갑자기 흥분하며 그것은 성차별적인 발언이라고 친구를 몰아세웠다. 그렇게 둘의 대화는 끊어져버렸다.

누군가와 대화가 안 되는 경험을 종종하게 된다. 이런 소통의 부재에는 크게 두 가지 양상이 있다. 대화가 어긋나는 경우와 대화가 단절되는 경우다. '민혁'과 '민선'이 겪고 있는 소통의 부재는 '대화의 어긋남'이 아니라 '대화의 단절'이라고 말할 수 있다. 이런 대화의 단절은 왜 일어나는 것일까? 바로 피해의식 때문이다.

피해의식은 대화를 단절시킨다. 피해의식에 휩싸인 이들과 대화를 나눠본 적이 있을까? 그들과의 대화는 맥락 없는 분노나 적개심, 인신공격으로 끝나는 경우가 대부분이다. 피해의식에 휩싸인 이들이 끝내 홀로 남겨지는 것은 결코 우연이 아니다. 피해의식에 빠진 이들은 타인에게 상처를 주고, 그 상처는 다시 그들에게 되돌아와 결국 그들은 세상에 혼자 남겨지게 된다. 피해의식에 빠진 이들이 홀로 고립되는 것은 대화의 단절이 낳은 필연적 결과다. 대화의 단절, 이는 피해의식의 치명적 유해함 중 하나다.

'언어'는 '게임'이다

피해의식은 어떻게 대화를 단절시키는 걸까? 누구보다 언어에 대해 깊이 고민한 철학자, 비트겐슈타인의 이야기를 들어보자. 먼저 비트겐슈타인이 '언어'에 대해 어떻게 생각하고 있는지부터 알아보자.

> 어린 아이들이 모국어를 배우는 놀이들 (중략) 나는 이러한 놀이들을 '언어게임'이라고 부르고자 한다. (중략) 언어와 그 언어가 뒤얽혀 있는 활동들 전체도 '언어게임'라 부를 것이다.
> – 루트비히 비트겐슈타인, 『철학적 탐구』

비트겐슈타인은 언어를 일종의 게임(놀이)이라고 생각한다. 이를 '언어게임'이라는 개념으로 설명한다. 이는 어려운 개념이 아니다. '정우'네 집과 '향미'네 집, 두 가정이 있다. '정우'네 집에서는 부모가 책을 쓸모없는 것으로 여긴다. 그래서 '책'

을 '종이쪼가리'라고 부른다. 반면 '향미'네 집에서는 부모가 책을 소중한 것으로 여긴다. 그래서 '책'을 '보물'이라고 부른다. 이 두 가정의 아이에게 물건을 가져오게 하는 '언어게임'을 한다고 해보자.

부모가 아이에게 책을 가져오게 하려면 어떻게 말해야 할까? '정우'네 집에서는 "종이쪼가리 가져와."라고, '향미'네 집에서는 "보물 가져와."라고 말해야 한다. 만약 반대로, '정우'에게 "보물 가져와."라고 말하면 '정우'는 엄마의 보석함을 뒤질지도 모른다. 마찬가지로, '향미'에게 "종이쪼가리 가져와."라고 말하면 '향미'는 공책을 찢고 있을지도 모른다. '정우'네 가정에서 '향미'는 '언어게임'을 할 수 없고, 그 반대 역시 마찬가지다. 바로 이것이 비트겐슈타인이 말한 '언어게임'이다.

삶이 다르면 언어가 다르다

언어는 일종의 게임이다. 규칙을 공유해야만 할 수 있는 게임. 여기서 말하는 규칙은 특정한 언어(한국어·영어·독일어) 안에서 통용되는 규칙(문법·발음 등등)만을 의미하지는 않는다. '언어게임'을 가능하게 하는 규칙은 같은 언어(한국어)를 사용한다고 해서 다 같은 것은 아니다. 같은 모국어를 쓰더라도, "그 언어(종이쪼가리·보물)와 그 언어가 뒤얽혀 있는 (책을 천시하거나 혹은 책을 중요하게 여기는) 활동들 전체"에 따라 언어 규칙이 저마다 달라질 수밖에 없기 때문이다.

> '언어게임'이란 낱말은 여기서, 언어를 말하는 것이 어떤 활동의 일부 또는 삶의 형태의 일부임을 부각시키고자 의도된 것이다.
> – 루트비히 비트겐슈타인, 『철학적 탐구』

비트겐슈타인에 따르면, '언어'는 하나의 고정된 의미를 갖지 않는다. 언어는 다양한 "삶의 형태의 일부"이기 때문에 하나의 단어라도 다양한 의미를 가질 수 있다. 즉, 우리가 대화를 나눌 때 사용하는 언어는, 그 언어가 사용되었던 한 사람의 삶의 형태에 따라 그 의미가 현격하게 달라진다. 이것이 비트겐슈타인의 '언어 게임'이 의미하는 바다.

'씨발'이란 단어를 예로 들어보자. '씨발'은 그저 단순한 욕설일까? 달리 말해, '씨발'에는 욕설이라는 고정된 의미밖에 없을까? 결코 그렇지 않다. 고상하고 격식 있는 집안("삶의 형태의 일부")에서 자란 이에게만 '씨발'은 불편하고 거북한 욕설일 뿐이다. 하지만 다른 "활동의 일부 또는 삶의 형태의 일부"에서는 전혀 다른 의미 를 가질 수 있다.

이유 없이 누군가에게 맞았을 때 '씨발'이라고 말할 수 있다. 이는 "왜 때려!" 라는 의미다. 친한 친구의 죽음을 알게 되었을 때 나직한 목소리로 '씨발'이라고 말 할 수 있다. 이는 "슬프다"라는 의미다. 약자를 도와주지 못하고 무기력하게 돌아 서며 했던 '씨발'은 어떤 의미인가? "난 한심한 놈이야!"라는 의미다. 또 감동적인 영화를 보고 '씨발'이라고 말할 수도 있다. 이는 "말할 수 없이 감동적이다!"라는 의미다.

이처럼 비트겐슈타인의 '언어게임'에서 '언어'는 특정한 언어(영어·독일어·한 국어)뿐만이 아니라 다양한 삶의 맥락에서 상이한 방식으로 사용되는 언어까지를 포함하는 개념이다. 이는 같은 한국어라고 하더라도, 각자의 "삶의 형태"에 따라 유치원의 언어, 시장의 언어, 법원의 언어, 회사의 언어가 있는 것으로 설명할 수 있다.

피해의식은 오해를 낳는다

이제 왜 '민혁'과 '민선'의 대화가 단절되었는지 알 수 있다. 둘은 상대와 다른 규칙으로 '언어게임'을 하고 있었기 때문이다. '민혁'의 대화는 왜 단절되었을까? "직장 그만둬서 자유롭게 지내고 있어." 이 말 때문이다. 친구는 단순히 자신의 근 황을 이야기한 것일 뿐이다. 하지만 '민혁'은 그 말에 흥분하며 친구에게 날 선 인 신공격을 했다. 왜 그랬을까? 친구의 말("직장 그만둬서 자유롭게 지내고 있어.")을 용기가 없어서 자유로운 삶을 찾아 떠나지 못하는 자신에 대한 비난으로 오해했기 때문이다. 쉽게 말해, '민혁'은 상대의 말을 "너 지금 나 회사 그만두지 못한다고 비난하는 거야!"라고 들었기 때문이다.

'민선'의 대화는 왜 단절되었을까? "광민이는 좀 여성적이지." 이 말 때문이다. 친구는 그저 '광민'은 섬세하고 때로 예민하며 다정다감한 면이 있다고 말하려고 했을 뿐이다. 하지만 '민선'은 그 말에 흥분하며 화를 냈다. 왜 그랬을까? 친구의 말("광민이는 좀 여성적이지.")을 '남성'성과 '여성'성을 이분법적으로 구분함으로써 성차별을 강화하려는 의도로 오해했기 때문이다. 쉽게 말해, '민선'은 "네가 여성을 특정한 성격으로 규정하니까 성차별이 사라지지 않는 거야!"라고 생각했기 때문이다. '민혁'과 '민선'은 상대의 언어규칙을 이해하지 못했기 때문에 대화를 단절시켰던 셈이다. 그렇다면 '민혁'과 '민선'은 왜 상대의 언어규칙을 이해하지 못했을까? 바로 피해의식 때문이다.

피해의식, 언어게임의 파괴자

피해의식은 언어게임의 파괴자다. 누군가와 진정한 대화를 하려면 상대의 언어규칙을 읽을 수 있어야 한다. 언어규칙을 읽는다는 것은 어떤 의미인가? 그것은 표현이 아닌 대화의 맥락을 읽는다는 것이고, 더 나아가 상대의 삶의 맥락을 읽는다는 것이다. 한 사람이 쓰는 언어는 단순한 표현이 아닌 대화의 맥락 안에서만 이해되고, 더 나아가 그 사람의 삶의 맥락 안에서만 이해될 수 있기 때문이다.

상대가 "씨발"이라고 말할 때, 그것이 욕인지 감탄사인지 습관인지를 파악하려면 상대가 어떤 대화 맥락에서 그 말을 사용했는지, 또 그가 어떤 삶을 살아왔는지를 알아야만 한다. 그렇게 상대의 언어규칙을 이해할 때만 비로소 진정한 대화를 이어나갈 수 있다. 바로 여기에 피해의식이 대화의 단절을 초래하는 이유가 있다. 피해의식에 휩싸이면 '언어게임'을 할 수 없다. 상대의 언어규칙을 파악할 수 없기 때문이다. 피해의식에 휩싸이면 상대의 특정한 표현에 온통 신경이 쓰여서 대화의 맥락도, 상대의 삶의 맥락도 전혀 파악할 수 없는 상태가 되어버린다. 이는 당연한 일이다. 피해의식은 오직 자신의 상처받은 기억만을 바라보게 만들기 때문이다.

'민혁'은 직장에 대한 피해의식이 있다. 몸과 마음을 모두 피폐하게 만드는 직장을 떠나고 싶다. 하지만 경제적 어려움 때문에 직장을 떠나지 못하고 있다. 이런 상황 때문에 '민혁'은 과도한 자기방어의 마음이 생겼다. '민혁'은 온통 그 피해의식에 관련된 생각밖에 하지 않는다. '민혁'은 친구와의 대화에서 시기와 질투부터 불안과 자기연민까지 온갖 부정적 감정에 휩싸일 수밖에 없었다. 그 뒤엉켜 요동치는 부정적 감정(시기·질투·불안·자기연민…)이 친구 말의 진의를 가려버렸던 셈이다.

'민선' 역시 마찬가지다. 민선은 성(젠더)에 대한 피해의식이 있다. '민선'은 어린 시절부터 성차별 때문에 크고 작은 상처를 받았고 그로 인해 과도한 자기방어의 마음이 생겼다. '민선'은 온통 그 피해의식에 관련된 생각밖에 하지 않는다. '민선'은 친구와의 대화에서 성차별로 인해 상처받았던 기억이 생각나 억울하고 화가 치밀어 오르고 복수심이 들끓었다. 그 뒤엉켜 요동치는 감정(분노·억울함·복수심…)은 친구의 말을 곡해하기 충분했다.

피해의식을 넘어 대화하는 법

그렇다면 피해의식에 휩싸인 이들은 대화를 할 수 없는 것일까? 매번 자신의 피해의식이 건드려지는 지점에서 시기·질투에 휩싸여 맥락 없는 분노와 적개심으로 대화를 단절시킬 수밖에 없는 것일까? 비트겐슈타인의 이야기를 들어보자.

내가 규칙을 따를 때, 나는 선택하지 않는다. 나는 규칙을 맹목적으로 따른다.
– 루트비히 비트겐슈타인, 『철학적 탐구』

누군가와 대화를 하기 위해서 반드시 따라야 할 규칙이 있다. 상대의 언어규칙을 맹목적으로 따를 것! 이는 당연한 말이다. 누군가와 장기(언어게임)를 두려고 할 때, 내 마음대로 규칙을 선택해서는 안 된다. 정해진 규칙을 맹목적으로 따라야만 한다. 대화 역시 그렇다. 누군가와 대화하려고 할 때, 내 마음대로 언어규칙을 선택해서는 안 된다. 정해진 상대의 언어규칙을 맹목적으로 따라야만 한다. 그래야만 상대와 진정한 대화를 할 수 있다.

그런데 피해의식에 휩싸인 이들은 자신의 삶의 맥락(규칙)만을 볼 뿐, 상대의 삶의 맥락(규칙)을 볼 수 없다. 그러니 상대의 언어규칙을 따르고 싶어도 따를 수 없다. 이 문제를 어떻게 해결할 것인가?

두려운 이와 대화하라!

내가 두려워하는 어떤 사람이 나에게 수열을 계속하라는 명령을 한다면, 나는 신속히, 확신을 가지고 행위를 할 것이며, 근거들의 결여는 나를 방해하지 않을 것이다.

– 루트비히 비트겐슈타인, 『철학적 탐구』

비트겐슈타인의 해법은 간명하다. 두려워하는 이와 대화를 하면 된다. 여러 종류의 수열(언어규칙)이 있을 수 있다. '1, 2, 3, 4…'라는 수열, '1, 3, 5, 7, 9…'라는 수열, '2, 4, 6, 8, 10…'라는 수열 등등 우리는 저마다 자신이 옳다고 믿는 수열(언어규칙)이 있다. 예를 들어, '1, 2, 3, 4…'라는 수열의 (1씩 더해지는) 규칙을 믿는 A가 있다고 하자. A는 당연히 '1, 3, 5, 7, 9…'라는 수열의 (2씩 더해지는) 규칙은 틀렸다고 말한다.

하지만 이때 A가 매우 두려워하는 이가 '1, 3, 5, 7, 9…'라는 수열을 계속하라고 명령하면 어떨까? 그때도 A는 자신의 수열(언어규칙)을 고집할까? 결코 그럴 수 없다. A는 "신속히, 확신을 가지고" 새로운 수열의 규칙을 따를 것이다. 자신이 생각하기에 그 새로운 수열(언어규칙)의 근거들이 아무리 결여되어 있더라도, 그것이 새로운 수열을 받아들이는 데 방해가 되지는 않을 것이다. 그 과정에서 A는 비로소 새로운 규칙("2씩 더해지는 규칙이었구나!")을 발견하게 될 것이다.

피해의식은 거대한 선입견이다. 이것이 피해의식이 대화를 가로막는 근본적인 이유인 동시에 우리가 두려워하는 타인과 대화를 해야만 하는 이유다. 피해의식에 휩싸인 이들은 두려워하는 대상과 대화를 해야 한다. 그때만 자신의 규칙을 버리고 "신속히, 확신을 가지고" 타인의 언어규칙을 '맹목적!'으로 따를 수 있기 때문이다. 오직 그 과정을 통해서만 상대의 새로운 언어규칙을 발견하여, 그 속으로 들어갈 수 있다.

가장 두려운 이 = 가장 사랑받고 싶은 이

여기서 오해하지 말아야 할 것이 있다. 가장 두려운 존재는 누구인가? 압도적인 권력자(선생·사장·범죄자…)인가? 아니다. 이는 결과론적인 이야기일 뿐이다. 가장 두려운 존재는 나를 가장 연약한 존재로 만드는 사람이다. 선생·사장·범죄자가 두렵다면 그것은 그들이 나를 연약한 존재로 만들기 때문일 뿐이다. 뒤집어 말해, 그들 앞에서 우리가 연약해지지 않을 정도로 강건해지면 그들은 더 이상 두려운 존재가 아니다. 어른이 되면, 직장을 그만두면, 자신이 강해지면 선생·사장·범죄자는 더 이상 두렵지 않게 되게 마련이다.

그렇다면 진짜로 두려운 존재는 누구인가? 달리 말해, 우리는 어떤 사람 앞에서 항상 가장 연약해지는가? 바로 사랑하는 이다. 정확히는 내가 가장 사랑받고 싶은 이다. 아이는 왜 엄마의 언어규칙을 맹목적으로 배우는가? 아이에게 엄마는 가장 사랑받고 싶은 존재이기 때문이다. 피해의식에 휩싸인 이들이 대화할 수 있는 방법은 하나뿐인지도 모른다. 사랑하고 또 사랑받고 싶은 이와 대화할 것! 너무나 사랑하고 또 사랑받고 싶은 마음에 자신을 한없이 연약한 존재로 만드는 이와 대화할 때만 피해의식을 넘을 수 있다.

'민혁'은 언제 대화할 수 있을까? 사랑스러운 아이와 대화할 때다. "옆집 아빠는 직장 그만두고 아들이랑 매일 놀아준대." 아이가 이렇게 말할 때도 '민혁'은 "그 집은 돈이 많으니까 그러겠지!"라고 화를 내며 대화를 단절시킬까? 결코 그러지 못할 것이다. '민혁'은 아이의 말이 어떤 의미인지를 고민하고 또 고민해서 아이와 대화를 이어나가려고 할 것이다. '민혁'에게 아이는 세상 누구보다 자신을 연약하게 만드는 존재이니까 말이다.

'민선'은 언제 대화할 수 있을까? 사랑스러운 연인과 대화할 때다. "넌 여성적인 면이 매력적이야." 연인이 이렇게 말할 때도 '민선'은 "그거 성차별적 발언이야!"라고 흥분하며 상대를 몰아세울까? 결코 그러지 못할 것이다. 연인의 말이 어떤 의미인지를 추측하고 또 추측해서 연인과 대화를 이어나가려고 할 것이다. 당연하지 않은가? 그 사람이 없으면 내 삶이 멈춰버릴 것처럼 두려운 존재 앞에서 어떻게 나의 언어규칙을 고집할 수 있단 말인가? 나를 가장 연약한 존재로 만들 만큼 사랑하는 이를 만나게 되었을 때만 피해의식 너머에서 대화할 수 있다.

06

피해의식이라는
거대한
감옥

VICTIM
MENTALITY

01. ————————— 언제 피해의식은
사회적 문제가 되는가?

°우발적 상처 VS 의도적 상처

피해의식은 왜 생기는가? 상처(피해) 때문이다. 그런데 이 상처에는
두 가지 종류가 있다. '우발적(비의도적) 상처'와 '의도적 상처'. 외모에 대한
피해의식을 생각해보자. '미진'과 '혜선'은 둘 다 외모에 대한 피해의식이
있다. 둘은 외모 때문에 상처받은 기억으로 인해 종종 과도하게 자기방
어적인 태도를 취하곤 한다. 그런데 이 둘의 피해의식은 조금 다르다. 둘
이 받은 상처의 양상이 다르기 때문이다.

'미진'의 피해의식은 어디서부터 시작되었을까? '미진'은 '광수'를 오
랜 시간 좋아했다. '미진'은 긴 시간 고민하다 '광수'에게 고백을 했다.
"나 오래전부터 너 좋아했어." 하지만 불행하게도, '광수'는 '경은'을 좋아
한다고 답했다. '경은'은 누가 봐도 예쁘게 생긴 친구였기에, '미진'은 자
신의 외모 때문에 사랑이 이루어지지 못했다고 생각했다. 바로 이 상처
가 '미진'의 피해의식의 시작점이었다. 이 상처는 '우발적(비의도적) 상처'

라고 말할 수 있다. '광수'는 '미진'에게 상처 줄 의도가 없었다. 그저 자신의 마음을 표현했을 뿐이다. 그 마음이 우발적으로 '미진'에게 씻을 수 없는 상처가 되었을 뿐이다.

'혜선'의 피해의식은 어디서부터 시작되었을까? '혜선'의 아버지 때문이다. "여자는 일단 얼굴이 예쁘고 봐야 돼." "너는 그렇게 엉덩이가 펑퍼짐해가지고 어쩌려고 그러냐?" '혜선'의 아버지가 입버릇처럼 했던 말이다. '혜선'은 어린 시절부터 암묵적인 혹은 노골적인 아버지의 외모 평가 속에서 자랐다. 이 상처가 '혜선'의 피해의식의 시작점이었다. 이 상처는 우발적인 것이 아니다. 다분히 의도적인 것이다. 아버지는 '혜선'에게 상처 줄 의도가 있었다. 물론 아버지는 그럴 의도가 없었다고 말할지 모르나 습관보다 무서운 의도는 없다. 아버지의 습관적인(의도적인!) 입버릇은 '혜선'에게 씻을 수 없는 상처가 되었다.

°피해의식은
사회적 문제다

피해의식은 개인 탓인가, 사회 탓인가? 피해의식은 개인적 문제(잘못)이기도 하지만 사회적 문제(잘못)이기도 하다. 그렇다면 피해의식은 언제 개인적 문제가 되고, 언제 사회적 문제가 되는가? 피해의식을 유발한 상처가 '우발적 상처'라면 그 피해의식은 개인적 문제다. 반면 피해의식을 유발한 상처가 '의도적 상처'라면 그 피해의식은 사회적 문제다.

다시 '미진'과 '혜선'의 이야기로 돌아가 보자. '미진'의 피해의식은 개인적 문제(잘못)에 가깝다. 왜 그런가? '미진'이 받은 상처는 우발적이었기 때문이다. 우발성은 해석의 문제다. 즉, 우발적으로 어떤 일이 벌어졌을 때 그것을 어떻게 받아들일지는 한 개인의 해석에 달려 있다. '미진'의 고백을 받은 '광수'는 '경은'을 좋아한다고 말했다. 이는 분명 상처다. '미진'은 이 상처를 자신의 외모의 문제로 해석했다. 이것이 '미진'이 외모에 대한 피해의식이 생긴 이유였다.

하지만 '미진'은 모른다. '광수'가 '경은'을 좋아했던 이유는 외모 때문이 아니라 음악과 그림을 좋아하는 섬세한 감수성 때문이었다는 사실을. '미진'이 상처받았던(고백이 거절당했던) 이유는 외모 때문이 아니라 그녀의 거칠고 투박한 감수성 때문이었던 셈이다. 이는 '미진'이 자신의 상처(고백의 거절)가 외모 때문이 아니라 감수성 때문이었다고 해석할 수 있었다면 그녀의 피해의식은 없거나 덜했을 가능성이 있었음을 의미한다. 이처럼 '우발적 상처'에 의한 피해의식은 개인적 문제(해석)에 가깝다.

하지만 '혜선'의 경우는 다르다. '혜선'의 피해의식은 사회적 문제(잘못)에 가깝다. '혜선'이 받은 상처는 다분히 의도적이었기 때문이다. 그녀의 아버지가 외모로 여성을 대상화(평가)하는 태도는 다분히 의도적이다. '혜선'은 아버지의 이런 '의도적 상처' 속에서 자랐다. 이런 아버지 밑에서 자라면 외모에 대한 피해의식이 생기지 않을 수 없다. 이것은 '혜선'의 개인적 문제가 아니다. 이는 단순히 '혜선'의 아버지의 문제가 아니라, '아버지'라는 존재로 표상되는 가부장적 혹은 남성중심적인 사회의 문제이기 때문이다. 이처럼 '의도적 상처'에 의한 피해의식은 사회적 문제에 가깝다.

의도성에는 해석의 여지가 없다. 분명하고 강력한 의도에는 해석이 개입할 여지가 거의 없다. 물론 강력한 의도에 불구하고 상황을 다르게 해석할 수 있다. "여자는 일단은 얼굴이 예쁘고 봐야 돼." "너는 그렇게 엉덩이가 평퍼짐해가지고 어쩌려고 그러냐?" 이런 분명하고 강력한 '의도적 상처'를 다르게 해석할 수도 있다. '아빠가 다 나 잘되라고 하는 말일 거야.' 이런 해석은 정신승리다. 삶을 더 큰 불행으로 빠뜨리는 정신승리. '의도적 상처'를 개인적으로 해석할 수 있지만 이는 결국 더 짙은 피해의식을 불러오게 된다.

°우발적 상처는
의도적 상처 속에 있다

피해의식을 다룰 때, '우발적 상처'만큼 '의도적 상처'를 고민해보아야 한다. 왜 그런가? '우발적 상처'는 이미 '의도적 상처' 아래에서 작동하는 경우가 많기 때문이다. 우리가 우발적이라고 믿는 일들은 이미 특정한 의도 아래서 벌어지는 경우가 많다. 가난에 대한 피해의식을 생각해보자. '민구'는 가난에 대한 피해의식이 있다. 친구들이 가난한 '민구'에게 무관심했기 때문이다. 이 상처는 분명 우발적이다. 친구들은 딱히 의도를 가지고 '민구'에게 상처를 주려고 했던 것이 아니다. 단지 비싼 옷과 가방을 갖고 있는 부잣집 친구에게 관심이 쏠려 '민구'에게는 무관심했던 것일 뿐이다.

그렇다면 이 '우발적(비의도적) 상처'는 정말 우발적(비의도적)이기만 할까? 그렇지 않다. 이 우발성은 특정한 의도성 아래에서 작동한다. 어떤 의도성인가? 자본주의적 의도성이다. 자본주의는 특정한 감성을 의도한다. 그 감성은 무엇인가? 비싸고 새로운 것은 매혹적이고, 싸고 오래된 것은 비루하다고 느끼는 감성이다. 이는 그 자체로 '의도적 상처'다. 자본주의는 비싸고 새로운 것을 구매할 수 없는 가난한 이들에게 '의도적 상처'를 준다. 그들은 단지 가난하다는 이유로 비루한 존재로 낙인찍힐 수밖에 없기 때문이다. 자본주의는 이런 의도성을 이미 가지고 있다.

'민구'의 친구들의 무관심은 우발적이다. 그들은 '민구'에게 특별히 상처 줄 의도가 없었다. 하지만 그 우발적 상처는 이미 자본주의적 의도성 아래서 조직되었다. 자본주의가 만든 의도성("비싼 것은 매력적이고, 싼 것은 후진 거야!")이 부잣집 친구에게 모든 관심이 쏠리게 만들었고, 그 결과로 '민구'는 무관심 속에서 상처받았기 때문이다. 그러니 '민구'가 받은 '우발적 상처'는 이미 자본주의가 유발한 '의도적 상처'라고 말할 수 있다.

다른 피해의식 역시 그렇지 않은가? 학벌(외모)에 대한 피해의식을 생각해보자. 회사에서 자신보다 학벌(외모)이 좋은 후배가 항상 주목받고 심지어 먼저 승진까지 했다고 해보자. 이때 학벌(외모)에 대한 피해의식이 있는 이는 그 후배가 좋은 학벌(외모) 때문에 자신보다 인정받는 것이라고 믿는다. 하지만 그 후배가 주목받고 빨리 승진한 것은 학벌(외모) 때문이 아니라 탁월한 업무 성과 때문일 수도 있다.

그렇다면 학벌(외모)에 대한 피해의식이 있는 이가 받은 상처는 우발적인 것일까? 즉, 그 피해의식은 개인의 탓인가? 단정해서 말할 수 없다. 그 우발적 상처에 사회적인 문제(학벌중심주의 혹은 외모중심주의)가 전혀 개입되어 있지 않다고 말할 수 없는 까닭이다. 학벌(외모) 때문에 받은 상처는 우발적(개인적)일 수 있다. 하지만 그 우발성은 학벌중심주의(외모중심주의)적 사회가 야기한 '의도적 상처' 아래서 발생한 우발성일 수 있다.

이처럼 피해의식을 유발하는 상처가 개인적(우발적) 상처라 할지라도, 그 속에 이미 사회적(의도적) 상처가 도사리고 있는 경우는 매우 흔하다. 피해의식은 '우발적 상처'에 의한 개인적 문제만은 아니다. 그 '우발적 상처'에는 이미 특정한 사회적 의도가 내재되어 있는 경우가 많기 때문이다. 이것이 피해의식을 다룰 때, 개인적 문제뿐만 아니라 사회적 문제 역시 면밀히 살펴봐야 하는 이유다.

02. ———— '슬픔의 공동체'의 원인,
피해의식

°왜 선생은 공부 못하는
아이를 때렸을까?

공부에 대한 피해의식이 있었다. 공부를 잘하는 아이들이 미웠다. 나에게 아무 잘못도 하지 않았거나 심지어 친절했던 친구라도, 공부를 잘한다는 이유로 싫어지곤 했다. 나의 마음은 왜 그리 뒤틀어졌던 걸까? 이유는 간명하다. 내가 공부를 못했기 때문이다. 내가 공부를 못했기 때문에 공부를 잘하는 아이들이 이유 없이 미워졌던 것이다. 하지만 그 이유가 전부일까? 아니다. '공부 못하는 나'와 '공부 잘하는 아이를 미워하는 마음' 사이에 직접적인 인과관계는 성립하지 않는다. 그 둘 사이에 인과관계가 있으려면 매개체가 필요하다. 그 매개체는 무엇일까?

"30등 밑으로 다 나와."

"너 같이 공부 못하는 새끼는 사람 구실도 못해."

학창 시절, 공부를 못하면 맞아야 했다. 선생(부모)들은 성적이 낮은 아이들을 물리적으로 때리거나 인격적으로 모욕했다. 이는 당시 선생(부모)들이 면학 분위기를 조성하는 방식이었다. 바로 이것이 나에게 공부에 대한 피해의식이 생긴 또 하나의 이유였다. '공부 못하는 나'와 '공부 잘하는 아이를 미워하는 마음' 사이에는 선생(부모)들이 야기한 의도적 상처가 있었다. 선생(부모)들은 공부 잘하는 아이에게 칭찬·인정·관심을 주었고, 공부 못하는 아이는 때리거나 모욕을 주었다. 이 의도적 상처가 매개체가 될 때 공부에 대한 피해의식은 촉발되고 강화된다.

공부를 잘한다는 이유만으로 과도한 칭찬·인정·관심을 주지 않고, 공부를 못한다는 이유만으로 때리거나 모욕을 주지 않았다면, 공부를 못하는 것이 마음이 뒤틀릴 만큼의 상처가 되지는 않는다. 즉, 선생(부모)들이 아이들의 피해의식을 조장하고 방치한 셈이다. 선생(부모)들은 왜 그랬던 걸까? 아이들에게 학문의 즐거움을 알게 해주기 위해서? 아이들에게 더 나은 미래를 선물해주기 위해서? 그런 선의를 갖고 있던 이들도 없진 않았을 테다. 하지만 대부분은 자신들이 속해 있는 체제를 유지하기 위해서였다. 즉, 명문대학 입학 인원으로 학교(가정)의 평판이 결정되는 당시 교육 체제에 편승하기 위해서였다.

°피해의식은
권력자의 체제 유지 수단이다

피해의식은 권력자의 체제 강화·유지 수단으로 기능한다. 달리 말해, 권력자들은 의도적 상처를 통해 대중들의 피해의식을 방치하고 조장한다. 이를 통해 기존의 체제를 강화하고 유지한다. 이는 가난에 대한 피해의식에서 더욱 선명하게 드러난다. 가난에 대한 피해의식이 있었다. 악착같이 돈을 벌고 싶었다. 몸과 마음을 혹사시키면서까지, 심지어 타인에게 크고 작은 상처를 주면서까지 돈을 벌려고 했다.

나의 마음은 왜 그리 뒤틀어졌던 것일까? 가난했기 때문일까? 그저 가난했기 때문에 돈벌레가 되었던 것일까? 아니다. 거기에는 권력자(정부·자본가)의 의도적 상처가 이미 깊숙이 개입되어 있다. '가난한 나'와 '돈벌레 나' 사이에 직접적인 인과관계는 성립하지 않는다. 가난하다고 곧바로 돈벌레가 되는 것은 아니다. '가난한 나'와 '돈벌레 나' 사이에 인과관계가 성립하려면, 권력자의 의도적 상처(매개체)가 개입되어야 한다.

나는 왜 돈벌레가 되었을까? 특정 정부가 최소한의 인간적인 삶을 보장하는 복지 정책을 무력화시키고, 고용을 불안정하게 하고(정규직 축소·비정규직 확대 정책), 집값(부동산)을 폭등하게 만들었기 때문이다. 정부의 의도적 상처(무한경쟁·각자도생) 때문에 나는 돈벌레가 될 수밖에 없었다. 이는 당연한 귀결이다. 가난해서 상처받았던 기억에, 이런 의도적 상처까지 더해질 때 어찌 돈벌레가 되지 않을 수 있겠는가? 돈이 없으면 최소한의 인간적인 삶을 유지하지 못하거나 혹은 생존하지 못할 것이란 공포 앞에서 돈벌레가 되지 않을 사람이 얼마나 되겠는가?

°자본이 유발하는 피해의식

그뿐인가? 자본가(권력자)는 자본주의라는 체제를 유지하기 위해 피해의식을 조장한다. 자본가는 기묘한 방식으로 우리에게 의도적 상처를 준다. 넘쳐나는 광고들을 보라. 비싸고 새로운 상품(집·자동차·옷·스마트폰…)을 소비하는 이들은 얼마나 행복해 보이는가? 이는 분명한 의도적 상처다. 돈 많은 이들의 행복을 볼 때, 돈 없는 자신의 불행은 더 크게 보일 수밖에 없기 때문이다. 자본가는 우리의 뼛속 깊이 하나의 목소리를 각인시켜 놓는다.

"돈이 많으면 행복할 것이고, 돈이 없으면 불행할 것이다." 이는 명백한 의도적 상처이고, 이는 필연적으로 가난에 대한 피해의식을 불러온다. "돈 많은 이들은 모두 행복한데, 돈이 없는 나만 불행하다." 거대 자본이 투입된 영화, 드라마, CF 속에서 살아가는 우리에게 가난에 대한 피해의식은 필연적이다. 이 피해의식은 가난한 이든 부유한 이든, 누구든 피해갈 수 없다. 가난함과 부유함은 결국 상대적인 것이기 때문이다.

권력자(선생·정부·자본가…)들은 우리의 피해의식을 방치하거나 조장, 강화하며 기존의 체제를 공고히 한다. 요즘 젊은이들 사이에 이주 노동자들에 대한 반감을 갖고 있는 이들이 적지 않다. 이주 노동자들은 열악한 노동 조건 속에서 상대적으로 낮은 임금을 받고 일하고 있음에도 불구하고, 일부 젊은이들은 그들에게 불쾌함을 느끼고 모종의 불만을 토로한다. 왜 그런 일이 벌어지는 걸까?

바로 취업에 대한 피해의식 때문이다. 요즘 젊은이들 사이에는 취업에 대한 피해의식("나만 혹은 우리만 취업이 안 되고 있어!")이 팽배해 있다. 그들의 이주 노동자들에 대한 근거 없는 반감은, 취업이 잘 되지 않아 받았던 상처로 인한 과도한 자기방어 때문에 발생한 마음이다. 그렇다면 그들은 왜 취업이 잘 되지 않는 것일까? 자신의 능력 부족이나 게으름 때문일까? 그렇지 않다. 더 싼 노동력을 찾아 더 큰 이윤을 남기려는 자본가의 탐욕과 그것을 은근히 방치하거나 적극적으로 지지하는 정부 당국의 정책 때문이다. 그 과정에서 발생한 취업에 대한 피해의식이 이주 노동자들 대한 근거 없는 분노와 적대감의 원인이다. 결국 자본가와 특정 정부가 젊은이들의 취업에 대한 피해의식을 방치·조장·강화한 셈이다.

°피해의식은
거대한 감옥이다

피해의식은 심각한 사회적 문제이다. 피해의식은 '슬픔의 공동체'의 원인이 되기 때문이다. 권력자는 갖가지 의도적(사회적) 상처를 통해 피해의식을 방치하고 조장, 강화한다. 이는 공동체를 슬픔에 빠뜨린다. 선생이 공부에 대한 피해의식을 방치하고 조장할 때 아이들의 공동체는 어떻게 되겠는가? 두말할 나위 없이 슬픔에 휩싸인 공동체가 된다.

공부를 못해서 물리적·정서적 폭력에 노출된 아이는 그 자체로 슬픔(자기비하·분노·경멸)에 빠지게 된다. 그뿐인가? 그런 폭력에 노출된 아이는 공부를 잘하는 아이를 은근히 혹은 노골적으로 시기·질투하고 미워하게 된다. 공부를 잘하는 아이라고 기쁜 것이 아니다. 공부를 잘하는 아이는 이유 없이 누군가의 시기와 질투의 대상이 되어서 슬프다(억울함·적개심). 그뿐인가? 자신 역시 언제 성적이 떨어져 선생에게 맞거나 비난받을지 몰라 불안에 시달리며 살아가게 된다. 그렇게 아이들의 공동체는 잿빛으로 물든 슬픔의 공동체가 된다.

가난에 대한 피해의식 역시 마찬가지 아닌가? 정부와 자본가가 가난에 대한 피해의식을 방치하고 조장, 강화할 때 우리의 공동체는 어떻게 되겠는가? 필연적으로 슬픔의 공동체가 된다. 가난한 이들은 몸과 마음을 혹사시키며 돈을 버느라 슬픔에 빠진다. 또 주변의 동료들을 모두 경쟁자로 여기느라, 동시에 부유한 이들을 시기·질투하느라 슬픔에 빠진다. 부유한 이들이라고 기쁜 것이 아니다. 그들은 가난한 이들의 근거 없는 시기·질투의 대상이 되어서 슬픔(분노·적개심)에 빠진다. 그뿐인가? 자신 역시 언제 가난해질지 모른다는 걱정과 불안 때문에 슬픔에 빠진다.

취업에 대한 피해의식 역시 마찬가지다. 젊은이들의 불만과 분노가 향해야 할 대상은 이주 노동자도, 동료 취준생도, 함께 일해야 할 노동자도 아니다. 탐욕스러운 자본가와 그 탐욕을 방치하고 부추기는 정부다. 서글프게도, 그들은 피해의식에 빠져 있기에 그 삶의 진실이 보이지 않는다. 권력자가 던져주는 그럴듯한 먹이를 물어뜯기에 바쁘다. "요즘 적게 받고 일할 사람들 많아." "네가 더 경쟁력 있는 사람이 되어야지." 권력자의 이런 의도적 상처에 이주 노동자와 동료 취준생, 동료 노동자들 사이에 연대 의식은 사라지고 서로를 시기·질투하느라 상호파괴적인 공동체가 된다.

피해의식은 거대한 감옥이다. 우리들의 공동체를 슬픔의 공동체로 몰아가는 거대한 감옥. 피해의식을 극복하는 일은 개인적 차원뿐만 아니라 사회적 차원에서도 논의되어야 한다. 개인적 상처에 의한 피해의식이 '나'와 '너'를 슬픔으로 몰아간다면, 사회적 상처에 의한 피해의식은 '우리'를 슬픔으로 몰아간다. 개인적 차원의 피해의식을 성찰하며 치유하려고 애를 써야 하는 만큼, 사회적 차원의 피해의식 역시 성찰하며 치유할 수 있어야 한다. 그럴 수 있을 때, 피해의식이라는 거대한 감옥으로부터 벗어날 수 있다.

03. —————— 피해의식은
바이러스다

° 바이러스의 특징,
  전염과 변이

바이러스는 무엇인가? 아주 작은 크기의 감염성 입자이다. 에이즈 (후천성 면역 결핍증)와 감기를 예로 들어보자. 둘은 모두 바이러스에 의한 질병이다. 에이즈는 '인체 면역 결핍 바이러스(HIV)'에 감염되어 면역력이 저하되는 질환이고, 감기는 특정한 감기 바이러스에 감염되어 호흡 기계에 문제를 일으키는 질환이다. 바이러스는 두려움의 대상이다. 이는 단순히 바이러스가 특정한 질환(에이즈·감기)을 유발하기 때문만이 아니다.

바이러스가 두려운 이유는 전염과 변이 때문이다. 먼저 전염부터 말해보자. 에이즈 바이러스는 혈액이나 정액에 의해서 전염된다. 감기 역시 마찬가지다. 감기 바이러스는 소량의 비말(기침·재채기를 할 때 입에서 나오는 작은 물방울)로 전염될 수 있다. 이처럼 모든 바이러스는 특정한 감염 매개(혈액·타액·비말…)를 통해 타인에게 전염된다.

바이러스가 두려운 이유는 또 있다. 바로 변이다. 바이러스에 대해 조금 더 알아보자. 바이러스는 생물과 무생물의 중간 형태인 미생물이라 할 수 있다. 생물은 자가 복제를 할 수 있고, 무생물은 자가 복제를 할 수 없다. 그런데 바이러스는 그 중간 형태를 취한다. 즉, 스스로 자가 복제를 할 수 없지만(무생물적 특징) 기생할 생명체(숙주)가 있다면 자가 복제를 할 수 있다(생물적 특징).

이는 무엇을 의미하는가? 바이러스는 특정한 생명체에 기생해야지만 자신의 생존(자가 복제)을 유지할 수 있는 존재다. 이러한 조건 때문에 바이러스는 끊임없이 자신이 기생할 생명체(숙주)를 옮겨 다닐 수밖에 없다. 이 과정에서 바이러스는 자신을 끊임없이 복제하고 증식하면서 셀 수 없는 변이를 일으킨다.

종종 잊고 살지만 에이즈뿐만 아니라 감기 역시 불치병이다. 감기를 치료할 수 있는 치료제나 감기를 예방할 수 있는 백신은 존재하지 않는다(우리가 복용하고 있는 감기약은 모두 고통을 줄여주는 역할을 할 뿐이다. 백신 역시 새로운 감기 바이러스가 나올 때마다 다시 만들어야 한다). 이는 감기 바이러스의 변이 때문이다. 바이러스는 숙주를 끊임없이 옮겨 다니는 과정에서 무수히 많은 변이를 일으킨다. 이 때문에 적절한 치료제와 백신을 개발하기가 매우 어렵다.

°피해의식이라는
바이러스

피해의식은 강력한 바이러스다. 흥미롭게도, 전염과 변이라는 바이러스의 특성은 피해의식을 매우 잘 설명해준다. 피해의식은 쉽게 전염되고, 수도 없는 변이를 일으킨다. 그뿐인가? 많은 이들이 감기를 대수롭지 않게 여긴다. 그 때문에 감기 바이러스는 급격하게 확산되어 변이를 일으킨다. 피해의식 역시 마찬가지다. 많은 이들이 피해의식을 대수롭지 않게 여기기 때문에 그것은 확산되어 변이를 일으키게 된다. 피해의식은 감기 바이러스처럼 작동한다.

'도준'과 '원미'는 연인이다. '도준'은 관계에 대한 피해의식이 있다. 어떤 관계에 있든 자신이 관심받지 못하고 소외되어 있다고 생각한다. 그 때문에 '도준'은 종종 열등감과 분노, 억울함에 휩싸인다. '도준'은 그 부정적인 감정을 '원미'에게 직접적 혹은 간접적으로 쏟아내곤 했다.

"어제 모임에서 사람들 왜 그러냐? 왜 나한테 관심 안 가져주고 자기들끼리만 웃고 떠들어?"

"어? 어제 사람들이 오빠 안부도 묻고 친절하게 대해주지 않았어?"

"너 지금 그 사람들 편드는 거야?"

"아니 그런 말이 아니잖아."

'원미'는 '도준'을 만나는 동안 그의 피해의식에 노출되었다. 그 사이 '원미'의 마음에는 어떤 변화가 생겼을까? '원미'는 딱히 피해의식이 없는 사람이었다. 하지만 '도준'과 만나면서 기묘한 마음이 생기기 시작했다. "왜 나만 항상 오빠 감정배설을 듣고 있어야 해?" '원미'는 점점 이런 생각에 잠식되었다. 그 후로 '원미'의 상태는 조금 더 심각해졌다. "왜 나만 항상 참고 살아야 돼?" 언젠가부터 '원미'는 '도준'뿐만 아니라 누구를 만나더라도 자신만 희생하고 있다는 마음이 들기 시작했다.

'원미'에게도 관계에 대한 피해의식이 생겼다. '원미'는 어떤 관계를 맺더라도 자신만 희생하고 있다는 마음에 잠식되었다. 그 때문에 '원미'

는 조금씩 관계에 대한 두려움과 무기력, 우울함에 휩싸이게 되었다. 밝고 긍정적이며 사람들을 만날 때 늘 미소를 짓던 '원미'는 어느 사이엔가 어둡고 부정적이며 잿빛 표정을 한 사람이 되어버렸다. 왜 이런 일이 벌어졌을까? 피해의식이라는 바이러스에 감염되었기 때문이다. 피해의식은 바이러스다. 이는 비유가 아니다. '도준'과 '원미'의 관계가 이를 잘 보여준다.

°피해의식은
교감을 매개로 감염된다

피해의식은 전염되고 변이를 일으킨다. 먼저 피해의식의 전염에 대해 이야기해보자. 감기 바이러스가 '비말'로 전염된다면, 피해의식이라는 바이러스는 '교감'으로 전염된다. 연인 사이는 깊은 정서적 교감을 나누는 관계다. 이것이 '원미'가 '도준'의 피해의식에 감염된 이유다. '원미'는 '도준'과 정서적으로 교감하고 싶었다. 하지만 바로 그 때문에 '원미'는 '도준'의 피해의식에 감염되었다. '원미'와 '도준'은 정서적 교감을 나누는 사이였기에 '도준'의 피해의식은 '원미'에게로 옮겨갈 수밖에 없었다.

이는 비단 '원미'만의 이야기이겠는가? "내가 맨날 무시당하는 건 집구석이 가난해서야!" "너는 날씬하잖아. 네가 내 마음을 어떻게 알아." "결국은 학벌 좋은 애들끼리 다 해먹는 거야!" "남자들은 다 잠정적 성범죄자들이야!" "여자들이 자꾸 설쳐서 남자들이 취업이 안 되는 거야!" 이런 피해의식에 휩싸인 이들 곁에 있어본 적 있는가? 가족이든 친구든 연인이든, 그들과 마음을 나누려고 했던 이들은 안다. 그들과 마음을 나누려고 하면 할수록 자신의 마음 역시 조금씩 음습해지고 뒤틀어진다는 사실을.

피해의식 때문에 두려움·분노·열등감·무기력·억울함·우울함에 시달리는 이와 정서적으로 교감하면 자신 역시 그런 부정적 감정들에 잠식당하게 된다. 이처럼 피해의식은 교감을 매개로 감염된다. 이는 피해의식의 심각한 문제 중 하나다. 우리는 누구와 정서적 교감을 나누는가? 둘도 없는 친구, 연인, 자녀, 부모 등등이다. 우리는 소중한 이들과 정서적 교감을 나눈다. 이것이 의미하는 바가 무엇인가?

피해의식이라는 바이러스는 가장 소중한 이들부터 감염시킨다는 의미다. 만약 누군가 피해의식에 휩싸여 있다면, 그는 반드시 자신의 소중한 이들부터 감염시킨다. 물론 그는 이러한 사실을 자각하지 못한다. 피해의식은 자신을 보호하느라 타인을 신경 쓰지 못하는 상태이기 때문이다. '도준'은 자신의 피해의식 때문에 '원미'의 마음이 음습해지고 뒤틀려졌다는 사실을 꿈에도 알지 못한다. 하지만 피해의식은 교감을 매개로 전염되기에 반드시 소중한 이들부터 감염시킨다.

°피해의식은 변이를 만든다

피해의식은 바이러스다. 이는 변이라는 바이러스의 특징에서도 분명히 드러난다. 바이러스는 끊임없이 숙주를 옮겨 다니며 수없는 변이를 일으킨다. 피해의식 역시 정확히 그런 양상을 보인다. 다시 '도준'과 '원미'의 이야기로 돌아가자. '도준'의 관계에 대한 피해의식은 '원미'에게로 옮겨 갔다. 이제 '원미' 역시 관계에 대한 피해의식이 생겼다. 하지만 둘의 피해의식은 다르다.

'도준'의 관계 피해의식의 중핵에는 '관심'이 있다. 즉, '도준'의 피해의식은 자신이 '관심'받지 못하고 있다는 것에 대한 피해의식이다. 하지만 '원미'의 관계 피해의식은 다르다. 그녀의 피해의식의 중핵에는 '희생'이 있다. 즉, '원미'의 피해의식은 자신만 유독 '희생'하고 있다는 것에 대한 피해의식이다. 둘의 피해의식은 중핵뿐만 아니라 드러나는 양상 또한 매우 다르다.

'도준'의 피해의식은 열등감과 분노, 억울함으로 드러났다. '도준'은 (어떤 관계에서) 자신이 관심받지 못한 것에 대해서 열등감을 느끼고 분노하고 억울해했다. 하지만 '원미'는 전혀 다르다. 그녀의 피해의식은 두려움과 무기력, 우울함으로 드러났다. '원미'는 (어떤 관계에서) 자신만 희생하고 있다는 마음 때문에 사람을 만나는 것이 두려워졌고 그러는 사이 무기력해지고 우울해졌다. 이처럼 둘의 피해의식은 모두 관계에 대한 피해의식이지만 그 중핵과 양상은 다르다.

°피해의식은 심각한 전염병이다

왜 이런 일이 벌어졌을까? 바로 변이 때문이다. 바이러스가 숙주를 옮길 때마다 변이를 일으키는 것처럼, 피해의식 역시 전염이 이루어질 때마다 변이를 일으키게 된다. 감기를 생각해보라. A(도준)의 감기 바이러스(피해의식)가 B(원미)에게 전염될 때를 생각해보자. A(도준)의 감기가 발열과 두통(열등감·분노·억울함)을 동반한 강력한 독감(피해의식)이었다고 할지라도, 그것이 B(원미)에게 전염되면 기침과 콧물(두려움·무기력·우울함)이 오랜 시간 지속되는 만성 감기(피해의식)가 될 수 있다. 이는 바이러스가 숙주를 옮겨 다닐 때마다 그 숙주에 적합한 변이를 일으키기 때문이다.

피해의식은 비물질적인 바이러스다. 피해의식은 전염되고 변이를 일으킨다. 이것이 피해의식이 심각한 사회적 문제인 이유다. 피해의식에 휩싸인 '너'가 있다면, 그 피해의식에 감염되어 '나'의 피해의식으로 자리 잡게 된다. 그렇게 '내'가 피해의식에 휩싸이면 다시 주변의 소중한 '너'들을 감염시키게 된다. 그 '너'들은 또 그 자신들에게 소중한 '너'들에게 피해의식을 전파하게 된다. 그렇게 피해의식은 '나'와 '너', 그리고 '우리' 모두를 감염시키게 된다.

이 심각한 전염병에 어떻게 대처해야 할까? 이 전염병의 감염 경로를 다시 살펴보자. 피해의식은 정서적 교감을 매개로 감염된다. 이는 반대로 말하면 정서적 교감이 없다면 피해의식은 전염되지 않는다는 말이기도 하다. 피해의식에 휩싸인 이들은 많다. 하지만 그들 곁에 아무리 오래 있더라도 정서적으로 일체 교감하지 않는다면 그들의 피해의식에 감염되지 않는다. 매일 아침 같은 버스를 타는 사람들이나 매일 눈인사만 하는 직장 동료와는 아무리 많은 시간을 보내더라도 피해의식에 감염될 일이 없다.

°피해의식이라는
전염병을 막는 법

여기서 하나의 해법을 도출할 수 있다. 정서적 '거리두기'다. 피해의식이 심각한 이들과는 가급적 접촉(정서적 교감)을 줄이는 것이다(피해의식이 심한 이들이 주변 사람들과의 접촉을 줄이는 것도 하나의 방법이겠으나 이는 대체로 효과가 없다. 피해의식이 심한 이들은 자신의 피해의식을 인지할 수 없기 때문이다). 새로운 사람이건 이미 알던 사람이건, 그 사람이 피해의식이 심하다면 정서적 '거리두기'가 필요하다. 그 '거리두기'가 없다면 자신 역시 피해의식에 노출되어 누군가에게 피해의식을 옮기는 숙주가 될 수밖에 없기 때문이다.

하지만 이는 어디까지나 임시적인 방법일 뿐이다. 이 임시적인 방법을 확대하려고 해서는 안 된다. 즉, 피해의식으로부터 자신을 보호하기 위해서 모든 정서적 교감을 차단하려 해서는 안 된다. 이보다 더 어리석은 일도 없다. 감기 바이러스를 모두 차단하기 위해 누구와도 키스하지 않는 삶은 얼마나 어리석은가? '거리두기'는 임시적인 방법일 뿐 결코 근본적인 해결책이 될 수 없다. 감기 바이러스에 대한 치료제나 백신이 없는 것처럼, 피해의식 역시 마찬가지다. 피해의식을 치유할 외부적 치료제나 백신은 없다.

그렇다면 근본적인 해결책은 무엇인가? 감기 바이러스에 대처하는 근본적인 해법은 무엇인가? 튼튼한 신체이다. 즉, 누구와 대화하고 키스하더라도 상대의 감기 바이러스 정도는 스스로 치유할 수 있는 면역 체계를 갖추는 일이다. 피해의식 역시 마찬가지다. 피해의식이라는 바이러스에 대처하는 근본적인 해법은 씩씩한 마음이다. 즉, 누구와 정서적 교감을 하더라도 상대의 피해의식 정도는 스스로 치유할 수 있는 면역 체계를 갖는 일이다.

씩씩한 마음은 어떻게 만들 수 있는가? 영양가 있는 음식을 먹고 매일 운동하면 튼튼한 신체가 만들어지듯, 좋은 타자(사람·음악·철학·영화·그림…)들을 만나고 매일 성찰하면 씩씩한 마음을 만들 수 있다. 기쁨을 주는 타자를 만나 마음의 영양을 얻고, 그 영양분으로 스스로의 피해의식을 아프게 성찰해나갈 때 씩씩한 마음을 얻을 수 있다. 그렇게 씩씩한 마음을 얻게 되었을 때, 피해의식에 휩싸인 이들과 교감하더라도 피해의식에 감염되지 않을 수 있다. 그리고 우리의 마음이 더욱 씩씩해지면, 상대의 피해의식마저 옅어지게 해줄 수 있다.

° 나의 '갑질' 이야기

　정신없이 직장생활을 할 때였다. 독일로 출장을 간 적이 있다. 현지
인들과 긴 업무를 끝내고 저녁 식사를 하러 어느 식당에 갔다. 온통 업
무 생각으로 머릿속이 복잡한 채로 테이블에 앉았다. 그때 식당 점원이
그릇을 던지듯이 내 앞에 놓는 것 아닌가? 함께 갔던 현지인들을 대하
는 것과 나를 대하는 태도가 확연히 달랐다. 순간 화가 치밀었다. 동양
인이라고 무시하는 건가? 돈이 없어 보여서 무시하나? 식사를 하는 동
안 온갖 생각이 들어서 더욱 화가 났다. 식사를 마칠 무렵, 점원이 내게
왜 그런 무례한 행동을 했는지 알고 싶었다. 함께 갔던 현지인에게 물
었다.

　"아까 점원이 왜 제게만 무례하게 행동한 거죠?"

　"식당에 들어가실 때 점원에게 인사를 안 해서 그랬을 거예요."

　망치로 머리를 한 대 맞은 것 같았다. 한국에 있을 때 내가 얼마나

많은 '갑질'을 하며 살았는지 순식간에 떠올랐기 때문이었다. '갑질'이 무엇인가? 사회·경제적으로 유리한 위치에 있는 자가 상대방에게 오만하고 무례하게 구는 행동이다. 나는 왜 독일에서 점원에게 화가 났을까? 그녀가 무례한 행동을 해서? 그렇지 않다. 한국 사회에서 무의식적으로 학습된 나의 '갑질' 근성 때문이었다. 한국 사회에서는 돈을 쓰는 자(손님)가 '갑'이고, 그 돈을 벌기 위해 일하는 자(점원)는 '을'이다. 그 '갑을'의 상하관계는 암묵적이지만 공고히 존재한다.

° '갑질' 사회

하지만 정확히 말해, 점원과 손님은 상하관계가 아니다. 동등한 관계다. 그저 점원은 돈을 받고 서빙을 하고, 손님은 돈을 내고 음식을 사 먹을 뿐이다. 점원이 웃으며 친절하게 손님을 대하면 좋겠지만 그건 어디까지나 점원의 선택일 뿐이다. 함께 갔던 현지인들은 모두 웃으며 점원의 인사에 응답해주었지만 나는 그러지 않았다. 바쁜 업무 때문에 '그러지 못했다'고 말할 수도 있다. 하지만 그것은 변명일 뿐이다. 내가 돈 내고 밥 먹는 곳에서 그럴 필요가 없었으니 그러지 않았을 뿐이다.

있는 그대로 말하자. 나는 점원을 동등한 인격체로 대우하지 않았다. 그러니 점원이 나에게 웃으며 친절을 베풀 이유는 없었다. 내가 그랬듯, 점원도 그저 자신이 할 일만 하면 되었다. 그리고 돌아보면, 점원은 내게 특별히 무례하게 행동한 것도 아니었다. 그 점원은 점원으로서 해야 할 일을 다 했으니까 말이다. 내가 그것을 무례로 느낀 것은 한국 사회의 과도한 감정노동 문화에 익숙해져 있었기 때문이었다.

한국은 '갑질'이 만연한 사회다. 사회·경제적으로 유리한 위치에 있다고 생각되면, 상대에게 무리한 요구를 하거나 무례하게 구는 것이 일상이 된 사회다. 우리는 어떤 사회에 살고 있을까? 항공사 소유주(정확히는 소유주의 딸)가 기내에서 땅콩을 봉지째 가져왔다는 이유로 비행기를 돌려세워 승무원을 하차시키는 사회다. 그뿐인가? 대기업이 중소기업에게 아무런 거리낌 없이 부당하고 무리한 요구를 하는 사회다. 직장에서 상사가 부하 직원에게 사적인 일을 부탁하는 경우는 얼마나 흔한가? 백화점에서 점원이 자신의 비위를 맞춰주지 않으면 짜증을 내는 손님들은 얼마나 많던가? 식당에서 점원이 웃으며 친절히 대하지 않으면 화를 내는 손님들은 또 얼마나 많던가? 우리는 이런 부조리한 사회를 일상이라 부르며 산다.

°자기방어의 세 가지 마음

이런 '갑질' 문화는 왜 생겼을까? 황금만능주의 때문인가? 즉, 돈 많은 자가 '갑'이 되고, 돈 없는 자가 '을'이 되는 것이 당연시되는 사회적 분위기 때문인가? 이는 피상적인 이유일 뿐이다. '갑질' 문화는 근본적으로 피해의식 때문에 발생한다. '갑질'과 '피해의식'은 어떻게 연결되어 있는 것일까? 피해의식은 과도한 자기방어의 마음이다. 이 과도한 자기방어의 마음은 뒤틀어진 형식으로 나타나곤 한다.

자기방어는 기본적으로 살려는 마음이다. 그런데 이 자기방어의 마음에는 세 가지 종류가 있다. '같이 살려는 마음', '혼자 살려는 마음', '같이 죽으려는 마음'. 이 세 가지 자기방어의 마음은 피해의식의 강도와 관계되어 있다. '같이 살려는 마음'은 피해의식이 거의 없는 마음 상태다. '혼자 살려는 마음'은 피해의식은 덜한 마음 상태이고, '같이 죽으려는 마음'은 피해의식이 심한 마음 상태다.

성적에 대한 피해의식을 예로 들어보자. A, B, C 세 사람이 있다. A는 성적에 대한 피해의식이 거의 없고, B는 이 피해의식이 덜하고, C는 이 피해의식이 심하다. 이 세 명 모두 자기방어의 마음이 있다. 하지만 이 자기방어의 마음이 나타나는 양상은 현격하게 다르다. 피해의식이 거의 없는 A부터 말해보자. A는 자기 성적만 신경 쓰는 게 아니라, 친구들 역시 성적이 오를 수 있도록 진심으로 도와준다. 이것이 피해의식이 없을 때의 '같이 살려는 마음'이다.

피해의식이 덜한 B는 어떨까? B는 혼자 열심히 공부해서 성적을 올리려고 할 뿐, 친구들을 도와주지는 않는다. 이것이 피해의식이 덜할 때의 '혼자 살려는 마음'이다. 그렇다면 피해의식이 심한 C는 어떨까? C는 자신은 공부하지 않으면서 모두 성적이 떨어지기를 은근히 바라거나 혹은 주변 사람들이 공부하지 못하도록 방해한다. 이것이 피해의식이 심할 때의 '같이 죽으려는 마음'이다.

°같이 죽으려는 마음

의아할 수 있다. '같이 죽으려는 마음'이 왜 자기방어의 마음인가? 같이 죽는 것은 결국 나에게도 해악이 되는 일 아닌가? 이는 자신을 방어하기보다 자신을 파괴하려는 마음에 가깝지 않은가? 그렇지 않다. 이는 명백히 자기방어의 마음이다. 피해의식이 낳는 치명적인 감정인 억울함을 통해 이를 설명할 수 있다.

피해의식에 휩싸인 이들은 늘 억울하다. 자신만 억울한 삶을 살고 있다고 믿는다. 그래서 이들의 자기방어는 억울하고 싶지 않은 마음으로 나타날 수밖에 없다. 억울함 때문에 삶이 파괴되고 있으니, 그 억울함을 제거하려는 것이다. 어떻게 하면 억울하지 않을 수 있을까? 자신만 성적 때문에 상처받았다고 여기는 이는 어떻게 그 억울함으로부터 벗어나려고 할까? 두 가지 방법이 있다. 자신 역시 우등생이 되거나, 모두가 열등생이 되거나.

전자는 피해의식이 덜할 때의 자기방어의 마음이고, 후자는 피해의식이 심할 때의 자기방어의 마음이다. 물론 후자는 어리석은 마음이지만, 피해의식에 휩싸인 이들에게는 정합적이다. 그들은 억울하지 않는 게 가장 중요하기 때문이다. 그들에게 다 같이 성적이 떨어지는 것은 자신을 방어하는 일이다. 그때 자신이 억울하지 않게 되기 때문이다. 피해의식이 심해지면, 자신이 상처받았기 때문에 모두가 그 상처를 받기를 바라는 뒤틀린 마음에 잠식된다.

°피해의식은 '같이 죽는 방식'의 자기방어다

피해의식이 과도해질 때, 그 마음은 '같이 사는 방식'이 아닌, '혼자 사는 방식' 혹은 '같이 죽는 방식'으로 나타나게 된다. 외모에 대한 피해의식을 생각해보자. 외모 때문에 상처받았던 이들이 자신을 보호하는 방식은 두 가지가 있다. '혼자 사는 방식'과 '같이 죽는 방식'이다.

전자는 자신도(혹은 자신만) 매력적인 외모를 가지려고 노력하는 방법이고, 후자는 모두 못생긴 외모를 갖게 만드는 방법이다. 사실 전자는 큰 문제가 아니다. 혼자라도 살려고 하면 피해의식이 점점 옅어지는 선순환 속으로 들어갈 가능성이 생기기 때문이다. 뚱뚱한 외모 때문에 상처받았던 이들이 다이어트를 해서 매력적인 외모를 갖게 되면 그 피해의식은 점점 옅어지게 되는 것이 이 경우다.

문제는 후자다. 피해의식으로 인해 모두 못생긴 외모를 갖게 만들려는 마음은 심각한 문제가 된다. 이는 '나'뿐만 아니라 '너'와 '우리'마저 파괴할 수 있기 때문이다. 외모에 대한 피해의식이 심한 이들은 매력적인 외모를 갖고 있는 이들을 과도하게 비난하고 깎아내리는 경향이 있다. 이는 매력적인 이들의 얼굴에 칼자국이라도 내고 싶지만, 그럴 수 없기에 뒷담화라도 해서 그들을 못난 존재로 만들고 싶은 마음이다. 이처럼 피해의식의 바닥에는 같이 죽고 싶은 파괴적인 욕망이 도사리고 있다.

°피해의식이
공동체를 파괴하는 원리

이제 우리는 '갑질'의 작동 원리에 대해서 이야기할 수 있다. 나의 '갑질' 이야기로 돌아가자. 나는 왜 나의 무관심과 불친절에도 불구하고, 점원들이 친절한 미소로 응대해주기를 바랐던 것일까? 직장과 돈에 대한 피해의식 때문이었다. 직장에서 돈을 벌기 위해 사장과 상사의 비위를 다 맞춰주며 살았다. 사장과 상사 앞에서 한없이 위축되어 비굴하게 머리를 조아리며 살았다. 직장생활을 하는 그 긴 시간 동안 그 피해의식에 잠식된 채로 살았다. 그 때문에 나는 뒤틀어진 자기방어의 마음이 생겼다.

나는 다 같이 당당하게 살 수 있는 방식(같이 사는 방식)으로 나를 보호하지 못했다. 나 혼자라도 당당하게 살 수 있는 방식(혼자 사는 방식)으로도 나를 보호하지 못했다. 부끄럽게도, 나는 다 같이 비굴하게 사는 방식(같이 죽는 방식)으로 나를 보호하려 했다. 그만큼이나 나의 피해의식은 심했다. 고백하자. "나도 직장과 돈 때문에 비굴하게 살고 있으니 너도 나처럼 비굴하게 살아!" "나는 돈을 벌려고 거짓 미소를 짓고 아첨하며 사는데, 너는 점원 주제에 뭐가 잘났다고 당당하게 있는 거지?" 이것이 나의 '갑질' 근성의 바닥에 있는 적나라한 마음이었다.

이는 비단 나의 이야기만이 아니다. 우리 시대 가장 보편적인 피해의식인, 가난에 대한 피해의식 역시 이를 잘 보여주지 않는가. 가난에 대한 피해의식이 심한 이들을 살펴보라. 그들은 가난 때문에 상처받았음에도 불구하고, 다 같이 가난에서 벗어날 방법을 모색하지 않는다. '나'도 가난 때문에 상처받았으니, '너'도 '우리'도 모두 가난 때문에 상처받아야 한다고 생각한다. 함께 최저 임금을 올릴 생각을 하기보다 '나'보다 월급을 많이 받는 이들에 대한 비난과 험담에 더 많은 에너지를 쓰는 현실이 이를 잘 보여주지 않는가.

그뿐인가? 군대에 대한 피해의식 역시 마찬가지다. 군대에 대한 피해의식이 심한 이들의 마음은 뒤틀어질 대로 뒤틀어져 있다. 그들은 군대 때문에 상처받았으면서도, 다 같이 군대로부터 상처받지 않을 방법을 결코 찾지 않는다. '나'도 군대 때문에 상처받았으니, '너'도 '우리'도 군대에 가서 상처받아야 한다고 생각한다.

불특정 다수를 향한 끔찍한 범죄, 소위 '묻지마 범죄' 역시 같은 맥락 안에 있다. 그런 범죄자들은 왜 이유도 없이 선량한 이들에게 흉기를 휘두르는 것일까? 그 바닥에는 '내가 불행하니 모두가 불행해져라'는 피해의식이 도사리고 있다. 이처럼 피해의식은 '같이 살자'는 마음이 아니라 '같이 죽자'는 마음이다. 이것이 피해의식이 공동체를 파괴하는 방식이다. 피해의식은 거대한 감옥이다. 나도 죽고, 너도 죽고, 우리 모두 죽어야 하는 감옥. 피해의식은 결코 개인적인 문제가 아니다. 피해의식은 함께 살 길을 모색하는 것이 아니라, 함께 죽는 길을 집요하게 찾는 파괴적인 마음이다.

05. ──────── 절대적 피해자와
절대적 가해자

° 절대적 피해자의 탄생

'정윤'은 학창 시절 왕따를 당했다. 그 상처는 '정윤'의 피해의식이 되었다. '정윤'은 지금도 따돌림을 당하지 않을까 늘 노심초사하며 산다. 주변 사람들이 수군거리면 자신을 비난하는 것처럼 느끼고, 자신에게 조금만 무관심하거나 친절하게 대해주지 않으면 따돌림을 받는 것처럼 느낀다. 그래서 '정윤'은 낯선 사람들을 만날 때 위축되고, 또 누군가를 근거 없이 경계하거나 미워하게 된다. 이런 피해의식은 '정윤'의 삶을 불행하게 만든다. '정윤'의 불행은 개인적 삶에서 멈추게 될까?

"어제 뭐했어?"

"장애인 학교에 자원봉사 다녀왔어."

"좋은 일 했네."

"너도 같이 할래?"

"아니야. 근데 장애인 학교에는 장애인만 다니지?"

"그렇지."

"좋겠다. 장애인들은 왕따 안 당하겠네."

'정윤'은 장애인 자원봉사를 다녀온 '민주'를 만났다. 같이 자원봉사를 하자는 '민주'의 말에 '정윤'은 시큰둥하게 대답했다. '정윤'은 장애인들에게 기묘한 부러움을 느꼈다. '모두가 장애인인 학교에서는 왕따를 당할 일이 없지 않을까?'라고 생각했기 때문이다. '정윤'은 장애인들에게 연민을 느끼지 못한다. 왜 그럴까? '정윤'의 피해의식 때문이다. '정윤'의 세상에는 왕따와 왕따 아닌 이들만 존재할 뿐이다. 온통 자신의 상처밖에 보이지 않는 '정윤'에게 장애인들의 상처와 고통이 보이지 않는 것은 당연한 일이다.

여기서 우리는 피해의식의 중요한 특성 하나를 알 수 있다. 피해의식은 한 사람을 절대적 피해자의 자리로 위치시킨다. 즉, 피해의식은 (의식적이든, 무의식적이든) 다른 이들보다 자신이 가장 큰 피해(상처)를 받은 존재라고 여기는 마음 상태다. 다시 묻자. '정윤'은 왜 장애인들에게 연민을 느끼지 못했을까? 그것은 (의식적이든, 무의식적이든) 자신이 장애인들보다 더 큰 피해(상처)를 받았다고 여기고 있기 때문이다. 자신을 세상에서 가장 큰 피해자로 여길 때 타인을 향한 그 어떤 연민도 생기지 않는다.

° '절대적 피해자'라는 망상

객관적으로 보자면 '정윤'의 생각은 어처구니없다. 어떻게 '정윤'이 장애인들보다 더 큰 피해자일 수 있을까? 학창 시절 왕따의 상처가 어떻게 (선천적인 혹은 불운한 사고 때문에) 신체를 자유롭게 사용하지 못하게 된 이들의 상처보다 더 큰 상처일 수 있을까? '정윤'은 마치 사지가 절단된 이들의 고통 앞에서 자신의 손톱이 빠진 아픔이 더 큰 고통이라고 말하고 있는 셈이다.

피해의식은 이런 어처구니없는 망상을 현실적 인식으로 바꿔놓는다. 이것이 '정윤'이 장애인들에게 작은 도움조차 줄 수 없는 이유다. '정윤'은 장애인들에게 관심이나 연민은커녕 오히려 기묘한 부러움을 느끼고 있으니까 말이다. 이것은 비단 '정윤'만의 일일까?

'찬성'은 가난 때문에 상처받았다. 이것은 그의 돈에 대한 피해의식이 되었다. '찬성'은 통장 잔고가 줄어들 때마다 심장이 두근거릴 정도로 불안하다. 그뿐인가? 그는 돈 걱정 없이 사는 부자들을 향한 근거 없는 적개심에 사로잡혀 있다. 그런 그가 불의의 사고로 부모를 모두 잃은 어느 아이의 삶을 알게 되었다. 그는 아이의 삶을 보고 이렇게 말했다. "쟤는 이제 평생 돈 걱정 없이 살겠네. 보험금 빵빵하게 나올 테니까."

'찬성'은 사이코패스일까? 그렇지 않다. 그가 그런 참담한 이야기를 아무렇지 않게 할 수 있었던 건 그의 피해의식 때문이었다. '찬성'은 돈에 대한 피해의식에 휩싸여 있다. 그에게 세상은 '돈 있음(행복)'과 '돈 없음(불행)'으로 구분될 뿐이다. '찬성'의 인식 속에서 과거 돈 때문에 상처받은 자신, 지금도 돈이 없어 상처받고 있는 자신보다 더 큰 피해자는 없다. 그는 타인의 상처와 고통을 전혀 느끼지 못하는 사람이 아니다. 단지 피해의식에 휩싸여 있을 뿐이다. 더 정확히 말해, 피해의식이 야기한 그 지독한 자기연민이 부모 잃은 한 아이의 고통을 가렸을 뿐이다.

° 절대적 가해자의 탄생

'희원'은 어린 시절부터 뚱뚱하고 못생겼다고 놀림을 받았다. 그 상처는 '희원'의 피해의식이 되었다. '희원'은 새로운 사람을 만나는 것이 싫다. 다시 뚱뚱하고 못생겼다고 놀림받을 것 같기 때문이다. '희원'은 자신의 피해의식 때문에 근거 없는 분노와 두려움, 만성적인 열등감과 무기력, 우울함에 시달리며 산다. 이 피해의식은 '희원'의 삶을 불행으로 몰아넣고 있다. '희원'의 불행은 개인적 삶에서 멈추게 될까?

"희원 씨, 어제 뉴스 봤어요? 다시 강도 사건이랑 소매치기 사건이 늘었대요."

"그게 어디 그 사람들만의 잘못이겠어요. 먹고 살기 힘든 세상이라 그랬을 수도 있잖아요."

"생각해보니 그렇네요."

"그런데 김 대리님, 어제 소개팅 했다면서요. 어떻게 됐어요?"

"좀 별로였어요."

"왜요?"

"제 생각보다 좀 많이 뚱뚱하더라고요."

"김 대리님 그런 사람이었어요? 사람이 어떻게 사람을 외모로만 평가해요."

'김 대리'는 '희원'과 평소 좋은 관계로 지내던 동료였다. '희원'은 평소처럼 '김 대리'와 대화를 나누던 중이었다. '김 대리'의 소개팅 이야기가 나왔다. '김 대리'는 상대의 외모 때문에 매력을 느끼지 못했다고 말했다. 그 말에 '희원'은 '김 대리'에게 강한 실망감·반발심·적대심이 들었다. '희원'은 '김 대리'에 대한 호의적인 마음이 사라져버렸다. 그날 이후 몇 년을 지속해오던 좋은 동료 관계는 불편하고 어색한 관계가 되어버렸다. 왜 이런 일이 일어났을까? '희원'의 피해의식 때문이었다.

여기서 우리는 피해의식의 또 하나의 특성을 알 수 있다. 피해의식은 너무 쉽게 한 사람을 절대적 가해자로 위치시킨다. 피해의식은 (의식적이든, 무의식적이든) 자신의 피해의식을 촉발하는 대상을 세상에서 가장 큰 해악을 유발하는 가해자로 둔갑시킨다. '희원'이 '김 대리'에게 강한 실망감과 반발심, 적대심이 든 이유는 피해의식 때문이다. 자신의 피해의식 때문에 (의식적이든, 무의식적이든) '김 대리'를 파렴치하고 잔혹한 가해자로 여기게 된 것이다. '희원'은 지금 '김 대리'를 강도와 소매치기보다 더 파렴치하고 잔혹한 가해자로 인식하고 있다.

°'절대적 가해자'라는 망상

객관적으로 보자면 '희원'의 생각은 부당하고 부조리하다. '희원'은 강도와 소매치기에 대해서는 관대한 생각을 갖고 있다. 하지만 '김 대리'에 대해서는 그렇지 못하다. 이는 의식적이든, 무의식적이든 강도와 소매치기보다 '김 대리'를 더 큰 가해자로 인식했기 때문이다. 이는 얼마나 어처구니없는 생각인가?

폭력으로 겁박하는 강도와 지갑을 훔치는 소매치기보다 어떻게 '김 대리'가 더 큰 가해자일 수 있을까? '희원'은 마치 연쇄살인범보다 배고파서 빵을 훔친 이가 더 큰 범죄자라고 말하고 있는 셈이다. 피해의식은 이런 어처구니없는 망상을 현실적 인식으로 바꿔놓는다. 이처럼 피해의식은 자신의 피해의식을 촉발시키는 이들을 너무 쉽게 절대적 가해자로 인식하게 만든다. 이것은 비단 '희원'만의 문제가 아니다.

'인주'는 성차별로 인해서 상처받았다. 집에서, 학교에서 그리고 사회에서 단지 여자라는 이유로 크고 작은 불합리하고 부조리한 차별을 받았다. 그 상처는 '인주'의 성gender에 대한 피해의식이 되었다. '인주'는 늘 남자들을 경계하고 남자들과 있을 때 불안하다. 그뿐인가? 자신감 있는 남자들을 '마초'라고 여기며 적개심에 휩싸인다. 그런 '인주'가 길거리를 지나다 아이를 목에 태우고 걷고 있는 아빠를 보며 말했다. "어휴, 저런 한남(한국남자) 새끼들은 다 사라져야 돼!"

'인주'는 정서적으로 문제가 있는 걸까? 그렇지 않다. 누군가가 보기에는 아름다울 모습을 보고 '인주'가 저주의 말을 내뱉었던 건 그녀의 피해의식 때문이었다. 그녀는 성에 대한 피해의식에 휩싸여 있다. 그녀에게 세상은 '가해자인 남성'과 '피해자인 여성'으로 구분될 뿐이다. 그런 '인주'에게 천사 같은 미소를 가진 아이와 그 아이를 사랑스럽게 바라보는 아빠는 보이지 않는다. 아이와 아빠는 '피해자인 여성'이 아니기에 '가해자인 남성'일 뿐이다. 이런 착시 현상은 왜 발생했을까? 바로 피해의식이 절대적 가해자를 만들기 때문이다.

피해의식은 자신에게 상처를 준 이뿐만 아니라 그 상처를 준 이와 유사한 이들까지 절대적 가해자의 자리에 위치시킨다. '인주'는 실제로 아버지, 선생, 선배, 직장 동료 등등에게 성차별을 받았다. 그 상처가 피해의식이 되었을 때, 그 상처를 준 이는 다른 어떤 가해자들보다 더 파렴치하고 잔혹한 가해자가 된다. 문제는 여기서 멈추지 않는다. 피해의식은 자신에게 직접적으로 상처를 준 이들(아버지·선생·선배·직장 동료…)뿐만이 아니라 그 상처를 준 이들과 유사한 이들(남성)까지 절대적 가해자로 인식하게 만든다.

————————— 절대적 피해자도,
절대적 가해자도 없다

° 모두가
절대적 피해자인 세상

왜 우리 사회는 점점 타인의 상처와 고통에 둔감해지는가? 왜 점점 더 이기적인 삶이 횡행하는가? 여기에는 복합적인 이유가 있지만, 그 중심에는 분명 피해의식이 있다. 피해의식에 휩싸이면 자신이 세상에서 가장 큰 피해자가 된다. 그렇게 절대적 피해자가 된 이들에게 세상에서 자신보다 더 불쌍하고 안쓰러운 사람은 존재하지 않는다. 그런 이들이 어떻게 타인의 상처와 아픔에 공감할 수 있겠는가. 자신의 상처와 아픔만 보고 있는 이들에게 타인의 상처와 아픔이 보일 리 없다.

세상 사람들은 누구나 저마다의 상처가 있다. 어떤 이는 아름다운 외모가 아니어서, 또 어떤 이는 좋은 대학을 나오지 못해서, 또 어떤 이는 가난해서 상처를 입었다. 그 상처가 피해의식이 될 때, 그들은 너무 쉽게 자신을 절대적 피해자의 자리에 위치시킨다. 이처럼 만연한 피해의식은 만연한 절대적 피해자를 양산한다.

모두가 절대적 피해자가 된 세상을 상상해보라. 모두가 자기 상처와 고통에 매몰되어 자기가 세상에서 가장 불쌍하고 안쓰러운 존재라고 믿는 세상을 상상해보라. 그 세상은 어떤 세상이겠는가? 자신보다 더 상처받고 고통받은 이들에게 무관심하거나 냉소적이거나 폭력적인 세상일 수밖에 없다. 그렇게 모두들 자신의 이기적인 삶을 정당화하는 세상일 수밖에 없다. 피해의식은 개인적 삶만 불행으로 몰아넣지 않는다. 피해의식이 만연해질수록 공동체적 불행 역시 만연해질 수밖에 없다.

°지옥으로 가는 문, 피해의식

피해의식은 지옥의 문을 연다. 이는 피해의식이 절대적 피해자뿐만 아니라 절대적 가해자 역시 양산한다는 사실에서 더욱 분명하게 드러난다. 강요나 폭력에 대한 피해의식을 생각해보자. 어린 시절 어떤 강요나 폭력 때문에 받은 상처가 짙은 피해의식으로 자리 잡은 이들이 있다. 이들은 누군가 자신에게 작은 의무("보고서는 이번 주까지 마감해주세요.")를 강요하거나 혹은 작은 폭력(별일 아닌 일에 언성을 높이는 일)을 행사하려 하면, 그들을 세상에서 가장 질 나쁜 절대적 가해자로 여기게 된다.

이처럼 누군가에게는 사소한 가해자가 피해의식이 짙은 이들에게는 절대적 가해자로 둔갑하는 경우는 흔하다. 만연한 피해의식은 만연한 절대적 가해자를 양산한다. 이는 얼마나 절망적인 일인가? 모두가 절대적 가해자가 된 세상을 상상해본 적 있는가? 거기에는 이해와 관용, 배려와 포용, 공감과 교감이 있을 수 없다. 세상에서 가장 파렴치하고 악랄하고 잔인한 이들에게 어떻게 이해와 관용, 배려와 포용, 공감과 교감을 할 수 있단 말인가? 세상에 모두 절대적 가해자뿐이라면, 우리가 할 수 있는 일은 숨거나 싸우는 일밖에 없다.

절대적 가해자와는 타협도 대화도 불가능하다. 그러니 힘이 없다면 그들이 없는 곳으로 도망쳐 숨어야 한다. 만약 힘이 있다면 그들과 싸워 그들을 말살해야 한다. 이것이 피해의식이 드러나는 두 양상 아닌가? 피해의식에 휩싸인 이들은 과도하게 소극적이거나 과도하게 폭력적인 양상을 띤다. 피해의식의 과도한 소극성은 (실제로는 존재하지 않는) 절대적 가해자를 피해서 밀실 안으로 숨는 양상으로 드러나고, 피해의식의 과도한 폭력성은 (실제로는 존재하지 않는) 절대적 가해자를 말살하려는 양상으로 드러난다.

°절대적 피해자도, 절대적 가해자도 없다

이 얼마나 끔찍한 세상인가? 모두가 허상의 절대적 가해자와 아귀다툼을 벌이는 세상. 어디가 지옥인가? 자신을 절대적 피해자로 여기고, 상대를 절대적 가해자로 여기는 이들이 모인 곳이다. 이런 곳에서는 어떤 인간적 가치도 피어날 수 없다. 인간들이 모여 살았던 어떤 시대와 공간에서든 늘 크고 작은 갈등과 마찰, 분열이 끊이지 않았다. 그 중심에는 피해의식이 있다. 인간의 마음 내밀한 곳에서 작동하는 피해의식은 인간사人間事에서 늘 갈등과 마찰, 분열을 야기할 수밖에 없다. 지옥의 서막은 늘 우리 곁에 있다.

삶의 진실을 보라. 세상에 절대적 피해자는 없다. 우리가 어떤 상처를 입었더라도, 우리보다 더 큰 상처로 고통스러워하는 이들은 언제나 존재한다. 피해의식이라는 안경을 벗고 세상을 보라. 세상에 절대적 가해자는 없다. 누군가의 악의 없는 행동이 우리에게 상처가 된 경우가 대부분이다. 심지어 어떤 이가 잔악무도한 잘못을 저질렀더라도 그의 삶의 맥락을 깊이 들여다보면 알게 된다. 그 역시 누군가에게 너무나 큰 상처를 받았다는 사실을.

이처럼 세상에는 절대적 피해자도, 절대적 가해자도 없다. 있는 그대로의 세상에는 상대적 피해자와 상대적 가해자만 있을 뿐이다. 우리의 상처는 누군가의 상처 앞에서는 한없이 가벼운 것일 수밖에 없다. 그러니 아무리 상처받았다고 하더라도 우리는 언제나 상대적 피해자일 뿐이다. 우리에게 씻을 수 없는 상처를 준 이는 분명 가해자다. 하지만 그 역시 반드시 상대적 가해자일 수밖에 없다.

°누구나 상대적 피해자인 동시에 상대적 가해자다

진짜 삶의 진실에 대해서 말하자. 세상에는 상대적 피해자와 상대적 가해자만이 존재한다. 동시에 이 둘은 구분되어 존재하지 않는다. 우리는 모두 상대적 피해자인 동시에 상대적 가해자다. 이것이 삶의 진실이다. 우리는 분명 피해자다. 돈, 외모, 성, 학벌 등등에 의해 상처받은 상대적 피해자다. 그렇다면 우리는 정말 피해자이기만 할까? 정직하게 우리네 삶을 돌아보자. 우리는 우리가 상처받았다는 이유로 주변 사람들에게 얼마나 많은 상처를 주며 살았던가?

우리는 모두 상대적 가해자다. 자신을 (상대적 혹은 절대적) 피해자라고 확신하고 있는 이조차도 누군가에게는 상대적 가해자일 수밖에 없다. 마음속 깊은 곳의 상처 때문에 주변 사람들에게 의도적인 혹은 의도치 않은 상처를 주며 사는 것이 평범한 이들의 일상 아니던가. 세상에 절대적 피해자와 절대적 가해자가 넘쳐나는 이유는, 우리가 누군가에게 받은 상처는 크고 많게 인식하고, 누군가에게 준 상처는 작고 적게 인식하기 때문일 뿐이다.

피해의식은 얼마나 허망하고 끔찍한 것인가? 우리는 어떻게 지옥의 문을 닫고 인간다운 세계의 문을 열 수 있는가? 세상에 절대적 피해자와 절대적 가해자는 없고, 오직 상대적 피해자와 상대적 가해자만 존재한다는 사실을 깨달을 때이다. 더 나아가 우리는 모두가 상대적 피해자인 동시에 상대적 가해자라는 삶의 진실을 깨달을 때이다. 이 삶의 진실을 아는 것이 지혜이다. 이 지혜를 깨닫고 이 지혜를 따라 살아가려고 할 때 지옥의 문은 조금씩 닫히고 인간다운 세계의 문이 조금씩 열릴 것이다.

°언론,
피해의식 확대 재생산의 중심

피해의식은 거대한 감옥이다. 서로가 서로를 옭아매는 감옥. 이 거대하고 견고한 감옥은 혼자 만들 수 없다. 이 감옥을 만들고 유지하는 데 많은 이들이 공모하고 있다. 그중 빼놓을 수 없는 공모자가 있다. 바로 언론이다. 세상 사람들의 잠재적인 피해의식을 촉발하고 동시에 확대 재생산하는 중심에는 언론이 있다. 물론 모든 언론사들이 그렇다는 말은 아니다. 보수 일간지를 중심하는 일부 언론사들이 그렇다.

그 일부 언론사들은 왜 피해의식을 촉발하고 확대 재생산하는가? 자신이 속한 이해 집단의 이익을 챙기기 위해서다. 이런 당파적 이익을 추구하기 위한 효과적인 방법이 있다. 바로 편가르기다. 내 편과 네 편을 선명하게 대립시킬 때 특정 이해 집단은 큰 이익을 볼 수 있다. 바로 이것이 일부 언론사들이 피해의식을 활용하는 이유다. 누군가의 피해의식을 자극하는 것보다 내 편과 네 편을 대립시키는 데 효과적이고 효율적인 방법도 없기 때문이다.

그렇다면 언론은 어떻게 대중들의 피해의식을 촉발하고 확대 재생산하는가? 누구에게나 상처받은 기억이 있다. 하지만 그 상처가 곧바로 피해의식이 되는 것은 아니다. 그 상처가 '나'에게만 일어났다고 여기거나 혹은 '나'의 상처가 유독 큰 상처라고 믿을 때 피해의식은 촉발되고 증폭된다. 일부 언론사들은 바로 이 지점을 집요하고 반복적으로 파고들어 대중들의 피해의식을 촉발하고 확대 재생산한다.

° 언론이 젠더 갈등을 다루는 방식

일부 언론사들은 특정 집단의 피해의식을 촉발·확대 재생산함으로써 자신의 당파적 이익을 챙긴다. 이는 일부 언론이 젠더 갈등, 세대 갈등, 빈부 갈등을 다루는 방식에서 분명하게 드러난다. 젠더 갈등부터 이야기해보자. 『82년생 김지영』이라는 소설이 세간에 화제가 된 적이 있다. 이 소설은 '김지영'이라는 한 여성의 인생 이야기를 담고 있다. 이 소설은 화제를 넘어 여성 운동Feminism Movement을 환기하는 일종의 사회적 현상이 되었다. 어찌 보면 특별한 것 없어 보이는 한 여성의 인생 이야기가 어떻게 베스트셀러를 넘어 사회적 현상이 된 것일까? 그것은 한국 사회에 뿌리깊게 자리 잡고 있는 남성중심적 권력 구조 때문이었다.

누가 뭐래도 한국 사회는 긴 시간 남성중심적 사회였다. 그로 인한 사회적 부조리와 불평등은 공기처럼 존재해왔다. 그런 사회적 부조리와 불평등이 존재하지 않았다고 말하는 것은 단지 그것이 공기처럼 존재했기 때문일 뿐이다. 『82년생 김지영』은 당연한 것으로 여겨지는 남성중심적 권력이 여성들의 삶을 얼마나 억압하고 착취해왔는지를 극적으로 보여주었다. 이것이 이 소설이 베스트셀러를 넘어 하나의 사회적 현상으로 이어질 만큼 사회적 공감을 불러일으킨 이유였다.

이때 일부 보수 언론사들은 어떤 반응을 보였을까? '90년생 김지훈', '79년생 정대현' 등을 언급하며 고통받는 남자들의 삶을 다룬 기사들을 연이어 내보냈다. 군복무 문제, 취업 문제, 가족 부양 부담, 남성 역차별 등등 남성이기 때문에 받는 다양한 불이익에 대해서 집중적으로 조명했다. '여자들만 힘든 게 아니다. 오히려 남자들이 더 큰 피해를 받고 있다'는 논조의 기사들을 연이어 쏟아냈다.

이런 기사들은 일부 남성들(혹은 남성중심주의를 내면화한 일부 여성들)에게 어떻게 작용했을까? 이런 기사에 반복적으로 노출되면 자신(남성)만 고통받고 있는 것처럼 받아들이게 되고, 자신의 상처(고통)가 유독 큰 상처라고 여기게 된다. 즉, 군대를 가는 것, 취업이 어려워진 것, 가족을 부양해야 하는 것, (남자이기 때문에) 거꾸로 차별받는 것이 예외적이고 큰 상처(고통)라고 인식하게 된다. 이로 인해 남성들의 피해의식은 촉발되고 확대 재생산된다.

°언론은 어떻게 피해의식을 확대 재생산하는가?

이런 현상은 인간의 본성을 이해하면 더욱 쉽게 파악할 수 있다. 인간은 '자기 보존'과 '타자 공감'의 마음이 공존하는 존재다. 인간은 누구나 자신의 상처와 아픔을 일차적으로 느낀다. 이 상처와 아픔을 최소화하기 위해 '자기 보존'의 욕망을 가지게 될 수밖에 없다. 이는 부정할 수 없는 삶의 진실이다. 하지만 동시에 인간은 공감과 교감의 동물이다. 그래서 인간은 상처받은 이들의 고통에 대해서 공감할 수 있다. 이것 역시 부정할 수 없는 삶의 진실이다.

인간의 본성에는 '자기 보존'과 '타자 공감'의 마음이 공존하고 있다. 그런데 이 두 마음은 상황과 조건에 따라 그 크기가 달라질 수 있다. 누군가 자신의 상처와 아픔을 과도하고 반복적으로 부각시킬 때, '자기 보존'의 마음은 커지고 '타자 공감'의 마음은 억제될 수밖에 없다. 일부 언론사들은 인간의 '자기 보존'의 마음을 증폭시켜 '타자 공감'의 마음을 왜소하게 만든다. 이것이 일부 언론사들이 피해의식을 촉발·확대 재생산하는 방식이다.

누군가 우리의 상처(고통)를 알아주면 위로를 받는다고 느낀다. 하지만 이는 반만 옳은 이야기다. 만약 누군가 우리의 상처(고통)를 과도하게 그리고 반복적으로 확인시켜준다면 그것은 위로가 아니라 유해함이 된다. 그 유해함은 무엇인가? 피해의식(두려움·분노·열등감·무기력·억울함·우울함)과 그로 인해 발생한 자기연민이다.

일부 언론이 특정 계층의 상처를 반복적이고 과도하게 위로할 때 '자기 보존'의 욕망만이 난무하게 되고 '타자 공감'은 현격히 위축될 수밖에 없다. 바로 이러한 과정 아래 피해의식과 자기연민은 촉발·확대 재생산된다. 일부 남성들은 상처받은 여성들을 이해하고 공감하기보다 외면하고 적대시하곤 한다. 이는 그 남성들만의 잘못인가? 그렇지 않다. 거기에는 집요하게 피해의식을 야기한 일부 언론의 결코 작지 않은 책임이 있다.

°언론이 세대 갈등과 빈부 갈등을 다루는 방식

젠더 갈등만 그렇겠는가? 세대 갈등과 빈부 갈등도 마찬가지다. 일부 언론은 자신의 당파적 이해관계에 따라 대중들의 피해의식을 노골적으로 자극한다. 20대의 지지가 필요하다면, 20대의 상처와 아픔을 유난히 크게 조명한다. 기성세대가 누렸던 사회적 이익(고도성장의 시대, 높은 취업률, 낮은 집값, 장기근속…)을 부각하는 동시에 20대가 처해 있는 사회적 불이익(저성장의 시대, 낮은 취업률, 높은 집값, 저임금…)을 부각한다. 이때 20대들의 마음에는 피해의식이 촉발되고 확대 재생산될 수밖에 없다.

반대로 6, 70대의 지지가 필요하다면 그들의 상처를 유난히 크게 조명한다. 전후戰後에 겪어야만 했던 정서적 상실감과 절대적 빈곤, 군부 독재의 폭력, 젊은 세대 위주의 사회 문화에 따른 소외감 등등 6, 70대가 겪은 상처와 아픔을 노골적이고 직접적으로 부각할 때 그네들의 마음에서도 피해의식이 촉발되고 확대 재생산될 수밖에 없다. 이렇게 세대 갈등은 더욱 첨예해질 수밖에 없다. 일부 언론은 특정한 집단의 피해의식을 증폭시킴으로써 사회적 갈등을 더욱 첨예하게 만든다.

빈부 갈등도 마찬가지다. 가난한 이들의 지지가 필요할 때는 가난한 이들의 상처와 아픔(긴 노동 시간, 열악한 노동 환경, 공공 교통 불편, 저임금 문제…)을 유난히 크게 조명한다. 반대로 부유한 이들의 지지가 필요할 때는 그들의 상처와 아픔(각종 세금 문제, 부동산 문제, 인건비 상승 등 각종 사업체 운영 문제…)을 유난히 크게 조명한다. 이때 가난한 이들은 가난한 이들대로, 부유한 이들은 부유한 이들대로 피해의식이 촉발되고 확대 재생산될 수밖에 없다. 이런 상황에서 어떻게 빈부 갈등이 더 심각해지지 않을 수 있을까?

언론이 피해의식을 촉발하고 확대 재생산하는 방식은 대단히 복잡하거나 어려운 것이 아니다. 길거리에서 추위에 떨고 있는 사람이 있다고 해보자. 그에게 우리가 만 원짜리 한 장을 건네주려고 한다. 이때 옆에 있던 친구가 반복해서 말한다. "너도 돈 없잖아. 너도 힘들게 살고 있잖아. 너 돈 없었을 때 누가 도와줬어? 그때 얼마나 비참했는지 까먹은 거야?"

과도하게 반복되는 친구의 말 앞에서 우리의 마음은 어떻게 변하게 될까? 비범한 이들이 아니라면, 누군가를 도와주고 싶은 마음이 작아질 수밖에 없다('그래, 나도 지금 힘들잖아.'). 심지어 추위에 떨고 있는 이에게 기묘한 반감이 생길 수도 있다('나는 힘들게 일해서 돈 버는데, 너는 뻔뻔하게 구걸해서 돈을 번다고?'). 이것이 일부 언론사가 피해의식을 촉발·확대 재생산하는 방식이다.

°언론의 본령

물론 피해의식을 촉발·확대 재생산하는 일부 언론사들이 쏟아낸 기사들이 '거짓'인 것은 아니다(요즘 일부 언론사들은 종종 '거짓' 기사를 낸다). 그 모든 기사들은 대부분 '사실'에 기반해 있다. 하지만 언론의 본령은 '사실'이 아니라 '진실'에 있다. '사실(A가 B를 때렸다)'은 '진실(A는 가해자다)'이 아니다. '사실'은 '진실'의 토대가 될 뿐이다. 그래서 어떤 '사실'들(B가 칼을 들고 A를 쫓아왔다. A가 B를 때렸다)을 추가, 삭제, 배치하느냐에 따라 '진실(B는 가해자다)'이 아닌 '거짓(A는 가해자다)'을 구성할 수도 있다.

언론의 참된 역할은 '사실'을 보도하는 것이 아니라 '진실'을 알리는

'사실'을 보도하는 것이 '진실'을 알리는 것인가?

데 있다. 언론사는 단지 파편적인 '사실'만을 알리는 기관이 아니다. 세상에는 얼마나 많은 '사실'들이 있는가? 참된 언론은 세상에 존재하는 수없이 많은 '사실'들 중 유의미한 '사실'을 연결하고 배치해 '진실'을 드러내는 활동이다. 그런 측면에서 피해의식을 촉발·확대 재생산하는 언론사는 언론의 본령에 반하는 언론사인 셈이다.

피해의식을 촉발·확대 재생산하는 일부 언론사들의 행태를 보라. 수많은 '사실'들 중 특정한 '사실'만을 취사선택하여 보도하거나 혹은 그 취사선택된 '사실'들을 자신들의 의도에 맞게 교묘한 방식으로 배치(편집)하여 보도한다. 그 사이에 '진실'을 드러내기는커녕 명백히 존재하는 '진실'을 은폐하고 왜곡한다. 이러한 언론의 폐단은 자본가의 상처와 고통의 '사실'만을 주로 보도하는 일부 보수 언론사에서 손쉽게 확인할 수 있다.

노동자와 자본가(부자)가 있다. 노동자들이 부당하고 억울한 일(부당 해고·인격 모독·과도한 업무…)을 당하는 것처럼, 부자(자본가)들 역시 그런 일(과도한 세금 징수·집값 하락·주가 하락…)을 당한다. 그 모든 일은 '사실'이다. 'A 재벌이 세금을 과도하게 냈다.' '강남 부동산이 폭락했다.' '세계 경기 침체로 주가가 10% 하락했다.' 이런 기사들은 모두 '사실'일 수 있다. 하지만 이런 '사실'들을 반복적으로 드러내는 것으로 어떤 '진실'을 알릴 수 있을까?

이런 '사실'들의 반복적 나열은 '진실'을 알리기는커녕 '진실'을 은폐하고 왜곡한다. 우리 시대의 '진실'이 무엇인가? 소수의 부자들이 고통받고 있는 것이 우리 시대의 '진실'인가? 그렇지 않다. 절대 다수인 노동자들이 고통받고 있는 '사실'이 우리 시대의 '진실'에 훨씬 더 가깝다. 특정한 언론사들이 일부 사실들을 연결해 피해의식을 증폭하려는 것은, 그들은 '진실'에는 관심이 없고 자신들의 당파적 이익에만 관심이 있기 때문이다.

˚피해의식=f(나의 마음×타자의 목소리)

피해의식을 다루는 데 있어서 언론을 비판적으로 독해하는 일은 매우 중요하다. 피해의식은 '나의 마음'과 '타자의 목소리'라는 두 변수가 만들어내는 함수다. 이는 '피해의식=f(나의 마음×타자의 목소리)'로 도식화할 수 있다. 즉, '나의 마음'이 고요해지면(요동치면) 피해의식은 잠잠해진다(거세진다). 하지만 만약 '나의 마음'이 고요해지더라도 피해의식을 촉발하는 '타자의 목소리'가 커진다면 피해의식은 그만큼 거세질 수밖에 없다. 피해의식이 '타자의 목소리'에 상관없이 존재하려면 '나의 마음'이 0이 되어야 한다. 하지만 이는 부당하다. '나의 마음'의 요동이 아무리 작아지더라도 살아 있는 상태에서 0이 될 수는 없기 때문이다.

피해의식을 잘 다루기 위해서는 두 가지 시선이 필요하다. '나'의 피해의식을 잘 들여다보는 시선과 우리의 피해의식을 촉발·증폭하려는 타자의 목소리를 비판적으로 독해하는 시선. 물론 전자가 선행되어야 후자가 가능하다. '나'의 피해의식을 아프게 성찰하는 것은 중요하다. 자신의 피해의식을 잘 돌보지 못해, '나의 마음'이 요동친다면, '타자의 목소리'와 상관없이 피해의식은 거세게 일어날 수밖에 없으니까 말이다.

하지만 전자(나의 마음)만큼 후자(타자의 목소리)에도 관심을 기울여야 한다. '나'의 피해의식을 성찰해서 마음이 고요해지더라도, 피해의식을 촉발·증폭하려는 '타자'의 목소리를 비판적으로 독해하려는 시선이 없다면 '나'의 피해의식은 다시 요동치게 될 테니까 말이다. 이것이 우리가 언론을 비판적으로 독해해야만 하는 이유다. 언론을 비판적으로 읽지 못한다면 피해의식을 옅어지게 하기 어렵다. 언론은 매우 큰 '타자의 목소리'이니까 말이다.

이는 비단 특정 언론사만의 이야기이겠는가? 우리 주변 사람들 중 우리의 피해의식을 촉발하고 증폭하려는 이들은 얼마나 많던가. 그들의 목소리를 비판적으로 독해하지 못한다면 우리는 결코 요동치는 피해의식으로부터 자유로울 수 없을 테다. 피해의식은 '나의 마음'과 '타자의 목소리'라는 두 변수에 의해 결정되는 함수이니까 말이다.

08. ──────────────── 피해의식과 파시즘

°파시즘은 무엇인가?

"돈 많은 인간들은 다 도둑놈들이야!"

"남자(여자)들 때문에 여자(남자)들만 피해보는 거야!"

"날씬하고 예쁜 것들은 사람들을 무시해!"

이런 마음들은 모두 피해의식이다. 이런 피해의식은 유해하다. 이 유해함은 결코 개인적인 문제로 끝나지 않는다. 피해의식은 심각한 사회적 문제로 비화될 잠재적 요소이기 때문이다. 피해의식이 만연한 사회는 심각한 사회적 갈등이 촉발될 가능성을 늘 품고 있다. 이는 파시즘, 즉 인류 역사상 가장 비극적인 사태를 촉발한 사회적 현상이 잘 보여준다. 피해의식과 파시즘은 깊은 상관관계를 맺고 있다.

파시즘fascism이 무엇인가? 이는 이탈리아어 '파쇼fascio(묶음)'에서 온 조어이다. 이 '파쇼'는 라틴어 '파시스fascis'를 어원으로 하고 있는데, 이는 나무 막대기 묶음에 도끼날이 결합된 것을 가리킨다. 여기서 나무

막대기는 처벌을, 도끼는 처형을 의미한다. 이것이 파시즘을 상징적으로 드러낸다. 파시즘은 특정한 정치·사회적 '묶음(결속·단결)'을 구성하고, 그 묶음에서 제외된 이들을 처벌하고 처형함으로써 다시 그 묶음의 결속과 단결을 강화하는 일련의 이념 체계이다.

독일의 나치즘(아돌프 히틀러가 이끌던 민족사회주의 독일 노동자당의 이념)이 대표적인 파시즘이다. 히틀러를 중심으로 하는 독일의 나치 당원들은 수많은 유대인들을 참혹하게 살육했다. 그 참혹한 비극의 바닥에는 나치즘(파시즘)이 있었다. 나치즘은 독일인(게르만족)을 하나의 정치·사회적 '묶음(결속·단결)'으로 구성하고, 그 '묶음'에서 제외된 이(유대인)들을 처벌하고 처형함으로써 다시 독일인을 하나로 결속시켰다.

파시즘의 핵심은 무엇인가? 무비판·비합리·폭력적인 '묶음(결속·단결)'이다. 이 '묶음(결속·단결)'이 나치들이 행한 참혹한 학살을 옳은 일 혹은 불가피한 일로 정당화해주었다. 이것이 나치 당원들이 큰 죄책감 없이 유대인들을 학살할 수 있었던 이유다. 이런 파시즘의 바닥에는 피해의식이 은밀하게 도사리고 있다. 끔찍한 살육을 자행했던 파시즘과 일상에서 흔히 발견되는 피해의식을 연결하는 것은 과도한 억측이나 비약일까? 결코 그렇지 않다.

°피해의식은 파시즘의 씨앗이다

곰곰이 생각해보라. 어떤 이들이 파시즘에 더 쉽게 휘말려 들어갈까? 달리 말해, 어떤 이들이 무비판·비합리·폭력적인 '묶음' 속으로 더 잘 휩쓸려 들어갈까? 피해의식이 심한 이들이다. 피해의식이 무엇인가?

상처받은 기억으로 인한 과도한 자기방어다. 즉, 피해의식이 심하다는 것은 겁을 먹어서 과도하게 자신을 보호하려는 마음에 잠식당한 상태를 의미한다. 이런 마음에 휩싸인 이들은 무리(묶음)를 지으려는 욕망이 더욱 강렬할 수밖에 없다.

겁을 먹은 상태에서 자신을 보호하는 방법은 무엇인가? 패거리를 만드는 것이다. 달리 말해, 그 무리가 어떤 무리인지 비판적·합리적으로 판단하지 않은(혹은 못한) 채로 그 무리 속으로 숨어드는 것이다. 이는 마치 겁을 먹어 혼자서는 싸우지 못하는 아이가 패거리를 지어 몰려다니려는 마음과 유사하다. 이처럼 피해의식이 심한 이들은 매우 쉽게 무비판·비합리·폭력적인 '묶음' 속으로 빠져들게 된다. 이는 단순한 가정이 아니다. 이는 역사적 사실에도 부합한다.

독일은 왜 파시즘이라는 악령에 휩싸였던 걸까? 나치즘(파시즘)의 배경에는 많은 원인들이 있겠지만, 그 중심에는 피해의식이 있다. 제1차 세계 대전이 끝난 후, 독일은 탄자니아, 토고, 카메룬, 나미비아 등의 해외 식민지를 모두 잃게 되었다("나만 재산을 잃었어!"). 그뿐만 아니라 독일은 전쟁 이후 전쟁의 책임을 지게 되어 막대한 손해 배상금을 지불해야 하는 국가로 지정되었다("나만 억울하게 피해보았어!"). 제1차 세계 대전 이후 이런 사회적 배경은 독일 사회의 집단적 피해의식이 되었다. 이것이 나치즘(파시즘)을 탄생시킨 주요한 원인이었다. 결국 나치즘(파시즘)을 촉발한 근본적 원인은 독일인들의 마음속 깊은 곳에 자리 잡은 피해의식이었던 셈이다.

파시즘과 피해의식, 다양성을 제거하는 안경

피해의식은 파시즘의 원인인 동시에 그 자체로 파시즘적이다. 다시 묻자. 파시즘이 무엇인가? 복잡하고 난해한 학술적 정의를 찾아볼 필요 없다. 파시즘은 한 사람이 갖고 있는 다양한 면들을 제거하고 하나의 면만을 보는 일이다. 무비판·비합리·폭력적인 '묶음'은 어떻게 가능한가? 우리 곁에 있는 사람들의 다양한 면들을 제거하고 오직 하나의 기준만으로 그들을 구별하고 분류할 때 가능하다.

나치는 어떻게 유대인들을 학살할 수 있었을까? 그들을 오직 '유대인'으로만 보았기 때문이다. 어떤 사람도 인종적 특징(유대인)만을 갖고 있지 않다. 어느 유대인은 제빵사이고, 슈베르트를 좋아하며, 종종 철학책을 읽고, 두 아이의 아버지이며, 강아지를 키우고, 저녁에는 산책을 하는 사람이다. 한 사람이 가진 그 다양한 면들을 모두 제거하고 그가 '유대인'이라는 사실만을 볼 때 파시즘은 시작된다.

애정을 담아 키우던 송아지를 죽일 수 있는가? 그럴 수 없다. 그 송아지는 어미 소의 새끼이고, 햇볕과 풀을 좋아하며, 함께 지낸 친구이기 때문이다. 누가 그 송아지를 죽일 수 있는가? 그 다양한 면들을 모두 제거하고 송아지를 단지 '소고기'로만 보는 이다. 그는 아무런 죄책감 없이, 심지어 자랑스럽게 송아지를 도축할 수 있다. 그에게 송아지는 단지 '소고기'일 뿐이니까 말이다. 바로 이것이 파시즘의 작동 원리다.

이런 파시즘의 작동 원리는 피해의식과 놀랍도록 닮아 있다. 피해의식은 일종의 안경이다. 다양한 세상을 오직 두 가지로만 보게 만드는 안경. 돈(학벌·젠더)에 대한 피해의식이 심한 이들은 세상을 '돈(명문대·남성)'

과 '돈 아닌 것(비명문대·여성)'으로만 본다. 피해의식에 휩싸일 때 우리는 눈앞에 있는 상대의 다양한 면들을 볼 수 없다. 단지 자신의 피해의식이 비추는 하나(돈·학벌·젠더)의 면만을 보게 된다. 이것이 피해의식에 휩싸인 이들에게 무분별한 폭력성이 쉽게 드러나는 이유다.

° 우리 사회의 파시즘적 씨앗들

피해의식에 휩싸인 이들은 타인을 향해 크고 작은 폭력을 아무렇지도 않게 행사한다. 많은 개인적 갈등과 사회적 갈등은 바로 이 때문에 벌어지게 된다. 파시즘은 멀리 있지 않다. 피해의식이 심한 이들은 파시즘적 태도를 갖고 있다. 피해의식이 심한 사회는 파시즘적 사태의 문턱에 와 있는 셈이다. 우리 사회에 드러나 있는 사회적 갈등들을 생각해보라. 빈부 갈등, 세대 갈등, 젠더 갈등은 모두 파시즘적 갈등이며, 이런 갈등의 근본에는 모두 피해의식이 도사리고 있다.

빈부 갈등은 왜 생기는가? 가난한 이들의 피해의식("돈 많은 인간들은 다 도둑놈들이야!")과 부유한 이들의 피해의식("돈 없는 인간들은 남의 돈을 거저먹으려고 해!")의 충돌 때문이다. 세대 갈등은 왜 생기는가? 신세대들의 피해의식("우리만 억울하게 취업이 안 되는 세대야!")과 구세대들의 피해의식("우리만 억울하게 배고픈 시절을 보냈어!")의 충돌 때문이다. 젠더 갈등은 왜 생기는가? 여성들의 피해의식("남자들 때문에 우리만 억울하게 피해보고 있어!")과 남성들의 피해의식("여자들 때문에 우리만 억울하게 피해보고 있어!")의 충돌 때문이다. 사회적 갈등은 결국 저마다의 피해의식이 내재하고 있는 폭력성의 충돌이다.

피해의식에 휩싸인 이들이 무비판·비합리·폭력적인 '묶음'으로 세력화될 때 파시즘적 사태로 비화된다. 물론 우리의 사회적 갈등이 역사상 최악의 파시즘(나치즘)만큼 참혹하지는 않다. 하지만 이는 단지 우리 사회의 피해의식의 강도나 세력화가 그들(나치)만큼 심각하지 않기 때문일 뿐이다. 이는 반대로 말해, 우리 사회를 지배하는 피해의식의 강도나 세력화가 어느 임계치를 넘어가게 되면 우리 사회 역시 거대한 '아우슈비츠'가 될 가능성이 있다는 섬뜩한 전망이기도 하다.

°파시즘적 갈등 너머 사회적 논쟁으로

파시즘 혹은 파시즘적 사태는 어떻게 극복할 수 있을까? 피해의식을 성찰하고 극복하는 만큼 우리는 한 사람이 가진 다양한 모습들을 더 많이 조망할 수 있다. 그때 우리는 파시즘으로부터 멀어질 수 있다. 한 사람이 가진 다양한 면들을 모두 볼 수 있는 이들이 모인 사회에 파시즘적 갈등은 없다. 두 아이와 강아지를 데리고 산책을 하는 옆집 제빵사를 어떻게 단지 유대인이라는 이유만으로 아우슈비츠의 독가스실로 몰아넣을 수 있겠는가?

우리가 처한 파시즘적 갈등 역시 같은 방법으로 해소할 수 있다. 빈부 갈등, 세대 갈등, 젠더 갈등 등등 우리 사회에는 파시즘적 양상으로 치닫고 있는 수많은 갈등들이 있다. 이런 갈등들은 돈·학벌·젠더에 관한 피해의식을 성찰하고 극복해나갈 때 해소할 수 있다. 피해의식에서 자유로워지면 우리는 한 사람을 '부자냐, 빈자냐'('명문대냐, 아니냐'·'남자냐, 여자냐')라는 이분법으로 파악하지 않게 된다. 그들 역시 우리처럼 삶에 대해 고민하고, 반려견을 사랑하며, 영화와 음악을 좋아하고, 사랑에 설레고 이별에 아파하는 사람이라는 것을 볼 수 있게 된다. 한 사람의 그 다양한 면들을 모두 볼 수 있을 때, 어떻게 상대를 무참히 짓밟아야 할 적으로 간주할 수 있겠는가?

물론 한 사람의 다양한 면들을 볼 수 있다고 해서 모든 사회적 갈등이 완전히 사라지지는 않을 것이다. 그리고 모든 사회적 갈등이 완전히 사라지는 것이 좋은 일도 아니다. 건강한 사회적 논쟁은 언제나 필요하다. 그런데 이 건강한 사회적 논쟁은 파시즘적 갈등을 넘어야 비로소 가능하다. 피해의식에서 자유로울 때, 비로소 상대를 (무비판·비합리·폭력적인 '묶음'을 구성할) 동지로도, (어떤 경우에도 박멸해야 할) 적으로도 보지 않을 수 있게 된다. 바로 이 상태, 즉 적과 동지의 구분을 넘을 때만 우리는 건강한 사회적 논쟁을 시작할 수 있다. 이것이 피해의식의 성찰과 극복이 개인적으로도, 사회적으로도 결코 우회할 수 없는 과제인 이유다.

─────── ·· 악셀 호네트 ·· ───────

피해의식, 인정받지 못한 상처

피해의식은 왜 발생하는가? 상처받은 기억 때문이다. 이것이 피해의식이 다종다양한 이유다. 저마다의 상처가 다 다르기 때문에 그에 따라 발생하는 피해의식 역시 모두 다를 수밖에 없다. 하지만 피해의식을 유발하는 상처가 다종다양하다고 하더라도 근본적 상처는 하나다. 바로 인정이다. 모든 상처는 누군가로부터 인정받지 못한 상처다.

폭력·가난·외모 등등 많은 종류의 피해의식이 있다. 그 피해의식들은 모두 각각의 상처 때문에 생겼다. 그런데 그 각각의 상처는 모두 인정과 관계되어 있다. 즉, 모든 피해의식은 자신이 소중한 존재로 인정받지 못했기 때문에 발생한 문제다. 물리적 폭력을 당할 때, 가난하다고 소외당할 때, 뚱뚱하다고 무시당할 때 그 어떤 사람도 자신이 소중한 존재로 인정받는다고 느낄 수 없다.

피해의식의 근본적 원인은 인정의 부재다. 피해의식은 인정과 매우 깊은 상관관계를 맺고 있다. 이것이 바로 피해의식이 인간의 보편적 특징인 이유다. 종류와 강도의 차이는 있을 수 있겠으나 피해의식은 누구에게나 있다. 모든 인간은 타인의 인정을 벗어나 존재할 수 없기 때문이다. 스스로를 주체적이며 독립적인 존재라 믿는 이들에게는 불쾌하고 불편한 이야기일 수 있겠으나 이는 삶의 진실이다.

인간은 '인정' 없이 존재할 수 없다

이 삶의 진실을 마주하기 위해 우리 시대의 철학자, 악셀 호네트를 만나보자. 그는 누구보다 '인정'이라는 주제에 대해 깊게 고민한 철학자다. 그는 자신에게 큰 영향을 미쳤던 헤겔의 글을 인용하며 '인정'에 대해 이렇게 정의 내리고 있다.

인정 행위 속에서 나는 개별자가 아니다. 나는 당연히 인정 행위 속에서 존재하며, 더 이상 매개 없는 현존재가 아니다. …인간은 필연적으로 인정받으며, 필연적으로 인정하는 존재이다. …인간 자체는 인정 행위로서 운동이며, 이러한 운동이 바로 인간의 자연 상태를 극복한다. 즉, 인간은 인정 행위다.

– 악셀 호네트, 『인정투쟁』

호네트의 말은 어렵지 않다. 호네트는 '나'라는 존재는 "인정 행위 속에서 존재"한다고 말한다. 인간은 누군가로부터 인정받아야만 존재할 수 있다. 즉, 인간은 타인으로부터 독립적인 존재가 아니다. 타인의 인정이라는 매개가 없다면 한 사람은 존재할 수 없다. 이런 사유를 바탕으로 호네트는 인간을 간명하게 정의 내린다. "인간은 인정 행위다." 정말 그렇지 않은가? 한 아이가 태어나 성인이 되는 과정을 생각해보라.

아이는 부모의 '인정'을 받아야만 존재할 수 있다. 그 아이가 학생이 되어도 마찬가지다. 학생은 선생과 친구의 '인정'을 받아야만 존재할 수 있다. 이 삶의 진실은 성인이 되어도 달라지지 않는다. 성인이 된다고 해서 타인으로부터 독립적으로 존재할 수 있는 것은 아니다. 연인이든 배우자든 직장 상사든 사장이든 멘토든, 유의미한 타인의 인정을 통해서만 존재할 수 있다. 이처럼 한 사람의 삶 자체는 모두 인정과 관련되어 있다.

주체성과 독립성, 인정으로 형성된 자산

"나는 주체적이고 독립적이야. 누구의 인정도 필요 없어!" 이렇게 확신하는 이들은 호네트의 논의를 부정할지도 모른다. 하지만 그들은 자신이 그토록 자랑스러워하는 주체성과 독립성이 누군가의 '인정'으로부터 왔다는 사실을 모르고 있을 뿐이다. 한 사람의 주체성과 독립성 역시 타자의 인정으로부터 형성된 내적 자산일 뿐이다. 이에 대해 호네트는 다음과 같이 말한다.

> 한 개인이 완전한 자기 정체성에 도달할 수 있는 것은 오직 자신의 속성과 특성이 사회적 상호작용 상대자의 격려와 지지를 받게 될 때이다.
>
> – 악셀 호네트, 『인정투쟁』

한 개인이 주체성과 독립성을 갖춘 "완전한 자기 정체성에 도달할 수 있는 것"은 언제인가? 그것은 "오직 자신의 속성과 특성(성격·취향·능력)이 사회적 상호작용 상대자(부모·친구·선배·선생·상사·사장…)의 격려와 지지를 받게 될 때"이다. "인간 자체는 인정 행위로서 운동"이다. 달리 말해, 인간이라는 존재는 인정 행위, 즉 누군가를 인정하고, 또 누군가로부터 인정받는 행위를 통해서만 존재할 수 있다.

인정투쟁

피해의식에서 어떻게 벗어날 수 있을까? '인정'받으면 된다. 우리를 피해의식으로 빠뜨린 근본적 원인이 바로 인정의 부재 아니던가? 그러니 누군가로부터 '인정'받는다면 피해의식에서 벗어날 가능성이 생긴다. 하지만 여기서 우리는 모종의 거부감을 느끼게 된다. 타인에게 인정받기 위한 삶은 너무 의존적이지 않은가? 누군가에게 인정받기 위해 이리저리 눈치보는 삶은, 피해의식에 빠진 삶만큼이나 불행하지 않은가? 그러니 이제 우리는 질문을 바꿔야 한다.

'어떻게 인정받을 것인가?' 즉, 의존적인 삶에 포획당하지 않으면서 피해의식에서 벗어날 수 있는 '인정'은 어떻게 가능한가? 이것이 지금 우리에게 필요한 질문이다. 이에 대한 답은 호네트의 '인정투쟁'이란 개념에서 그 실마리를 찾을 수 있다. 먼저 '인정투쟁'이 무엇인지부터 알아보자. 호네트의 이야기를 직접 들어보자.

> 주체들은 일단 인륜(가족·시민·사회·국가)적으로 확정된 상호인정 관계의 틀 속에서 항상 자신의 특수한 정체성 이상의 것, 즉 새로운 차원의 자신을 경험하기 때문에 주체들은 다시 한번 이미 도달했던 인륜성 단계에서 투쟁적 방식으로 벗어나야 한다. 이를 통해 주체들은 더욱 요구가 높은 형태의 개성을 인정받을 수 있기 때문이다. 이런 점에서 주체들 사이 관계의 토대에 놓여 있는 인정 운동은 화해와 투쟁의 단계가 교체되는 과정으로 구성되어 있다.
> — 악셀 호네트, 『인정투쟁』

'인정투쟁'은 쉽게 말해, 타인으로부터 인정받기 위한 싸움이다. 호네트에 따르면, 한 인간(주체)은 타인에게 인정받을 때 자신의 정체성을 획득한다. 그렇게 획득한 정체성은 더 높은 인정에 대한 요구를 불러일으키고, 그 요구를 만족시키기 위해 새로운 차원의 투쟁이 벌어진다. 인간사는 그렇게 서로에게 인정받으려는 투쟁의 연속이라는 것이 호네트의 주장이다. 이는 우리네 삶에서 여실히 드러난다.

한 사람의 인생사를 생각해보라. 그것은 '인정투쟁'의 연속 아닌가? 아이는 부모에게 인정받으려 투쟁하고, 그 아이는 다시 선생에게 인정받는 착한 학생이 되기 위해 투쟁한다. 이 투쟁은 거기서 끝나지 않는다. 다시 상사·사장에게 인정받는 유능한 혹은 성실한 직원이 되려고 투쟁하고, 국가에게 인정받는 선량한 시민이 되려고 투쟁한다. 이것이 우리네 삶 아니던가? 이처럼 주체(인간)들은 인륜(가족·시민·사회·국가)적으로 확정된 상호인정 관계의 틀 속에서 자신의 정체성을 획득하고, 그 정체성을 기반으로 더 높은 수준의 인정을 쟁취하기 위해 끊임없이 투쟁하는 존재다.

피해의식을 넘어서기 위한 '인정투쟁'

피해의식을 극복할 수 있는 '인정'은 무엇인가? 그것은 끊임없는 '인정투쟁'을 통해 얻은 '인정'이다. 이 난해한 말을 이해하기 위해 두 전사의 '인정투쟁' 이야기를 해보자. '헤겔'과 '호네트'라는 두 명의 전사가 있다. 이 둘은 모두 용맹한 전사라는 인정을 받기 위해 어느 마을을 침략하고 정복했다. 그렇게 둘은 모두 자신의 마을 사람들로부터 용맹한 전사라는 인정을 받았다.

그렇게 인정받은 둘은 이제 더 수준 높은 인정을 바라게 되었다. 둘은 복속한 마을 주민으로부터 인자한 주인이라는 인정을 받고 싶었다. 그래서 둘은 모두 패배한 자들을 노예로 살려둠으로써 그 인정을 충족했다. 여기까지 둘의 '인정투쟁'의 길은 같았다. 하지만 전사 '헤겔'과 '호네트'의 인정투쟁의 길은 달라지기 시작했다.

전사 '헤겔'은 머리를 조아리는 노예로부터 받는 인정에 머물렀다. 즉, '헤겔'은 더 높은 수준의 인정을 바라는 '인정투쟁'을 멈췄다. 하지만 전사 '호네트'는 달랐다. '호네트'는 멈추지 않고 더 높은 수준의 인정을 원했다. '호네트'는 자신이 살려둔 노예로부터 진정한 인정을 얻기를 원했다. 그러자 '호네트'는 심각한 문제에 봉착하게 되었다. 노예들이 노예 상태(부자유)에 있으면 그들의 인정이 진정한 인정인지 아닌지 알 길이 없지 않은가?

진정한 인정을 위한 투쟁

여기서 '호네트'는 다시 한번 사활을 건 인정투쟁을 할 수밖에 없다. 그 투쟁은 노예들을 자유인으로 해방시켜주는 투쟁이다. 그 투쟁이 없다면, '호네트'의 인정 욕구는 만족될 수 없다. 노예들이 자유인이 되어서도 그를 주인으로 인정해주어야만 그는 비로소 진정한 인정을 얻은 것이 될 테니까 말이다.

"주체들(주인과 노예) 사이 관계의 토대에 놓여 있는 인정 운동은 화해(해방)와 투쟁(침략)의 단계가 교체되는 과정으로 구성되어 있다." 이제 호네트의 이 난해한 말을 이해할 수 있다. 주인과 노예(주체들) 사이의 인정 운동은 침략(투쟁)과 화해(해방)의 단계가 교체되는 과정으로 이루어진다. 이 과정을 통해 밀도 낮은 인정에서 조금 더 밀도 높은 인정을 받으려는 투쟁이 바로 '인정투쟁'이다.

이는 우리네 삶에서도 얼마든지 확인해볼 수 있다. 사랑하는 이에게 진정으로 '인정'받고 싶을 때 우리는 가장 먼저 무엇을 해야 하는가? '고백(침략)'이다. 하지만 그 고백으로 사랑을 시작한다고 해도 상대가 자신을 진정으로 '인정'한다고 확신하기 어렵다. 상대가 자신의 외모나 돈이나 명성 때문에 인정하는 것일 수도 있으니까 말이다. 그때 어떻게 해야 하는가?

'이별(해방)'해봐야 한다. 상대가 자신보다 더 근사한 외모를 가진 이, 더 많은 돈을 가진 이, 더 높은 명성을 가진 이를 만나게 '해방'해주어야 한다. 그럼에도 불구하고 상대가 자신에게로 다시 돌아온다면 상대가 자신을 진심으로 인정하는 것이라 비로소 확신할 수 있게 된다. 이러한 과정, 즉 밀도 낮은 인정으로부터 조금 더 밀도 높은 인정을 받으려는 투쟁, 이것이 바로 '인정투쟁'이다.

연속된 인정투쟁, 사랑

어떻게 '인정'받아야 할까? 연속된 '인정투쟁'으로 '인정'받아야 한다. 이 인정이 피해의식을 극복할 수 있게 해주는 인정이다. 끊임없는 '인정투쟁'을 통해 다다르는 인정, 즉 가장 밀도 높은 '인정'은 무엇인가? 바로 사랑이다. '호네트'가 해방시킨 노예들이 자발적으로 다시 '호네트'에게 돌아온다면 그것은 노예가 주인을 '인정'하는 것인가? 그렇지 않다. 그것은 사랑 혹은 우정이라고 이름 붙여도 좋을 '인정'이다. 이처럼 '인정투쟁'이 끝내 도달하게 되는 인정은 바로 사랑이다.

생면부지의 이들에게 '댓글'로 받은 인정, '사장'에게 받은 인정, '연인' 혹은 '스승'에게 받은 인정은 같은 수준의 인정이 아니다. '댓글'의 인정은 가장 수준 낮은 인정이고, '사장'의 인정은 그보다는 수준이 높다. 하지만 가장 수준 높은 인정은 바로 '연인' 혹은 '스승'의 인정이다. 즉, '내'가 사랑하고 존경하며, '나'를 사랑해주고 존중해주는 이들의 인정이다. 이 인정은 연속된 '인정투쟁'의 끝에 만나게 되는 가장 밀도 높은 인정이다. 그렇다면 이 인정(사랑)은 어떻게 피해의식을 극복하게 해주는 걸까?

> 사랑받는 사람은 바로 자신에 대한 애정의 확실성을 통해 항상 자신과의 탈긴장화된 관계 속에서 스스로를 개방할 수 있는 힘을 얻는다. 오직 이 하나의 이유 때문에… 자립적인 주체가 된다.
> – 악셀 호네트, 『인정투쟁』

피해의식은 자신의 상처에 매몰되어 타인을 볼 수 없게 된 마음이다. 즉, 피해의식은 자기 관계에 대한 문제로 인해 타인 관계에도 문제가 생긴 상태이다. 그렇다면 이 자기 관계의 문제는 구체적으로 무엇인가? 자신에 대한 애정의 불확실성이다. 즉, 피해의식은 불확실한 자기애(자신에 대한 사랑) 때문에 불안한 마음 상태다. 피해의식에 휩싸인 이들이 타인에게 쉬이 마음을 열지 못하고 폐쇄적인 이유도 바로 이 때문이다. 자신에 대한 사랑(인정)이 불확실해서 늘 불안한 이들이 어찌 타인에게 개방적인 태도를 취할 수 있겠는가?

피해의식 너머 자립적인 주체가 되는 길

이런 피해의식의 상태는 사랑(인정)을 통해 해소될 수 있다. 호네트의 말처럼, "사랑받는 사람은 자신에 대한 애정의 확실성"을 확인한다. 우리는 언제 자신을 사랑할 수 있는가? 타인에게 사랑받을 때이다. 우리는 얼마나 자신을 사랑할 수 있는가? 타인에게 사랑받은 만큼이다. 누군가에게 진정한 인정(사랑)을 받으면 우리는 자신에 대한 애정의 확실성을 확인하게 된다. 이렇게 자기애에 대해 확신하게 된 이들은 긴장 상태(불안)를 벗어날 수 있다. 그렇게 탈긴장화된 상태가 되면 비로소 자신의 상처에 대해 스스로를 개방할 수 있는 힘을 얻게 된다.

가난에 대한 피해의식이 있었다. 가난해서 받은 상처 때문에 늘 나 자신과 긴장 상태를 유지했었다. 늘 돈돈거리느라 타인과 늘 크고 작은 문제가 생겼다. 그 피해의식은 어떻게 사라졌을까? 나를 진정으로 인정(사랑)해주었던 그녀 덕분이었다. 어느 추운 날 아침, 집을 나서려는데 호주머니에 작은 쪽지와 삼십만 원이 들어있었다. "오빠, 돈 없어서도 괜찮아." 코끝이 시큰해진 그날 아침, 나의 피해의식은 사라졌다. 그녀의 진정한 인정(사랑)은 나 자신에 대한 애정의 확실성을 부여해주었다. "돈이 없어도 사랑받을 수 있구나!" 그렇게 나의 상처를 스스로 개방할 수 있는 힘을 얻게 되었다.

이것이 피해의식 너머 자립적인 주체가 되는 길이다. 누군가에게 사랑(인정) 받으려 할 때 의존적인 존재가 된다고 믿는 이들이 있다. 단언컨대 이들은 한 번도 사랑해보지 않은 이들이다. 사랑받지 못할 때 더 의존적인 존재가 된다. 불확실한 자기애로 인해 점점 더 불안해지는 이들이 터무니없는 대상(돈·종교·미신…)에 의존하게 되는 일은 너무 흔하지 않은가. 사랑받을 때, 자기애를 확신하게 되고 그로 인해 자립적인 주체로 발돋움할 수 있다. 타인으로부터 진정한 인정(사랑)을 받아서 자립적인 주체가 되는 것! 바로 이것이 피해의식을 벗어나는 길이다.

'사랑'에서 '권리'로, 그리고 '연대'로

호네트의 이론 중 흥미로운 부분이 있다. 호네트가 '인정'을 세 가지 형태, '사랑', '권리', '연대'로 구분한 대목이다. '사랑'은 원초적 관계(가족·연인·친구…)의 인정이고, '권리'는 권리 관계(직장·마을·공공장소…)의 인정이고, '연대'는 가치 공동체 관계(정당·시민단체…)의 인정이다. '사랑'이라는 인정은 우리를 개인적 '나'로, '권리'라는 인정은 인격적 '나'로, '연대'라는 인정은 공동체적 '나'로 존재하게 해준다.

사랑의 경험 속에서는 자기믿음의 가능성이, 권리 인정의 경험 속에서는 자기존중의 가능성이, 나아가 사회적 연대의 경험 속에서는 자기 가치부여의 기회가 결합되어 있다.

– 악셀 호네트, 『인정투쟁』

호네트에 따르면, '사랑'이라는 인정은 자기믿음(개인적 '나')을 주고, '권리'라는 인정은 자기존중(인격적 '나')을 주고, '연대'라는 인정은 자기 가치부여(공동체적 '나')를 준다. 이 세 가지 인정은 인정투쟁을 통해 순차적으로 배열된다. 당연하지 않은가? 자기믿음이 없는 이는 자신을 존중할 수 없고, 자기존중이 없는 이는 스스로에게 공동체적 가치를 부여할 수 없다. 즉, '사랑'은 '권리'로서의 인정과 '연대'로서의 인정을 가능하게 하는 근본적 '인정'인 셈이다.

이는 쉽게 말해, '사랑'이 없다면 진정한 권리도 인정받을 수 없고, 진정한 연대 역시 불가능하다는 진단인 셈이다. 이는 우리 사회가 잘 보여주고 있지 않은가? 우리 사회에 얼마나 많은 이들이 자신의 권리를 인정받으려 하는가? 또 얼마나 많은 이들이 사회적 연대를 외치는가? 그 모든 외침들은 대부분 실망과 좌절 속에서 허무하게 사라지기 일쑤다. 왜 이런 일이 일어나는 것일까? 그것은 우리가 최초의 '인정'을 건너뛴 채 그 다음의 '인정'들을 바랐기 때문 아닐까?

진정한 인정(사랑)으로 피해의식을 극복할 수 있다. 자신을 믿을 수 있고, 자신을 존중할 수 있고, 더 나아가 스스로에게 공동체적 가치를 부여할 수 있는 이들에게 피해의식이 있을 리 없다. 저마다의 권리를 존중받으며, 사회적 약자를 위해 연대하는 아름다운 사회를 꿈꾸고 있는가? 그렇다면 진정으로 인정(사랑)받는 일에 사활을 걸어야 한다. '나'와 '너'의 삶을 위해서도, 더 나아가 '우리'의 삶을 위해서도, 인정투쟁을 멈추어서는 안 된다. 인정투쟁을 멈추지 않고 끊임없이 나아가 진정한 인정, 즉 사랑에 도달할 수 있을 때, 피해의식 너머의 삶은 펼쳐질 것이다.

사랑관계 속에서 성장한 최초의 상호인정 관계는 이후의 모든 정체성 발전의 필연적 전제이다.
– 악셀 호네트, 『인정투쟁』

07

VICTIM
MENTALITY

‘나’와
‘너’의
피해의식 너머

01. _____ 약함을
긍정하지 말라

°선한 이들이
폭력적이 될 때

'택민'은 상처받은 아이다. 어린 시절, 그의 집은 찢어지게 가난했다. 찢어지게 가난한 여느 집이 그렇듯 부모는 언제나 짜증과 분노에 휩싸여 있었다. '택민'은 그런 부모에게 사랑은커녕 학대에 가까운 폭력을 당했다. 다행히 '택민'은 착한 어른이 되었다. 항상 다른 사람들을 이해하고 배려하는 사람이 되었다. 누가 보아도 '택민'은 폭력적이기는커녕 순수하고 선한 사람처럼 보였다.

'택민'은 한 여자를 만났다. 그녀는 '택민'에게 다가와 그의 아픈 이야기를 들어주려고 했다. '택민'은 그녀와 함께 있는 시간이 행복했다. 그녀는 유부녀였지만 상관없었다. 그녀는 '택민'에게 이런저런 도움을 주었고, '택민' 역시 늘 외로움을 느끼던 그녀에게 관심과 애정을 주었다. 그렇게 둘은 점점 가까워졌고 몇 개월 동안 내연 관계를 이어갔다.

그러던 어느 날이었다. 불륜을 저지르고 있다는 죄책감 때문이었을까? 아니면 자신의 감정이 사랑이 아니라 연민이었음을 확인했기 때문이었을까? 그녀는 더 이상 '택민'에게 연락을 하지도, '택민'의 연락을 받지도 않았다. 그렇게 '택민'은 이유조차 알 길 없이 그녀와 연락이 끊기게 되었다. '택민'은 돌변했다. 항상 다른 사람을 이해하고 배려했던 순수하고 선한 '택민'은 온데간데없이 사라져버렸다.

'택민'은 낮이든 밤이든 하루에 몇십 통씩 전화를 하고 집 앞으로 찾아가기도 했다. 어렵사리 그녀와 연락이 닿았을 때, '택민'은 그녀에게 소리를 지르며 폭언과 욕설을 쏟아냈다. 순수하고 선한 '택민'을 알고 있던 이들이라면, '택민'의 그런 폭력적인 모습은 상상조차 할 수 없었을 테다. '택민'이라면 마지막까지 그녀의 입장을 이해하고 배려할 거라 생각했을 테니까 말이다.

'택민'은 왜 그런 폭력적인 모습을 보였을까? 그녀가 일방적으로 연락을 끊어서였을까? 그렇지 않다. 남녀 사이에 그런 일은 흔하게 일어난다. 그때 누구나 당황하고 화가 날 수 있다. 하지만 모든 이가 '택민'처럼 폭력적인 모습을 드러내지는 않는다. '택민'의 폭력성은 어디서 왔을까? 피해의식이다. 어린 시절, 가난과 부모의 무관심과 폭력에 의한 상처들은 '택민'의 피해의식이 되었다. 마음속 깊은 곳에 도사리고 있던 그 피해의식은 '택민'의 폭력성에 불을 붙였다. "누구에게도 사랑받지 못했는데, 이제 너마저도 나를 함부로 대하는 거야!" 이것이 '택민'의 폭력성의 정체다.

°피해의식은
폭력성을 띠는가?

피해의식은 폭력성을 띤다. 어떤 종류의 피해의식이건 그 피해의식의 강도만큼의 폭력성이 나타난다. 즉, 옅은 피해의식은 약한 폭력성(짜증·하소연·험담…)을, 짙은 피해의식은 강한 폭력성(폭언·욕설·물리적 위해…)을 드러내는 경향이 있다. 하지만 피해의식 – 폭력성은 경향성의 문제일 뿐, 직접적인 인과관계를 맺고 있지는 않다. 즉, 피해의식이 있다고 해서 반드시 폭력성으로 나타나는 것은 아니다.

'진권'은 고아원에서 자라 온갖 상처를 겪으며 어른이 되었다. 당연히 그는 피해의식이 있다. 그것도 짙디짙은 피해의식이 있다. 그가 겪은 고통과 상처만큼 그의 마음은 뒤틀려 있다. 그런 '진권' 역시 일방적으로 이별을 통보받았다. 몇 해를 사귄 연인이 짧은 편지만을 남겨둔 채 떠나버렸다. 하지만 '진권'은 폭력적이지 않았다. '진권'은 그녀를 원망하고, 자신을 원망하고, 또 세상을 원망하는 얼마간의 시간을 보낸 후 자신의 삶으로 돌아왔다.

세상에는 '택민'만큼 상처받은 이들도, 그보다 더 큰 상처에 노출되었던 이들도 많다. 하지만 그 모든 이들이 '택민'과 같은 폭력성을 보이지는 않는다. '진권'처럼 더 짙은 피해의식을 갖고 있지만 폭력성을 나타내지 않는 이들도 많다. 그렇다면 '택민'과 '진권'의 차이는 무엇인가? 왜 어떤 이의 피해의식은 무분별한 폭력이 되고, 어떤 이의 피해의식은 그 자신 안에서 해소되는가? 이 질문 안에 피해의식을 극복할 수 있는 하나의 실마리가 있다.

약한 이들이 악하고,
강한 이들이 선하다

피해의식은 타인을 향한 폭력성으로 나타난다. 하지만 거기에는 전제 조건이 있다. 약함의 긍정이다. 삶의 오해를 하나 바로잡자. 세상 사람들이 흔히 받아들이는 도식이 있다. '약함=선함', '강함=악함'이다. 즉, 세상 사람들은 약한 이들이 선하고, 강한 이들이 악할 개연성이 크다고 믿는다. 하지만 이는 오해다. 삶의 진실은 정반대다. 약한 이들이 악하고, 강한 이들이 선할 개연성이 크다.

그렇다면 '약함=선함', '강함=악함'이란 오해는 왜 발생하게 되었을까? 이유는 단순하다. 약한 이들은 힘이 없기에 그들의 일반적인(흔한) 폭력은 크게 드러나지 않는다. 약한 이들은 언제나 자신보다 더 약한 이들에게 폭력을 행사하기 때문에 그들의 폭력은 잘 드러나지 않는다(아이가 개미를 죽이는 폭력을 생각해보라). 반면 강한 이들은 힘이 있기에 그들의 예외적인(드문) 폭력은 크게 드러난다. 심지어 강한 이들은 그 존재 자체의 힘 때문에 그들의 모든 행동이 폭력적으로 보이기까지 한다(덩치가 산만 한 남자의 걸음걸이는 그 자체로 폭력적으로 보이지 않던가).

이는 멀리 갈 것도 없이 우리네 일상에서 그대로 드러난다. 우리가 경제적·정서적·신체적으로 강할 때는 타인을 도와주려고 하지, 타인에게 불필요한 폭력을 행사하지 않는다. 우리가 타인에게 무분별하고 과도한 폭력을 행사하게 될 때는 경제적·정서적·신체적으로 약해졌을 때이다. 강함은 배려의 근간이고, 약함은 폭력의 근간이다. 이것이 삶의 진실이다. 이제 우리는 피해의식의 폭력성을 이해할 수 있다.

° 무분별한 폭력의 방아쇠, 약함의 긍정

피해의식에 휩싸인 이들은 약한 존재들이다. 피해의식은 아직 다 아물지 않은 피딱지와 같다. 닿기만 해도 쓰린 연약한 상처다. 그러니 피해의식에 휩싸인 이들은 정서적으로 연약한 상태일 수밖에 없다. 피해의식에 휩싸인 '택민'과 '진권'은 모두 약한 존재들이다. 즉, 둘 다 무분별한 폭력성이 잠재해 있다. 하지만 그 잠재성이 현실화되는 것은 연약함 그 자체 때문이 아니다. 연약함을 대하는 태도 때문이다.

'택민'과 '진권'은 모두 연약하지만, 자신의 연약함을 대하는 태도는 다르다. '택민'은 자신의 연약함을 긍정한다. "어쩌겠어. 상처받았으니 약할 수밖에." 하지만 '진권'은 다르다. '진권'은 자신의 연약함을 긍정하지 않는다. "상처받았지만 약해지지 않을 테야." 바로 이 차이가 피해의식이 폭력성으로 발현될지 말지를 결정짓는다. 약함의 긍정. 이것이 피해의식으로부터 폭력성을 끌어낸다. 피해의식의 폭력 중 최악의 폭력은 '약함'이 아니라 '약함의 긍정'으로부터 온다.

° 선한 얼굴 뒤의 악마

다시 '택민'과 '진권'의 이야기로 돌아가자. '택민'은 어떻게 폭력적일 수 있었을까? 한때 사랑을 나누었던 이에게 어떻게 폭언과 욕설을 쏟아낼 수 있었을까? 자신은 약한 존재라고 확신했기 때문이다. 이 확신은 지속적인 약함의 긍정에서 온다. 이는 비단 '택민'만의 이야기가 아니다. 피해의식으로 인해 무분별한 폭력을 쉽게 행사하는 이들이 있다. 가난에 대한 피해의식으로 식당 종업원들에게 폭언을 일삼는 이들. 학벌에 대한 피해의식으로 고졸 노동자들을 함부로 대하는 이들.

이들은 모두 긴 시간 자신의 약함을 긍정해왔던 이들이다. 상처받은 자신은 약해도 좋은, 약할 수밖에 없는 존재라는 자기 수긍. 이것이 바로 약한 이들의 선한 얼굴 뒤에 있는 악마의 정체다. 약함을 긍정하는 이들은 자신보다 강한 이들에게는 한없이 선량하지만, 자신보다 약한 이들에게는 무분별한 폭력을 행사한다. 이는 당연한 일이다. 그들은 자신의 선한 얼굴 뒤에 있는 악마를 보지 못하기 때문이다.

약함을 긍정하는 이들은 언제나 자기기만과 자기 합리화로 무장하고 있다. 자신은 약하기 때문에 누구에게도 상처 줄 리가 없다는 자기기만, 그리고 누군가에게 상처 주게 되더라도 자신은 약하기 때문에 어쩔 수 없다는 자기 합리화. 이것이 약함을 긍정하는 이들이 무분별한 폭력을 행사할 수 있는 이유다.

°악에 받친
얼굴 뒤의 성숙함

그렇다면 '진권'은 어떻게 폭력적이지 않을 수 있었을까? 함께 장밋빛 미래를 꿈꾸었던 연인이 하루아침에 떠나갔는데 어떻게 그 분노를 참을 수 있었을까? '진권'은 한때 사랑했던 이에게 폭언과 욕설을 내뱉는 그런 못난 인간만은 되고 싶지 않았기 때문이다. 이는 약함의 부정이다. 상처받았지만 더 이상 약해지지 않겠다는 자기 선언. 이것이 바로 강해지려는 이들의 고통스러운 얼굴 뒤에 있는 성숙함의 정체다.

'진권'만이 아니다. 자신의 약함을 끊임없이 부정하려는 이들이 있다. 그들은 선한 얼굴을 하고 있지 않다. 그들은 악에 받친 얼굴을 하고 있다. 자신의 약함을 부정하며, 그것을 넘어서려는 일은 악을 써야 할 만큼 고통스러운 일이다. 그러니 그들의 얼굴이 어찌 선해 보일 수 있겠는가? 하지만 그들은 결코 무분별한 폭력을 행사하지 않는다. 그들의 악에 받친 표정은 조금이라도 더 나은 인간이 되려는 발버둥이기 때문이다. 그렇게 발버둥치는 이들은 결코 무분별한 폭력을 행사하지 않는다.

°약함을 긍정하지 말라

"강해져라!" 피해의식에 휩싸인 이들에게 이렇게 말할 수는 없다. 그것은 무리한 요구다. 상처받은 기억에 잠식당한 이들은 필연적으로 연약할 수밖에 없으니까 말이다. 하지만 그들에게 이렇게 말할 수는 있다. "약함을 긍정하지 말라!" 이것은 정당한 요구다. 강해질 순 없어도, 약함을 긍정하지 않을 수는 있다. 무기력하게 자신의 약함을 긍정하지 않을 정도의 힘은 누구에게나 있다.

강함과 약함은 조건과 상황의 문제일 수 있다. 따뜻한 보살핌 속에서 자랐던 아이는 몸도 마음도 강하고, 차가운 무관심 속에서 자랐던 아이는 몸도 마음도 약할 수밖에 없다. 그것은 자신의 선택의 문제가 아니다. 하지만 '약함을 긍정할 것이냐, 부정할 것이냐'는 오롯이 자신의 선택 문제다. 아무리 나쁜 상황과 조건 아래서 크고 작은 상처를 받아왔다고 할지라도, 약함을 무기력하게 긍정해버릴 것인지, 아니면 그것을 악착같이 거부할 것인지는 언제나 자신의 몫으로 남는다.

무분별한 폭력은 피해의식이 치닫는 최악의 결말이다. 이 최악의 결말은 피해야 하지 않겠는가? 무기력하게 자신의 약함을 긍정하지 말라. 악을 쓰며 자신의 약함을 부정하라. 자신의 약함을 긍정하는 만큼 자신 안의 악마가 자란다. 고통스럽더라도 자신의 약함을 부정하라. 자신의 약함을 부정하는 만큼 성숙함이 자란다. 약함의 부정! 이것이 피해의식을 극복하는 첫걸음이다.

02. ─────────────── 주인공의 시선, 비평가의 시선

°주인공의 시선

세상 사람들은 자신의 삶을 극화dramatize하려는 경향이 있다. 비교적 잘 맞는 직장을 찾았을 뿐인데 "천직을 찾았다."라고 말하고, 꽤 매력적인 이를 만났을 뿐인데 "운명이다."라고 말하는 것이 그런 경우다. 자신의 삶을 극화하려는 것은 인간의 보편적인 마음이다. 인간에게는 누구나 자신의 삶이 다른 이들의 삶보다 조금 더 특별한 것이기를 바라는 마음이 있다. 이런 마음은 왜 생기는 것일까? 인간은 모두 '주인공의 시선'으로 세상을 살아가기 때문이다.

모든 이들은 어느 영화 속의 주인공이다. 이는 낭만적인 비유가 아니다. 직장에는 사장과 직원이 있다. 이때 사장은 주인공이고 직원은 조연인가? 그것은 사장의 삶에서만 그럴 뿐이다. 직원 역시 자신의 삶에서는 주인공이다. 악당(사장)에 맞서 고난(직장생활)을 헤쳐 나가고 있는 어느 영화의 주인공. 이처럼 어떤 사람이든 1인칭의 시점, 즉 '나'의 시선으로 삶을 살아갈 수밖에 없다.

세상을 살아간다는 것은 무엇인가? '나'라는 주인공이 '삶'이라는 무대에서 '타자'라는 조연과 함께 영화를 만들어나가는 것이다. 자신의 삶을 극화하는 것은 지극히 당연한 일이다. 누구나 자신의 삶을 주인공의 시선으로 살아가고 있기 때문이다. 그렇다면 이런 주인공의 시선은 우리네 삶에 어떤 영향을 미치게 될까?

°두 가지 극화,
해피엔딩과 새드엔딩

영화에는 두 종류가 있다. 해피엔딩 영화와 새드엔딩 영화. 이는 삶을 극화하는 두 가지 방식을 보여준다. "내 삶은 결국 행복해질 거야!" 이것이 해피엔딩식 삶의 극화다. 반면 "세상에 나보다 불행한 사람은 없어!" 이는 새드엔딩식 삶의 극화다. 해피엔딩 영화의 주인공처럼 자신의 삶을 극화하는 이들이 있다. 이들은 긍정적이다. 이들은 닥쳐온 고난과 역경에 나름 잘 대처한다. 이들에게 그 고난과 역경은 모두 행복해지기 위한 디딤돌 같은 것이니까 말이다.

반면 새드엔딩 영화의 주인공처럼 자신의 삶을 극화하는 이들도 있다. 이들은 주인공이 크고 작은 고난과 역경을 겪다가 결국은 비극적인 결말로 끝나는 영화처럼 자신의 삶을 극화한다. 이 새드엔딩식 주인공의 시선이 바로 피해의식의 마음 상태다. 피해의식에 빠져 있는 이들은 새드엔딩의 방식으로 자신의 삶을 극화한다. 세상에서 자신이 가장 상처받았고, 사람들은 그 상처에 대해 알아주기는커녕 더 큰 상처만 준다고 여긴다. 이는 "외로워도 슬퍼도 나는 안 울어. 참고 또 참지, 울긴 왜 울어."를 외치는 어느 순정만화의 주인공과 같은 심정이다.

° 유아적 자기애의 폐해

그렇다면 해피엔딩식 삶의 극화는 좋은 것일까? 그렇지 않다. 해피엔딩식 삶의 극화는 삶의 위기에서 자신을 구원해줄 힘이 되기도 하지만("결국 모든 것이 잘될 거야."), 그것은 결국 유아적 자기애 속에서만 나오는 힘이다("세상은 나를 중심으로 돌아가고 있으니까."). 새드엔딩식 삶의 극화는 더 말할 필요도 없다. 비련의 여주인공처럼 자신의 삶을 극화하는 이들은 극심한 피해의식 속에 살아갈 수밖에 없다. 해피엔딩식이든 새드엔딩식이든, 자신의 삶을 극화하는 것만으로는 삶을 제대로 살아내기 어렵다.

매 순간 자신의 삶을 극화하기만 하는 사람은 어떻게 될까? 유아적 나르시시스트가 된다. 유아적 나르시시스트는 어떤 이들인가? 세상에 엄존하는 타자(내 마음대로 움직이지 않는 존재)를 보지 않고 모든 대상을 자기중심적으로만 보는 이들이다. 이들은 세상에서 자신만(혹은 자신이 중요하다고 인정한 타자만) 중요하다고 여기며 모든 일들을 자기중심적으로 해석한다. 이런 유아적 자기애는 주인공의 시선으로 자신의 삶을 과도하게 극화할 때 발생하는 마음이다.

이런 유아적 자기애는 작게는 이기심이 되고 크게는 정신착란이 된다. 해피엔딩 혹은 새드엔딩 영화의 주인공처럼 자신의 삶을 극화하는 이들은 이기적일 수밖에 없다. 그들은 세상의 모든 타자들이 자신(의 행복 혹은 불행)을 위해 존재한다고 믿기 때문이다. 그런 마음이 심해지면 정신착란 증세를 겪을 수밖에 없다. 모든 것을 자기중심적으로 해석하려는 마음은 현실을 제대로 해석해낼 수 없게 만들기 때문이다.

피해의식은 이기심과 정신착란(피해망상) 사이 어디쯤에 있는 마음 상태라고 말할 수 있다. 세상의 모든 상처와 고통, 슬픔과 불행을 짊어진 기구한 운명의 어느 영화 주인공처럼 자신의 삶을 극화하는 이가 있다고 해보자. 그는 자신이 세상에서 가장 불행한 사람이라 확신하기에 일반적인 사람들보다 더 이기적일 수밖에 없다("나처럼 불행한 사람이 나부터 챙기는 게 뭐가 문제야!"). 또한 이런 피해의식은 극화, 즉 사실이 아닌 상상으로 조작된 것이기에 심각한 정신적 문제를 초래할 수도 있다("세상 사람들은 모두 나를 해치려고 하고 있어!").

°비평가의 시선

피해의식으로부터 벗어나기 위해서는 어떻게 해야 할까? '주인공의 시선' 이외에 하나의 시선이 더 필요하다. 바로 '비평가의 시선'이다. 주인공의 시선이 주관적(1인칭) 시선이라면, 비평가의 시선은 객관적(3인칭) 시선이다. 영화를 한 편 본다고 해보자. 어린 시절 부모에게 버림받아 어느 가정으로 입양되어 온갖 상처와 고통을 겪는 '캔디'의 이야기다. 이 영화를 보며 우리는 두 가지 시선을 가질 수 있다.

먼저 '캔디'에게 감정이입하여 영화를 볼 수도 있다. "얼마나 힘들었을까. 그럴 수밖에 없지." 지독한 불운에 순응하여 홀로 좌절했던 '내'가 바로 '캔디'가 되어 그 영화를 볼 수도 있다. 이것이 '주인공의 시선'이다. 하지만 이 영화를 제삼자의 시선으로 볼 수도 있다. '캔디'를 보며 이렇게 말할 수도 있다. "지독한 불행 앞에 선 이들이 모두 캔디처럼 무력하게 순응하는 건 아니잖아. 힘들고 아프겠지만 자신의 불행에 맞서 자신의 길을 찾아갈 수도 있는 거잖아." 이처럼 감정이입된 '캔디'로부터 거리를 두고 객관적으로 그 영화를 볼 수도 있다. 이것이 '비평가의 시선'이다.

우리에게는 '주인공의 시선'만큼이나 '비평가의 시선'이 필요하다. '비평가의 시선'은 객관적이기에 때로 차갑고 날카롭다. 피해의식에서 벗어나기 위해서는, 이 차갑고 날카로운 시선이 필요하다. 어느 영화 평론가가 한 영화를 차갑고 날카롭게 비평하듯, 우리도 자신의 삶을 그렇게 바라볼 수 있어야 한다. 우리가 피해의식에서 벗어나지 못하는 이유가 무엇인가? 자신의 서사narrative에 과도하게 몰입하기 때문 아닌가? 자신이 상처받고 고통받은 이야기에 과몰입하기 때문에 피해의식이 점점 더 짙어지는 것 아닌가? 이제 피해의식을 어떻게 다루어야 할지 알겠다.

˚뒤집힌 비평가의 시선

'뒤집힌 비평가의 시선'이 필요하다. '비평가의 시선'은 무엇인가? '그'의 서사를 '나'의 시선으로 보는 일이다. 즉, 자신은 안전한 곳에 서서 누군가의 글과 작품을 평가하는 일이다. 이런 '비평가의 시선'은 피해의식을 극복하게 해주기는커녕 더 짙어지게 만든다. '호준'은 비평가의 시선을 갖고 있다. 그는 이별한 친구에게 이렇게 말했다. "여자 친구랑 헤어진 게 뭐가 힘드냐? 나는 지금 주식 떨어져서 힘들어 죽겠는데." '호준'은 '그'의 상처와 고통을 '나'의 시선으로 본다. 이것이 '비평가의 시선'이며, 이로써 피해의식의 극복은 요원하다.

'뒤집힌 비평가의 시선'은 무엇인가? '나'의 서사를 '그'의 시선으로 보는 일이다. '호준'의 '나'의 서사는 무엇인가? "작년에 받은 보너스로 주식을 샀는데, 주식이 절반이나 떨어졌다." 이 서사를 '나'와 아무 상관없는 '그'의 시선으로 보는 것이다. "세상에는 쌀이 떨어진 사람도 많은데, 주식이 떨어진 게 뭐가 대수냐?" '호준'이 스스로에게 이렇게 말하는 것이 '뒤집힌 비평가의 시선'이다. 이런 '뒤집힌 비평가의 시선'을 가질 수 있다면 피해의식은 점점 옅어진다.

피해의식은 '나'와 '나'를 둘러싼 상황에 대해 과도하게 주관적으로 인지하는 마음이다. 그러니 자신의 서사에 대해 객관적인 시선을 가지는 만큼 피해의식은 옅어질 수 있다. '뒤집힌 비평가의 시선'은 한없이 주관적인 마음에 객관성을 보완해준다. 그래서 '나'와 '나'를 둘러싼 상황을 있는 그대로 볼 수 있게 해준다. 마치 바둑을 직접 둘 때보다 훈수를 둘 때 수가 더 잘 보이는 것처럼 말이다. '비평가의 시선'은 '남'의 바둑에 훈수를 두는 일이고, '뒤집힌 비평가의 시선'은 '나'의 바둑에 '남'처럼 훈수를 두는 일인 셈이다.

˚확장된 주인공의 시선

피해의식에서 벗어나고 싶은가? '나'의 상처와 고통을 '그'의 시선으로 보는 연습이 필요하다. 그럴 수 있을 때, '나'의 상처와 고통은 유별난 것도, 심각한 것도 아니라는 사실을 깨달을 수 있다. 그렇게 피해의식은 점점 옅어질 수 있다. 하지만 이것으로 끝이 아니다. '뒤집힌 비평가의 시선'은 다시 '주인공의 시선'으로 돌아가야 한다. 하지만 이 '주인공의 시선'은 '나'의 서사를 '나'의 시선으로 보는 것이 아니다. '확장된 주인공의 시선'이다.

'확장된 주인공의 시선'은 무엇인가? '너=나'의 서사를 '나'의 시선으로 보는 일이다. '뒤집힌 비평가의 시선'으로 '나'를 보는 연습이 되면 '그'가 아닌 '너'가 보인다. 그 '너'는 '나 아닌 너'가 아니라 '너=나'다. 난해한 이야기가 아니다. '호준'의 이야기로 돌아가 보자. '호준'은 '뒤집힌 비평가의 시선'으로 자신을 보는 연습을 했다. '호준'은 자신의 상처와 고통(주가 하락)이 유별나거나 심각한 것이 아니라는 사실을 깨닫게 되었다.

이제 '호준'은 온통 '그'들로 가득 찬 세상에서 '너'를 볼 수 있게 되었다. '나'의 상처를 거리 둬서 볼 수 있을 때, 비로소 '너'가 보이기 때문이다. 그렇게 '호준'은 사랑하는 '너'를 만나 결혼을 했다. '호준'은 '너'의 상처와 고통을 마치 '나'의 상처와 고통처럼 본다. 어린 시절 아버지를 여읜 '너(아내)'의 아픔이 '나'의 아픔처럼 느껴진다. 즉, '나'의 서사를 '나'의 시선으로 보던 '호준'은 이제 '너=나'의 서사를 '나'의 시선으로 볼 수 있게 되었다. 이것이 바로 '확장된 주인공의 시선'이다. '호준'의 확장된 시선은 여기서 멈추지 않는다.

°자기애 너머 자기 객관화로, 그리고 사랑으로

'호준'은 사랑하는 '너(아내)'를 통해, 다시 천사 같은 '너(아이)'를 만났다. '호준'의 주인공의 시선은 또 확장된다. '아내(너)=아이(너)=나'의 서사를 '나'의 시선으로 볼 수 있게 되었다. '호준'의 주인공의 시선은 여기서 확장을 멈출까? 그렇지 않다. '호준'은 이제 길거리에서 아장아장 걷는 수많은 '너'들마저 '나'의 시선으로 볼 수 있게 되었다. '아내(너)=아이(너)=길거리의 아이(너)…=나'의 서사를 '나'의 시선으로 볼 수 있게 되었다. 자신 밖에 모르던 '호준'이 생면부지의 아이들의 죽음에 안타까워하며 세월호 집회에 서 있을 수 있었던 건 바로 그 '확장된 주인공의 시선' 때문이었다.

피해의식의 극복은 다음과 같이 도식화할 수 있다. 주인공의 시선(나르시시즘)→뒤집힌 비평가의 시선(자기 객관화)→확장된 주인공의 시선(사랑!). 이는 사실 한 인간이 성숙해가는 과정과도 같다. 미숙한 '아이'는 나르시시즘(자기애)에 빠져 있다. 하지만 그 '아이'가 자신의 서사에서 빠져나와 자신을 객관적으로 볼 수 있을 때 '청년'이 된다. 이제 그 '청년'은 한 사람을 진심으로 사랑할 수 있게 된다. 그렇게 한 사람(아내), 한 사람(자식), 한 사람(생면부지의 아이), 사랑의 대상을 확장해나갈 때 '청년'은 비로소 '어른'이 된다.

피해의식을 극복하는 과정은 한 '아이'가 '청년'을 거쳐 '어른'으로 성숙해가는 과정과 다름없다. 피해의식에서 벗어나 한 인간으로 성숙하고 싶은가? 먼저 '나'의 상처와 고통을 객관적으로 보라. 그럴 수 있을 때 우리는 '그' 아닌 '너'를 만날 수 있다. 그렇게 만난 '너'를 '너=나'가 되어 사랑할 수 있다. 그때 다시 주인공의 시선으로 세상을 보라. 그렇게 주인공의 시선이 충분히 확장되었을 때 우리는 피해의식이라는 지독한 사슬에서 벗어나 성숙한 한 인간으로 자유로울 수 있다.

°착시가 확신이 될 때

"내가 돈이 없어 보여서 저러는구나." '한주'는 우울해졌다. 백화점과 식당 점원들이 유독 자신에게만 불친절하고 무관심한 것처럼 느껴졌기 때문이다. '한주'의 우울의 원인은 무엇인가? 자신의 가난인가? 아니면 그로 인한 점원들의 불친절과 무관심인가? 둘 다 아니다. '한주'의 우울의 원인은 피해의식이다. 처음부터 다시 묻자. '한주'는 정말 가난한가? 점원들은 정말 '한주'에게 불친절하고 무관심했나? '한주'는 '그렇다'고 확신하겠지만, 사실 이 모든 일들은 '한주'의 피해의식이 만들어낸 착시일 수 있다.

피해의식에 휩싸이면 자신과 자신의 주변 상황을 있는 그대로 파악하기 어렵다. '한주'는 자신이 정말로 가난한지 아닌지 파악하지 못한다. 또한 점원들의 불친절과 무관심이 사실인지 아닌지 파악하지 못하며, 만약 점원들이 정말로 불친절하고 무관심했다면 그 원인이 무엇인지 깊이 고민하지 못한다. 피해의식에 휩싸인 '한주'는 그 모든 일(불친절·무관심)이 실제로 일어났으며, 그것은 자신이 가난했기 때문이라고 즉각적으로 단정 지을 뿐이다. '한주'의 우울은 자신의 피해의식 때문에 발생한 감정이다.

° 피해의식, '있는 그대로의 나'를 보지 못한 결과

'한주'는 어떻게 피해의식에서 벗어날 수 있을까? '있는 그대로의 나'를 볼 수 있으면 된다. 피해의식은 '있는 그대로의 나'를 제대로 보지 못한 결과다. 가난 혹은 학벌에 대한 피해의식을 갖고 있는 이들을 생각해보자. 누구나 그렇듯이 이들 역시 세상 사람들의 무관심·냉대·불친절·비난을 느낄 때가 있다. 그때 이들은 그 상황을 어떻게 해석할까? 자신이 가난하거나 학벌이 좋지 않기 때문이라고 즉각적으로 해석한다. 피해의식이 삶을 피폐하게 하는 것은 이 즉각적 해석이 대부분 오해이기 때문이다.

이런 즉각적 해석(오해)은 왜 발생했는가? '있는 그대로의 나'를 보지 못했기 때문이다. 즉, 자신이 정말 가난한지(학벌이 나쁜지), 가난하다면(학벌이 나쁘다면) 대체 얼마나 가난한지(나쁜지) 파악하지 못했기 때문이다. 만약 '한주'가 자신이 정말 가난한지 아닌지, 그리고 가난하다면 그것이 정말 세상 사람들로부터 멸시받을 만큼의 가난인지 파악할 수 있었다면 어땠을까? '한주'는 세상 사람들의 무관심·냉대·불친절·비난의 모든 원인을 그리 쉽게 가난으로 단정 짓지 못했을 테다. 자신보다 가난하지만 사람들의 불친절·비난·무관심을 겪지 않은 경우를 흔히 찾아볼 수 있을 테니까 말이다.

° '나'는 '타자'의 여집합이다

왜 '한주'는 '있는 그대로의 나'를 보지 못하는 걸까? 역설적이게도 온통 '나'만을 보고 있기 때문이다. 온통 '나'에게만 관심을 쏟고 있을 때 '있는 그대로의 나'를 보지 못한다. 의아하다. '나'에게 관심을 쏟으면 '나'에 대해서 더 잘 알게 되어야 하는 것 아닌가? 이는 삶의 진실을 뒤집어 보는 오류에 불과하다. '나'를 어떻게 알 수 있을까? '너'를 통해서다. '너'를 통해 '나'를 알게 된다. 이것이 삶의 진실이다.

'나'는 누구인가? '나'는 '타자'의 여집합이다. 즉, '나'는 '타자' 아닌 존재다. '나'는 '나'를 통해서가 아니라 '너(타자)'를 통해서 알 수 있다. 이는 전혀 어려운 말이 아니다. '나'의 키를 어떻게 알 수 있을까? '너'를 통해서이다. '나'보다 키 큰 '너' 혹은 '나'보다 키 작은 '너'를 통해서 '나'의 키를 알 수 있다. 그런 '너'라는 타자가 없다면 '나'의 키를 수치로 젤 수 있는 '줄자'라는 '타자'라도 있어야 한다.

'나'는 누구인가? 추운 겨울에 라떼 마시는 것을 좋아하고, 지칠 때 홀로 음악을 듣고 싶고, 슬플 때 글을 쓰고 싶은 사람이다. 그런 '나'를 언제 알게 되는가? 라떼를 마시고, 홀로 음악을 듣고, 글을 쓰는 '나'를 볼 때인가? 그렇지 않다. 추운 겨울에 아이스 아메리카노 마시는 것을 좋아하고, 지칠 때 사람들과 이야기를 나누고 싶어 하고, 슬플 때 신나는 음악을 듣고 싶어 하는 '너'를 알게 되었을 때다. 그때 '아, 나는 이런 사람이었구나!'라는 사실을 알게 된다.

이처럼 '나'는 '나 아닌 존재(타자)'를 통해서만 확인된다. 무인도에서 태어난 이를 생각해보라. 그는 누구보다 자신에 대해서 자주 그리고 많이 생각할 수 있겠지만 자신이 어떤 존재인지 아무것도 알 수 없다. 자신의 키가 얼마인지, 성격은 어떤지, 취향은 어떤지, 자신에 대한 그 어떤 것도 알 수 없다. '나'는 오직 '너'로 인해서 파악 가능하기 때문이다.

°자의식 과잉을 벗어나는 법

'너'를 통해서 '나'를 보기! 이것이 피해의식을 벗어나는 근본적인 해법이다. 하지만 이를 가로막는 거대한 장벽이 있다. 바로 자의식 과잉이다. 자의식 과잉은 무엇인가? 온통 '나'에게만 관심이 쏠려 '너'를 볼 수 없는 마음 상태다. '너'를 보아야 '나'가 보이는데, 자의식 과잉은 '너'를 볼 수 없게 만들어서 '나'를 보지 못하게 한다. 이 자의식 과잉이라는 마음의 장벽을 넘어설 수 있어야 비로소 피해의식을 해소할 수 있다. 그런데 이는 결코 쉬운 일이 아니다.

인간은 기본적으로 극심한 자의식 과잉 상태에 놓여 있다. 그 때문에 항상 자기중심적으로 생각하려는 경향이 있다. 그래서 '나'가 아닌 '너'를 보기가 어렵다. 이는 거창한 이론 없이도 직관적으로 알 수 있다. 우리는 누군가로부터 피해를 받은 일은 많고 크게 기억한다. 반면 우리가 누군가에게 피해 준 일은 적고 작게 기억한다. 아니 그런 일은 기억조차 하지 못할 때도 많다.

'있는 그대로의 나'는 누구인가? 상처받은 '나'와 상처 준 '나' 모두이다. 즉, '있는 그대로의 나'를 본다는 것은 상처받은 '나'와 상처 준 '나'를 동등하게 본다는 말과 다름없다. 하지만 그렇게 할 수 있는 이들은 얼마나 드물던가? 자의식 과잉 너머 '있는 그대로의 나'를 마주하는 것은 드물고 어려운 일이다. 이 드물고 어려운 일을 해내기 위해서는 항상 '나'를 알려고 애를 써야 한다. 바로 이것이 서양 철학의 아버지인 소크라테스가 "너 자신을 알라!"는 사자후를 남겼던 진짜 이유였는지도 모른다.

°평균, 피해의식을 넘어설 수 있는 틈

그렇다면 우리는 어떻게 자의식 과잉을 넘을 것인가? 그 실마리가 '평균(통계)'에 있다. '평균(통계)'을 통해 자의식 과잉을 해소하는 틈을 낼 수 있다. 물론 사회 과학적인 '평균'이 모든 것을 말해주지는 않는다. 아니 때로 그것은 아무것도 말해주지 않는다. '하루 평균 568.41명 사망!' 이것이 한 사람의 죽음과 남겨진 이들의 슬픔에 대해 무엇을 말해준단 말인가. 하지만 이런 차가운 통계적 '평균'도 나름의 쓸모가 있다. 차가운 '평균'은 때로 '너'를 통해 '나'를 볼 수 있는 길을 열어준다. 평균은 '너(타자)'의 집합이기 때문이다.

평균(통계)은 피해의식을 극복할 수 있는 현실적 대안이다. "너 자신을 알라!" 소크라테스의 이 오래된 전언은 당분간 이렇게 바꾸어야 한다. "너 주변을 알라!" '평균'은 온통 '나'에게만 시선이 쏠려 있는 이들에게 '너'의 존재를 드러내는 훌륭한 도구가 될 수 있다. '평균'을 통해 보이지 않는 '너'를 엿볼 수 있기 때문이다. '있는 그대로의 나' 자신을 보기란 여간 어려운 일이 아니다. 그럴 때 '나'가 아니라 '나' 주변의 평균을 살펴보는 것이 좋다.

다시 '한주'의 이야기로 돌아가자. '한주'는 어떻게 피해의식을 옅어지게 할 것인가? 평균을 찾아보면 된다. '한주'는 돈이 없어서 세상 사람들로부터 무관심과 불친절, 비난에 시달린다고 믿고 있다. 온통 자신의 피해의식뿐인 '한주'에게 '너'가 제대로 보일 리 없다. 그때 '한주'가 우리 사회의 연평균 소득을 찾아보면 어떨까?

그 '평균(통계)'을 통해 '한주'는 자신이 생각했던 것만큼 그다지 가난하지 않다는 사실을 깨닫게 될지도 모른다. 평균(통계)을 보는 것은 '나'를 보는 것이 아니라 '타자'들 속에서 '나'의 위치를 확인하는 일이니까 말이다. 그렇게 '평균' 속에서 '나'의 위치를 찾아갈 때, 조금씩 '너'의 시선으로 '나'를 마주할 수 있게 된다. 그렇게 피해의식은 조금씩 옅어질 수 있다.

° '너'를 볼 수 없다면, '평균'을 보라!

'평균'은 '나'의 피해의식은 오직 '나'만 보고 있었기에 발생한 일이라는 사실을 드러낼 수 있다. 어린 시절 강도나 교통사고를 당해 피해의식이 생긴 이들이 있다. 이들은 밤길과 찻길을 과도하게 두려워한다. 이들은 어떻게 피해의식을 극복할 수 있을까? 이들 역시 평균의 힘을 빌리면 된다. 이들이 잠시 '나'의 상처에서 눈을 떼고 연평균 강도 사건 혹은 교통사고 발생률을 찾아보면 어떨까?

전체 인구수 대비 강도 사건 혹은 교통사고 발생률이 자신의 생각만큼 높지 않다는 사실을 알게 된다. 그때 강도 사건 혹은 교통사고에 대한 '나'의 불안과 공포가 '나(의 상처)'만 보고 있느라 과도하게 비대해진 것이라는 사실을 깨닫게 될 수 있다. 물론 '평균'을 알게 된다고 해서 피해의식이 완전히 해소되지는 않을 것이다. 하지만 '평균'으로 피해의식을 해소할 틈은 마련할 수 있다. 그 틈 사이로 '있는 그대로의 나'를 파악할 수 있다면 피해의식을 어느 정도 해소할 수 있다.

차가운 칼로 요리만 할 수 있는 것이 아니다. 때로 그것은 메스가 되어 한 사람을 살릴 수도 있다. 평균 역시 그렇다. 차가운 '평균'은 사회적 현상만을 드러내는 것이 아니다. 때로 그것은 '내'가 볼 수 없는 '너'를 드러낸다. 그렇게 '평균'은 피해의식을 옅어지게 할 좋은 도구가 될 수 있다. 온통 '나'만 보고 있느라 '너'를 볼 수 없다면, 평균의 힘을 빌리는 것도 건강한 삶을 위한 훌륭한 지혜다.

04. ——————— 사랑, 자기 객관화에
이르는 길

°피해의식,
자기 객관화의 결여

"매일 아픈 사람들 만나니까 나까지 우울해지는 것 같네."

"그래도 너는 회사 안 다니잖아."

'경은'은 화가 났다. '경은'은 직장에 대한 피해의식이 있다. 직장을 다니면서 겪었던 상처와 고통이 그녀의 피해의식이 되었다. 이것이 '경은'이 의사인 친구와 이야기를 나누다 느닷없이 화를 낸 이유였다. 사장, 팀장 밑에서 눈치를 봐야 하는 것도 아니고, 환자들한테 선생님 소리 들으며 돈까지 잘 버는 친구가 힘들다는 이야기에 화가 났던 것이다. '경은'은 피해의식에서 어떻게 벗어날 수 있을까?

피해의식은 자의식 과잉 혹은 자기 객관화의 결여에서 온다. '경은'은 왜 화가 났을까? 자신의 상처와 고통에만 시선을 두느라 그것을 객관적으로 볼 수 없었기 때문이다. '경은'은 자신의 상처와 고통에 대해 지극히 주관적이다. 즉, 직장인으로서의 자신의 상처와 고통이 유독 크고 특별하다고 생각한다. 이 때문에 의사 친구의 하소연이 배부른 소리처럼 들려 짜증나고 화가 났던 것이다. '경은'이 피해의식으로부터 벗어날 방법은 간명하다. 자기 객관화에 이르러 자의식 과잉을 해소하면 된다.

°객관과 주관

그렇다면 우리는 어떻게 자기 객관화에 이를 수 있을까? 자기 객관화에 이르는 두 가지 길이 있다. 평균(통계)을 찾거나 사랑하거나. 평균으로 자기 객관화에 이를 수 없다면 이제 방법은 하나밖에 없다. 사랑. 이는 결코 로맨틱하거나 낭만적인 이야기가 아니다. 사랑은 어떻게 자기 객관화에 이르게 하는가? 먼저 '주관'과 '객관'에 대한 논의부터 시작해보자.

'주관'과 '객관'은 무엇일까? 철학에서 '주관적'과 '객관적'은 각각 'subjective'와 'objective'로 번역한다. 'subjective'는 '주인(주체)'을 뜻하는 'subject'에서 유래한 말이고, 'objective'는 '대상(객체)'을 뜻하는 'object'에서 유래한 말이다. 쉽게 말해, '주관적'이라는 말은 '주인'의 관점을 의미하고, '객관적'이라는 말은 '대상'의 관점을 의미한다. 이제 우리는 '주관'과 '객관'이 무엇인지 보다 정확히 알 수 있다.

우리는 언제 "주관적" 혹은 "객관적"이라는 표현을 사용할까? 누군가를 자신의 기분에 따라 들쭉날쭉하게 평가할 때 "주관적"이라고 한다. 반면 누군가를 특정한 기준에 따라 냉정하고 엄격하게 평가할 때 "객관적"이라고 한다. 이는 '주관'은 '주인'의 관점이고 '객관'은 '대상'의 관점이기 때문이다. '주인'은 상대를 자신의 기분에 따라 마음대로 평가할 수 있지만, '대상(특정한 기준)'은 언제나 상대를 냉정하고 엄격하게 평가하게 되니까 말이다.

°인간의 보편적 조건:
'나'에 대한 주관성, '너'에 대한 객관성

우리는 '나'에 대해서는 지극히 '주관적'이고, '타인'에 대해서는 지극히 '객관적'이다. '나'와 '타인'이 모두 중요한 시험에서 좋지 못한 점수를 받았다고 해보자. 이때 우리는 '나'에 대해서 어떻게 평가할까? "어제 잠을 잘 못 잤고, 아침부터 감기 기운이 있었고, 옆에 앉은 아이가 자꾸 연필을 떨어뜨려서 시험을 망친 거야." 이처럼 '주인(나)'의 관점으로 지극히 '주관'적인 평가를 내린다. 반면 '타인'에 대해서는 어떻게 평가할까? "그게 네 실력이다." 이 짧은 한마디면 끝이다. 즉, '타인'에 대해서는 '대상(점수)'의 관점으로 지극히 '객관'적인 평가를 내린다.

'나에 대한 주관성, 너에 대한 객관성'. 이것이 인간 내면의 보편적 조건이다. 즉, 인간은 누구나 '나'에 대해서는 주관적이고, '타자'에 대해서는 객관적이다. 바로 이것이 인간이 자기 객관화에 이르기 어려운 이유다. 하지만 인간이 이 보편적 조건을 넘어설 때가 있다. 더 정확히 말해, 이 보편적 조건이 뒤집어질 때가 있다. 그때가 언제인가? 바로 사랑할 때이다. 누군가를 사랑할 때, 우리는 '나' 자신에 대해서는 한없이 '객관'적이 되고 '너(타자)'에 대해서는 한없이 '주관'적이 된다.

한 사람을 진심으로 사랑해본 적이 있는가? '진수'는 무례하고 뚱뚱한 중소기업 직원이다. 그는 자신이 함부로 말하는 것을 쿨한 것으로, 살찐 것을 건장함으로, 좋은 직장에 취업하지 못한 것을 사회의 부조리

탓으로 여긴다. '진수'는 자신에 대해 지독히 '주관'적이다. 반대로 자신과 유사한 타인에 대해서는 지극히 '객관'적으로 평가한다. "넌 쿨한 게 아니라 그냥 배려가 없는 거야." "넌 건장한 게 아니라 그냥 살찐 거야." "네가 대기업을 못간 건 네가 능력이 없어서야."

° 사랑의 조건:
'나'에 대한 객관성, '너'에 대한 주관성

그런 '진수'가 사랑에 빠졌다. 그는 계속 자신을 향한 주관성과 타인을 향한 객관성을 유지할 수 있을까? 결코 그럴 수 없다. 사랑할 때 인간 내면의 보편적 조건은 뒤집어진다. 즉, '나에 대한 객관성, 너에 대한 주관성'을 갖게 된다.

사랑에 빠진 '진수'를 살펴보자. '진수'는 자꾸만 자신이 '객관'적으로 보인다. '나는 쿨한 것이 아니라 배려심이 없는 것 아닐까?' '나는 건장한 것이 아니라 뚱뚱한 것 아닐까?' '내가 그저 그런 회사를 다니는 것은 사회의 부조리 탓이 아니라 나의 나태함과 무능력 때문 아닐까?' 사랑에 빠진 '진수'는 자꾸만 자신을 '객관'적 시선으로 돌아보게 된다. 이처럼 사랑에 빠지면 '대상(그녀)'의 시선으로 자신을 보게 된다. 이는 당연한 일이다. '진수'는 그녀에게 자신이 어떻게 보일지 자꾸만 걱정이 되기 때문이다.

반대로 '진수'는 사랑하는 '너'에 대해서는 한없이 '주관'적이게 된다. 그는 약속 시간에 매번 늦는 그녀를 보며 '차가 많이 막혔나 보다.'라고 생각한다. 어딜 가나 소심해서 할 말 못하는 그녀를 보며 '상대방을 섬세하게 배려하는구나.'라고 생각한다. 매번 취업에 떨어지는 그녀를 보며 '요즘 경기가 많이 어렵구나.'라고 생각한다. 이처럼 사랑에 빠지면 '나'에 대해서는 지극히 '객관적'이 되고, '너'에 대해서는 지극히 '주관적'이 된다. 그것이 사랑이다.

° 피해의식의 조건 : '나'에 대한 과도한 주관성, '너'에 대한 과도한 객관성

피해의식이 심한 이들의 공통점이 있다. 바로 사랑을 해본 적이 없다는 사실이다. 피해의식은 자신에 대한 과도한 주관성, 타인에 대한 과도한 객관성으로 점철된 마음 상태다. 이런 마음은 인간의 보편적 조건('나'에 대한 주관성, '너'에 대한 객관성)이 과도해질 때 발생하게 된다. 언제 이 인간의 보편적 조건은 과도해지는가? 바로 사랑하지 않을 때다. 사랑하지 않는다면, 우리는 '나'에 대해서 더욱 주관적이 되고, '너'에 대해서 더욱 객관적이 될 수밖에 없다.

우리는 오직 사랑할 때만 인간의 보편적 조건을 역전시켜 '나'에 대한 객관성과 '너'에 대한 주관성을 성립시킬 수 있다. 이것이 진정한 사랑을 해본 이들이 피해의식이 현저히 옅은 이유다. 사랑은 필연적으로 자기 객관화를 촉발하고, 이는 피해의식을 옅어지게 한다. 다시 '경은'의 이야기로 돌아가자. '경은'은 어떻게 피해의식을 극복할 수 있을까?

한 사람을 사랑하면 된다. '경은'의 피해의식은 어디서 왔는가? 직장 생활의 상처와 고통 때문인가? 아니다. 자신의 상처와 고통을 과도하게 '주관'적으로, 타인의 상처와 고통을 과도하게 '객관'적으로 보았기 때문이다. 즉, 자신의 상처와 고통은 유독 크고 특별하다고 믿고, 타인의 상처와 고통은 작고 대수롭지 않다고 믿었기 때문이다. 그런 '경은'이 한 사람을 진심으로 사랑하게 되었다고 해보자. 그때 '경은'은 '너'의 상처를 '주관'적으로 볼 수밖에 없다.

'아버지가 일찍 돌아가셔서 너는 얼마나 힘들었을까?' '어머니를 보살피며 가장 노릇을 해야 하는 너의 삶은 얼마나 고되었을까?' '너도 하고 싶은 일들이 있었을 텐데 직장생활은 얼마나 괴로웠을까?' 이처럼 '경은'은 사랑하는 '너'의 상처와 고통을 지극히 '주관'적으로 볼 수밖에 없다. 그런 '너'에 대한 주관성은 동시에 '나'에 대한 객관성이 된다. '내 삶은 그리 힘든 삶이 아니었구나.' 이렇게 '경은'은 자신의 상처와 고통을 객관적으로 볼 수 있게 된다.

°타인을 이해하려 하지 말라. 그저 한 사람을 사랑하라!

이제 '경은'의 피해의식은 현저히 옅어질 수밖에 없다. '경은'이 사랑하고 난 뒤에 다시 의사 친구를 만났다고 해보자. 그때도 친구의 힘든 이야기에 짜증이 나고 화가 날까? 그렇지 않을 테다. 자신의 상처와 고통을 '객관'적으로 볼 수 있게 된 '경은'은 한 사람의 생명을 다루는 일의 무게에 대해 이해할 수 있다. 그것이 얼마나 고통스럽고 때로 큰 상처를 받는 일인지 공감할 수 있다. 이제 '경은'은 친구에게 짜증과 분노가 아니라 진심 어린 위로와 격려를 전할 수 있다.

피해의식은 언제 옅어지는가? 타인의 상처와 고통을 진정으로 마주할 때다. 그래서 세상 사람들은 피해의식에 휩싸인 이들에게 쉽게 말한다. "타인의 상처와 고통을 이해하라!" 이보다 무지하고 순진한 이야기가 또 어디 있을까? '나에 대한 주관성, 너에 대한 객관성'이라는 보편적 조건 안에서 타인의 상처와 고통을 이해하는 일은 애초에 불가능하다. 이 인간 내면의 보편적 조건을 몰랐다면 무지한 것이고, 이 보편적 조건을 무시하려 했다면 순진한 것이다. 타인의 상처와 고통을 이해하는 일이 그리 쉬운 일이었다면, 세상의 피해의식은 이미 모두 사라졌을 테다.

우리는 언제 타인의 상처와 고통을 진정으로 마주하게 되는가? 사랑할 때다. 누군가를 진심으로 사랑할 때만 인간의 보편적 조건을 뒤집을 수 있다. '나에 대한 객관성, 너에 대한 주관성'. 바로 이 뒤집힌 조건 속에서만 우리는 타인의 상처와 고통을 진정으로 마주하게 된다. 이것이 사랑이 피해의식을 무력화시키는 작동 원리다. 타인의 상처와 고통을 이해하려 하지 말라. 그저 한 사람을 사랑하라. 그때 우리는 인간의 보편적 조건 너머 자기 객관화에 이르고, 비로소 피해의식으로부터 자유로워질 수 있다.

05. _____ 기억 너머
새로운 기억으로

° **나쁜 기억에 매인 삶**

어린 시절, 부모는 하루가 멀다 하고 부부싸움을 했다. 이유는 언제나 하나였다. 돈. 어머니는 항상 짜증이 나 있었다. 돈 이야기만 꺼내도 짜증스런 악다구니를 쏟아냈다. 며칠을 쭈뼛거리며 수학여행비를 달라고 말했을 때도 그랬다. 어느 날 아침, 아버지가 손에 꼬깃꼬깃한 돈 9만 8천 원을 쥐여 주었다. 고맙지 않았다. 서럽고 화가 났다. 돈이 없어서 눈치보는 것이 서러웠고, 이 구질구질한 집구석에서 태어난 것이 화가 났다.

이것이 나의 나쁜 기억이다. 나의 나쁜 기억은 괜찮은 편인지도 모르겠다. 밥을 흘렸다는 이유로 아버지에게 몸이 날아갈 정도로 뺨을 맞은 기억을 갖고 있는 이를 안다. 영문도 모른 채 동네 오빠에게 성추행을 당한 기억을 갖고 있는 이를 안다. 나쁜 기억은 사라지지 않는다. 사라지지 않기에 거기에 매인 삶을 살게 된다.

나는 긴 시간 짐승처럼 살았다. "결국 돈이면 다 되는 거 아니야!"

돈을 벌기 위해 다른 사람들에게 크고 작은 상처를 주는 것이 당연한 일이라 여기며 살았다. 돈에 쪼들렸던 기억은 그렇게 내 삶을 얽매고 있었다. 아버지의 일상적 폭력을 기억하고 있는 이도, 성추행을 기억하고 있는 이도 마찬가지다. 전자는 "결혼은 또 다른 아이의 인생을 망치는 거야!"라고, 후자는 "남자들은 다 짐승이야!"라고 믿으며 산다. 우리는 그렇게 다들 나쁜 기억에 매인 삶을 산다.

°스피노자의 '기억'

이 모든 것은 피해의식이다. 피해의식은 근본적으로 나쁜 기억에서 온다. 지속적으로 반복되었던 나쁜 기억이 피해의식이 된다. 그러니 피해의식으로부터 벗어나기 위해 해야 할 질문이 있다. '어떻게 나쁜 기억에서 벗어날 수 있는가?' 이 질문에 답하기 위해 먼저 기억이 무엇인지부터 알아보자. 누구보다 인간의 감정과 욕망에 대해 깊이 고민했던 철학자, 스피노자는 '기억'을 이렇게 정의한다.

> 그것(기억)은 사실 인간 신체의 변용의 관념이며, 이 관념은 인간 신체의 본성과 외부 물체의 본성을 포함한다.
> – 스피노자, 『에티카』

스피노자에 따르면, 기억은 "인간 신체의 변용의 관념"이다. 쉽게 말해, '내 몸의 변화(긴장·떨림·설렘·육체적 상처…)를 생각'하는 것이 기억이라는 의미다. 이는 적확한 정의다. 우리는 많은 일들을 겪지만 그 모든 것을 기억하지 못한다. 오직 내 몸의 변화를 초래할 정도로 강렬한 일들만 기억한다. 스피노자는 '기억'이 무엇인지 덧붙인다. 기억은 "인간 신체의 본성과 외부 물체의 본성을 포함"하는 것이다.

스피노자에 따르면, 기억에는 두 가지 대상이 관여하고 있다. 자신의 신체와 외부의 물체. 기억은 자신의 신체와 외부 물체의 교집합인 셈이다. 이는 지극히 당연한 말이다. "인간의 신체의 변용의 관념"이 기억이라면, 그것을 촉발한 외부 물체가 있어야만 한다. 외부 물체 없이 발생하는 관념(생각)은 기억이 아니라 공상 혹은 상상이다. '기억'되려면, 신체의 변용을 일으킬 만큼 외부 물체들로부터 자극받아야 한다.

이제 왜 우리가 모든 것을 '기억'하지 못하는지 알 수 있다. 외부 물체가 있었다고 해도, 그 외부 물체가 우리의 신체를 변화시킬 정도로 자극적이지 않았다면 우리는 그것을 '기억'하지 못한다. 돈이 없어서 쪼들렸던 '기억'은 무엇인가? 그것은 외부 물체(어머니, 아버지, 돈)로 인한 신체의 변화(화가 나서 뛴 심장, 서러워서 흘렸던 눈물)에 대한 관념이다. 이처럼 신체의 변화가 있을 정도로 외부 물체의 자극이 강렬했던 일들은 '기억'된다.

아버지에게 폭행당했던 기억, 동네 오빠에게 성추행 당했던 기억도 마찬가지다. 그들은 그때 두려움과 수치심, 증오와 복수심에 온 신체가 부들부들 떨렸을 테다. 외부 물체(아버지, 동네 오빠)들이 신체에 각인(변용)될 정도로 자극적이었기 때문에 그들은 그것을 생생하게 기억하는 것이다. 기억은 정신적인 문제가 아니다. 정신적인 문제인 동시에 신체적인 문제다. 그래서 기억은 "신체의 본성과 외부 물체의 본성을 포함"하는 것이다. 기억은 '정신-신체'적이다. 이것이 기억, 특히 나쁜 기억을 쉬이 떨쳐버리기 어려운 이유다.

°기억은 마음을 지배한다

이제 피해의식이 어떻게 작동하게 되는지도 알 수 있다. 스피노자는 기억이 우리를 지배하는 이유에 대해서 이렇게 설명하고 있다.

> 인간의 신체를 한때 자극하여 변화시켰던 외부 물체가 지금은 존재하지 않거나 현존하지 않더라도, 정신은 그것들을 마치 현존하는 것처럼 고찰할 수 있을 것이다.
>
> – 스피노자, 『에티카』

우리의 "신체를 한때 자극하여 변화시켰던" 기억은 우리의 마음을 지배할 수밖에 없다. 그 기억을 만든 외부 물체가 지금은 존재하지 않더라도, 우리의 정신은 그것을 마치 현존하는(지금 있는) 것처럼 인식하게 된다. 스피노자의 말이 아니라도, 우리는 이것을 이미 알고 있다. 돈이 많아도 돈에 집착하는 사람이 있다. 그것은 돈에 쪼들렸던 나쁜 기억 때문이다. 그 나쁜 기억 때문에 현재 '가난'이 존재하지 않아도, 정신은 그것을 마치 현존하는 것처럼 인식하는 것이다.

일상적으로 폭력을 행사하던 아버지가 죽으면 그 나쁜 기억에서 벗어날 수 있을까? 아니다. 지금 아버지가 존재하지 않아도, 정신은 뺨을 후려갈기던 아버지가 마치 현존하는 것처럼 인식한다. '가난', '아버지', '동네 오빠'는 지금 존재하지 않는다. 그 외부 물체들은 이미 사라졌다. 하지만 정신은 그것이 계속 현존한다고 여기기에 다시 그 상처가 반복될 것 같다. 그러니 어찌 피해의식(자기방어)이 생기지 않을 수 있을까?

"결국 돈이면 다 되는 거 아니야!" "결혼은 또 다른 아이의 인생을 망치는 거야!" "남자들은 다 짐승이야!" 이런 의식들은 모두 피해의식이다. 나쁜 기억이 있으면 피해의식은 생길 수밖에 없다. 피해의식이 무엇인가? 과도한 자기방어 아닌가. 자신에게 나쁜 기억을 주었던 외부 물체가 사라져도 정신은 그것을 지금 있는 것처럼 느낀다. 그러니 그에 대응하는 정서적 자기방어가 작동하지 않을 수 없다. 이것이 피해의식이 우리를 지배하는 방식이다.

° 나쁜 기억에서 벗어나는 법

그렇다면 우리는 피해의식에서 영원히 벗어날 수 없는 것일까? 다시 스피노자의 이야기로 돌아가 보자.

우리가 외부 물체에 대해 가지는 관념은 외부 물체의 본성보다도 우리 신체의 상태를 보다 많이 나타낸다.

– 스피노자, 『에티카』

스피노자에 따르면, 신체와 외부 물체라는 두 요소가 결합되어야 '기억'된다. 하지만 그 두 요소가 기억에서 동등한 위상을 차지하는 것은 아니다. 기억은 "외부 물체에 대해 가지는 관념"이지만, "외부 물체의 본성보다도 우리 신체의 상태를 보다 더 많이 나타낸다." 아버지의 폭행에 대한 기억을 예로 들어보자. 그 기억은 아버지(외부 물체)의 본성보다, 그 당시 그의 신체 상태를 더 많이 반영하고 있다.

아버지의 폭력이 지워지지 않는 나쁜 기억이 된 데에는 두 가지 이유가 있다. 아버지의 폭행과 폭행을 당한 신체. 스피노자는 그 나쁜 기억은 아버지의 폭행 그 자체보다 폭행을 당한 신체의 상태에 더 큰 영향을 받았다고 말하는 셈이다. 냉정하게 생각해보면 그렇다. 아버지에게 폭행을 당했을 때 그는 초등학생이었다. 그 나쁜 기억이 그의 마음에 크게 자리 잡은 이유는 그때 그의 신체가 연약했기 때문이다. 만약 그가 성인이 되어서 건장한 신체를 가진 이후에 아버지에게 폭행을 당했다면 어땠을까? 분명 그 기억은 지금의 기억과는 다를 것이다.

폭력적인 외부 물체(돈, 아버지, 동네 오빠)들에게 면죄부를 주려는 것이 아니다. 그 폭력의 책임을 폭력을 당한 이들에게 떠넘기려는 것은 더욱 아니다. 하지만 피해의식으로 작동할 나쁜 기억은 우리의 신체 상태를 반영하고 있다는 사실을 부정해서는 안 된다. 이것은 아주 중요한 문제다. 나쁜 기억을 주었던 외부 물체들에게만 집착할 때, 우리는 결코 그 나쁜 기억에서 벗어날 수 없기 때문이다. 나쁜 기억은 그때 자신의 신체 상태에 크게 영향받았다는 사실을 성찰할 수 있어야 한다. 이것이 나쁜 기억으로부터 벗어나는 시작점이다.

°피해의식에서 벗어나는 법

나쁜 기억, 더 나아가 피해의식으로부터 어떻게 벗어날 수 있을까? '피해의식을 극복했다'는 것은 어떤 의미인가? 지금은 존재하지 않는 과거의 외부 물체(가난, 폭력적인 아버지, 성추행을 한 동네 오빠)들로부터 벗어나, 지금 현실적으로 존재하는 외부 물체(적당한 수입, 늙은 아버지, 평범한 일상)들을 보는 것이다. 이미 없는 것을 보지 않고, 지금 존재하는 것들만 보게 되면 과도하게 자신을 방어할 일도 없다. 그것은 어떻게 가능할까? 이에 대해 스피노자는 이렇게 말한다.

인간의 정신은 자기 신체의 변용의 관념을 통해서만 외부의 물체를 현실적으로 존재하는 것으로서 지각한다.
– 스피노자, 『에티카』

스피노자는 "신체의 변용의 관념(기억)을 통해서만 외부의 물체를 현실적으로 존재하는 것"으로 볼 수 있다고 말한다. 이것이 무슨 말인가? 새로운 기억을 통해서만 과거의 기억에서 벗어날 수 있다는 의미다. 과거의 기억(신체의 변용의 관념)은 사라지지 않는다. 하지만 새로운 기억(신체의 변용의 관념)이 있다면 지금 존재하는 외부 물체들을 볼 수 있게 된다. 스피노자는 그렇게 자기 자신을 인식하게 된다고 말한다.

정신은 신체의 변용의 관념을 지각하는 한에서만 자기 자신을 인식한다.
– 스피노자, 『에티카』

스피노자는 기억(신체의 변용의 관념)을 통해서만 자기 자신을 인식할 수 있다고 말한다. 이는 신체를 변화시킬 정도로 강력한 다른 기억을 통해서만 과거의 기억에서 벗어날 수 있다는 의미이기도 하다. 즉, 새로운 자기 인식은 과거의 기억을 지우는 것이 아니라, 새로운 기억을 만듦으로써 가능하다는 것이다. 과거의 나쁜 기억으로부터 벗어날 수 있는 방법은 새로운 기억을 만드는 것이다. 신체에 각인되는 새로운 기억. 그 기억을 통해 세상의 다양한 외부 물체들을 피해의식 없이 바라볼 수 있게 된다.

°나쁜 기억은 새로운 기억으로 벗어날 수 있다

'나'는 이제 돈에 매여 살지 않는다. 있으면 있는 대로 쓰고, 없으면 적게 쓰고, 더 없으면 번다. 돈에 관한 피해의식이 거의 없다. 돈에 쪼들렸던 기억이 사라졌기 때문이 아니다. 그건 다 기억난다. 대신 많은 사람들을 만나며 새로운 기억을 쌓았다. 신체가 변화될 정도의 기억들. 돈이 없지만 타인을 위해 헌신하는 이들, 돈보다 소중한 가치들을 위해 기쁘게 살아가는 이들. 그들을 보며 다시 심장이 콩닥거렸고, 눈물이 흘렀다. 그렇게 신체가 변용되는 새로운 기억으로 과거의 나쁜 기억으로부터 벗어났고, 동시에 피해의식으로부터도 자유로워졌다.

'그' 역시 그렇게 나쁜 기억과 결별했다. 그는 용기를 내어 공포와 증오의 대상이었던 아버지에게 편지를 썼다. 어린 시절 왜 그렇게 심하게 자신을 때렸냐고 물었다. 아버지가 답장을 했다. "정말 미안하다. 아버지가 못나서 그랬다." 그는 떨리는 손으로 짧은 편지를 부여잡고 한참을 울었다. 지금 그는 "아직 결혼할 자신은 없지만 결혼이 꼭 아이 인생을 망치는 것은 아닌 것 같다."라고 말한다. 그는 새로운 기억으로 과거의 나쁜 기억과 피해의식을 함께 떠나보냈다.

'그녀' 역시 그렇게 오래된 나쁜 기억과 결별했다. 그녀는 용기를 내어 사랑을 시작했다. 사랑스런 연인의 입맞춤과 손길에서 이전과 전혀 다른 떨림을 경험했다. 그 신체적 떨림은 두려움의 떨림이 아니라 설렘의 떨림이었다. 연인과 첫 잠자리에서 펑펑 울었다. 지금 그녀는 "여전히 남자들을 믿을 수는 없지만, 모든 남자가 짐승은 아닌 것 같다."라고 말한다. 그녀는 새로운 기억으로 과거의 나쁜 기억과 피해의식을 함께 떠나보냈다.

나도, 그도, 그녀도 이제 과도하게 자신을 방어할 필요가 없다. 돈에 찌들린 삶, 폭행당한 삶, 성추행을 당한 삶을 나름의 방법으로 떠나보냈기 때문이다. 그래서 이제 우리는 돈, 가정, 남자에 대해 누구와도 자유롭게 대화할 수 있다. 그것들에 대한 지독한 피해의식으로부터 자유로워졌으니까 말이다. 우리는 분명 더 행복해졌다. 나쁜 기억으로부터 벗어났기에, 피해의식으로부터 자유로워졌기에.

06. ———————————— 욕망의 해소,
금기의 직면

° **단호하고 분명하게 표현하는 사람이
불편한 이유**

"지연이랑은 얘기하기 싫어. 걔는 뭐든 자기 기분대로 행동하잖아."

'나경'은 '지연'에게 반감이 있다. '지연'이 독선적이고 배려심이 없다고 느끼기 때문이다. 그렇다면 '나경'은 '지연'의 어떤 모습 때문에 그런 평가를 내리게 된 것일까?

"점심 뭐 먹을까?" "나는 쫄면 먹고 싶어."

"오늘 영화 보러 갈래?" "아니, 난 책 읽는 게 좋아."

"그 교수 괜찮지 않아?" "나는 그 교수의 수업 방식이 잘못됐다고 생각해."

'지연'은 '나경'뿐만 아니라 누군가 자신에게 의견을 물을 때, 항상 자신의 감정과 생각에 대해 단호하고 분명하게 말한다. 이것이 '나경'이 '지연'을 독선적이고 배려 없는 사람이라고 판단 내린 이유다. 그렇다면 '지연'은 타인에 대한 배려 없이 독선적으로 자신의 입장만 내세우는 사

418

람일까? 전혀 그렇지 않다.

'지연'은 쫄면이 먹고 싶다고 말할 뿐, 쫄면을 먹자고 강요하지 않는다. '지연'은 책을 읽는 게 좋다고 말할 뿐, 책을 읽지 않는 것이 잘못되었다고 생각하지도, 함께 책을 읽자고 강요하지도 않는다. '지연'은 그 교수의 수업 방식이 잘못되었다고 생각할 뿐, 다른 이들의 생각은 다를 수 있다고 생각한다. '지연'은 자신의 감정과 생각·의견을 분명하고 단호하게 이야기할 뿐, 그것을 누군가에게 강요하지 않는다. 또 누군가의 감정과 생각·의견이 자신과 다르다고 하더라도 상대를 존중한다. '지연'은 결코 제멋대로 행동하는, 배려 없고 독선적인 사람이 아니다.

°우유부단 피해의식

그렇다면 '나경'은 왜 '지연'이 싫은 걸까? 자신의 피해의식 때문이다. '나경'의 피해의식은 무엇일까? 우유부단 피해의식이다. 이는 어떤 피해의식일까? 인간은 누구나 자신의 생각과 감정을 있는 그대로 표현하고 싶은 욕망이 있다. 하지만 특정한 권위나 권력에 의해 그 욕망이 억압될 때가 있다. "넌 왜 눈치 없이 따박따박 말대답이니?" 어른들의 이 흔한 말이 바로 그 억압이다. 그 억압 아래서 우유부단함을 강요당하게 된다.

이런 강요(상처)가 반복될 때, 자신의 감정과 생각·의견을 숨기거나 혹은 표현하더라도 모호하게 에둘러서 표현할 수밖에 없게 된다. 긴 시간 이런 상태에 놓인 이들은 우유부단함을 내면화하지만 동시에 표현욕구가 억압되어 특정한 불만족 상태에 놓이게 된다. 바로 이것이 우유부단 피해의식이다.

우유부단 피해의식은 크게 두 가지 양상으로 드러난다. 첫째는 자신의 감정과 생각·의견을 좀처럼 표현하지 못하고, 표현하더라도 모호하게 혹은 에둘러서 말하는 습관이다. 둘째는 자신의 감정과 생각·의견을 단호하고 분명하게 표현하는 이들을 향한 근거 없는 반감이다. 이들은 상대가 말하려는 내용과 상관없이 단호하고 분명한 표현 방식 자체에 불쾌함과 불편함을 느낀다. 우유부단 피해의식에 휩싸인 이들은 그 반감에 그럴듯한 명분을 내세우지만, 그들의 정직한 속내는 이렇다. "나는 늘 눈치보며 할 말 못하고 사는데, 너는 왜 하고 싶은 말을 다하고 사는 거야?"

'나경'의 피해의식이 이를 잘 드러낸다. '나경'은 '지연'이 말한 내용에 반감을 가지고 있지 않다. '나경' 역시 쫄면을 좋아하고, 책을 읽는 것을 좋아하며, 그 교수의 수업 방식에 문제가 있다고 생각한다. 그럼에도 불구하고 '나경'이 '지연'의 말에 반감(불편함·불쾌감)을 느끼는 이유는 바로 우유부단 피해의식 때문이다. '나경'의 피해의식이 발생한 과정을 구체적으로 알아보자.

자신의 감정과 생각·의견을 자유롭게 표현했던 일이 큰 상처로 남아 있는 이들이 있다. '나경'이 그렇다. "엄마, 나 집에 혼자 있기 싫어." 집에 혼자 있는 게 무서웠던 '나경'은 엄마에게 자신의 감정을 말했다. 하지만 엄마는 '나경'을 나무랐다. "엄마 일하러 가는데 왜 마음 불편한 이야기를 하니?" 그 일은 '나경'에게 큰 상처가 되었다. 이후로도 '나경'은 자신의 감정과 생각·의견을 솔직하게 말할 때마다 세상 사람들로부터 크고 작은 상처를 받았다. 바로 그 상처들이 '나경'의 피해의식이 되었다.

°왜 우리 사회에
우유부단 피해의식은 흔한가?

피해의식은 왜 발생하는가? 욕망을 억압하고 금지를 내면화했기 때문이다. 즉, 하고 싶었지만(욕망) 할 수 없었던(금지) 일 혹은 하고 싶지 않았지만(반反욕망) 해야만 했던(의무) 일 때문에 피해의식이 발생한다. 우유부단 피해의식을 다시 생각해보자. 이 피해의식은 왜 생기는가? 인간은 누구나 자신의 감정과 생각·의견을 분명하고 단호하게 표현하고 싶은 욕망이 있다("나는 이것이 좋아", "나는 이것이 싫어"). 그런데 이러한 욕망은 종종 금지된다("그렇게 말하는 것은 잘못된 거야!"). 그 금지를 내면화했을 때 우리는 욕망을 억누르게 된다. 바로 이것이 우유부단 피해의식뿐만 아니라 세상의 모든 피해의식이 발생하는 메커니즘이다.

우리 사회에 이런 우유부단 피해의식은 흔하다. 자신의 감정과 생각·의견을 분명하고 단호하게 말하는 법을 잊어버린 이들은 얼마나 많던가. 자신의 감정과 생각·의견을 말할 때 늘 모호하게 에둘러서 말하는 것이 습관이 된 이들은 얼마나 많은가. "떡볶이를 먹고 싶은 것 같아." "나는 기분이 별로인 것 같아." "책 읽는 게 싫은 것 같아." "부장님의 회의 방식은 잘못된 것 같기도 하고." 이런 화법은 일상적이다.

그런데 생각해보면 이는 매우 어색한 화법이다. 자신의 감정과 생각·의견을 말할 때 추측성 화법을 쓰는 것은 자연스럽지 않다. 타인의 마음(감정·생각·의견)을 추측하는 것이지, '나'의 마음(감정·생각·의견)은 추측의 대상이 아니지 않은가? 우리 사회에 우유부단 피해의식이 흔한 이유는 그만큼 우리 사회가 일상적으로 자신을 자유롭게 표현하고 싶은 욕망을 금지하기 때문이다. 하고 싶었지만 할 수 없었던 일은 피해의식이 된다. 다른 피해의식들 역시 그렇지 않은가?

°피해의식 :
욕망의 억압, 금지의 내면화

　성性에 대한 피해의식을 생각해보자. 섹스에 대한 피해의식을 갖고 있는 이들이 있다. 자신은 정숙한 존재라 믿으면서 개방적인 성관념을 갖고 있는 이들을 과도하게 비난하는 이들이 얼마나 많던가. 이들은 윤리와 도덕을 앞세워 자유롭게 섹스를 즐기는 이들을 문란하다고 비난하고 비판한다. 하지만 이는 대부분 섹스에 대한 피해의식 때문에 발생한 일이다. "나는 섹스하고 싶은 마음을 참고(혹은 섹스하지 못하고) 사는데, 너는 왜 마음껏 섹스를 하며 사는 거야!" 이것이 섹스에 대한 피해의식을 갖고 있는 이들의 정직한 속내다. 개방적인 성관념을 그리도 비난하던 이들이 매혹적인 이와 충분히 섹스하게 되었을 때, 개방적인 성관념을 가진 이들에게 무관심해지는 이유도 바로 그 때문이다.

　반대의 경우도 있다. 즉, 하고 싶지 않았지만(반反욕망) 해야만 했던(의무) 일 때문에 발생한 피해의식도 있다. 군대 피해의식이 대표적이다. 군대를 다녀온 이들은 군대를 가지 않은 이들에 대해 강한 반감을 갖고 있다. 그들은 자신의 반감을 사회적 공정성이란 명분으로 정당화한다. 하지만 이는 어디까지나 정당화일 뿐, 그들의 속내는 피해의식이다. "나는 군대 가서 뺑이치고 왔는데, 너는 왜 안 가냐?" 만약 그들의 반감이 피해의식이 아니라 사회적 공정성 때문에 발생한 것이라면, 건강상의 이유로 군 면제를 받은 이들에게조차 반감을 갖는 일은 설명할 수 없다.

　이처럼 많은 종류의 피해의식은 욕망과 금지의 뒤엉킴 때문에 발생한다. 누구에게나 욕망(표현 욕망, 섹스 욕망, 자유 욕망)이 있다. 하지만 그 욕망은 갖가지 방식으로 금지된다. "네 생각과 감정을 표현하지 마!" "섹스하지 마!" "군대 가!" 그 금지들을 내면화해서 욕망을 긴 시간 억압했을 때, 피해의식이 형성된다. 이제 피해의식을 극복할 수 있는 하나의 방법을 알 수 있다. 욕망을 따르면 된다. 쉽게 말해, 하고 싶었지만 할 수 없었던 일들을 하고, 하고 싶지 않았지만 해야만 했던 일들을 하지 않으면 된다.

˚욕망을 해소하라!

'나경'은 어떻게 피해의식을 극복할 수 있을까? 자신의 감정과 생각·의견을 단호하고 분명하게 표현하는 연습을 하면 된다. 자신의 억압된 욕망을 해소해나가는 과정에서 우유부단 피해의식은 점점 옅어지게 된다. 그렇게 피해의식이 어느 정도 옅어졌을 때, '지연'에 대한 근거 없는 불편함과 불쾌함 역시 점점 옅어지게 될 테다.

성에 대한 피해의식 역시 마찬가지다. 성에 대한 피해의식이 있다면 상황과 조건이 허락하는 한에서 섹스를 많이 해보아야 한다. 성에 대한 피해의식은 근본적으로 섹스를 하고 싶은 욕망이 억압되었기 때문에 발생한 문제이니까 말이다. 그 욕망이 어느 정도 해소되었을 때 성에 대한 피해의식 역시 점점 옅어질 테다. 그렇게 피해의식이 어느 정도 옅어졌을 때, 타인의 성관념에 대한 불편함과 불쾌감 역시 옅어지게 된다. 또 수많은 특성 중 오직 성관념이라는 잣대로 한 사람을 판단하는 편견으로부터도 자유로워지게 된다.

군대 피해의식은 어떻게 극복해야 할까? 군대를 거부해야 할까? 그렇지 않다. 군대 피해의식은 군대를 거부해야만 해소될 수 있는 것이 아니다. 물론 군대를 거부해도 상관없다. 하지만 이는 피해의식의 관점에서 현명한 방법은 아니다. 군대를 거부했을 때 받게 될 불이익(상처)이 너무 크기에 그로 인해 또 다른, 아마 더 큰 피해의식이 발생할 것이기 때문이다. 그렇다면 어떻게 해야 할까?

군대 피해의식은 근본적으로 자유에 대한 피해의식이다. 어떤 이들이 군대 피해의식이 심할까? 지금 자유롭지 않은 이들이다. 군대를 다녀왔더라도 지금 자유롭게 살고 있다면 군대 피해의식이 덜할 수밖에 없다. 반대로 군대를 다녀와서 지금도 부자유하게 살고 있다면 군대 피해의식이 심할 수밖에 없다. 군대 피해의식이 있다면 상황과 조건이 허락하는 한에서 자유를 누려야 한다. 자유에 대한 욕망이 어느 정도 해소되었을 때, 군대 피해의식은 점점 옅어질 테다. 그때 누군가 군대를 가지 않았다는 이유로 반감을 갖게 되는 일도 적어질 수 있다. 또 다음 세대들을 위해 군대를 가지 않아도 되는 사회를 함께 모색해주는 성숙한 어른이 될 수 있다.

°왜 욕망을 해소할 수 없는가?

하지만 이 모든 일은 결코 쉬운 일이 아니다. 욕망의 해소는 쉽지 않다. 평생 우유부단하게 살아온 이가 어느 날 갑자기 단호하고 분명하게 자신을 표현하는 일은 쉽지 않다. 평생 성적 욕망을 억압해온 이가 갑자기 개방적인 성관념을 가지는 일도 쉽지 않다. 즉, 욕망을 해소하는 일은 좀처럼 쉬운 일이 아니다. 하지만 피해의식에 휩싸인 이들에게 욕망의 해소는 선택의 문제가 아니다.

사실 피해의식에 휩싸인 이들은 이미 욕망을 해소하고 있다. 성에 대한 피해의식이 있는 이들은 왜 개방적인 성관념을 가진 이들에게 근거 없는 적대감을 표출할까? 그것은 이미 욕망의 해소다. 욕망의 부정적 해소. 이는 금지로 인해 억압된 성적 욕망을 적대감이라는 부정적 형식으로 표출하는 것이다. 즉, 피해의식의 뒤틀린 마음(적대감·비난·시기·질투…)은 이미 그 자체로 욕망의 부정적 해소인 셈이다. 피해의식이 이런 욕망의 부정적 해소로 드러나는 이유는 욕망의 긍정적 해소가 그만큼 어렵기 때문이다.

욕망의 긍정적 해소는 왜 그토록 어려운가? 금지의 내면화 때문이다. 우리는 긴 시간 욕망을 억압하는 금지의 목소리("그거 하지 마!")를 내면화해왔다. 바로 이것이 욕망의 긍정적 해소를 가로막는 장벽이다. 진심으로 욕망하는 일 앞에 서본 적이 있는가? 그때 극심한 혼란과 불안, 두려움이 엄습한다. 이 혼란·불안·두려움은 금지의 내면화가 남긴 내적 저항력이다. 이 내적 저항력(혼란·불안·두려움)이 하고 싶은 일을 하지 못하게 만들고(욕망의 금지), 하고 싶지 않은 일을 하게 만든다(금지의 욕망).

우유부단 피해의식이 있는 이들은 자신의 감정과 생각·의견을 단호하고 분명하게 말하려고 할 때, 극심한 혼란과 불안, 두려움에 휩싸인다. 성에 대한 피해의식이 있는 이들이 오늘 만난 매혹적인 이와 섹스하려고 할 때, 극심한 혼란과 불안, 두려움에 사로잡히게 된다. 군대(자유) 피해의식이 있는 이들은 직장을 그만두려고 할 때, 극심한 혼란과 불안, 두려움에 잠식당할 수밖에 없다. 바로 이 혼란과 불안, 두려움 때문에 저마다의 피해의식으로부터 벗어나지 못하게 된다.

°금기에 직면하라!

"욕망을 해소하라!"이는 피해의식의 극복을 위한 불변의 표어이다. 하지만 이 표어는 때로 공허하다. 긴 시간 욕망을 억압해온 이들에게 욕망의 해소는 너무나 혼란스럽고 불안하며 두려운 일이기 때문이다. 그러니 조금 더 현실적인 표어가 필요하다. "금기에 직면하라!"욕망을 실현할 수 없다면 먼저 금기에 직면하는 시간이 필요하다. 그 직면의 시간들이 욕망의 해소를 가로막는 내적 저항력(혼란·불안·두려움)을 약화시킬 수 있다.

'욕망의 해소'는 낯선 여행지다. 낯선 곳을 여행하려고 할 때, 혼란하고 불안하고 두렵다. 왜 그런가? 그곳을 모르기 때문이다. 낯선 여행지를 여행하기 위해서는 그곳을 알아야만 한다. '욕망의 해소'는 '금기'라는 낡은 건물들로 이루어진 여행지다. '욕망의 해소'는 '금기'라는 낡은 건물들 사이를 지날 때만 만날 수 있다. 그 여행지(욕망의 해소)를 씩씩하게 탐험하기 위해서는 금기의 정체를 알아야만 한다.

'나의 욕망을 억압해왔던 금기는 무엇인가?''나는 그 금기를 어떻게 내면화하게 되었는가?''그 금기는 나에게 기쁨을 주었는가, 슬픔을 주었는가?' 이 질문들 앞에 서야 한다. 우유부단 피해의식에 휩싸여 있는가? 당장 단호하고 분명하게 자신의 감정과 생각·의견을 표현하지 못할 수 있다. 하지만 그때 스스로에게 물을 수 있어야 한다. 나의 감정과 생각·의견을 표현하지 못하게 만들었던 금기는 무엇이었나? 그 금기는 어떻게 내 마음속에 자리 잡았는가? 그리고 그 내면화된 금기는 내 삶을 기쁘게 했는가, 슬프게 했는가?

성 혹은 자유에 대한 피해의식에 휩싸여 있는가? 당장 섹스와 자유를 마음껏 누리지 못할 수 있다. 하지만 그때 스스로에게 물을 수 있어야 한다. 나의 섹스와 자유를 가로막았던 금기는 무엇이었나? 그 금기는 어떻게 내 마음속에 자리 잡았나? 그리고 그 금기는 내 삶을 기쁘게 했는가, 슬프게 했는가? 이런 질문들을 긴 시간 부여잡고 있을 때, 욕망의 해소 앞에서 엄습해왔던 혼란과 불안, 두려움은 점점 작아지게 된다.

피해의식을 넘어서는 데는 두 가지 방법이 있다. "욕망의 해소!" "금기의 직면!" 당장 욕망을 실현할 수 있다면 그렇게 하라. 하지만 그럴 수 없다면 자신의 욕망을 억압했던 금기가 무엇이었는지 아프게 직면해야 한다.

——·· 질 들뢰즈 ··——

텍스트와 컨텍스트

"한 해에 여자들이 강간당하는 통계를 찾아보면 어떨까?"

"너 말을 그런 식으로밖에 못 해?

"갑자기 왜 그래?"

'민기'와 '주혜'는 여성 인권에 대한 세미나를 준비하고 있다. '민기'는 여성들이 강간당하는 통계를 통해 여성 인권 보호의 열악성을 드러내자는 의견을 냈다. 그러자 '주혜'는 갑자기 화를 냈다. '주혜'는 왜 갑자기 화를 냈던 것일까? '민기'가 '강간'이라는 단어를 사용했기 때문이다. '주혜'는 왜 '강간'이란 단어에서 감정적 동요를 느꼈을까? 피해의식 때문이다. 여성으로 살아오면서 겪었던 크고 작은 상처들은 '주혜'의 피해의식이 되었다. 이것이 '주혜'가 '강간'이라는 단어를 듣자마자 느닷없이 분노가 솟구쳤던 이유다. 이 에피소드는 피해의식의 주요한 특징 하나를 드러낸다.

피해의식에 휩싸이면 '텍스트(글·말)' 너머의 '컨텍스트(문맥)'를 읽을 수 없게 된다. 먼저 '텍스트'와 '컨텍스트'가 무엇인지부터 살펴보자. '텍스트'는 표면적인 글(말)이고, '컨텍스트'는 그 표면적인 글(말)이 전개되는 문맥(맥락)이다. "너 꼴도 보기 싫어!" 이 말(텍스트)은 정말 너를 보고 싶지 않다는 의미일까? 그렇지 않다. 이 말(텍스트)이 연인 관계라는 특정한 '컨텍스트' 안에서 이뤄졌다면 그것은 "왜 자주 연락 안 하는 거야!"라는 의미일 수 있다. 이처럼 같은 '텍스트'일지라도 그것이 어떤 '컨텍스트' 안에서 사용되는가에 따라 그 의미는 전혀 달라질 수 있다.

피해의식은 '텍스트'에만 빠져 '컨텍스트'를 파악할 수 없게 만든다. 다시 묻자. '주혜'는 왜 화가 났는가? '강간'이라는 '텍스트'에만 걸려 '민기'가 말하고자 하는 '컨텍스트'를 읽지 못했기 때문이다. '민기'가 '강간'이라는 '텍스트'를 쓴 이유는 여성 인권 보호의 열악성을 드러내고자 하는 '컨텍스트' 때문이었다. 하지만 '주혜'는 그 '컨텍스트'를 읽지 못했다. '주혜'의 피해의식이 '컨텍스트(여성 인권)'를 가리고 '텍스트(강간)'에만 온 마음이 쏠리게 만들었기 때문이다.

피해의식은 '과초점' 상태다

피해의식은 일종의 '과過초점' 상태다. 피해의식은 어느 점(텍스트)에만 과도하게 시선을 두느라 주변 전체(컨텍스트)를 볼 수 없게 된 상태라고 말할 수 있다. 피해의식의 이러한 사례는 흔히 발견된다. 외모(가난)에 대한 피해의식이 있는 이들은 "못생겼다", "뚱뚱하다"("구질구질하다", "없어 보인다") 등의 특정한 '텍스트'에 노출되면 너무 쉽게 '컨텍스트'를 놓쳐버린다. 이것이 피해의식에 휩싸인 이들이 주변 사람들과의 관계에서 크고 작은 문제가 끊이지 않는 이유다.

피해의식에 휩싸인 이들을 조금 더 살펴보자. '가희'는 외모에 대한 피해의식에 휩싸여 있다. 한 친구가 '가희'에게 말했다. "나 어제 10년 사귄 남자 친구랑 헤어졌어." 이 말에 '가희'는 이렇게 답했다. "그래도 너는 날씬하고 예쁘잖아." '찬호'는 가난에 대한 피해의식에 휩싸여 있다. "어머니가 암에 걸리셔서 어제 입원하셨어." 한 친구가 '찬호'에게 자신의 아픔을 털어놓았다. 이 말에 '찬호'는 이렇게 말했다. "그래도 얼마나 다행이냐, 너희 집은 돈 걱정은 안 해도 되잖아."

피해의식에 휩싸인 '가희'와 '찬호'는 자신의 상처만을 보느라, 타인의 '컨텍스트'를 읽어낼 여유가 없다. 이것이 '가희'와 '찬호'가 친구에게 의도치 않은 상처를 준 이유다. '가희'가 친구 삶의 '컨텍스트(10년의 연애)'를 읽을 수 있었다면 어땠을까? 적어도 "너는 날씬하고 예쁘잖아."라는 어처구니없는 격려는 하지 않았을 테다. '찬호'가 친구 삶의 '컨텍스트(엄마와 함께한 추억)'를 읽을 수 있었다면 어땠을까? 적어도 "너희 집은 돈 걱정은 안 해도 되잖아."라는 허망한 위로는 하지 않았을 테다.

피해의식에 휩싸인 이들은 의도치 않게 상대에게 상처를 주거나 상대를 외롭게 한다. '주혜'가 '민기'에게 상처를 주었던 것처럼, '가희'와 '찬호' 역시 친구에게 상처를 주고 그들을 더 외롭게 했다. 이는 모두 '텍스트'에만 빠져 '컨텍스트'를 읽을 수 없었기 때문에 벌어진 일이다. 피해의식에 휩싸인 이들이 상대와 원활한 대화를 할 수 없는 이유도 바로 이 때문이다. 누군가와 진정으로 대화한다는 것은 '텍스트' 너머 '컨텍스트'를 읽는다는 것을 의미하니까 말이다.

'감정'과 '감응'

여기서 우리는 피해의식을 극복할 수 있는 하나의 방법을 알 수 있다. '텍스트' 너머 '컨텍스트'를 읽어내면 된다. 그렇게 진정한 대화를 시작할 수 있을 때 피해의식은 점점 옅어질 수 있다. 그렇다면 어떻게 '텍스트' 너머 '컨텍스트'를 읽어낼 수 있을까? '감응感應'을 통해서다. 한 사람의 '텍스트(말·글)' 너머 '컨텍스트(맥락·문맥)'를 읽어내려면 '감응'이 필요하다. 그렇다면 '감응'은 무엇인가? 명실공히 서양 철학의 최고 지성으로 인정받는 철학자, 질 들뢰즈는 '감응'과 '감정'을 구분하며 이렇게 말한다.

> 감응은 정서의 급속한 방출이며 반응인 반면, 감정은 항상 이동하며 지연되며 저항하는 정서이다.
>
> – 질 들뢰즈 & 펠릭스 가타리, 『천 개의 고원』

들뢰즈의 말은 난해하다. 그러니 먼저 '감정'과 '감응'의 일반적인 정의부터 알아보자. 감정感情은 어떤 대상과의 마주침에 의해 일어나는 기분이고, '감응感應'은 감정의 동조同調 현상이다. 즉, '내'가 '너'로 인해 어떤 기분이 들면 '감정'이고, '내'가 '너'의 감정에 동조되면 '감응'이다. 쉽게 말해, 친구가 '나'를 비난(칭찬)해서 기분이 나쁘면(좋으면) '감정'이고, 친구가 기뻐(슬퍼)할 때 '나' 역시 기뻐지면(슬퍼지면) '감응'이다.

'감정'과 '감응'은 다르다. '감정'의 원인은 '너'이고, '감응'의 원인은 '너의 감정'이기 때문이다. 그래서 동일한 대상과의 마주침에서도 '감정'과 '감응'은 다르게, 심지어 반대로 작동할 수 있다. 사랑하는 사람을 만날 때가 그렇지 않던가? '나'는 '그'를 사랑하기 때문에 '그'를 만나면 '그'로 인해 기쁨의 '감정'이 든다. 하지만 만약 사랑하는 '그'가 무슨 이유 때문인지 슬픔에 빠져 있다면 '나'는 '그의 슬픔'에 '감응'하게 된다. 이처럼 동일한 대상을 만나더라도, 기쁨의 '감정'이 들 수도 있고, 슬픔에 '감응'할 수도 있다.

'감정'은 이동·지연·저항이고, '감응'은 반응·방출이다

이제 우리는 들뢰즈의 난해한 이야기를 이해할 준비가 되었다. 들뢰즈는 "감정은 항상 이동하며 지연되며 저항하는 정서"라고 말한다. 우리의 '감정'은 정말 그렇지 않은가? 어떤 대상과의 마주침을 통해 발생하는 '감정'들은 항상 '이동'한다. 누군가 '나'를 칭찬해줄 때는 유쾌하지만 비난하는 동시에 불쾌함으로 '감정'이 바뀌지(이동) 않던가. 그렇다면 감정이 '지연'되고 '저항'하는 정서라는 말은 어떤 의미일까? 이는 '감응'이 무엇인지를 파악하면 쉽게 답할 수 있다.

들뢰즈에 따르면, "감응은 정서의 급속한 방출이며 반응"이다. 누군가에게 '감응'하는 순간을 생각해보라. 직장을 다니며 깊은 우울증(감정)에 시달린 적이 있다. 하지만 이 깊은 우울은 집에 오는 순간 순식간에 사라졌다. 사랑하는 아이들이 까르르 웃는 해맑은 표정 때문이었다. 그때 나의 깊은 우울(감정)은 순식간에 기쁨

(감응)으로 전환되었다. 이는 어떻게 가능했을까? 아이들에게 '감응'했기 때문이었다. 즉, 내가 아이들의 감정(기쁨)에 '반응'했고 그로 인해 기쁨이라는 '정서의 급속한 방출'이 이루어졌기 때문이었다.

반면 '감정'은 '지연'이고 '저항'이다. '감정'은 무엇을 '지연'시키고 무엇에 '저항'하는가? 바로 '감응'이다. '감정'에 휩싸인 이들은 '감응'되는 순간을 지연시키고 '감응'에 저항한다. 자신의 '감정(우울 혹은 환희)'에만 빠진 이들을 생각해보라. 지독한 우울증에 빠진 사람이나 복권에 당첨된 사람을 생각해보라. 그들이 누구와 감응할 수 있겠는가? 지독한 '우울'과 강렬한 '환희'에 빠져 있는 이들은 누구를 만나더라도 '감응'할 수 없다. 그들은 자신의 '감정(우울·환희)'에만 빠져 있을 뿐, 그 누구의 '감정'에도 동조할 수 없다.

감정은 도구, 감응은 무기다

이제 우리는 '텍스트'와 '컨텍스트'가 바로 '감정'과 '감응'에 대응된다는 사실을 알 수 있다. 누군가의 단편적인 말·글(텍스트)에만 매몰되는 것은 '감정'에 휩싸여 있기 때문이다. 반대로 누군가의 단편적인 말·글(텍스트) 너머 그 대화의 맥락(컨텍스트), 더 나아가 그 사람의 삶 자체(컨텍스트)를 읽을 수 있는 것은 '감응'할 수 있기 때문이다. '컨텍스트'를 읽는다는 것은 '감정'이 아닌 '감응'의 몫이다. 그렇다면 이제 하나의 질문만 남는다. 어떻게 '감응'할 것인가? 들뢰즈의 이야기를 조금 더 들어보자.

> 감응은 무기와 마찬가지로 바깥을 향하는 것인데(투사되는 것인데) 반해, 감정은 도구와 마찬가지로 안쪽을 향한다.
> – 질 들뢰즈 & 펠릭스 가타리, 『천 개의 고원』

흥미롭게도, 들뢰즈는 '감정'을 '도구'로, '감응'을 '무기'로 표현한다. 들뢰즈에 따르면, '도구'와 '무기'를 가르는 기준은 방향성에 있다. 즉, '도구'는 안쪽을 향하고, '무기'는 바깥쪽을 향한다. 칼을 생각해보자. 같은 칼이라도 조리용 '도구'로 사용될 수도 있고, 살상용 '무기'로 사용될 수도 있다. 이 차이는 어디서 오는가? 바로 방향이다. 칼이 '도구'로 사용될 때는 내향적 방향으로 쓰일 때다. 요리를 하기 위해 칼질을 하는 것을 생각해보라. 양파를 썰 때는 바깥쪽에서 안쪽으로 칼질을 하지 않던가?

하지만 칼을 '무기'로 쓸 때는 어떤가? 안쪽(나)에서 바깥쪽(상대)으로 칼질을 하게 된다. 이는 다른 예를 통해서도 얼마든지 설명할 수 있다. 컴퓨터는 '도구'일 수도 있고 '무기'일 수도 있다. 컴퓨터는 언제 '도구'가 되고 언제 '무기'가 되는가? '오락'을 할 때 도구가 되고, '코딩'을 할 때 무기가 된다. '오락'은 컴퓨터를 바깥쪽(세계)에서 안쪽(자신)으로 사용하는 것이고, '코딩'은 컴퓨터를 안쪽(자신)에서 바깥쪽(세계)으로 사용하는 것이기 때문이다. 바로 이 내향성(밖 → 안)과 외향성(안 → 밖)이라는 방향의 차이가 '도구'와 '무기'를 가른다.

텍스트-감정-도구-내향성, 컨텍스트-감응-무기-외향성

'감정'과 '감응' 역시 정확히 그렇지 않은가? '감정'은 내향적이다. '감정'은 언제나 자신의 안쪽을 향하고 있다. 하지만 '감응'은 반대다. '감응'은 감정의 동조 현상이기 때문이다. 누군가의 감정에 동조하려면 자신의 내면(감정)에 집착하고 있어서는 안 된다. '감응'하려면 반드시 안쪽(나)에서 바깥쪽(너)을 향해 있어야만 한다. 이제 우리는 '텍스트'와 '컨텍스트', '감정'과 '감응', '도구'와 '무기' 사이의 관계성을 다음과 같이 도식화할 수 있다.

'텍스트-감정-도구-내향성, 컨텍스트-감응-무기-외향성'. '텍스트'는 '감정'적이며, '도구'적 성격을 가지기에 언제나 안쪽을 향한다. 반면 '컨텍스트'는 '감응'적이며 '무기'적 성격을 가지기에 언제나 밖을 향한다. 왜 '텍스트'에 매몰되는가? 그것은 밖(타자)을 향하지 않고 안(나)을 향하는 습관 때문에 항상 '감정'에 지배당하기 때문이다. 이제 우리는 어떻게 '감응'해야 하는지 알 수 있다.

'감응'하는 법은 간명하다. '안'에서 시선을 떼고 '밖'을 향할 것! 어떻게 '감응'해야 하는가? 방향을 바꾸어야 한다. 온통 안(나)으로 향해 있던 관심을 밖(타자)으로 돌려야 한다. 그럴 수 있을 때 '감정'에서 자유로워져 '감응'할 수 있다. 그렇게 자유롭게 '감응'할 수 있을 때 '텍스트'에만 과초점된 상태를 벗어나 '컨텍스트' 전체를 읽어낼 수 있게 된다. '감응'하는 법에 대해 조금 더 구체적으로 살펴보자.

어떻게 '감응'할 수 있을까?

들뢰즈는 왜 '감정-도구'와 '감응-무기'라는 도식을 사용했을까? 요리사의 칼일 때는 전사의 칼일 수 없고, 전사의 칼일 때는 요리사의 칼일 수 없다. 도구와 무기는 애초에 방향이 반대이기 때문이다. 이것이 의미하는 바가 무엇인가? '감정'과 '감응'은 동시적일 수 없다는 것이다. 안쪽을 향하면서 동시에 바깥쪽을 향할 수는 없다. '감정'적일 때는 '감응'할 수 없고, '감응'적일 때는 '감정'에 휩싸이지 않는다. 즉, 자신의 '감정'에 휩싸여 있을 때는 어떤 대상에게도 '감응'할 수 없고, 누군가에게 '감응'했다면 자신의 '감정'에 휩싸이지 않는다.

'감응'을 가로막는 오래된 오해가 하나 있다. '감정'이 '감응'의 토대가 된다는 것이다. 자신의 '감정' 때문에 누군가와 공감(감응)할 수 있다고 믿는 이들은 흔하다. 세상 사람들은 자신의 이별의 아픔(감정) 때문에 누군가의 이별에 '감응'할 수 있다고 믿는다. 하지만 이는 삶의 진실이 아니다. 만약 누군가 다른 이의 이별에 '감응'할 수 있다면, 그것은 그가 자신의 이별의 아픔(감정)에서 어느 정도 거리를 둘 수 있기 때문이다. 생각해보라. 자신의 이별의 아픔(감정)에 잠식당한 상태로 어떻게 다른 이의 이별에 공감(감응)할 수 있겠는가?

'감정'은 '감응'을 가로막는다. 이것이 삶의 진실이다. '감응'하고 싶다면 '감정'에서 눈을 떼야 한다. '나'만 생각(감정)하는 이가 '너'를 사랑(감응)할 수 없는 것처럼, 자신의 '감정'에서 눈을 떼지 않으면 누구와도 '감응'할 수 없다. '내'가 아닌 '너'에게 '감응'할 때 비로소 '텍스트' 너머 '컨텍스트'를 읽어낼 수 있다.

'감응', 무용하고 불편하며 위험한 무기

'감정-도구', '감응-무기'. 이 비유의 함의는 여기서 끝나지 않는다. 여기에는 더 큰 함의가 숨어 있다. '도구(요리사의 칼)'는 현재의 삶을 편안하게 해준다. 하지만 그것은 우리네 삶을 근본적으로 변화시키기 어렵다. 하지만 '무기(전사의 칼)'는 다르다. 무기는 얼핏 보기에 우리네 삶에 무용한 것처럼 보인다. 아니 심지어 위험해 보이기까지 한다. '감정'과 '감응'이 그렇지 않은가? '나'의 '감정'대로 살면 편하다. 신나는 일이 있으면 즐거움에 빠져 살고, 화나는 일이 있으면 분노에 빠져 살면 편하다. 하지만 이러한 '감정'으로는 우리의 삶을 변화시킬 수 없다.

반면 누군가에게 '감응'한다는 것은 무용하고 불편하며 위험해 보이는 일이다. 사랑을 생각해보라. 사랑은 최고 수준의 '감응'이라고 말할 수 있다. 누군가를 사랑하게 될 때 우리는 상대에게 깊이 '감응'하게 되니까 말이다. 한 사람을 사랑한다는 것은 얼마나 무용하고 불편하며 또 위험한가? 진정으로 사랑하게 되면 내 삶의 관성을 모조리 바꾸어야 하고 내가 가진 모든 것을 내려놓아야 할 수도 있다. 이는 얼마나 무용하고 불편하며 또 위험한 일인가?

하지만 사랑(감응)은 무용하고 불편하며 위험하기에 삶을 근본적으로 바꿀 수 있는 강력한 무기가 된다. '나'를 위해서는 결코 넘어설 수 없었던 벽은 언제 넘어설 수 있는가? 바로 누군가에게 감응(사랑)하게 되었을 때다. 늦잠을 자던 아이가 데이트를 위해 일찍 일어나고, 무책임했던 청년이 누구보다 책임감 있는 아빠가 되는 일은 모두 '감응(사랑)' 때문에 일어나는 일이다. 이처럼 무용하고 불편하며 위험해 보이는 '감응'은 강력한 무기가 된다. 이에 대해 들뢰즈는 분명히 말한다.

'감응'이라는 강력한 무기

무기는 감응이며, 감응은 무기이다.

– 질 들뢰즈 & 펠릭스 가타리, 『천 개의 고원』

이는 단순한 비유가 아니다. 인간의 역사를 보라. '무기' 없는 '혁명'은 없었다. 그 무기는 모두 '감응'의 결정체들이다. 상대를 맨손으로 제압하기 위해서는 내 '감정(분노)'에 빠져 있으면 안 된다. 상대에게 '감응'해야 한다. 일류 복서들은 모두 '나'의 '감정'에서 자유로워져서 '너'의 미세한 움직임에 '감응'할 수 있는 이들이다. 상대를 칼 혹은 총으로 제압하기 위해서는 내 '감정(적개심)'에 빠져 있으면 안 된다. 칼 혹은 총에 '감응'하고, 상대에게 '감응'해야 한다. 최고 수준에 이른 칼잡이와 총잡이는 자신의 칼과 총을 연인(감응!)처럼 대하고 동시에 그 연인과 한 몸이 된 채로 상대에게 '감응'할 수 있는 이들이다.

맨손과 칼, 총보다 더 강력한 무기가 무엇인가? '연대'다. 유사 이래 강력한 독재 권력을 무너뜨린 무기는 무엇이었나? '연대'다. 이 '연대'는 그 자체로 '감응'이다. 거대한 권력을 타파하기 위해서는 내 '감정('나는 옳다.')'에만 빠져 있으면 안 된다. 억압받는 이들이 서로에게 '감응'해야 한다. 이 '감응'이 바로 강력한 연대(무기)를 구성한다. 역사에서 많은 '혁명'이 실패했던 이유는 '무기(감응)'가 아니라 '도구(감정)'로 싸웠기 때문이다. 상대를 가장 효과적으로 무력화시킬 '무기'는 모두 '감응'의 결정체들이다. 들뢰즈의 말처럼, 무기는 그 자체로 감응이며, 감응은 이미 무기다.

우리네 삶의 역사 역시 마찬가지다. '감응'이 없다면 삶의 '혁명' 또한 없다. 우리네 삶의 혁명을 가로막는 장애물은 무엇인가? 지독히도 불행한 삶을 끝내고 기쁜 삶으로 나아갈 각자만의 '혁명'은 왜 그토록 어려운가? 피해의식 때문이다. 우리는 피해의식 때문에 과거에 사로잡혀 더 기쁜 삶으로 나아가지 못한다. 이 피해의식을 단칼에 베어낼 무기가 바로 '감응'이다. 너에게 '감응'할 수 있을 때, 피해의식은 점점 옅어지고 동시에 우리는 점점 더 기쁜 삶으로 나아갈 수 있다.

'감응'은 개인적 혁명뿐만 아니라 사회적 혁명마저 가능케 할 무기다. 우리 사회의 고질적인 병폐(이기주의·자본주의·환경 파괴)들을 잘라낼 혁명은 어떻게 가능한가? 그것 역시 '감응'이라는 무기에 달려 있다. '감정'에서 눈을 떼고 세상 모든 존재(사람·개·꽃·나무·바다·바람…)들에게 '감응'할 수 있을 때 우리는 그 모든 존재들의 '컨텍스트'를 읽어낼 수 있다. 그때 저마다의 피해의식을 넘어서 우리 시대의 혁명에 가닿을 수 있다. '텍스트·감정·도구' 너머 '컨텍스트·감응·무기'에 이를 때 피해의식 너머의 세계에 이를 수 있다.

08

VICTIM
MENTALITY

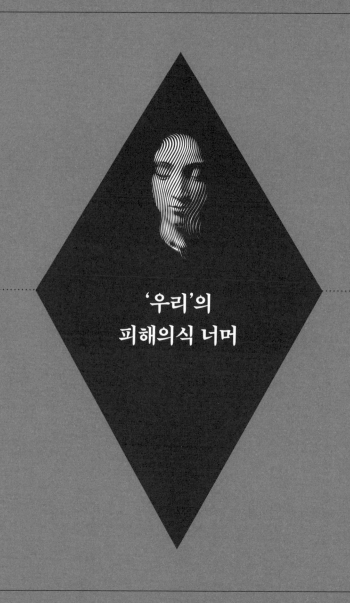

'우리'의
피해의식 너머

01. ────── 혼자 사는 것이 아니기에
제멋대로 살아야 한다

°함께 사는 네 가지 방법

혼자 사는 삶은 없다. 우리는 좋든 싫든 함께 산다. 이것이 우리네 삶에 피해의식이 늘 들러붙어 있는 이유다. 피해의식은 함께 살아가야 하는 타인들 때문에 발생한다. 무인도에 사는 이에게 피해의식이 있을 리 없지 않은가? 삶이 함께 살아가는 것이라면, 우리에게는 네 가지 삶이 주어진다. 그 네 가지 삶에는 '독재자', '피해자', '수도자', '자유인'이라는 이름을 붙일 수 있다. 이 네 가지 삶은 모두 피해의식과 깊은 연관이 있다.

°'독재자'가 함께 사는 법

'독재자'가 함께 사는 방식은 무엇인가? "나는 하지만 넌 하지 마!" 이것이 '독재자'가 함께 사는 방법이다. 자신은 매일 자정을 넘어서 들어오지만 자식들이 늦게 들어오는 것은 용납하지 못하는 아버지. 자신은 업무에 관심이 없으면서 직원들에게 업무에 집중하라고 닦달하는 사장. 자신은 온갖 편법과 위법을 저지르면서 법대로 살라고 외치는 정치인. 이런 '독재자'들과 함께하는 삶은 슬픔으로 가득하다.

왜 그런가? 피해의식 때문이다. '독재자'는 피해의식을 양산하는 강력한 동력원이다. 피해의식은 언제 발생하는가? 욕망이 억압될 때다. 더 정확히는 타인에게는 억압되지 않은 욕망이 자신에게는 억압될 때다. 돈이 없다고 소비에 대한 피해의식이 생기는 것이 아니다. 누군가는 돈을 펑펑 쓰고 사는데, 자신은 돈을 쓰고 싶은 욕망을 참아야만 할 때 소비에 대한 피해의식이 생긴다.

'독재자'는 우리의 소중한 욕망을 강력하게 억압하는 대표자이다. 더 정확히 말해, '독재자'는 자신의 욕망은 전혀 억압하지 않으면서 타인의 욕망은 강력하게 억압한다. '독재자'와 함께할 때 갖가지 피해의식에 휩싸이게 되는 것은 당연한 일이다. 자신은 원하는 것을 마음껏 하면서 우리가 원하는 것을 못하게 하는 이들과 함께 살면 피해의식은 필연적이다. '독재자' 같은 아버지·사장·정치인들과 함께 살 때 두려움·분노·열등감·억울함에 사로잡히곤 한다. 이는 모두 피해의식의 양상이다.

° '피해자'가 함께 사는 법

'피해자'가 함께 사는 방식은 무엇인가? "나도 하지 않을 테니 너도 하지 마!" 이것이 '피해자'가 함께 사는 방법이다. "나도 돈을 쓰지 않을 테니 너도 쓰지 말라."라고 말하는 어머니. "나도 이성 친구를 만나지 않을 테니 너도 만나지 말라."라고 말하는 연인. "나도 늦게 퇴근할 테니 너도 늦게 퇴근하라."라고 말하는 직장 상사. 이들은 모두 저마다의 깊은 상처를 극복하지 못한 안쓰러운 '피해자'들이다.

어머니는 왜 "나도 돈을 쓰지 않을 테니 너도 쓰지 말라."라고 말했을까? 가난 때문에 상처받았기 때문이다. 연인은 왜 "나도 이성 친구를 만나지 않을 테니 너도 만나지 말라."라고 말했을까? 과거 연인의 이성 친구 때문에 상처받았기 때문이다. 직장 상사는 왜 "나도 늦게 퇴근할 테니 너도 늦게 퇴근하라."라고 말했을까? 일찍 퇴근해서 사장으로부터 불이익을 받았던 상처가 있기 때문이다. 이들은 모두 과거의 상처를 미처 극복하지 못한 '피해자'들이다.

'피해자'는 분명 '독재자'보다 낫다. '피해자'에게는 선의나 염치가 있기 때문이다. 어머니는 왜 자식들에게 돈을 쓰지 말라고 말했을까? 자식들은 가난 때문에 상처 입는 피해자가 되지 않기를 바라는 선의 때문이다. 연인은 왜 상대에게 이성 친구를 만나지 말라고 말했을까? 둘 다 다른 이성 때문에 상처 입지 않고 오래 만나기를 바라는 선의 때문이다. 어떤 '피해자'에게는 이런 선의가 없다고 하더라도 최소한 염치는 있다. '피해자'인 직장 상사가 늦게 퇴근하는 것은 부하 직원들에 대한 염치가 있기 때문이다.

하지만 '피해자'는 근본적으로는 '독재자'와 크게 다르지 않다. '피해자'와 함께하는 이들 역시 모두 슬픔의 늪에 빠져들게 든다. '피해자' 역시 우리의 욕망을 억압하기 때문이다. '피해자'가 욕망을 억압하는 방식은 기묘하다. '독재자'가 강압으로 우리의 욕망을 억압한다면, '피해자'는 자학自虐으로 우리의 욕망을 억압한다. 즉, '피해자'는 먼저 자신의 욕망을 억압함으로써 타인의 욕망을 억압한다.

'독재자'와 함께할 때 피해의식이 두려움·분노·열등감·억울함의 얼굴로 나타난다면, '피해자'와 함께할 때 촉발되는 피해의식은 무기력·우울함의 얼굴로 나타난다. 이는 '피해자'는 먼저 자신을 학대함으로써 상대의 피해의식을 촉발하기 때문이다. 자신을 학대함으로써 상대의 욕망을 억압할 때, 두려움·분노·열등감·억울함보다는 무기력·우울함이 찾아든다. 원망할 대상을 잃은 부정적 감정은 언제나 무기력과 우울함으로 되돌아오게 마련이니까 말이다.

°'수도자'가 함께 사는 법

'수도자'가 함께 사는 방식은 무엇인가? "나는 하지 않지만 너는 해도 돼!" 이것이 '수도자'가 함께 사는 방법이다. "나는 고통스럽게 살았지만 너는 즐겁게 살라."라고 말하는 부모. "네가 꿈을 이루기 위해 돈은 내가 벌게."라고 말하는 배우자. 이들은 기쁨을 주는가? 언뜻 그런 것도 같다. '수도자' 자신은 몰라도, 적어도 그 '수도자'와 함께 사는 이들은 기쁨을 느낄 것도 같다. 하지만 '수도자'와 함께 살았던 이들은 모두 안다. '수도자'의 삶 역시 모두를 슬픔으로 밀어 넣는다는 사실을.

매일 새벽부터 밤늦게까지 일만 했던 어머니가 있다. 이유는 하나였다. 자식이 원하는 것을 해주기 위해서. 아이는 기뻤을까? 결코 아니다. 아이는 안다. 자신의 기쁨이 어머니의 슬픔 안에서 누렸던 기쁨이었음을. 누군가의 슬픔 안에서 누렸던 기쁨은 작게는 부채감이, 크게는 죄책감이 된다. 그 부채감 혹은 죄책감은 한 사람의 마음을 가장 크게 뒤틀어놓는다. 우리의 마음을 살펴보라. 불행(슬픔)에서 불편함을, 행복(기쁨)에서 편안함을 느끼는 것이 자연스러운 마음이다. 하지만 부채감 혹은 죄책감에 잠식당했을 때, 이 자연스러운 마음은 뒤틀어진다. 즉, 불행

(슬픔)에서 편안함을, 행복(기쁨)에서 불편함을 느끼게 된다.

아이는 공부하는 것이 고통스러웠다. 하지만 공부할(슬픔) 때 기묘한 편안함을 느꼈다. 고통스럽게 공부할 때 빚을 갚는(속죄하는) 마음이 들었기 때문이다. 아이는 나가서 신나게 뛰어놀고 싶었다. 하지만 친구들과 뛰어놀(기쁨) 때 기묘한 불편함을 느꼈다. 즐겁게 뛰어놀 때 더 빚지는(죄짓는) 마음이 들었기 때문이다. 바로 이것이 최악의 슬픔이다. 불행(슬픔)에서 편안함을, 행복(기쁨)에서 불편함을 느끼는 이는 기쁨을 향한 여정을 시작조차 할 수 없는 까닭이다.

이 모든 일은 왜 일어났는가? 바로 어머니의 희생 때문이다. 정확히는 어머니의 희생이 만들어낸 부채감과 죄책감 때문이다. 부채감·죄책감은 피해의식을 촉발하는 강력한 원인이다. 부채감·죄책감보다 더 강력하게 욕망을 억압하는 도구도 없다. 강압이나 자학보다 부채감·죄책감이 더 심각하다. 왜 그런가? 누군가의 강압 혹은 자학에 의해 욕망이 억압되는 것은 결국 외부 대상('독재자' 혹은 '피해자')에 의해서 발생하는 일이다. 하지만 부채감·죄책감은 다르다. 그것은 우리의 마음에 완전히 내면화된다.

늘 희생하던 어머니가 돌아가시면 아이는 이제 스스로 자신의 욕망을 따를 수 있을까? 그렇지 않다. 희생하며 살았던 어머니는 아이의 마음속에 영원히 살아 있다. 아이는 어머니에 대한 부채감·죄책감("어머니는 평생 고생만 하시다 돌아가셨어.")을 속죄하느라 영원히 자신의 욕망을 억압하며 살아갈 수밖에 없다. 그런 욕망의 억압은 필연적으로 강력한 피해의식을 촉발한다. 부모의 과도한 희생 아래 자랐던 아이들은 돈이든 명예든 학벌이든 저마다 집착하는 것들이 있다. 그것들이 자신의 부채감·죄책감을 속죄할 도구들이다. "어머니가 나를 어떻게 키우셨는데 하고 싶은 것들은 참고 돈(명예·학벌…) 많이 벌어서 보답해야지." 이런 마음은 돈·명예·학벌 등등에 대한 강력한 피해의식이 된다.

°'자유인'의 삶,
"나도 할 테니 너도 해도 돼!"

'독재자', '피해자', '수도자'의 삶은 피해의식을 촉발·증폭해서 모두를 슬픔으로 빠뜨리는 삶이다. 그렇다면 우리는 어떻게 함께 살아가야 하는가? '자유인'의 삶이다. 오직 '자유인'만이 함께 살아가는 이들에게 피해의식을 넘겨주지 않는다. 그렇다면 '자유인'이 함께 사는 방식은 무엇일까? 간명하다. "나도 할 테니 너도 해도 돼!"

화가인 어머니를 둔 이를 알고 있다. 그녀는 그림을 그릴 때 더없는 기쁨을 느꼈다. 그 기쁨에 취해 때로 아이에게 관심을 주지 못하기도 했다. 아이는 슬픔에 빠졌을까? "어렸을 때는 조금 서운했지."라고 말하는 그의 눈은 맑고 강건했다. 마흔을 넘긴 그 아이는 자신의 삶에서 충분한 기쁨을 누리는 법을 잘 알고 있다. 기쁨이 넘치는 아이로 키우는 방법은 간명하다. 부모가 기쁜 삶을 살면 된다. 함께 사는 이들에게 기쁨을 주는 방법도 이와 같다.

함께 사는 이들이 기쁘기를 바라는가? 자신부터 기쁜 삶을 살고, 함께 사는 이들 역시 기쁘게 살기를 바라면 된다. 이것이 피해의식을 넘는 삶의 방식이다. 피해의식은 결국 욕망의 억압에서 오는 것 아닌가? 그러니 '나'도 '너'도 '우리'도 저마다의 욕망을 긍정하며 기쁨을 누리면 피해의식은 점점 옅어질 수밖에 없다. "나도 할 테니 너도 해도 돼!" 자유인의 삶! 이것이 우리 사회가 피해의식이라는 거대한 감옥을 넘는 길이다.

°'자유인'의 삶은
무책임하고 방종한가?

이제 사람들은 묻는다. '자유인'의 삶은 무책임하고 방종한 삶 아닌
가? 쉽게 말해, 다들 자신이 하고 싶은 일만 하고 살면 사회(가정·직장·사
적 모임…)가 파탄 나지 않겠냐는 것이다. 타당한 질문이다. 한 사람이 자
신의 기쁨(욕망)을 긍정하려 할 때, 자신과 주변 사람들에게 크고 작은
문제를 일으킬 수 있다. 화가인 어머니가 그림에 빠져 있을 때 아이가 서
운했던 것처럼, 함께 사는 이가 자신의 기쁨을 따를 때 크고 작은 문제
가 생길 수 있다. 하지만 이는 가정(사회)을 파탄 낼 무책임과 방종으로
치닫지 않는다.

세상 사람들은 '기쁨(섹스·자유)'을 긍정할 때 발생할 수 있는 문제를
항상 '기쁨의 억압(순결·순종)'으로 해결하려는 경향이 있다. 이는 한 번
도 '자유인'의 삶을 긍정해본 적이 없기 때문에 발생한 일이다. '독재자·
피해자·수도자'의 삶만을 긍정하며 살아왔던 이들은 '기쁨의 억압(순결·
순종)'으로 '기쁨(섹스·자유)' 때문에 발생한 문제를 해결할 수 있다고 믿는
다. 이는 얼마나 어리석은 일인가?

순결과 순종을 강요하면, 섹스와 자유를 누리는 과정에서 발생할
수 있는 여러 문제들(성폭력·방종·무책임·중독…)이 정말 해결되는가? 이는
마치 게걸스럽게 식사하는 문제를 해결하기 위해 밥을 굶기는 것과 같
은 일이다. 며칠을 굶은 사람은 굶었기 때문에 더 게걸스럽게 식사를 할
수 밖에 없다. '기쁨의 억압'은 '기쁨' 때문에 발생할 문제의 해결은커녕

더 크고 심각한 문제를 야기할 뿐이다.

° 방종은 '자유'의 긍정이 아니라 '자유'의 억압에서 온다

개인과 사회를 위협할 문제들(성폭력·방종·무책임·중독…)이 있다. 이런 문제들은 근본적으로 왜 발생하게 되었을까? '기쁨'을 과도하게 금지했기 때문이다. 섹스를 과도하게 금지할 때, 뒤틀어진 성적 욕망을 갖게 된다. 자유를 과도하게 금지할 때, 특정한 쾌락에 중독되어 무책임하고 방종한 사람에 이르게 된다. 차분한 식사는 너무 허기진 상태를 벗어났을 때 비로소 가능한 것처럼, 자연스러운 삶 역시 과도한 금지를 벗어났을 때 가능하다.

사회(가정·직장·사적 모임…)를 위협할 심각한 문제는 '기쁨(욕망)의 긍정'이 아니라 '기쁨(욕망)의 억압'에서 온다. '기쁨'이 억압될 때, 그 '기쁨'은 파괴적으로 해소될 수밖에 없기 때문이다. 만약 화가인 어머니가 자신의 '기쁨(그림)'을 긴 시간 억압했다면 어떻게 되었을까? 그 억압된 '기쁨'은 반드시 파괴적으로 해소(불평·불만·짜증·원망·집착·도박·불륜…)될 수밖에 없다. 과도하게 억압된 것은 반드시 과도하게 튀어 오르게 마련이니까.

그녀가 그림을 그리지 않는 것(기쁨의 억압)이 아이를 기쁘게 할까? 그림을 그리는 것(기쁨의 긍정)이 아이를 기쁘게 할까? 두말할 필요도 없이 후자다. 오직 '기쁨'만이 또 다른 '기쁨'을 잉태하기 때문이다. 그녀는 아이를 내팽개치지 않았다. 여느 어머니처럼 과도한 애정을 주지 않았을 뿐 적절한 애정으로 잘 보살폈다. 아이가 건강하고 씩씩한 어른이 되어 자신의 '기쁨'을 누리며 살아가고 있는 것은, 그녀가 자신의 '기쁨'을 충분히 누렸기 때문에 가능한 일이었다.

°피해의식 너머 '자유인'의 삶

자신의 '기쁨'을 찾아가는 삶이 당장은 함께하는 이들에게 작고 가벼운 '슬픔'을 줄 수 있다. 하지만 길게는 타인들에게 크고 깊은 '기쁨'으로 반드시 되돌아간다. 충분히 기쁜 이들만이 진정으로 타인을 기쁘게 해줄 여유를 갖게 되기 때문이다. 진정한 '기쁨'은 오직 '기쁨'으로만 잉태된다. '슬픔'으로 잉태된 '기쁨'은 기형적인 '기쁨'일 뿐이다.

결국 우리는 모두 자신의 '기쁨(욕망)'을 긍정하며 그것을 따라야 한다. 그것이 자신도 기쁘고 함께하는 이들 역시 기쁘게 하는 유일한 길이다. 피해의식 너머 함께 기쁘게 살아가는 삶을 원하는가? 우리 모두 저마다의 '기쁨'을 누리는 '자유인'으로 살아가야 한다. '자유인'의 삶은 조심스럽게 걸어야 하는 삶이지만, 결코 부정하거나 우회할 수 있는 삶이 아니다. 세상 사람들은 혼자 사는 것이 아니기 때문에 희생하고 참고 살아야 한다고 말한다. 이보다 어리석은 말이 또 어디 있을까?

우리는 혼자 사는 것이 아니기 때문에 더욱 힘껏 자신의 '기쁨'을 찾고 누리며 살아야 한다. 자신의 '기쁨' 넘치는 삶을 위해서도, 함께 하는 소중한 이들에게 '기쁨'을 선물해주기 위해서도 우리 모두 당당하게 말할 수 있어야 한다. "나도 할 테니 너도 해도 돼!" 이 한 마디가 '나'와 '너', '우리' 모두를 피해의식 너머 기쁜 삶으로 인도할 테다.

°왜 늪에서
벗어나기 어려운가?

피해의식은 좀처럼 벗어나기 어려운 늪이다. 늪에서 빠져나오기 어려운 이유가 무엇인가? 늪 주변에 있는 수많은 나무줄기들을 볼 수 없기 때문이다. 왜 그 나무줄기들을 볼 수 없는가? 늪 속으로 빠져 들어가고 있는 자신만을 보고 있기 때문이다. 차분히 주변을 둘러보면 늪에서 빠져나올 수많은 실마리들이 있다. 하지만 늪에 빠진 이는 늪에 빠진 자신만 보느라 그 실마리들을 볼 수 없다. 늪의 공포·당황·불안에 이미 잠식당했으니까 말이다.

우리의 피해의식이 바로 그렇지 않은가? 어떤 피해의식이건, 그 피해의식으로부터 빠져나올 실마리들은 도처에 있다. 그 실마리들은 무엇인가? 바로 타인의 아픔과 상처다. 자신의 아픔과 상처가 아니라 타인의 아픔과 상처를 볼 수 있을 때, 피해의식으로부터 빠져나올 수 있다. 하지만 피해의식에 휩싸인 이들은 항상 자신의 아픔·상처만을 보고 있느라 그 실마리를 볼 수가 없다. 피해의식의 공포·당황·불안에 이미 잠식당했으니까 말이다. 이것이 피해의식이라는 늪 속으로 점점 더 빠져들게 되는 이유다.

°간명한 답

늪에서 빠져나오는 법은 간명하다. 늪 주변에 있는 나무줄기를 꼭 쥐고 빠져나오면 된다. 피해의식에서 빠져나오는 법 역시 마찬가지다. 타인의 아픔과 상처를 진지眞摯하게 보면 된다. '진지眞摯'는 '진짜로眞 꼭 쥔다摯'는 의미다. 즉, 자신의 아픔과 상처가 아니라 타인의 아픔과 상처를 꼭 쥐게 될 때, 그것을 붙들고 피해의식으로부터 벗어날 수 있다. 자신의 아픔과 상처가 아닌, 타인의 아픔과 상처를 진지하게 볼 수 있는 이들에게 피해의식이 있을 리 없다.

"타인의 상처를 보라!" 이것이 피해의식이라는 늪에서 벗어날 간명한 답이다. 하지만 이 간명한 답은 공허하다. 늪에 빠진 누군들 주변을 차분히 둘러보고 싶지 않겠는가? 그들은 극심한 감정적 동요(공포·당황·불안) 때문에 그럴 수 없을 뿐이다. 피해의식에 빠진 누군들 그곳에서 빠져나오고 싶지 않겠는가? 그들은 극심한 감정적 동요(두려움·분노·열등감·무기력·억울함·우울함) 때문에 타인의 상처가 보이지 않을 뿐이다. 이제 우리는 피해의식에서 벗어날 원론적 답이 무엇인지 알 수 있다.

°원론적 답

"마음을 고요하게 하라!" 이것이 피해의식에서 빠져나올 원론적 답이다. 저마다의 방법으로 극심한 감정적 동요를 고요하게 하면 피해의식으로부터 벗어날 수 있다. 자신의 마음이 고요해졌을 때 타인의 고통·상처를 볼 수 있고, 그때 비로소 타인의 고통·상처라는 실마리를 붙들고 피해의식으로부터 벗어날 수 있으니까 말이다. 하지만 이 방법 역시 문제가 있다. 마음을 고요하게 하는 일은 오랜 시간이 걸린다. 이것이 문제다.

피해의식은 지금 당장 우리네 삶 이곳저곳을 파괴하고 있지 않은가? 마음이 고요해질 때까지 기다릴 시간이 없다. 극심한 피해의식에 휩싸인 이들을 만난 적이 있을까? 그들의 삶은 매 순간 파괴되어 가고 있다. 자신을 미워함으로써 자신을 파괴하고, 그 자기미움 때문에 타인과의 관계 역시 파괴되어 가고 있다. 그런 이들에게 '마음을 고요하게 하라'는 원론적인 답은 무책임하다. 좋은 음식을 먹고 운동하고 잘 쉬면 건강해진다. 하지만 피 흘리며 당장 죽어가고 있는 이들에게 이 원론적인 해법이 무슨 소용이란 말인가?

° 현실적 답

"타인의 상처를 보라!" 이 간명한 답이 공허하다면, "마음을 고요하게 하라!" 이 원론적 답은 무책임하다. 우리에게는 현실적인 답이 필요하다. "피해의식으로 피해의식을 보라!" 이 현실적 해법은 '나'의 피해의식으로 '너'의 피해의식을 보는 일이다. 여기에는 두 가지 방식이 있다. 동질의 피해의식으로 보는 방식과 이질의 피해의식으로 보는 방식이다.

먼저 동질의 피해의식으로 보는 방식부터 말해보자. '준수'는 가난에 대한 극심한 피해의식이 있다. 가난 때문에 상처받은 기억으로 인해 과도한 자기방어에 사로잡혀 있다. '준수'에게 "타인의 상처를 보라!("너보다 가난한 사람들도 많아.")"는 말이나 "마음을 고요하게 하라!("차분하게 생각해봐.")"는 말은 모두 공염불에 불과하다. 아니 이런 입바른 말들은 '준수'의 피해의식을 더욱 악화시킬 뿐이다.

'준수'가 마음을 터놓고 지내는 친구가 있다. '수연'이다. '준수'는 늘 자신의 상처만을 보고 있지만 '수연'에게는 예외다. '준수'는 '수연'의 상황과 처지에 대해 공감한다. 어떻게 이런 일이 가능했을까? '수연' 역시 가난에 대한 피해의식이 심하기 때문이다. 피해의식에 휩싸인 이들은 자신과 유사한(동질) 피해의식을 가진 이들에게 비교적 쉽게 공감한다. 이것이 '나'의 피해의식으로 '너'의 피해의식을 보는 일이다. 즉, 동질의 피해의식을 매개로 '나'의 상처 너머 '너'의 상처를 보게 되는 것이다.

°동질의 피해의식으로 연대하기

이는 극심한 피해의식에 휩싸인 이들이 타인의 상처를 볼 수 있는 거의 유일한 길이다. 극심한 피해의식에 휩싸인 이들은 피해의식 이외에 그 어떤 것도 볼 수 없기 때문이다. 이 방법은 피해의식이 심할수록 효과적이다. '나'의 피해의식이 심할수록 '나'와 동일한(유사한) 피해의식을 가진 이들의 상처가 더욱 선명하게 보이기 때문이다. 그런데 이 방식이 늘 유익한 것은 아니다. 이는 엄밀히 말해, '너'의 상처를 본다기보다 '나'의 상처를 보는 일이기 때문이다.

동질의 피해의식을 매개로 '너'의 상처를 보게 된 것은, 결국 '나'의 피해의식 때문에 가능했던 일 아닌가? 그래서 이 방법은 자칫 피해의식을 더 강화시킬 위험성을 안고 있다. "어린 시절 가난 때문에 나는 불행해졌어." "너도 그렇구나." "가난했던 우리는 결국 계속 불행하겠지." 이 처럼 피해의식에 휩싸인 두 사람은 서로의 마음을 강하게 이해하지만, 이 둘의 공감은 그네들의 피해의식을 더 강화시킬 위험성을 지니고 있다.

하지만 이런 위험성에 불구하고, 동질의 피해의식을 매개로 '너'의 상처를 보는 일은 하나의 큰 가능성을 품고 있다. 그것은 이질의 피해의식을 볼 수 있는 가능성이다. '나'의 피해의식(가난)으로 '너'의 피해의식(가난)을 볼 때, 피해의식(가난)만 보게 되는 것은 아니다. '나'의 피해의식과 중첩되어 있는 '너' 역시 보게 된다. 바로 여기서 동질의 피해의식 너머 이질의 피해의식을 볼 수 있는 가능성이 생긴다.

°이질의 피해의식으로 연대하기

다시 '준수'와 '수연'의 이야기로 돌아가자. '수연'은 가난에 대한 피해의식만큼 젠더에 대한 피해의식 역시 강하다. 그녀는 가난 때문에 상처받은 기억으로 자신을 과도하게 보호하려는 마음만큼, 남성 때문에 상처받은 기억으로 자신을 과도하게 보호하려는 마음이 있다. '준수'는 자신(가난)의 피해의식에 빠져 있을 뿐, 젠더 문제에는 전혀 관심이 없었다. 하지만 그런 '준수'가 젠더에 대한 피해의식에 관심을 가지게 되었다.

어떻게 이런 일이 가능했을까? '준수'에게 '수연'의 또 다른 상처를 볼 수 있는 틈이 생겼기 때문이다. 그 틈은 동질의 피해의식을 매개로 '수연'을 보았기 때문에 만들어진 틈이다. '준수'는 동질(가난)의 피해의식 너머 이질(젠더)의 피해의식으로 나아갔다. 동질의 피해의식 너머 이질

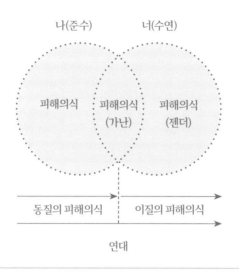

나(준수)　　　너(수연)

피해의식　피해의식　피해의식
　　　　　(가난)　（젠더）

동질의 피해의식　이질의 피해의식

연대

동질의 피해의식 너머 이질의 피해의식을 보는 과정

의 피해의식을 보는 과정은 다음과 같이 정리할 수 있다. '나'의 극심한 피해의식은 '너'의 피해의식과 강력한 교집합을 이룬다. 이 교집합(틈)을 통해 '나'의 피해의식과는 다른 '너'의 피해의식을 볼 수 있는 가능성이 열린다.

이제 우리는 피해의식이 만연한 사회에서 벗어날 수 있는 실마리를 하나 부여잡을 수 있다. 자신의 피해의식을 있는 그대로 받아들여야 한다. 그렇게 동질의 피해의식을 매개로 '너'의 고통·상처를 보아야 한다. 그때 우리는 '나'와 다른 피해의식마저 볼 수 있게 된다. 이것은 단순한 피해의식의 연합인가? 즉, 하나(나)의 피해의식에 하나(너)의 피해의식이 더해져 더 극심한 피해의식에 이르게 되는 방식인가? 그렇지 않다.

물론 각자의 피해의식이 중첩되어 더 뒤틀린 피해의식이 되는 경우도 있다. 이는 동질의 피해의식에만 머물 때다. 즉, 가난에 대한 피해의식에 휩싸인 이들만 모였을 때, 더욱 심각한 피해의식이 된다. 동질(가난·젠더·외모…)의 피해의식만으로 연합한 공동체들은 공감과 대화를 통해 서로를 이해하기보다 다투고 갈등하는 경우가 일반적이다. 그들의 연합은 새로운 사회를 생성하기보다 파괴적인 욕망으로 사회에 악영향을 미친다. 동질의 피해의식만으로 연합한 공동체가 우리 사회에 끼치는 유해함이 이를 잘 증명하지 않는가?

가난에 대한 피해의식으로 파업을 할 수 있다. 성차별에 대한 피해의식으로 여성 운동을 할 수 있다. 학벌에 대한 피해의식으로 학벌 없는 사회를 위해 행동할 수 있다. 이처럼 각자 저마다의 피해의식으로 사회적 목소리를 낼 수 있다. 이는 잘못된 일이라기보다 불가피한 일에 가깝다. 하지만 이런 불가피한 사회적 운동이 동질의 피해의식에만 머문다면 우리 사회는 결코 더 나아지지 않는다. 그때 남겨지는 것은 서로가 서로를 더 깊은 늪으로 잡아당기는 파괴적 욕망뿐일 테니까.

° ‘나’의 피해의식 너머 ‘너’의 피해의식으로 연대하라!

피해의식이 불가피하다면, 동질의 피해의식 너머 이질의 피해의식으로 연대할 가능성을 모색해야 한다. 그때 우리 사회는 피해의식이라는 늪으로부터 빠져나올 수 있다. 이질의 피해의식들이 중첩되었을 때 서로의 아픔과 상처에 대해 공감하고 이해할 수 있게 된다. 이를 바탕으로 강력한 연대가 가능하다. 이 연대, 즉 이질의 피해의식이 중첩된 연대는 우리 사회를 피해의식으로부터 벗어나게 해줄 실마리다.

이제 '준수'는 가난에 대한 피해의식에만 사로잡힌 아이가 아니다. 젠더에 대한 피해의식을 이해하고 공감할 수 있는 아이가 되었다. '준수'는 아직 분명 피해의식 속에 있다. 하지만 동질의 피해의식이 아니라 이질의 피해의식으로 나아갔다. '준수'가 바로 우리 사회를 피해의식으로부터 벗어나게 해줄 희망이다. '준수'는 이제 파업을 하려는 노동조합원들과도 연대할 수 있고, 시위를 하려는 페미니스트들과도 연대할 수 있다. 더 나아가 장애인 인권을 위해 투쟁하는 장애인들과도, 퀴어 축제를 진행하려는 성소수자들과도 연대할 수 있다.

우리 사회는 어떻게 피해의식에서 벗어날 수 있는가? 우리에게 저주처럼 들러붙은 피해의식을 부정하려 하기보다 있는 그대로 긍정해야 한다. 그렇게 '나'의 피해의식 너머 '너'의 피해의식을 볼 수 있으면 된다. 이를 통해 이질의 피해의식에 대해서 이해하고 교감하고 공감할 수 있다면, 우리 사회는 피해의식이라는 늪으로부터 빠져나올 수 있다.

피해의식에서 벗어난 사회는 어떤 사회인가? 노동조합원들이 여성운동을 함께하는 사회, 페미니스트들이 성소수자들의 권익을 위해 함께 싸워주는 사회, 성소수자들이 장애인 인권을 위해 함께 싸워주는 사회다. 더 나아가 페미니스트들과 성소수자들과 장애인들이 노동조합원들과 함께 자본주의에 맞설 수 있는 사회다. 이렇게 '나'의 피해의식 너머 '너'의 피해의식마저 껴안아 연대하는 사회는 얼마나 아름다운 사회인가? 모든 피해의식이 함께 연대해서 피해의식을 넘어서는 사회는 얼마나 아름다운 사회인가?

03. ———————— 예민함 너머
섬세함으로

°예민함과 섬세함

예민함edgy과 섬세함considerate은 무엇인가? 예민함과 섬세함. 이
두 가지 마음을 구분하지 못하는 경우는 흔하다. 왜 그런가? 예민함과
섬세함은 민감함sensitive이라는 공통분모를 갖고 있기 때문이다. 즉, 예
민한 이들도 민감한 마음 상태에 있고, 섬세한 이들도 민감한 마음 상태
에 있다. 하지만 이 두 마음은 분명히 다르다. 더 정확히 말해, 이 두 마
음은 서로 반대되는 마음이라고 말할 수 있다.

예민함과 섬세함은 어떻게 다른가? 예민함과 섬세함은 모두 민감한
마음이지만 그 민감함이 향하는 대상은 다르다. 예민함은 자신을 향하
고, 섬세함은 타자를 향한다. 즉, 예민함은 자기-민감성이고, 섬세함은
타자-민감성이라고 정의할 수 있다. 예민한 이들은 자신의 상태에 민감
하다. 자신의 신체(건강) 상태나 감정 상태 혹은 자신의 삶에서 발생한
크고 작은 문제에 민감하게 반응하는 이들은 '예민'하다. 반면 섬세한 이

들은 타자의 상태에 민감하다. 타자의 신체(건강) 상태나 감정 상태 혹은 타자의 삶에서 벌어진 문제에 민감하게 반응하는 이들은 '섬세'하다.

°예민함과 섬세함은
반비례한다

예민함과 섬세함에 관한 오해가 있다. 이 둘이 비례 관계에 있다는 믿음이다. 즉, 더 예민할수록 더 섬세하고, 덜 예민할수록 덜 섬세하다는 믿음이다. 지극히 예민한 이들이 자신이 꽤나 섬세하다고 믿는 경우는 흔하다. 온통 자신의 상태(신체·감정·문제)만을 민감(예민)하게 살피는 이가 상대를 민감(섬세)하게 읽고 있다고 오해하는 경우는 얼마나 흔하던가? 이런 경우는 모두 예민함과 섬세함이 비례 관계에 있다는 오해로부터 비롯된 것이다.

삶의 진실은 정반대다. 예민함과 섬세함은 반비례 관계에 가깝다. 더 예민할수록 덜 섬세할 가능성이 크고, 덜 예민할수록 더 섬세할 가능성이 크다. 동시에 더 섬세해질수록 덜 예민할 가능성이 크고, 덜 섬세해질수록 더 예민할 가능성이 크다. 우리 주변에 있는 예민한 혹은 섬세한 이들의 일상이 이런 삶의 진실을 매우 잘 보여준다.

작은 소리나 냄새 혹은 자기 계획에 예민한 이들을 생각해보라. 이들은 온 마음이 자신에게만 향해 있다. 자신의 상태(신체·감정·문제)에만 민감하게 반응하느라 타인을 섬세하게 읽기는커녕 타인에게 관심조차 없다. 반면 섬세한 이들은 어떤가? 이들은 자신의 상태에 초연하기에 타인의 상태에 민감하게 반응할 수 있다. 이처럼 타인의 상태를 섬세하게 읽으려는(읽지 않으려는) 만큼 자신의 상태에 대해서는 덜(더) 관심을 갖게 된다. 즉, 자신에게 민감(예민)할수록 타인에게 둔감해질 수밖에 없고, 타인에게 민감(섬세)할수록 자신에게는 둔감해질 수밖에 없다.

°피해의식 :
비대한 예민함, 왜소한 섬세함

예민함과 섬세함은 피해의식과 깊은 상관관계가 있다. 피해의식은 어떤 상태인가? 예민함이 비대해진 상태이고, 섬세함이 왜소해진 상태이다. 즉, 피해의식에 휩싸인 이들은 오직 자신에게만 민감하기에 타인에 대한 민감성이 현저히 떨어져 있다. 이는 당연한 일이다. 피해의식은 상처받은(혹은 받았다고 믿는) 기억으로 인한 '자기'방어다. 즉, 피해의식은 '나'를 방어하고 싶은 마음이다. 이것이 피해의식에 휩싸인 이들이 과도하게 예민한 이유다. '나'를 방어하기 위해서는 온통 '나'에게 민감한 상태를 유지할 수밖에 없으니까 말이다.

"직장생활 진짜 못 해먹겠다." '종찬'은 친구를 만나 직장생활의 억울함과 부당함, 부조리에 대해 하소연을 했다. 그 이야기를 듣고 있던 친구가 답했다. "너만 그렇겠냐? 직장생활이 다 비슷하지 뭐." 이는 사실 별 의미 없이 한 말이다. 아니 어쩌면 친구는 나름대로 위로와 격려의 말을 건넨 것일 수도 있다. 하지만 '종찬'은 친구의 말에 갑자기 화를 냈다. "너 직장 그만두고 자기 사업 한다고 함부로 말하지 마!"

'종찬'은 왜 그랬을까? 피해의식 때문이다. '종찬'은 직장생활에 대한 피해의식이 심하다. 왜 그럴까? '종찬'은 직장에서 억울하고 불합리한 일들을 많이 겪었다. 하지만 그런 일들은 직장생활을 하는 이들이라면 누구도 피할 수 없는 것이다. 그런데 왜 유독 '종찬'의 피해의식은 크고 짙을까? '종찬'의 비대한 예민함 때문이다. '종찬'은 온통 자신의 문제에만 시선이 쏠려 있기에 직장에서 누구나 겪을 수 있는 크고 작은 상처들을 예외적이고 특별한 것으로 느낀다. 이것이 '종찬'이 심한 피해의식을 갖게 된 이유다.

°예민함-피해의식의 악순환

예민함과 피해의식은 상호작용한다. 예민함은 피해의식을 증폭시키고, 그렇게 증폭된 피해의식은 다시 예민함을 증폭시킨다. 이런 예민함-피해의식의 악순환 속에서 섬세함은 점점 더 왜소해질 수밖에 없다. 이제 '종찬'의 맥락 없는 분노를 조금 더 잘 이해할 수 있다. '종찬'은 예민함-피해의식의 악순환 속에 있다. 그 사이에 섬세함은 점점 더 쪼그라들어 '종찬'은 친구의 마음을 헤아릴 수 없게 되었다. 이것이 '종찬'이 친구의 격려와 위로의 말에 화를 낼 수밖에 없었던 이유다.

다른 피해의식 역시 마찬가지다. 돈·학벌·외모 등등 어떤 피해의식이건, 피해의식은 반드시 예민함과 깊이 관계되어 있다. 예민하면 피해의식이 강화되고, 피해의식이 강화되면 예민해진다. 온통 '나'의 문제(돈 없는 '나', 학벌이 형편없는 '나', 못생긴 '나')에만 몰두해 있는 이들은 (돈·학벌·외모에 대한) 피해의식이 강화될 수밖에 없다. 동시에 그런 피해의식에 잠식당하면 더욱 '나'의 (돈·학벌·외모에 대한) 문제에 민감하게 반응할 수밖에 없게 된다. 이런 악순환 속에서 섬세함은 점점 더 위축될 수밖에 없다. 당연하지 않은가? 온통 '나'의 (돈·학벌·외모에 대한) 생각뿐인 이가 어떻게 지금 내 눈앞에 있는 이들의 상태를 민감하게 읽을 수 있겠는가?

예민함-피해의식의 악순환이 만들어내는 섬세함의 결여. 이것이 한 개인뿐만 아니라 공동체마저 슬픔에 빠뜨리는 원인이다. 가장 큰 개인적 슬픔은 무엇인가? '사랑 없음'이다. 아무도 사랑할 수 없고, 아무에게도 사랑받지 못할 때 한 개인은 가장 큰 슬픔에 빠진다. 왜 '사랑 없음'의 상태에 빠지는가? 섬세함의 결여 때문이다. 온통 '나'에게만 관심이 쏠려 피해의식에 잠식당하고, 그로 인해 '너'에게 어떤 관심도 갖지 못할 때 사랑은 애초에 불가능하다. 사랑은 고사하고 작은 기쁨을 주는(혹은 줄 수 있는) 이들과의 대화조차 요원하다. 이보다 더 큰 개인적 슬픔이 어디 있겠는가?

공동체적 슬픔 역시 마찬가지다. 예민함-피해의식의 악순환 속에 있는 공동체를 생각해보라. 구성원 모두가 '나'의 상태(상처와 아픔)에만 민감하게 반응하느라 '너'의 상태(상처와 아픔)를 읽을 수 없다면 어떻게 될까? 그런 공동체는 셋 중 하나일 수밖에 없다. 무관심의 공동체이거나 적대적 공동체이거나 위선적 공동체이거나.

외모에 대한 피해의식이 심한 세 사람이 모여 이야기를 나눈다고 해보자. 이들은 자신의 외모만을 살피느라 서로에게 무관심하게 된다(무관심의 공동체). 만약 이들이 서로에게 무관심하지 않다면, 이들은 외모에 대한 과잉된 관심으로 서로에게 적대적인 태도를 갖게 된다(적대적 공동체). 무관심으로 인한 외로움, 적대감으로 인한 피로함을 피하고 싶을 때 이들은 서로에게 관심이 있는 척 위선적인 태도를 갖게 된다(위선적 공동체). 이 세 가지 경우 중 어떤 경우도 기쁨의 공동체라고 말할 수 없다. 예민함-피해의식의 악순환은 이처럼 개인적 슬픔 너머 공동체적 슬픔까지 만들게 된다.

°예민함과 섬세함 사이의 균형 감각

이제 우리는 피해의식을 넘어설 즉각적인 답을 생각해볼 수 있다. 예민함의 제거다. 이 즉각적인 답은 옳은가? 그렇지 않다. 삶은 그렇게 단순하지 않다. 예민함은 분명 피해의식을 증폭시키는 조건이 된다. 하지만 이는 동시에 인간의 보편적 조건이다. 예민함을 제거한 인간은 존재할 수 없다. '나'에 대해 민감하게 반응하지 않는 인간은 없다. 그러니 예민함을 제거하는 것은 인간의 보편적 조건을 부정한다는 말과 다르지 않다.

어떤 사람이든 예민함과 섬세함을 모두 갖고 있다. 이는 '자기 보존'과 '타자 공감'이라는 인간의 두 가지 보편적 조건이 이미 말해주고 있다. 인간은 누구든 예민함으로 자신을 보존하려 하고 동시에 인간은 누구든 섬세함으로 타자와 공감하려 한다. 우리는 상황과 조건에 따라 예민해지거나(자기 보존) 섬세해질(타자 공감) 뿐이다. 정서적으로 건강하다는 것은 어떤 상태인가? 예민함과 섬세함 사이에서 균형을 유지하는 상태다. 쉽게 말해, 예민해져야 할 때 예민해지고, 섬세해져야 할 때 섬세해질 수 있어야 한다는 것이다.

구체적으로 말해보자. 자신에게 민감해져야 할 상황과 조건이 있다. 예컨대 몸이 아프거나 운동을 하거나 사색을 할 때가 그런 경우다. 이때는 마음의 중심을 섬세함에서 예민함 쪽으로 옮겨야 한다. 반대로 타자에게 민감해져야 할 상황과 조건이 있다. 예컨대 누군가와 대화를 하거나 사랑을 나눌 때이다. 이때는 마음의 중심을 예민함에서 섬세함 쪽으로 옮겨야 한다. 이처럼 상황과 조건에 따라 예민함과 섬세함 사이를 횡단할 수 있는 균형 감각이 필요하다.

균형은 중간이 아니다. 균형을 잡는다는 것은 중간에 서 있음을 의미하지 않는다. 균형을 잡는다는 것은 양쪽의 무게를 잘 가늠해 순간순간 중심을 적절히 옮긴다는 것을 의미한다. 우리의 마음에는 예민함과 섬세함이 모두 있다. 하지만 그 둘의 무게는 같지 않다. 우리는 대체로 예민함 쪽으로 기울어져 있다. 혼자 있든 타인과 함께 있든 우리의 마음은 대체로 예민함 쪽으로 기울여져 있다. 그러니 예민함과 섬세함 사이에서 균형을 잡기 위해서는 섬세함 쪽으로 조금 더 중심을 기울여야 한다.

°사랑이 확장되는 만큼
피해의식은 그 영토를 잃는다

어떻게 피해의식 너머 기쁨 넘치는 삶으로 나아갈 수 있는가? 사랑이다. 사랑은 무엇인가? '나'의 상처가 아니라 '너'의 상처에 아파하는 일이다. '나'가 아닌 '너'를 보호해주고 싶은 마음이다. 그러니 사랑하는 이들은 피해의식에서 이미 벗어나 있을 수밖에 없다. '너'의 상처에 아파하며 '너'를 보호해주고 싶은 이가 어떻게 '나'의 아픔만을 보느라 '나'를 과도하게 방어(피해의식)하려 할 수 있겠는가?

바로 이것이 우리가 예민함에서 눈을 떼고 조금 더 섬세해져야 하는 이유다. 섬세함이 없다면 사랑은 애초에 불가능하다. 예민한 이들이 아무도 사랑할 수 없는 것은 결코 우연이 아니다. 비대해진 예민함으로는 '나' 이외에 그 누구도 사랑할 수 없으니까. 섬세한 이들이 한 사람을 진정으로 사랑하게 되는 것 역시 결코 우연이 아니다. '나'가 아닌 '너'를 민감하게 읽으려는 이들은 언제나 잠재적 사랑 앞에 있다.

예민함은 슬픔의 조건이 되고, 섬세함은 기쁨의 조건이 된다. 예민함은 자기-사랑의 토대이고, 섬세함은 타자-사랑의 토대이기 때문이다. 자신만을 사랑하려는 이들은 (잠시는 기쁠 수는 있겠으나) 결국 필연적으로 공허와 허무의 세계에 가닿을 수밖에 없다. 반면 타자를 사랑하려는 이들은 (잠시는 고통스러울 수 있겠으나) 결국 필연적으로 따뜻하고 가득 찬 세계에 가닿게 된다.

피해의식을 넘어서고 싶은가? 예민함에서 섬세함으로 중심을 옮겨야 한다. 그렇게 한 사람을 사랑할 준비를 해야 한다. 이것이 피해의식을 근본적으로 넘어설 수 있는 방법이다. 자기-사랑을 줄이고, 타자-사랑을 늘려 나가는 만큼 피해의식을 넘어설 수 있다. 그렇게 '나'의 기쁨 너머 '너'의 기쁨으로, 더 나아가 '우리'의 기쁨으로 커져갈 수 있다. 섬세함이 확장되는 만큼 사랑은 그 영토를 확장한다. 사랑이 확장되는 만큼 피해의식은 그 영토를 잃는다.

04. ——————— 사랑하거나
싸우거나

°죽음의 해변에
서 있는 아이들

덴마크 군인들이 소년들의 머리에 총을 겨누고 놀이하듯 소년들의 입에
오줌을 싼다. 이것은 아무것도 아니다. 덴마크 군인인 '칼 상사'는 그 소
년들을 어느 해변의 지뢰밭으로 내몰고 있다. 발 한번 잘못 디디면 온몸
이 조각날 위험천만한 백사장 지뢰밭에서 지뢰 제거를 시키고 있다. 그
는 몸이 아파 쓰러지기 일보 직전의 아이들마저 지뢰밭으로 몰아넣는다.
몇몇 아이들은 지뢰를 제거하려 온몸이 조각나 죽임을 당했다.

「랜드 오브 마인」이라는 영화의 이야기다. 이 영화는 허구가 아니
다. 제2차 세계 대전이 끝날 무렵 있었던 역사적 사건을 영화화한 것이
다. 이 영화를 보면 어떤 감정이 들까? 분노일까? 사이코패스 같은 덴마
크 군인들과 피도 눈물도 없는 '칼 상사'에게 분노하게 될까? 사태는 그리
단순하지 않다. 영화를 본 이들은 복잡미묘한 감정에 휩싸일 수밖에 없

다.

제2차 세계 대전 당시 독일(나치)군은 덴마크를 침공해서 덴마크인들을 참혹하게 살육했다. 독일군은 적들의 상륙을 막기 위해 덴마크 해안에 약 이백만 개의 지뢰를 설치했다. 이것이 덴마크의 어느 아름다운 해변이 죽음의 지뢰밭이 된 이유였다. 독일이 제2차 세계 대전에서 패배한 후, 그 해변의 지뢰는 독일군이 제거해야만 했다. 이것이 독일 소년병들이 죽음의 해변에 내몰릴 수밖에 없었던 이유였다.

우리는 덴마크 군인들의 광기를 그저 비난할 수 없다. 자신의 소중한 가족과 친구들을 강간하고 학살한 독일군 아닌가? 덴마크인들이 그런 독일군 소년병들에게 어찌 친절할 수 있겠는가? '칼 상사'의 마음을 이해할 수 있다. '나치군이 설치한 지뢰를 나치군에게 제거하라고 하는 것이 무슨 문제란 말인가?' 이것이 '칼 상사'의 마음이다. 자기 나라 해변을 죽음의 지뢰밭으로 만든 것은 독일군 아닌가? 그러니 그 지뢰를 제거하는 일도 응당 독일군의 책임 아닌가? 그러니 독일 소년병들에게 지뢰 제거를 시키는 것은 비인간적인 일이 아니라 당연한 일 아닌가?

°피해의식의 비합리적 보상 심리

이 영화는, 아니 이 역사적 사실은 우리를 감정적 혼란 속으로 밀어넣는다. 독일 소년병들이 안쓰럽고 불쌍하지만, 그렇다고 덴마크 군인들을 원색적으로 비난할 수만도 없다. 독일이 먼저 덴마크에게 참혹한 상처를 주지 않았다면, 덴마크 군인들이 소년병들에게 그처럼 악랄하게 굴 일은 애초에 없었을 테니까 말이다. 하지만 그렇다고 덴마크 군인들을 마냥 두둔할 수도 없다. 사실 독일 소년병들은 이 전쟁과 아무 상관이 없다. 그저 독일군에게 불리한 전황 때문에 영문도 모른 채 징집된 아이들일 뿐이니까.

불편한 삶의 진실이 있다. 피해자는 선하지 않다는 것. 정확히는 피해의식을 갖게 된 피해자는 선하지 않다. 피해의식은 광기 어린 폭력성을 띤다. 왜 그런가? 피해의식은 언제나 비합리적 보상 심리를 내포하고 있기 때문이다. 덴마크 군인들과 '칼 상사'의 광기 어린 폭력이 이를 잘 보여주지 않는가? 그들은 참혹한 상처를 입어서 피해의식을 갖게 되었다. 그 때문에 그들은 비합리적 보상 심리를 갖게 되었다. "아이든 뭐든 상관없어. 독일인이면 모두 죽어도 싸!"

조금만 합리적으로 생각해보면 소년병들은 그 전쟁과 아무 상관이 없다는 사실을 알 수 있다. 오히려 아이들 역시 독일군의 피해자일 수 있다. 집과 학교에서 사랑받으며 지내야 할 아이들이 영문도 모른 채 징집되어 전장으로 끌려 나온 것이니까 말이다. 하지만 피해의식은 그런 합리성의 눈을 가린다. 피해의식은 시꺼먼 보상 심리로 가득 차 있기 때문이다. 덴마크인들의 광기 어린 폭력은 그 비합리적 보상 심리 안에서 정당성을 부여받는다. 이는 서글픈 인간의 역사가 너무나 잘 보여주고 있지 않은가?

° '시오니즘'이라는 피해의식

전쟁은 끝나도 피해자는 사라지지 않는다. 제2차 세계 대전의 피해자는 누구인가? 누가 뭐래도 유대인들이다. 유대인들에게 가해졌던 독일 (나치)군의 만행을 알고 있는 이들이라면 이 사실에 동의할 수밖에 없다.

피해자로서의 유대인들은 지금 어떻게 살아가고 있을까? '시오니즘Zion-ism'이 지금 그들의 삶을 보여준다. '시오니즘'이 무엇인가? 이는 유대인들 조상의 땅이었던 팔레스타인 지방에 다시 민족 국가를 건설하자는 민족주의 운동이다(시온Zion'은 팔레스타인 지역 안에 있는 예루살렘을 가리키는 고어다).

시오니즘은 나치의 광기 어린 폭력과 닮아 있다. 일부 유대인(시오니스트)들은 이천 년 전에 떠나온 (자신의 땅이라고 주장하는) 땅에 민족 국가를 건설하기 위해, 그곳에서 이천 년 가까이 살아온 사람(팔레스타인인)들을 그 땅에서 몰아내고 있다. 1948년 팔레스타인 지역에 이스라엘이 건국된 이후, 전쟁과 테러, 암살 등으로 수많은 팔레스타인인들이 목숨을 잃었다. 일부 유대인들은 팔레스타인인들을 어느 지역('가자 지구')에 몰아넣고 학살이라 불러도 좋을 폭력을 자행하고 있다. '가자 지구'를 보며 거대한 '아우슈비츠'가 떠오르는 것은 나만의 착각인 걸까?

일부 유대인들(시오니스트)은 '피해자'라는 이름의 '가해자'가 되었다. 그들은 어떻게 가해자가 되었을까? 이유는 하나다. 바로 자신이 피해자였기 때문이다. 그들의 가해는 자신이 엄청난 피해자이니, 자신이 행하는 어떤 폭력도 괜찮다는 무의식적 정당화의 결과다. 이것이 피해의식의 비합리적 보상 심리를 상징적으로 보여준다. 유대인들의 상처는 나치들에 의한 것이다. 이것이 합리적인 사고다. 하지만 피해의식에 휩싸인 시오니스트들은 이런 합리적인 사고를 할 수 없다. 그들은 팔레스타인을 상대로 비합리적인 보상 심리를 충족하고 있을 뿐이다.

°우리 시대의 피해의식

이는 전부 우리와 전혀 상관없는 역사적 이야기일까? 전혀 그렇지 않다. 우리 시대에는 우리 시대의 피해자가 있다. 자본의 피해자, 성역할의 피해자를 생각해보라. 단지 가난하다는 이유로 인격적 모멸을 당해야 했던 이들이 있다. 이들은 명백한 피해자다. 자본의 피해자. 그들 중 대다수는 결코 선하지 않다. 돈을 벌기 위해 자신보다 약한 존재에게 행사하는 폭력을 당연한 것 혹은 어쩔 수 없는 것으로 손쉽게 정당화한다. 이는 그들이 비합리적 보상 심리에 휩싸여 있기 때문이다.

성역할의 피해자 역시 마찬가지다. 단지 여성(혹은 남성)이라는 이유로 크고 작은 불이익을 받아야만 했던 이들이 있다. 이들 역시 명백한 피해자다. 성역할의 피해자. 그들 중 대다수는 결코 선하지 않다. 단지 남성(혹은 여성)이라는 이유로 상대를 적대시한다. 또 그런 적대감이 만들어내는 크고 작은 폭력을 당연한 것 혹은 어쩔 수 없는 것으로 손쉽게 정당화하는 경향이 있다. 이 역시 그들이 비합리적 보상 심리에 휩싸여 있기 때문이다.

덴마크인 혹은 시오니스트처럼, 이들 역시 피해자라는 이름으로 가해자가 될 가능성을 품고 있다. 피해의식으로 인한 비합리적 보상 심리에 잠식당한 이들은 언제나 그럴 가능성을 품고 있다. 하지만 누구도 피해자들의 피해의식(비합리적 보상 심리)에 대해서 손쉽게 비난할 수 없다. 누군가 덴마크인과 시오니스트의 광기를 손쉽게 비난할 수 있다면, 그것은 단지 그가 덴마크인 혹은 유대인이 아니기 때문일 뿐이다. 누군가 자본주의적 피해의식과 성차별적 피해의식을 손쉽게 비난할 수 있다면, 그것은 단지 그가 자본과 성차별에 의해 상처받지 않았기 때문일 뿐이다.

°사랑하거나 싸우거나

그렇다면 피해자의 피해의식(비합리적 보상 심리)을 무작정 용인할 것인가? 그럴 수도 없다. 피해의식은 또 다른 피해의식을 낳기 때문이다. 그렇다면 피해의식에 휩싸인 피해자는 어떻게 살아가야 할까? 사랑하거나 싸우거나, 둘 중 하나다. 피해의식에 휩싸였다면 사랑하거나 싸워야 한다. 피해의식을 치유하는 데 그 두 가지 길 이외에 다른 길은 없다.

사랑부터 이야기해보자. 사랑은 어떻게 피해의식을 치유하는가? 다시 영화 「랜드 오브 마인」으로 돌아가 보자. "모두 내려. 빨리. 이쪽이다. 여기서 500미터 가면 국경선이다. 그곳을 지나면 독일이다. 뛰어." 영화가 끝날 무렵 악랄했던 '칼 상사'는 아이들에게 온화한 표정으로 말한다. '칼 상사'는 독일 소년병들을 트럭에 태워서 독일 국경선 근처에 내려준다. 그리고 아이들을 집으로 돌려 보내준다. '칼 상사'는 '사랑'으로 치유되고 있다.

'사랑'은 무엇인가? 이념, 종교, 자본을 넘어 한 사람을 보는 일이다. '칼 상사'는 아이들과 함께하면서 나치군 너머의 한 사람을 보았다. 그렇게 그 아이들을 '사랑'하게 되었다. 이것이 피해자가 자신의 피해의식을 치유하는 방법이다. 하지만 불행히도, 이런 일은 현실에서 좀처럼 일어나지 않는다. 상처가 깊을수록 증오도 깊다. 깊은 상처를 입은 피해자들은 깊은 증오에 차 있기 때문에 사랑이 들어올 틈이 없다. 한 사람이 보이지 않는다. 이것이 일반적인 피해의식의 마음 상태다.

그렇다면 어떻게 해야 하는가? 싸워야 한다. 어쩔 수 없다. 그 응어리진 증오가 충분히 해소될 때까지 싸워야 한다. 이는 피해자였던 이들은 모두 광기 어린 덴마크 군인이나 시오니스트가 되어도 좋다는 말일까? 결코 그렇지 않다. 피해자의 싸움은 조심스러워야 한다. 피해자의 상처는 가해자가 되는 것으로 치유되지 않기 때문이다. 오히려 그것은 스스로에게 더 큰 상처를 내는 일일 뿐이다.

°진짜 가해자와 싸워라!

피해의식에 휩싸인 피해자들은 어떻게 싸워야 하는가? 그 싸움은 진짜 가해자를 찾는 것으로부터 시작해야 한다. 덴마크인들은 누구와 싸워야 하는가? 독일군 혹은 독일 소년병인가? 시오니스트들은 누구와 싸워야 하는가? 팔레스타인 사람들인가? 아니다. 그들은 모두 엉뚱한 적, 자신의 피해의식이 만들어낸 허구의 적일뿐이다. 그들은 모두 진짜 가해자가 아니다. 진짜 가해자는 '전쟁 그 자체(국가주의)'다. 덴마크인들과 시오니스트들은 그것에 맞서 싸워야 한다.

우리 시대의 피해자 역시 마찬가지다. 자본의 피해자들은 누구와 싸워야 하는가? 돈 많은 이들과 싸우거나 돈을 더 벌려고 싸워야 하는가? 성역할의 피해자들은 누구와 싸워야 하는가? 남자 혹은 여자와 싸워야 하는가? 결코 그렇지 않다. 그런 엉뚱한 적들과 싸우다 보면 피해의식이 치유되기는커녕 자신이 또 다른 가해자가 되어 더 큰 상처를 입게 될 테다. 자본의 피해자들은 '자본 그 자체(자본주의)'와 싸워야 한다. 성역할의 피해자들은 '성역할 그 자체(구분짓기)'와 싸워야 한다. 그것들이 진정한 가해자이기 때문이다.

사랑과 싸움은 같다. 사랑하거나 싸워보면 이 삶의 진실을 알게 된다. 사랑하면 싸우게 되고, 싸우면 사랑하게 된다. '칼 상사'는 아이들을 사랑하게 되어서 조국의 허락도 없이 아이들을 고향인 독일로 돌려 보내준다. 이제 '칼 상사'는 자신의 조국과 싸워야 할지도 모른다. 이는 '전쟁 그 자체(국가주의)'와의 싸움을 의미한다. 이처럼 사랑하면 싸우게 된다. 하지만 모든 사람들이 '칼 상사'처럼 사랑할 수는 없을지도 모른다.

사랑할 수 없다면, 진짜 적들과 싸워야 한다. 그 싸움을 이어갈 때, 비로소 한 사람을 볼 수 있고 사랑할 수 있게 된다. 자본주의와 치열하게 싸웠던 이들은 사랑하게 된다. 나처럼 자본에 상처받았던 한 사람을 볼 수 있고, 끝내는 그 사람을 사랑할 수 있게 된다. 구분짓기와 치열하게 싸웠던 이들은 사랑하게 된다. 나처럼 (성역할이라는) 구분짓기에 상처받았던 한 사람을 볼 수 있고, 끝내는 그 사람을 사랑할 수 있게 된다. 이처럼 진짜 적과 싸워나갈 때 우리는 끝내 사랑에 도달하게 된다.

이제 피해의식에 휩싸인 이들이 어떻게 살아야 할지 분명하게 말할 수 있다. "사랑할 수 있다면 사랑하라. 그럴 수 없다면 싸워라. 진짜 가해자와 싸워라."

°이중의 금지,
피해의식의 악순환

"그거 너 피해의식이야!" 피해의식의 극복을 가로막는 말이다. 극복은커녕 강화하는 말이다. '유하'는 뚱뚱함에 대한 피해의식이 있다. '유하'는 자신을 향한 말이 아니더라도 뚱뚱하다는 소리만 들리면 괜히 주눅이 들고 화가 난다. 또 날씬한 몸매를 드러내는 이들을 볼 때마다 불쑥불쑥 짜증이 난다. 그런 '유하'에게 가족들이 입버릇처럼 하는 말이 있다. "그거 너 피해의식이야!" 이 말은 '유하'가 피해의식을 극복하는 데 도움이 될까? 전혀 그렇지 않다.

"그거 피해의식이야!" 이 말은 진단("그 행동은 피해의식 때문에 발생했어.")이 아니라 금지("그런 행동 하지 마!")에 가깝다. 금지는 피해의식을 촉발·강화한다. 피해의식은 근본적으로 금지로부터 온다. '유하'의 피해의식은 왜 발생했는가? 뚱뚱하다는 이유로 세상 사람들로부터 관심받고 싶은 욕망이 금지당했기 때문이다. 그런 '유하'에게 가족들은 또 다른 금지("그거 너 피해의식이야!")를 가하고 있는 셈이다. '유하'의 피해의식은 당연히 더 강화될 수밖에 없다.

피해의식에 휩싸인 이들이 갖고 있는 강력한 욕망이 있다. 그것은 저마다의 양상(두려움·분노·열등감·무기력·억울함·우울함)으로 자신의 피해의식을 분출하고 싶은 욕망이다. 이때 세상 사람들은 "그거 네 피해의식이야!"라는 말로 그 욕망을 금지한다. 이것이 피해의식 악순환의 메커니즘이다. 최초의 욕망(관심)이 금지당해 피해의식(뚱뚱함에 대한 피해의식)이 발생하고, 그 피해의식 때문에 발생한 욕망(피해의식을 분출하고 싶은 욕망)이 다시 금지당해 더 짙은 피해의식으로 덧칠되는 것. 이중의 금지, 이것이 피해의식 악순환의 논리다.

°한계와 문턱

피해의식의 악순환은 어떻게 끊을 수 있을까? 『차이와 반복』이라는 주저로 우리 곁으로 온, 우리 시대 너머에 있는 철학자 질 들뢰즈의 이야기를 들어보자.

이제 '한계'와 '문턱'을 개념적으로 구분할 수 있게 되었다. 즉, '한계'는 필연적인 재개를 가리키는 페눌티엠(마지막에서 바로 앞의 것)을 표시하며, '문턱'은 불가피하게 된 변경을 가리키는 마지막 것을 표현한다.
– 질 들뢰즈 & 펠릭스 가타리, 『천 개의 고원』

들뢰즈는 '한계'와 '문턱'을 구분한다. '한계'는 기존의 배치(상태)가 다시 재개(반복)되는 지점이고, '문턱'은 그 '한계'를 넘어서 기존의 배치

(상태)가 불가피하게 변경(차이)된 지점이다. 그래서 '한계'는 '마지막에서 바로 앞의 것(페눌티엠pénultième)'이고, '문턱'은 '마지막 것'이다. 들뢰즈는 이 '한계'와 '문턱'이라는 개념을 설명하기 위해 흥미로운 예를 하나 말해 준다.

예를 들어, 알콜 중독자는 마지막 한 잔을 뭐라고 할까? 그는 자기가 마실 수 있는 주량을 주관적으로 평가한다. 본인의 평가에 따르면 허용될 수 있는 주량은 정확히 (한숨 돌리고, 잠깐 쉬었다가) 다시 한 잔 할 수 있는 한계를 가리킨다. 그러니 이 한계를 넘어서면 다시 문턱이 나타나고, 이에 따라 알콜 중독자는 자신의 배치를 변경해야 한다. 주종이나 마시는 장소와 시간을 바꾸어야 한다. 또는 이보다 더 중증인 경우에는 자살적 배치, 치료를 위한 입원이라는 배치 등으로 들어가기도 한다.
– 질 들뢰즈 & 펠릭스 가타리, 『천 개의 고원』

알콜 중독자들의 입버릇이 있다. "이게 마지막 잔이야!" 이 말은 사실일까? 그렇지 않다. 알콜 중독자들은 그 말을 하고, 한숨 돌리고 잠깐 쉬었다가, 또 한 잔을 마신다. 즉, 알콜 중독자들이 말하는 '마지막'은 사실 마지막이 아니라 '마지막 바로 앞의 것(페눌티엠)'인 셈이다. 알콜 중독자들이 알콜 중독이라는 배치(상태)를 계속 유지할 수 있는 이유는 늘 '페눌티엠(한계)'까지만 마시기 때문이다. 바로 이것이 들뢰즈가 말한 '한계'이다.

그런데 만약 알콜 중독자가 진짜 마지막 잔을 마시면 어떻게 될까? 즉, 자신이 감당할 수 있는 알콜 임계치를 넘는 지점까지 마시면 어떻게 될까? 그는 기존의 배치(알콜 중독)와 전혀 다른 배치, 예를 들면 치료(병원) 혹은 죽음 속으로 진입하게 될 수밖에 없다. '한계' 다음의 진짜 마지막이 바로 들뢰즈가 말한 '문턱'이다. 이에 대해 들뢰즈는 이렇게 말한다.

> 문턱은 한계의 '후', 마지막으로 받을 수 있는 대상의 '후'에 온다.
> – 질 들뢰즈 & 펠릭스 가타리,『천 개의 고원』

°'한계'는 반복이고, '문턱'은 차이다

"여기까지가 한계야!" 이 말처럼 '한계'가 마지막이라고 믿지만 이는 사실이 아니다. '한계'는 언제나 한 걸음 더 나아갈 수 있는 상태다. 그래서 '한계' 지점에서 멈추면 다시 기존의 상태를 반복하게 된다. 반면 '문턱'은 집(기존 상태) 안에서 집 밖으로 나설 수 있는 진짜 마지막 관문이다. 그래서 그 지점을 돌파하면 기존의 상태를 벗어나 다른 차원의 상태로 진입하게 된다. 이는 우리네 삶에서도 쉽게 확인할 수 있다.

공부나 운동을 할 때를 생각해보라. 어떤 지점에서 '한계'라고 느낄 때가 있다. 그 '한계'에 머물면 지적 능력이나 신체적 능력은 기존의 상태를 반복한다. 하지만 '한계'라고 생각했던 지점에서 한 걸음 더 나아가 '문턱'에 이르면 상황은 달라진다. 이전에는 결코 이해할 수 없었던 개념들이 이해되고, 이전에는 결코 수행할 수 없었던 동작들이 가능해진다. 이는 '한계'를 넘어 '문턱'에 이르렀기에 기존의 상태와 질적으로 다른 상태로 변화(차이)했기 때문이다.

바로 이 '한계'와 '문턱'이라는 개념을 통해 피해의식의 악순환을 끊어낼 실마리를 찾을 수 있다. '유하'는 어떻게 피해의식의 악순환을 끊어 낼 수 있을까? 피해의식 분출의 '문턱'에 이르면 된다. 이것이 어떤 의미인가? 피해의식에 휩싸인 이들은 누구나 저마다의 방식으로 피해의식을 분출하려고 한다. 그런데 피해의식의 분출에는 '한계'와 '문턱'이 있다. 피해의식 분출의 '한계'는 무엇인가?

°피해의식의 '한계'와 '문턱'

'유하'는 피해의식을 분출하지만 항상 '한계'까지만 한다. '유하'는 날씬한 이들을 보면 주눅이 들고 짜증과 화가 난다. 그래서 때로 그런 감정들을 분출하기도 한다. 하지만 그런 감정의 분출은 항상 마지막 정제精製선을 넘지 않는다. '유하'의 피해의식 분출은 언제나 냉소, 짜증, 사소한 불평불만 정도이다. '유하'는 세상 사람들에게 너무 큰 비난을 받지 않을 만큼만 피해의식을 분출한다. 이것이 '유하'가 피해의식을 분출하지만 피해의식을 넘어서지 못했던 이유다. '한계'에 머물면 기존 상태(피해의식)를 반복할 수밖에 없다.

그렇다면 피해의식 분출의 '문턱'은 무엇인가? 심한 피해의식에 잠식당한 이들은 간혹 '한계'를 넘어버릴 때가 있다. "날씬한 애들만 합격했나 봐." 면접에서 떨어진 '유하'는 집에 돌아와 짜증을 냈다. 그때 가족들이 또 말했다. "그건 네 피해의식이지." 그 순간, '유하'는 '한계'를 넘어버렸다. "그럼 뚱뚱하고 못생겼는데 어떻게 하라고! 아무도 나한테는 관심도 안 가져주잖아. 씨발, 다 짜증나!" '유하'는 미친 사람처럼 울며 소리를 질렀다. '유하'는 '문턱'을 넘어버렸다.

이제 '유하'는 어떻게 될까? 피해의식이 더 강화될까? 그렇지 않다.

'유하'는 그날 이후 묘하게 마음이 편해졌다. 긴 시간 빙빙 돌았던 미로에서 갑자기 튕겨져 나온 기분이었다. 마치 크고 작은 앙금이 쌓여 긴 시간 불편하게 지냈던 친구와 한바탕 크게 싸우고 나서 감정이 해소된 것 같은 기분이었다.

'한계'를 지나 '문턱'을 넘으면 기존의 상태로 되돌아갈 수 없다. 피해의식의 분출 역시 마찬가지다. '한계'를 지나 '문턱'에 이르면 기존의 상태(피해의식)로 되돌아갈 수 없다. 반드시 기존의 상태와는 질적으로 다른 어떤 상태에 이르게 된다. 이제 우리는 어떻게 피해의식을 극복할 수 있는지 답할 수 있다.

°피해의식을 폭발시켜라!

"피해의식을 폭발시켜라!" '한계' 너머 '문턱'에 이른다는 것은 긴 시간 억압되었던 피해의식을 터져 나오게 하는 일이다. 하지만 여기서 주의해야 할 점이 있다. 피해의식의 폭발이 모든 것을 해결해주지는 못한다. 이는 피해의식 자체를 넘어서는 일은 아니다. 즉, '유하'가 억눌린 감정을 분출한다고 해서 피해의식 자체가 갑자기 사라지는 것은 아니다. 피해의식의 폭발, 즉 '한계'를 넘어 '문턱'에 이른다는 것은 피해의식의 악순환을 끊어 그 상태를 벗어날 틈을 내는 일일 뿐이다.

또한 '문턱'에 이르는 것이 항상 긍정적인 것은 아니다. 사실 '문턱'에 이르는 것은 매우 위험한 일이다. '문턱'에 이르면 기존의 상태와 다른 상태로 접어들 수는 있다. 하지만 그 다른 상태가 어떤 상태일지 '문턱'을 넘기 전까지는 알 수가 없다. 그러니 피해의식을 폭발시켜 문턱에 이르는 일은 위험한 일일 수 있다. 이러한 사실을 분명히 하는 것은 매우 중요하다. 그렇지 않다면, 피해의식의 무분별한 폭발로 인해 더 큰 불행의 나락으로 떨어지게 될 테니까 말이다.

'유하'는 피해의식을 폭발시켰다. 이제 기존의 상태와 다른 상태로 접어들게 될 것은 분명하다. 하지만 그 상태가 반드시 기쁜 상태라는 보장은 없다. '유하'는 '문턱'을 넘었기에 기존의 상태에서 벗어날 수 있다. 하지만 그 감정적 폭발이 습관이 되어 자기 파괴적 혹은 관계 파괴적인, 더 큰 슬픔의 상태로 접어들게 될지도 모른다. 문 밖에 무엇이 있을지 알 수 없기에 '문턱'을 넘는다는 것은 위험한 일이다.

° '한계'와 '문턱'의 딜레마

이제 우리는 딜레마에 빠졌다. 피해의식의 '한계'에 머무는 것은 어리석고, 피해의식의 '문턱'을 넘는 일은 위험하다. 이제 어떻게 해야 하는가? 답은 분명하다. '문턱'을 넘어야 한다. 하지만 매우 조심스럽게 넘어야 한다. 피해의식의 폭발은 '필요악'이다. 다른 방법이 없기 때문에 사용할 수밖에 없는 방법이다. 극심한 피해의식에 휩싸인 이들은 이 필요악의 방법을 쓸 수밖에 없다.

극심한 피해의식에 잠식당한 이들의 피해의식은 매우 견고하다. 이들이 피해의식에서 벗어날 수 있는 방법은 하나뿐이다. 피해의식을 폭발시켜 기존의 피해의식에 틈을 내는 것. 그 틈조차 없다면 그 견고한 피해의식을 넘어설 수 있는 방법은 애초에 없을 테니까 말이다. 이는 자신의 피해의식이 심하지 않다면 피해의식의 '폭발' 이외에 다른 방법을 찾는 것이 더 현명하다는 뜻이기도 하다.

°피해의식 너머 기쁜 삶으로
나아가는 여정 : '폭발 → 대화 → 성찰'

피해의식을 극복하는 세 가지 방법이 있다. '성찰', '대화', '폭발'이다. 이는 피해의식의 강도에 따라 구분된다. 피해의식이 옅다면 '성찰', 피해 의식이 짙다면 '대화', 피해의식이 극심하다면 '폭발'이라는 방법을 써야 한다. 먼저 피해의식이 옅다면 자신의 피해의식을 스스로 돌아볼 수 있 다. 이런 '성찰'을 통해 피해의식을 극복할 수 있다. '성찰'이 어려울 정도 로 짙은 피해의식이라도 해도 곧장 '폭발'로 갈 필요는 없다.

'대화'를 통해 피해의식을 극복할 수도 있다. 이 '대화'는 아무하고나 나누는 '대화'가 아니다. 피해의식에 관한 대화는 너무 쉽게 크고 작은 반감(불쾌감·불편함)으로 번지기 때문이다. 피해의식의 극복은 좋은 친구, 연인, 멘토, 스승과 나누는 '대화'를 통해서 가능하다. 이런 이들과 피해 의식에 관한 '대화'를 나눌 때 반감이 아닌 '성찰'에 이를 수 있다. 이처럼 '대화'를 통한 '성찰'로써 피해의식을 극복할 수도 있다.

'폭발'은 '성찰'과 '대화'가 불가능할 때 사용할 수밖에 없는 마지막 처방이다. 피해의식이 극심하다면 피해의식을 '폭발'시킬 수밖에 없다. 그 마지막 처방을 쓸 수밖에 없다고 하더라도 유념해야 할 일이 있다. 그 '폭발'이 향하는 곳이 어딘지 섬세하게 살펴야 한다. 피해의식의 '폭 발'은 어떤 '폭발'인가? 그것은 모든 것을 잿더미로 만들기 위한 '폭발'이 아니다. 새로운 건물(마음)을 짓기 위해 낡은 건물(마음)을 해체하는 '폭 발'이다.

'폭발(감정적 분출)'의 쾌락에 취해 자신도 타인도 모두 잿더미로 만 들려고 해서는 안 된다. 피해의식을 '폭발(감정적 분출)'시키면 억눌린 감정이 해소된다. 그 해소는 반드시 견고했던 피해의식에 틈을 만든다. 그 틈으로 슬픔이 아닌 기쁨의 방향으로 나아가려 애를 써야 한다. 그 기쁨의 방향은 어디인가? 바로 '대화'와 '성찰'이다. 피해의식의 폭발시켜야 하는 이유는 이전에는 불가능했던 '대화'를 나누고, 그 대화를 통해 피해의식을 '성찰'해보기 위해서다. '폭발→대화→성찰'의 과정이 바로 피해의식 너머 기쁜 삶으로 나아가는 여정이다. 피해의식을 폭발시켜야 한다. 단, 신중하게 폭발시키고, 폭발의 틈 사이로 섬세하게 나아가야 한다.

06. ——————— 피해의식은 아비투스다

°왜 피해의식을 수긍하는가?

"어쩔 수 없어." 자신의 피해의식을 깨닫게 된 이들이 종종 하는 말이다. 어렵사리 자신의 피해의식을 깨닫게 된 이들이 있다. 이들 중 대부분은 자신의 피해의식을 극복하려 하기보다 너무 쉽게 그것을 수긍해 버린다. 왜 이런 일이 벌어지는 걸까? 피해의식을 넘어서는 일은 너무나 어렵고 힘든 일이기 때문이다. 자신의 피해의식을 정면으로 마주해본 이들은 안다. 그것을 넘어서는 일이 얼마나 고통스러운 일인지. 피해의식의 수긍은 그 고통스러운 일을 외면하려는 마음이다.

피해의식을 넘어서는 일은 왜 그토록 어려운가? 피해의식은 '아비투스habitus'이기 때문이다. '아비투스'는 무엇인가? 이는 프랑스의 사회학자이자 철학자인 피에르 부르디외가 자본주의적 계급 사회를 분석하며 구체화한 개념이다. '아비투스habitus'는 라틴어로, 'habit(습관)'의 어원이다. 쉽게 말해, '아비투스'는 습관이라고 말할 수 있다. 하지만 이는 늦잠을 잔다거나 밥을 빨리 먹는다거나 하는 그런 단순한 습관이 아니다. 부르디외는 '아비투스'를 다음과 같이 설명한다.

° 아비투스는 무엇인가?

행위자가 가지는 미래에 대한 행위 성향은 특정한 물질적 존재 조건 하에서 만들어지며, 특정한 객관적 기회의 구조(하나의 객관적 미래)라는 형태로 파악된다.

– 피에르 부르디외, 『자본주의의 아비투스』

아비투스는 "미래에 대한 행위 성향"이다. 즉, 앞으로 다가올 어떤 일을 어떻게 인지하고 사고하고 판단하고 느낄 것인지에 대한 총체적 습관이 바로 아비투스다. 이 아비투스는 특정한 사회·문화를 조성하는 "물질적 존재 조건(한국·프랑스 혹은 부유한 가정·가난한 가정)"아래서 만들어진다. 아비투스는 아주 긴 시간, 심지어 우리가 태어나기 이전부터 존재했고, 그것이 전승되어 우리에게 습관으로 각인된 것이다. 즉, 한 인간이 특정한 사회·문화에 귀속되어 형성하게 된 인지·사고·판단·취향까지를 모두 아비투스라고 할 수 있다.

가난한 가정에서 자란 '진규'와 부유한 가정에서 자란 '혜민'이 있다. '진규'는 돈이 없을 때 돈을 아껴야 한다고 인지·사고·판단한다. 또한 떡볶이(대중가요)를 맛있다(아름답다)고 느끼고, 캐비어(클래식 음악)를 맛없다(지루하다)고 느낀다. 반면 '혜민'은 돈이 없을 때 돈을 더 써야(투자) 한다고 인지·사고·판단한다. 또한 떡볶이(대중가요)를 맛없다(지루하다)고 느끼고 캐비어(클래식 음악)를 맛있다(아름답다)고 느낀다. 이처럼 한 인간이 특정 문화 속에서 자라오면서 형성하게 된 습관의 총체(인지·사고·판단·취향)가 바로 아비투스다.

°바꾸기 어려운 습관, 아비투스

아비투스의 특징은 그것이 "하나의 객관적 미래"라는 형태로 파악된다는 데 있다. 쉽게 말해, 아비투스는 바꾸기가 매우 어렵다는 것이다. 생각해보라. '진규'는 살아가면서 '떡볶이(대중가요)'와 '캐비어(클래식음악)'가 주어졌을 때 어떤 것을 선택할까? 거의 '떡볶이(대중가요)'를 선택할 테다. 반면 '혜민'은 살아가면서 돈이 없을 때 절약을 할까, 투자를 할까? 거의 투자를 할 테다. 이처럼 한 사람이 어떤 사회·문화적인 토대에서 자랐느냐에 따라 각인된 아비투스(습관)는 "하나의 객관적 미래"로 작동하기 때문에 좀처럼 바뀌지 않는다.

우리는 이런 사실을 너무 잘 알고 있지 않은가? 가난하게 자랐던 아이도 돈이 없을 때 더 투자를 해야 한다는 사실을 머리로는 알 수 있다. 하지만 실제로 그런 선택을 하는 경우는 극히 드물다. 가난하게 자랐던 아이도 '떡볶이'보다 '캐비어'가 더 맛있다는 것을 머리로는 알 수 있다. 하지만 실제로 '캐비어'를 더 맛있다고 느낄 수는 없다. 그 반대 역시 마찬가지다. 부유하게 자랐던 이들이 돈이 없을 때 절약을 하거나 떡볶이(대중가요)를 맛있다(아름답다)고 느끼게 되는 일 역시 거의 일어나지 않는다.

가난하게 자랐던 아이의 "객관적 미래"는 무엇인가? 절약이 선이며, 떡볶이는 맛있으며, 대중가요가 매혹적이라고 느끼는 삶이다. 부유하게 자랐던 아이의 "객관적 미래"는 무엇인가? 투자가 선이며, 캐비어는 맛있으며, 클래식 음악이 매혹적이라고 느끼는 삶이다. 이처럼 한 번 만들어진 아비투스는 좀처럼 바뀌지 않는다. '아비투스'는 습관이지만, 아주 긴 시간 우리에게 들러붙어 있던 습관이다. 습관의 강도가 시간에 비례한다면, '아비투스'는 우리의 내면을 지배할 만큼 강력한 습관인 셈이다. 아비투스는 우리가 태어나기 이전부터 존재해왔던 습관이니까 말이다.

°피해의식은 아비투스다

이런 아비투스는 우리의 피해의식과 너무나 닮아 있지 않은가? 우리의 피해의식은 아비투스다. 우리의 피해의식 역시 "특정한 물질적 존재 조건" 아래서 만들어졌다. 외모(학벌·돈·젠더…)에 대한 피해의식은 외모지상주의(학벌지상주의·황금만능주의·남성중심주의…)라는 "특정한 물질적 존재 조건" 아래서 만들어지지 않았던가? 특정한 피해의식은 특정한 사회·문화적 존재 조건 아래서 형성된다. 바로 이것이 우리가 피해의식에서 벗어나기 어려운 이유 중 하나다.

아비투스를 벗어나기 어려운 만큼, 피해의식 역시 벗어나기 어렵다. 가난하게 자랐던 아이가 '습관'적으로 절약을 하는 것처럼, 외모(학벌·돈·젠더)에 대한 피해의식이 있는 이들은 '습관'적으로 열등감을 느끼고, 근사한 외모를 가진 이(명문대·부자·남성·여성)를 '습관'적으로 시기·질투하게 된다. 가난하게 자랐던 아이가 절약이 아니라 투자를 해야 한다는 것을 머리로는 알지만 실제로는 안 되는 것처럼, 외모에 대한 피해의식이 있는 이들 역시 자신을 긍정하고 타인을 시기·질투하지 말아야 한다는 것을 머리로는 알지만 실제로는 안 된다.

°피해의식, '구조화된 구조' 그리고 '구조화하는 구조'

그렇다면 '아비투스'적인 피해의식을 벗어날 길은 없는 것일까? 부르디외의 이야기를 조금 더 들어보자.

이 미래에 대한 성향은 '구조화된 구조structured structure'인데, 이는 동시에 '구조화하는 구조structuring structure'처럼 작동한다.

– 피에르 부르디외, 『자본주의의 아비투스』

아비투스는 '구조화된 구조'다. 즉, 이미 우리에게 들어와 고착된 습관이다. 가난하게 살았다면, 늘 절약하며 떡볶이를 즐기는 구조(습관)로 구조화(고착화)되는 측면이 있다. 하지만 아비투스는 '구조화된 구조'인 동시에 '구조화하는 구조'다. 어떤 사회·문화적인 구조 때문에 고착된 습관이 생기지만, 이는 영원히 고착되지는 않는다. 아비투스는 기존의 구조(가난)를 바탕으로 다시 구조화할 수 있는 구조다. 즉, 아비투스는 고착된 습관을 만드는 습관인 동시에 새로운 습관을 만들 수 있는 습관인 셈이다.

가난했던 모든 아이가 죽을 때까지 절약만 하고 사는가? 죽을 때까지 떡볶이만을 맛있다고 느끼며 사는가? 죽을 때까지 대중가요만 즐기며 사는가? 그렇지 않다. 어떤 가난했던 아이는 때로 누군가에게 아낌없이 선물을 주는 '습관'을 갖게 되고, 와인의 향기를 느낄 수 있는 '습관'

을 갖게 되고, 클래식을 음악을 즐기는 '습관'을 갖게 된다. 이처럼 아비투스는 '구조화된 구조(고착된 습관)'이지만, 동시에 '구조화하는 구조(새로운 습관을 만드는 습관)'이다.

우리의 피해의식 역시 마찬가지다. 피해의식은 분명 '구조화된 구조'다. 피해의식은 특정한 상처에 의해서 우리의 내면에 고착된 습관이다. 피해의식은 '습관'적으로 두려움·분노·열등감·무기력·억울함·우울함을 불러일으킨다. 이는 좀처럼 바꾸기 어렵다. 하지만 그 '습관'은 영원히 바꿀 수 없는 '습관'은 아니다. 피해의식은 '구조화된 구조'인 동시에 '구조화하는 구조'이기 때문이다. 우리에게 어떤 피해의식이 있더라도, 우리는 새로운 구조(습관)를 만들어나갈 수 있다.

° '습관'적인 피해의식을 넘어서는 법

아비투스는 어떻게 '구조화하는 구조'가 되는가? 매혹적인 마주침으로 인해 가능하다. 떡볶이를 맛있다고 느끼는 아이는 언제 치즈가 맛있다고 느끼게 될까? 첫사랑을 만나게 될 때다. 매혹적인 그녀가 치즈를 좋아할 때, 그 아이 역시 치즈를 먹게 될 수밖에 없다. 물론 아비투스는 하루아침에 바뀌지 않는다. 처음에는 느끼하고 텁텁한 치즈를 억지로 참고 먹을 수밖에 없다. 하지만 그렇게 고통스럽게 치즈를 먹는 시간들이 쌓이면, 어느 순간 아이는 치즈 맛의 묘미를 알게 된다. 매혹적인 그녀와 헤어지더라도, 그는 치즈를 즐기는 사람으로 남아 있게 된다. 이처럼 아비투스는 매혹적인 마주침으로 인해 새로운 아비투스가 된다.

피해의식 역시 마찬가지다. 피해의식 역시 매혹적인 마주침을 통해

'구조화하는 구조'가 될 수 있다. 가난에 대한 피해의식이 있는 이들은 영원히 돈돈거리며 사는 '습관'에서 벗어날 수 없는가? 그렇지 않다. 사랑하는 이가 생겼을 때 그들도 새로운 구조(습관)를 맞이할 수 있다. 물론 피해의식은 하루아침에 바뀌지 않는다. 처음에는 사랑하는 이에게조차 돈을 아끼려는 마음을 고통스럽게 이겨내야 한다. 그 고통스러운 시간들을 견뎌내며 매일 조금씩 그녀를 위한 선물을 해나가는 실천을 할 수 있다면, 새로운 내면적 구조를 구축할 수 있다. 그렇게 피해의식 너머 한 사람을 사랑할 수 있는 내면적 구조를 갖게 될 수 있다.

아비투스도, 피해의식도 우리에게 영원히 들러붙은 저주가 아니다. 피해의식은 습관(아비투스)일 뿐이다. 물론 그것은 아주 강고한 습관이지만, 영원히 바꿀 수 없는 습관은 아니다. 어떤 습관도 '구조화된 구조'인 동시에 '구조화하는 구조'이기 때문이다. 이제 우리는 오랜 시간 우리를 지배해온 '습관'에서 어떻게 벗어날 수 있는지 답할 수 있다. 매혹적인 마주침과 고통을 견디는 실천을 통해서다. 피해의식에서 벗어나고 싶은가? 가장 먼저, 매혹적인 마주침을 찾아 떠나야 한다. 매혹적인 마주침을 만났다면, 고통을 견디며 새로운 습관을 위한 실천을 해나가야 한다. 그럴 수 있을 때, 우리의 오랜 습관인 피해의식과 결별할 수 있다.

07. ——————————— 내겐 너무
아름다운 그녀

°피해의식 너머의
아름다운 삶

피해의식을 넘은 이들을 만난 적이 있는가? 피해의식을 극복한 이들은 좀처럼 만날 수가 없다. 이는 당연한 일이다. 피해의식을 넘어서는 일은 매우 귀하고 드물기 때문이다. 어쩌면 바로 이것이 우리가 피해의식을 극복하기 어려운 또 하나의 이유인지도 모르겠다. "그 일은 불가능해." 우리는 때로 너무 쉽게 어떤 일의 불가능성을 말하곤 한다. 이는 그 일을 이뤄냈던 이들을 만나지 못했기 때문에 발생한 경우가 대부분이다.

'불가능성'은 아직 '가능성'을 발견하지 못한 상태일 뿐이다. 달리 말해, '가능성'을 발견하는 순간 '불가능성'은 사라진다. 아무리 힘들고 어려운 일이라 하더라도, 누군가 그 일을 해나가는 모습을 직접 목격하게 되면 우리 역시 희망을 얻을 수 있다. 피해의식 역시 마찬가지다. 피해의식을 넘은 이들은 분명 존재한다. 우리가 그들의 존재를 확인하게 될 때 우리의 피해의식을 넘어설 하나의 가능성이 더 마련될지도 모른다. 피

490

해의식을 넘은 이들의 삶을 잠시 엿보자.

TV를 켰을 때, 눈앞에 펼쳐진 참사에 할 말을 잃었습니다. 말로 표현할
수 없이 참혹하더군요. 죽은 사람이 수만 명이라고 하니 이 불쌍한 생명
들을 어찌하나 싶었습니다. 내가 "일본에 저렇게 피해가 커서 어떻게 하
냐?"고 하니 다른 사람들이 그러더군요. 일본 생각만 해도 밉지 않으냐
고요. 사실 일본이 밉기로 치면 나만한 사람도 없을 겁니다.

13세 때 위안부로 끌려가 6년 동안 악몽 같은 생활을 했습니다. 죽은 것
만도 못한 날들이었죠. 죽으려고 약을 먹어도 사람 명이 억지로는 안 되
는지 죽어지지 않습디다. (중략) 우릴 이렇게 만든 일본 정부는 70년 동
안 사과 한마디 없어요. 우리를 이렇게 못 살게 만들었으니 일본도 폭삭
가라앉아버려라, 하는 사람들도 있었습니다. 일본이 무너져도 눈 하나
깜짝 안 할 것 같았습니다.

하지만 TV에서 너무 참혹하고 슬픈 광경을 보니까 내가 당한 건 잠시 잊
어버렸어요. 아이구, 아이구, 저걸 어떡하나. 몸과 마음이 성한 데가 없지
만 마을 전체가 떠내려가고 발전소가 폭발한다는데, 내가 아프다는 생
각을 할 틈이 없어요. 세상에 그런 무서운 난리가 어디 있겠어요. 옛날
우리네들이 당할 때는 이보다 더 큰일은 없을 줄 알았는데 더 무서운 일
도 생기네요. 사람이라면 그런 참사를 보고 다 같은 마음일 겁니다.

우리는 1992년부터 20년째 매주 수요일이면 주한일본대사관 앞에서 시
위를 합니다. 위안부 피해자 문제에 대해 공식 사과하고 배상하라고요.
이번 주만은 구호를 외치지 않으려고 합니다. 국가적 재난을 겪고 있는
일본 정부에 당장 뭔가를 요구하는 건 사람으로서 예의가 아닌 것 같아

서요. (중략) 어려움을 겪은 사람은 다른 사람의 어려움도 아는 법이잖아요. 그래서 우리는 일본 사람들이 지금 얼마나 고통에 빠져 있는지 가슴으로 느껴집니다. 그 사람들이 단 한 명이라도 덜 다치고, 더 빨리 쾌유하기를 빕니다. 우리가 할 수 있는 게 있다면 뭐든지 하고 싶어요. 지금은 한 사람의 생명이라도 더 구해야죠. (중략) 이 무시무시한 재난을 이겨내기 위해 분투하고 있을 일본인들에게 힘내라는 격려를 하고 싶어요.
– 「위안부 피해자 길원옥 할머니 '일본 참사' 소회」, 경향신문

°내겐 너무 아름다운 그녀

길원옥 할머니는 위안부 피해자이다. 그녀보다 더 큰 상처를 받은 사람이 또 있을까? 그녀는 군국주의 망령에 사로잡힌 일본에 의해 참혹한 일들을 온몸으로 겪어내었다. 하지만 그녀는 후쿠시마 원전 사고로 일본인들이 고통받고 있을 때, 자신의 고통은 잠시 잊고 일본인들의 아픔을 진심으로 걱정해주었다. 심지어 자신이 도울 수 있는 일이 있다면 기꺼이 일본을 돕고 싶다고 전했다. 이것이 바로 피해의식 너머의 삶이다. 이는 얼마나 귀하며 드문 삶인가? 진정으로 아름다운 것은 언제나 귀하며 드문 법이다. 내게 그녀는 너무 아름다운 사람이다.

길원옥 할머니는 어떻게 피해의식을 벗어났을까? 길원옥 할머니의 상처는 아물지 않는다. 그 크고 깊은 상처가 그리 쉬이 아물 리 없다. 하지만 그녀는 피해의식에 잠식당하지 않았다. 그녀는 지혜롭기 때문이다. 지혜는 무엇인가? '나'의 상처를 돌보며, '너'의 상처마저 돌보는 일이다. 그렇게 '우리'의 상처를 모두 치유하는 일이다. 그것이 지혜다. 만약 길원

옥 할머니가 지혜롭지 않았다면, '나'의 상처에만 매여 일본의 참사에 은근히 통쾌해하거나 쾌재를 불렀을지도 모를 일이다. 피해의식에 휩싸인 흔한 이들처럼 말이다.

그녀는 지혜롭다. 이것이 그녀가 '나'의 고통은 '나'의 고통대로 치유해가고, '너'의 고통에 대해서는 함께 아파해주는 마음을 가질 수 있는 이유다. 그녀는 온 힘을 다해 일본 정부에 진심 어린 사죄를 요구한다. 이는 '나'의 고통은 그것대로 치유해가는 과정이다. 하지만 동시에 그녀는 '너'의 고통에 함께 아파하고 '너'를 배려한다. 심지어 그 '너'가 '나'의 고통에 깊게 관계된 '너(일본)'라고 할지라도 말이다. 그녀는 그렇게 '우리' 모두 고통을 치유해주고 있다. 이보다 더 아름다운 이가 또 있을까?

°철학적인, 너무나 철학적인

철학은 지혜로워지는 학문이다. 그 철학을 직업으로 삼고 있다. 지혜로운 철학자들을 많이 만났다. 철학이 지혜의 학문인 이유는, 철학이 성찰을 강요하기 때문이다. 성찰은 언제나 부끄러움으로 온다. 한 명의 철학자들을 만날 때마다 나는 부끄러웠고, 그 부끄러웠던 만큼 내 삶을 되돌아볼 수밖에 없었다. 철학을 통해 지혜로워졌는지는 모르겠지만, 적어도 철학을 통해 조금은 더 나은 인간이 되었다.

길원옥 할머니는 내가 만난 철학자들만큼, 아니 어쩌면 그보다 더 지혜로웠다. 그녀는 철학적인, 너무나 철학적인 사람이었다. 길원옥 할머니는 그 어떤 철학자보다 내게 큰 가르침을 주었다. 아름다운 그녀를 보며 한없이 부끄러웠다. 갖가지 피해의식에 사로잡혀 긴 시간을 보냈던 나는 얼마나 부끄러운가. 그녀의 이야기를 들으며 내가 얼마나 못난 인간이었는지 적나라하게 보았다.

나에게는 많은 피해의식이 있었다. 상처받아서 생긴 피해의식도, 상처받지 않았지만 생긴 피해의식도 있었다. 그 모든 피해의식은 얼마나 부끄러운 일인가. 상처받지 않았는데 생긴 피해의식은 말할 것도 없고, 상처를 받아서 생긴 피해의식이라 한들, 그 상처가 길원옥의 할머니의 그것과 비할 바 되겠는가? 그녀는 일본에 의해 그 참혹한 상처를 겪고도 일본에 대한 인간적인 애정을 유지하고 있다. 그녀의 아름다움은 나를 부끄럽게 했고, 그 부끄러움 덕분에 그 지독한 피해의식에서 벗어날 수 있었다.

아름다운 삶은 소중하다. 그 아름다움으로 우리 역시 아름다워질 수 있기 때문이다. 그녀의 아름다움으로 우리네 삶을 본다. 우리는 가난, 외모, 젠더, 학벌, 명예 등등에 의해 상처받았다는 이유로 세상 사람들에게 얼마나 못되게 굴었던가? 그 피해의식으로 '나'와 '너', '우리'를 얼마나 괴롭혔던가? 부끄러운 일이다. 그녀의 아름다움 앞에서 한없이 부끄러워질 일이다. 그 부끄러움으로 우리 자신을 되돌아볼 일이다.

피해의식 너머에 이르는 길은 결코 쉽지 않다. 하지만 길은 있다. 아름다움 앞에서 부끄러워하면 된다. 피해의식은 분명히 넘어설 수 있다. 부끄러운 마음으로 더 지혜로워져서 더 아름다워지려고 애를 쓰면 된다. 그 지난한 여정 끝에 우리 역시 길원옥 할머니처럼 아름다운, 너무나 아름다운 사람이 될 수 있다. 자신의 아픔은 그것대로 치유하고, 타인의 아픔은 또 그것대로 함께 아파해주는 아름다운 사람이 될 수 있다. 그렇게 우리 역시 피해의식 너머의 아름다운 삶으로 나아갈 수 있다.

'위안부 문제 해결을 위한 정기 수요집회'에 참석한 길원옥 할머니

1.

"다른 사람들의 말을 앵무새처럼 반복하고 있는 것 아닌가?" 철학을 시작한 뒤로 늘 제 마음 한편에 따라붙은 의구심이었습니다. "나는 나의 목소리가 있는가?" 이 질문에 답하지 못해 늘 위축되고 부끄러웠습니다. '철학'은 무엇일까요? '나'의 목소리로 삶의 진실(진리)을 알리는 일이라고 정의하고 싶습니다. 제가 존경하고 사랑했던 모든 선배 철학자들은 모두 그렇게 '철학'을 했습니다. 그들은 모두 다른 누구도 아닌 자신만의 목소리로 삶의 진실을 알리려 했습니다. 저 역시 그런 철학자가 되고 싶었습니다.

하지만 긴 시간 온전히 '철학'을 하지 못하고 있었습니다. 말하자면, 저는 반쪽짜리 철학자였던 셈입니다. 철학을 시작한 뒤로 언제 어디서나 삶의 진실을 알리려 애를 써왔습니다. 그것은 한동안 저의 자부심이었습니다. 하지만 그 자부심은 어느 순간 위축감과 부끄러움이 되었습니다. 저의 목소리가 없었기 때문입니다. 긴 시간 철학을 하며 삶의 진실을 외쳐왔지만, 그 외침이 정말 다른 누구도 아닌 나의 목소리였는지 답할 수 없었습니다.

저는 선배 철학자들 '뒤'에 서 있었을 뿐, 그들 '옆'에 서지 못했습니다. 나의 목소리가 아니라 그네들의 목소리를 빌려 삶의 진실을 알렸으니까요. 긴 이야기를 마무리하며 행복해졌습니다. 철학을 시작한 이래 처음으로 제 목소리를 내었다고 느끼고 있기 때문입니다. 에피쿠로스·스피노자·베르그손·라캉·비트겐슈타인·들뢰즈… 선배 철학자들의 앎을 빌리기는 했으되, 저의 목소리로 이야기했음을 느낍니다. 마치, 위대한 음악가의 곡을 자신만의 색깔로 연주하는 어느 피아니스트처럼 말입니다.

이것은 민망한 자화자찬만은 아닐 겁니다. 어느 시대 어떤 철학자라도 '피해의식'에 대해 이처럼 구체적이고 농밀하게 답하기는 어려울 겁니다. 그것은 바로 지금, 여기에 있는 단독적인 한 사람의 목소리로만 답할 수 있을 테니까요. 긴 집필을 끝내며 저의 작은 목소리를 느낍니다. 완벽한 대답은 아닐지라도, 조금 투박하고 부족할지라도, 다른 누구도 아닌 저의 목소리로 '피해의식'에 대해 답했다고 느낍니다. 제가 존경하고 사랑했던 선배 철학자들 '뒤'에서 '옆'으로 한 걸음을 나아간 것일 테지요.

이제 조금 덜 위축되고, 조금 덜 부끄럽게 '철학'을 할 수 있을 것 같습니다. 선배 철학자들의 앎을 진지하게 받아들여, 제 목소리로 말할 수 있게 되었으니까 말입니다. 겨우 갖게 된 작은 목소리입니다. 그 작은 목소리를 더 잘 다듬어, 때로는 "사랑해"라는 음악처럼, 때로는 "조심해"라는 비상경보기처럼, 삶의 진실을 더욱 선명하게 알리는 철학자가 되겠습니다. 그렇게 '나'와 '너'와 '우리' 모두를 조금 더 기쁘게 할 수 있는 철학자가 되겠습니다.

2.

"아빠 대장암이래." 평소 잘 연락하지 않던 누이에게 연락이 왔습니다. 탈고하던 집필을 잠시 멈추고 황급히 고향으로 내려갔습니다. 입원 수속을 마치고 병실로 들어가는 아버지를 뒤로 하고 다시 서울로 향했습니다. 다시 서울로 돌아오는 길에 아버지와 함께했던 추억들이 주마등처럼 스치고 지나갔습니다. 옥상에서 개집을 손수 만들어주었던 아버지. 아무리 술에 취해도 나와 누나를 항상 학교까지 태워주셨던 아버지. 하지만 언제나 돈벌이는 신통찮았던 아버지. 환갑이 넘어서까지 고무 공장에서 일하셨던 아버지.

아버지와 함께한 시간은 제게 어떤 의미였을까요? 언젠가는 많이 의지했고, 언젠가는 지독히도 미워했고, 언젠가는 저리게 안쓰러웠던 40년이 훌쩍 넘는 시간이었습니다. 기쁨과 슬픔, 행복과 불행이 교차했던 그 다채로운 기억들은 작지만 깊은 미소를 주었습니다. 아버지는 누구도 줄 수 없는 소중한 선물을 제게 주었던 셈입니다. 이제 두 아이의 아버지가 된 제가 나름 아버지 역할을 할 수 있게 된 것은 아버지가 준 그 선물 덕분임을 시간이 지나 알았습니다. 영원할 것만 같았던 그 선물 같은 시간들은 가을바람처럼 순식간에 지나갔습니다.

"이제 소중한 것들을 떠나보낼 준비를 해야 하는 나이가 되었구나." 서울에 도착할 때쯤 그런 생각이 들었습니다. 그런 생각이 들자, 아버지가 고마웠습니다. 떠나보낼 준비도 없이 훌쩍 떠나버려 남겨진 이들을 아프게 하는 경우는 얼마나 많던가요. 조금씩 떠나보낼 준비를 할 수 있게 시간을 준 아버지가 무척이나 고마웠습니다. 며칠 뒤, 수술을 끝낸 아버지를 뵈러 다시 고향으로 갔습니다. 아버지를 뵙고 이런저런 일들을 처리하고 다시 서울로 오는 길에 조금 다른 생각이 들었습니다. "떠나보낼 준비를 하는 것은 떠날 준비를 하는 것이구나."

서른 즈음 철학을 시작해서 이제 마흔 넷이 되었습니다. 때로 고되었고, 때로 외로웠고, 때로 지쳤고, 때로 슬펐습니다. 하지만 그만큼이나 기쁨 넘쳤던 신나는 14년이었습니다. 많이 고민했고, 많이 아파했고, 많이 사랑했던, 그 다채로웠던 14년 역시 가을바람처럼 지나갔습니다. 철학과 함께했던 14년은 아버지와 함께했던 시간만큼이나 순식간에 지나버렸습니다. 고향과 서울을 오가며 긴 집필을 끝낼 무렵 어느 날 아침, 문득 그런 생각이 들었습니다. "운이 좋다면, 이제 내게는 두세 번 정도의 가을바람이 남았겠구나."

저는 이제 조금 서둘러 가려 합니다. 사랑하는 모든 것들을 향해 조금 서둘러 갈 생각입니다. 소중한 모든 것들은 언젠가는 모두 떠납니다. 끝날 것 같지 않았던 모든 것들은 잠시 스치고 지나가는 가을바람처럼 모두 끝나겠지요. "조금 더 시간이 지난 뒤에 쓰자." 미루어두었던 원고들이 있었습니다. 여러분께 닿은 지금 이 글 역시 그런 원고 중 하나였습니다. 조금 서둘러서 가야겠다고 먹은 마음 때문에 더 늦지 않게 여러분께 닿은 이 글을 '매듭'지을 수 있었습니다.

시작도 끝도 중요하지 않습니다. 시작도 끝도 정작 우리의 것이 아니니까요. 사랑이 그렇지 않나요? 사랑의 시작에서도, 끝에서도 우리가 할 수 있는 것은 없지요. 매혹되는 것도, 이별하는 것도 모두 그저 우리가 받아들여야 하는 것일 뿐이죠. 삶 역시 그렇습니다. 삶의 시작에서도, 끝에서도 우리가 할 수 있는 것은 없지요. 태어나는 것도, 죽는 것도 모두 그저 받아들여야 하는 것일 뿐이니까요. 시작과 끝 사이에서 우리는 어떻게 살아야 할까요? '매듭'지으며 살아야 합니다. 시작과 끝 사이의 매듭.

아름다운 사랑이란 어떤 것일까요? 매혹과 이별 사이에 수없이 수놓아진 크고 작은 '매듭(첫 편지·첫 키스·첫 여행…)'이 만들어내는 하모니일 겁니다. 아름다운 사랑은 어떻게 가능할까요? 조바심을 내지도, 늦장을 부리지도 않아야 합니다. 조바심은 '매듭'이 아닌 엉킴을 만들고, 늦장은 '매듭' 자체를 만들지 못하게 하니까요. 조금 서둘러야 합니다. 조금 서둘러 첫 편지를 쓰고, 용기를 내어 첫 키스를 하고, 첫 여행을 떠나야 합니다. 그렇게 묶은 크고 작은 '매듭'들이 사랑을 아름답게 만들 겁니다.

아름다운 삶 역시 마찬가지일 겁니다. 아름다운 삶이란, 삶의 시작과 끝 사이에 수없이 수놓아진 크고 작은 '매듭'들이 만들어내는 하모니일 겁니다. 그러니 우리네 삶이 아름다워지기 바란다면, 조바심과 늦장 사이에서 조금 서둘러야 합니다. 조금 서둘러 하고 싶은 일들과 해야만 하는 일들을 '매듭'지어야 합니다. 그렇게 조금 서둘러 묶은 크고 작은 '매듭'들이 우리네 삶을 더욱 아름답게 만들 겁니다.

아버지와 함께했던 시간을 마무리하며, 온 마음을 담았던 한 권의 책을 마무리하며, 제 삶에 큰 '매듭'을 하나 묶어가고 있습니다. 소중한 것들을 떠나보낼 준비를 하며, 저 역시 떠날 준비를 하며, 제 삶이 어제보다 조금 더 아름다워졌다고 느낍니다. 몇 번 남지 않은 소중한 '가을 바람'을 소중히 대하려 합니다. 그렇게 제게 주어진 삶을 조금 더 아름답게 만들려고 합니다.

여러분은 어떤가요? 여러분에게는 몇 번의 '가을바람'이 남았을까요? 그것이 몇 번이건 간에 여러분의 '가을바람' 역시 순식간에 지나가게 되겠지요? 그러니 여러분들 역시 사랑하는 것들에게 조금 서둘러 가는 것이 어떨까요? 이 하나의 당부가 이 긴 이야기의 전부입니다. 여러분께 닿은 이 유리병 편지가 여러분의 '매듭'이 되었으면 좋겠습니다. 이 편지를 통해 여러분의 피해의식이 '매듭'지어진다면 얼마나 좋을까요?

마음속 깊은 곳에 있는 피해의식을 '매듭'지을 때만 비로소 사랑하는 것들에게 한 걸음 다가설 수 있습니다. 피해의식만큼 사랑하는 것들과 소중한 것들을 가리는 어둠도 없으니까요. 많은 지혜로운 이들이 그랬듯, 여러분들 역시 피해의식을 '매듭'지어서 사랑하는 것들에게 조금 서둘러 갈 수 있다면 좋겠습니다. 그렇게 사랑하는 것들 곁에서 다시 또 기쁜 '매듭'들을 이어가셨으면 좋겠습니다. 그렇게 여러분의 삶 역시 조금 더 아름다워지기를 진심으로 기원합니다. 긴 글 읽어주신 모든 분께 머리 숙여 고마운 마음을 전합니다. 인연이 닿으면 또 만납시다.

떠나보낼 준비를 하며, 떠날 준비를 하며

황진규

질 들뢰즈, 펠릭스 가타리, 『천 개의 고원』, 김재인 옮김, 새물결, 2001.

자크 라캉, 『자크 라캉 세미나11: 정신분석의 네 가지 근본 개념』, 맹정현, 이수련 옮김, 새물결, 2008.

칼 마르크스, 『자본론』, 김수행 옮김, 비봉출판사, 2021.

앙리 베르그손, 『물질과 기억』, 최화 옮김, 자유문고, 2017.

피에르 부르디외, 『자본주의의 아비투스』, 최종철 역, 동문선, 1995.

루트비히 비트겐슈타인, 『철학적 탐구』, 이영철 옮김, 책세상, 2006.

B. 스피노자, 『에티카』, 황태연 옮김, 비홍출판사, 2015.

B. 스피노자, 『에티카』, 강영계 옮김, 서광사, 2016.

페터 슬로터다이크, 『냉소적 이성 비판』, 이진우, 박미애 옮김, 에코리브르, 2005.

에피쿠로스, 『쾌락』, 오유석 옮김, 문학과지성사, 2015.

이성복, 『네 고통은 나뭇잎 하나 푸르게 하지 못한다』, 문학동네, 2001.

지그문트 프로이트, 『정신분석학의 근본 개념』, 윤희기, 박찬부 옮김, 열린책들, 2004.

브루스 핑크, 『라캉과 정신의학』, 맹정현 옮김, 민음사, 2002.

악셀 호네트, 『인정투쟁』, 문성훈, 이현재 옮김, 사월의책, 2011.

Henri Bergson, Matière et mémoire, Presses universitaires de France (PUF), 1896.

Pierre Bourdieu, Algérie 60: Structures économiques et structures temporelles, Les Editions de minuit, 1977.

Gilles Deleuze & Feliz Guattari, Mille Plateaux: Capitalisme et Schizophrénie, Les Éditions de Minuit, 1980.

Sigmund Freud, A Note on the Unconscious in Psycho-Analysis, 1912.

Sigmund Freud, Zur Einführung des Narzißmus, 1914.

Sigmund Freud, Das Ich und das Es, 1923.

Axel Honneth, Kritik der zynischen Vernunft, Suhrkamp, 1992.

Jacques Lacan, Jacques-Alain Miller, Le Séminaire, livre XI, les quatre concepts fondamentaux de la psychanalyse, Seuil, 1973.

Bruce Pink, A Clinical Introduction to Lacanian Psychoanalysis: Theory and Technique, Harvard University Press, 1997.

Peter Sloterdijk, Kritik der zynischen Vernunft, Suhrkamp, 1983.

Benedictus de Spinoza, Ethica, ordine geometrico demonstrata, 1677.

Ludwig Wittgenstein, Philosophische Untersuchungen, Oxford: Basil Blackwell, 1953.

495쪽 ⓒ공감언론 뉴시스통신사.

피해의식
ⓒ황진규, 2024

초판 1쇄 펴냄 | 2024년 2월 13일

지은이 | 황진규
엮은이 | 김혜원

펴낸이 | 김병준
펴낸곳 | ㈜지경사
출판등록 | 제10-98호(1978년 11월 12일)
주소 | 서울특별시 강남구 논현로71길 12
전화 | 010-9495-9980(편집) 02-557-6351(영업)
팩스 | 02-557-6352
이메일 | jigyungsa@gmail.com

ISBN 978-89-319-3440-3 03100

이 책은 마포구 브랜드 서체 Mapo금빛나루(마기찬 디자인)와
아모레퍼시픽의 아리따글꼴을 사용하여 디자인 되었습니다.

철학흥신소는 ㈜지경사의 임프린트입니다.